朱德
真情实录

于俊道○主编

天地出版社
TIANDI PRESS

图书在版编目（CIP）数据

朱德真情实录 / 于俊道主编. —成都：天地出版社，2020.2（2021年7月重印）
 ISBN 978-7-5455-4542-5

Ⅰ.①朱… Ⅱ.①于… Ⅲ.①朱德（1886-1976）－生平事迹 Ⅳ.①K827=7

中国版本图书馆CIP数据核字（2019）第043353号

ZHU DE ZHENQING SHILU

朱德真情实录

出 品 人	杨 政
编 者	于俊道
责任编辑	杨永龙　聂俊珍
封面设计	蒋宏工作室
内文排版	盛世博悦
责任印制	王学峰

出版发行	天地出版社 （成都市槐树街2号　邮政编码：610014） （北京市方庄芳群园3区3号　邮政编码：100078）
网　　址	http://www.tiandiph.com
电子邮箱	tianditg@163.com
经　　销	新华文轩出版传媒股份有限公司
印　　刷	北京文昌阁彩色印刷有限责任公司
版　　次	2020年2月第1版
印　　次	2021年7月第5次印刷
开　　本	710mm×1000mm　1/16
印　　张	27.25
字　　数	388千
定　　价	58.00元
书　　号	ISBN 978-7-5455-4542-5

版权所有◆违者必究
咨询电话：（028）87734639（总编室）
购书热线：（010）67693207（营销中心）

如有印装错误，请与本社联系调换

"开国领袖真情实录"系列编委会

主　编：于俊道

编　委：（以姓氏笔画为序）

　　　　一　斌　于　力　于俊道　文　川　文　武

　　　　邹　洋　张文和　聂月岩　裴　华　魏晓东

目 录

第一章 "投笔从戎去，刷新旧国风"

◎随着年龄的增长，朱德追求进步、追求新学、向往西洋科学的愿望越来越强烈。地处穷乡僻壤的旧私塾已不能满足他的要求，他一心要到外面去看看。

◎1909年4月中旬，朱德经过70多天的长途跋涉，终于到达了准备从军救国的目的地——云南省省会昆明。

一个标本式中国农民家庭 2
从小就很机灵，在逆境中读书 8
在顺庆府官立中学堂接受新思想 15
考入讲武堂，加入同盟会 21
重九起义，五华山上树红旗 28
"四大金刚，朱德第一" 33
朱旅长救民于水火 38
放弃高官厚禄，36岁加入中国共产党 43

第二章 "学一辈子也不会够"

◎青年朱德喜欢读进步书刊和史书，史书中尤喜研读兵书和政论文章。后来他对安娜·路易斯·斯特朗说："学习运用游击战和多变的战法，我在中国1000多年前写的古典名著《三国志》里曾找到过最好的教材。"

阅读古籍，也读新书 50
爱读史书，推陈出新 52
从柏林到莫斯科，理论水平快速提高 59
在战斗的间隙里读书 64
一本《共产党宣言》，读了一辈子 68

第三章 永久的记忆——朱德与他的家庭

◎恩格斯对爱情作了科学的概括，认为爱情就是"人们彼此间以相互倾慕为基础的关系"。朱德和康克清在长达半个世纪的革命历程中，相亲相爱，共同奋斗，谱写了一曲崇高感人的爱情之歌。

◎康克清回忆说："我和朱德能组成家庭，也就是志同道合吧。当然，在许多方面，应该说我是他的学生。"

人生最大的遗憾：没能侍奉老母 74
47 年的夫妻情 79
"我不要孝子贤孙，要的是革命事业接班人" 107

第四章 "不搞特殊化"——生活细节

◎康克清见丈夫的衣服实在太破旧了，尤其在脱了棉袄后，没有什么可穿的，想给他做件新衣。朱德知道后说："把旧衣服补补，还可以穿嘛！"工作人员也帮腔说："您老人家的衣服太破了，不能再补了！"朱德说："不能再补？两件拼一件嘛！"

对衣着没有什么特别的讲究 138
粗茶淡饭，吃饱就行 150
只有三间老式平房 171
脚力非凡，不搞特殊化 173

第一元帅，却从未领过元帅的工资..................180

第五章　兰香人生——平凡世界中的总司令

◎毛泽东爱梅，他喜欢梅花坚贞不屈的个性。周恩来爱马蹄莲，他认为，马蹄莲非常洁白，象征纯洁。朱德一生酷爱兰花，他对兰花情有独钟。

◎朱德爱兰花，这是许多人都知道的。可是他为什么酷爱兰花，酷爱到什么程度，为发展兰艺作过什么努力，他如何采兰集兰，如何养兰护兰，他的兰艺、兰品，他所结交的兰友，以及围绕着兰花所发生的故事，知道的人并不是很多。

热爱书法终生不改..................186
用诗词记录革命风雨..................195
对兰花情有独钟..................219
要革命，就得有一副坚强的体魄..................248

第六章　史海——元帅趣事

◎朱德风趣地说："我现在每月只有一块钱的津贴，如果抽了烟，就连洗衣服的肥皂钱也没有了。所以我戒烟已有一年多了。"真没有想到，统率着百万抗日大军的总司令，竟也和战士们一样，每月只有一块钱的津贴，而又为了节约，把烟也戒掉了！

军长理发，给了一个银角子..................270
给女战士当红娘..................273
为了节约，把烟戒掉了..................276
朱老总的谈话艺术..................282
备战气氛中的祝寿..................286

揽山川之胜……296

　　喜欢种树，对树木有着特殊的感情……303

第七章　浪底真金——浩劫中的朱德

　　◎林彪为了夺权，拼命往自己的脸上贴金。他们一伙炮制了"毛林会师"的论调，妄图将功劳贪为己有。

　　◎朱德微微一笑，坦然地说道："叫我说什么呢？历史就是历史，是非自有公论。这些事全国人民都知道，世界上不少人也知道，你不是也知道吗？我还讲它干什么？"

　　81岁，遭遇"文化大革命"的惊涛骇浪……310

　　忧虑与困惑……314

　　九个月的"软禁"生活……322

　　"历史是公正的"……324

　　"你要我休息，我还要挂帅出征呢"……328

　　老骥伏枥，壮心不已……332

　　闲居之中的慰藉与乐趣……336

　　壮怀激烈，悲凉慷慨……340

第八章　朱老总的人际交往

　　◎朱德抢前几步，毛委员也加快了脚步，早早地把手伸了出来。他们那两双有力的大手紧紧地握在了一起，使劲地摇着对方的手臂，显得那么热烈，那么深情。从这一刻起，朱德与毛泽东并肩战斗，共同走完了波澜壮阔的人生历程。

　　战友情……350

　　师生情……375

与民主人士的交情..390
化干戈为玉帛..402
与国际友人的交往..408

/第一章/

"投笔从戎去,刷新旧国风"

◎随着年龄的增长,朱德追求进步、追求新学、向往西洋科学的愿望越来越强烈。地处穷乡僻壤的旧私塾已不能满足他的要求,他一心要到外面去看看。

◎1909年4月中旬,朱德经过70多天的长途跋涉,终于到达了准备从军救国的目的地——云南省省会昆明。

一个标本式中国农民家庭

仪陇县位于四川盆地北部，地处嘉陵江中游的东岸。它是嘉陵江和渠江之间的一片狭长的丘陵地带，县境内到处是起伏的山峦和狭窄的沟谷溪流。这里是四川的偏僻山区，缺水少矿，土地贫瘠，居民主要从事农业。

仪陇县城坐落于金城山的半山腰。金城山东南约37公里有一个小镇，在小镇旁耸立着形似马鞍的山岭，因此，小镇得名马鞍场。附近的农民每逢农历每月二、五、八日都到镇里赶场，买卖山货、土产和自养的禽畜。

马鞍场西北约两公里处，有一座突起的山，名叫琳琅山。这里层峦叠嶂，满山苍松翠柏，丛花绿草。从上空俯视琳琅山形似五星，秋末冬初，枫叶满山犹如红色的海洋。晴天远眺琳琅山，在阳光的照耀下，就像一颗闪闪的红星。特别是到了春天，布谷鸟鸣，山上到处是盛开着的血红血红的映山红和雪白雪白的山桃花。在一层层绿色梯田中，还呈现出一片片金黄金黄的油菜花。在和煦的阳光沐浴下，琳琅山显得更加五彩缤纷、琳琅满目。

琳琅山西麓，有一个只住有几户人家的小山村，名叫李家湾。

1886年12月1日，朱德出生在四川省仪陇县马鞍场的一个佃农家庭。图为朱德故居（历史图片）

第一章
"投笔从戎去,刷新旧国风"

1886年12月1日,朱德就诞生在李家湾一个佃农的家里。这一天的早上,川北群山环抱的琳琅山,晨雾弥漫,寒气袭人。朱家的二儿媳钟氏、朱德的母亲和往日一样,天刚蒙蒙亮就起了床,在灶前忙碌着给全家十几口人做早饭。她正要弯腰下蹲往灶门添柴时,只觉得腹部一阵剧痛,额头直冒冷汗,随即倒在灶前。正在这时,手脚麻利的老祖母走了进来,一看二儿媳钟氏躺在灶前,心里已明白七八分。老祖母立刻把大儿媳刘氏叫了过来,两人把钟氏扶进房内,让她仰卧在床上。老祖母和朱德的伯母忙碌了一阵子,还没有等到早饭烧好,一个幼小的生命伴随着"哇"的一声啼哭,降临到人世间。

当这个茁壮的新生命刚刚来到人间的时候,谁都没有意识到他的降生会对中华民族的命运产生如此巨大的影响,谁也不曾想到他的一生会对历史的进步起到那么巨大的作用。只有随着时间的推移和社会的发展,人们才越来越深刻地认识到,他的降生对于每一个谋求解放的中国人是多么重要。他,是20世纪中华民族的一代伟人!

他是谁?他就是伟大的马克思主义者,中国共产党和中华人民共和国的主要领导人之一,中国人民解放军的创建人之一,伟大的无产阶级革命家、政治家、军事家——朱德!

朱德的祖上是广东韶关的客家人。明末清初,由于连年不断的战争,加上战后疫病流行,使四川人口稀少,荒地很多。清朝统治者为了稳定在四川的统治和征收赋税,采取一系列增加人口、恢复生产的措施,展开了大规模的移民活动。大批大批的外省人迁移到四川,其中尤以湖广人居多,历史上称为"湖广填四川"。朱德的祖先就是在这个时候入川的,最初在川北的广安县、营山县一带流动经营小商业来维持生计。清朝乾隆末年,朱氏家族的朱文先带着第四个儿子朱自成,从营山迁到仪陇马鞍场。后代在马鞍场的大湾定居。随着家族的繁衍,人们便称这里为"朱家大湾"。

朱家族谱字辈是按着28个字构成的七言韵文排列:"发福万海从仕克,友尚成文化朝邦,世代书香庆永熙,始蒙纪述耀金章。"朱德的曾祖父是"朝"

朱德的卧室（历史图片）

字辈，名叫朱朝星。朱家在朱朝星那一代时，尚有老业田30挑，按1亩约为5挑计算，朱家田地面积约合为6亩。朱德的祖父是"邦"字辈，名叫朱邦俊，排行第三。大祖父叫朱邦楷，二祖父叫朱邦举，四祖父叫朱邦兴，幺祖父叫朱邦久。朱家到了"邦"字辈，人丁兴旺，几兄弟平分祖上传下来的老业田，每人分到的一点地已不够维持生计。于是，在1882年，朱邦俊把土地和草屋典了300吊钱，作为资金，领着一家6口人搬到离大湾约3公里的地方，租佃了李家湾的地主丁邱川家80挑田耕种。从此，朱家便沦为贫苦的佃农。

朱德出生时，朱家共有11口人：祖父母朱邦俊和潘氏，伯父母朱世连和刘氏，父母亲朱世林和钟氏，还有三叔朱世和、四叔朱世禄，大哥朱代历、二哥朱代凤，姐姐朱秋香。朱德的父母一共生了13个儿女，因为家境贫穷，无法全部养活，只留下了六男二女，后来再生下的就被迫溺死了。

朱家世世代代都是憨厚、勤劳、朴实的农民。朱德出生时，祖父朱邦俊已年过花甲，还经常领着全家下田干活。他几十年如一日，每天天蒙蒙亮就把大家叫醒，分配农活。农忙时领着全家锄地、犁田、播种、割禾、打猪草……冬天领着大家上山砍柴。朱邦俊直到八九十岁了，还下田干活，平时经常手里提着粪筐在村前村后、田间草场、渠边道旁拾肥。他常对儿孙说："人不怕累，就怕闲，就怕懒，越闲越懒就会吃穷病倒。"就在临终前不久，他还站在田埂上指点后辈耕田。朱德回忆说："我的祖父是一个中国标本式的

第一章
"投笔从戎去，刷新旧国风"

农民，到八九十岁还非耕田不可，不耕田就会害病，直到临死前不久还在地里劳动。"

朱德的祖母潘氏是一位十分能干、善于操持家务的农村妇女。她虽然不识字，却是个有胆识、有魄力、有组织才能的人。她是全家的主持者，全家人生活上的大事小事全由她操持管理。正如朱德所言："祖母是家庭的组织者，一切生产事务都由她管理分派，每年除夕就分派好一年的工作。"在朱德的眼里，祖母简直是万能的，她把这十几口人的穷家，管理得井井有条。日子虽然贫寒，但全家和和顺顺，尊老爱幼，深受当地群众的称赞和尊敬。有人为朱德的祖母所写的寿文也称她"事无巨细，皆躬自纪理无遗绪"，"内治殊谨严，令子侄皆以力事事"。

朱邦俊生有4个儿子，大儿子叫朱世连，二儿子叫朱世林，三儿子叫朱世和，小儿子叫朱世禄。

朱德的父母（历史图片）

朱世连是朱德的伯父，也是朱德的养父。他是一个颇有见地、治家严谨、办事果断、心中有数的精明人。他持家有方，家里要添置什么，手头的钱怎么花，都一分一毫计算得十分精细。他常常帮着朱德的祖母出谋献计，维持朱家十几口人的生计。朱德的伯母刘氏也是一位善于操持家务的农村妇女。朱德的伯父伯母两口子恩恩爱爱，和和睦睦。他俩没生儿女，朱德一生下来就很招他们喜爱，经常流露出要把朱德当自己的亲生儿子的意愿。大约在朱德两岁时，祖辈做主，把朱德过继给他们抚养。此后，他们对待朱德如同亲生骨肉一般，对朱德的生活、学习和前途十分关心，对朱德的成长有着重要的影响。

朱世林是朱德的亲生父亲。朱德出生那年他虽然只有37岁，可脸上已爬满了皱纹，看上去像个年近花甲的老人。朱世林一生都在家里劳动，从未出过远门。他"赋性和厚，为人忠耿，事亲孝，持家勤"，每天都是起早贪黑地在地里干活，不知疲倦，但由于没有文化，他的思想比较狭隘。

朱德的母亲出身于姓钟的贫苦人家。她身材高大，体格健壮，贤惠俭朴。虽然不识字，却十分明事达理，待人处世尤为宽厚仁慈，是远近闻名的贤妻良母。朱家虽然家境贫寒，但她平时总是节衣缩食，周济比自己生活更困难的穷人。左邻右舍或过往行人，不管谁有了难处，她都尽力去帮助。她经常从自己碗里匀出饭菜给乞丐，并看着乞丐把饭菜吃下去才放心让其离去。她一年到头都在忙碌着。每天天刚蒙蒙亮就起床，除了挑水、烧饭、纺棉花、缝衣裳、织鞋袜等家务活，还要干些种田、种菜、采桑叶养蚕等农活。母亲的一言一行深深地影响着朱德。朱德从幼年时起便在母亲身边帮助干活。他在1944年回忆自己的母亲时，深情地写道：母亲"教给我生产的知识和革命的意志"，教给我"与困难作斗争的经验"，"母亲那种勤劳俭朴的习惯，母亲那种宽厚仁慈的态度，至今还在我心中留有深刻的印象"。对于孩子们来说，没有比听母亲讲故事更为惬意的事了。朱德总不明白母亲的脑袋里，怎么能装得下那么多奇妙而有趣的故事和神话。有时候讲着讲着，母亲

第一章
"投笔从戎去，刷新旧国风"

又唱起歌来。歌声是那样婉转，那样甜润，那样轻柔，不知不觉中会把他的思绪带到梦幻般的奇境里去……

佃农家庭的生活自然是很艰苦的。人口的增多更使家里必须十分节省才能维持生活。朱德家的住房原来是地主用来存放粮食的仓库，光线昏暗。全家人多半是吃豌豆饭、菜饭、红薯饭，油盐很少。过年时宰一头猪，要留着吃一年，只在过年过节时才可以吃到。穿的是自己纺线织成的"家织布"，足有铜钱那么厚。一套衣服老大穿过了，老二、老三接着穿。遇到收成好的年份，家里的人才可能添件新衣服，平时就没有了。鞋子是家里自己做的，点灯用的油也是自己家打的。少年时代这种艰苦朴素的生活，深深地影响着朱德，他一生都保持着劳动人民艰苦朴素、勤俭节约、吃苦耐劳的优良传统。

朱家是个贫寒的大家族。朱德的两个叔叔和婶婶都是纯朴、勤劳的农民，一生以种地谋生。朱德属"代"字辈，取名代珍，字玉阶。朱德在兄弟姊妹中排行第四，在兄弟中排行第三。朱德的大姐叫朱秋香，排行老大，15岁时就嫁给了一位叫许昌品的农民。朱德的大哥叫朱代历，字云阶，大嫂朱钟氏，是朱德母亲娘家同族女子，生有4男1女，一辈子以种田为生。朱德的二哥叫朱代凤，字吉阶，二嫂朱钟氏，与大嫂同是钟家大家族中的农家女子，生有1男1女。朱代凤念了两年私塾后便在家种地，农闲时还跟着他的舅舅学艺，学会了拉胡琴、敲锣鼓等。在朱德这个大家庭中，后来又添了一个妹妹和三个弟弟。朱德的哥哥、姐姐、弟弟、妹妹都是面朝黄土背朝天，辛勤耕耘一辈子的种田人。

在封建社会里，男子是家庭的主要劳动力，所以在家庭中特别受到重视。老人担心男孩子出生后养不活，便以动物命名。朱德的祖母给家中三个孙子都取了乳名。她给大孙子朱代历取名叫"阿牛"，给二孙子朱代凤取名叫"阿马"，给三孙子朱代珍取名叫"阿狗"。偶尔朱家也按川北习俗，分别称这三兄弟为"牛娃子""马娃子""狗娃子"。在农村，人们都称呼乳名，想用来"骗过"他们心中那些专门捉拿男孩子的"鬼怪"。

从小就很机灵，在逆境中读书

朱德从小就很机灵、聪明，从不哭叫，全家人都很喜欢他。每逢大人们生闷气的时候，他总是想方设法使大人们解闷消气。朱德十分敬爱自己的生母，母子两人的感情十分深厚。当朱德学会走路后，他的母亲无论在家纺线、缝缀，或是下地浇水种菜、上山砍柴，都要把他带在身边。朱德从小手脚十分勤快，总是帮着母亲干这干那，生怕母亲累着。

母亲虽然钟爱自己的每个孩子，可是由于生育过多，再加上家务事忙，实在没有更多的时间来照料稍大一点的朱德。从弟弟降生，朱德就从母亲的怀里下地，在泥里滚，在地上爬。除吃、穿、住，样样事都靠自理。朱德刚刚学会东倒西歪地走路；一不小心摔倒了，也只有自己趴在地上哭几声，谁也没有工夫来哄慰他几句；再稍大一点，会跑会跳了，就跟着哥哥们上山去捉小鸟，或到树底下去扑捉那映在地上斑斑驳驳的树影。玩累了，随便找个背风的地方打个盹儿起来再玩，玩累了再睡。穷苦人家，没钱买玩具，就自己到河边拣几个圆石头来玩弹球，或者摘几片树叶当哨吹。

随着年龄的慢慢增长，朱德已能跟着母亲下地干活，拾柴、拔草、运秧，帮着哥哥打杂，还能照料母亲干活时放在田头草窝里的弟弟。朱德和大人们一样，一会儿山上，一会儿田间，一会儿家里，不停地劳作。风吹、雨打、日晒、霜侵，竟没有使他得过什么病；相反，他练就了一副健壮的好身板。

幼年的朱德，就像琳琅山上那些葱绿、充满生机的小松树一样，迎着阳光，茁壮地成长。

第一章
"投笔从戎去，刷新旧国风"

1892年前后，仪陇县一带兴起种植鸦片，百姓的生活比以往富裕了些，朱德家的经济情况也开始有所好转。那时，清朝政府的苛捐杂税非常严重，"可是这些交粮催差的，就怕读书人"，因此，朱家几房人决心省吃俭用，送一两个孩子去念书。这种考虑的目的有两个：其一，家里有了读书人，可以为家里抵挡税吏、差役的欺侮，并帮助家里打打算盘；其二，期望读书的孩子能改变朱家的生活和地位。

这样，1892年，朱德的家人把他们兄弟三个送到本姓家族办的药铺垭私塾就读。塾师是朱德的远房堂叔，名叫朱世秦。他一面教书，一面行医，正房当作教室，用旁边的偏房开了一个小小的中药铺，药铺垭私塾就因此而得名。朱世秦按宗谱的排行给朱德取名朱代珍；朱德在这里读书不用花很多钱，一年400个铜钱就够了。

半山腰药铺垭私塾坐落于琳琅山的西北垭口。从李家湾到这里，要走一段近两公里的山路，还要爬过一段陡坡。朱德白天去读书，中午要回家吃饭，晚上还要回来。在药铺垭读书的都是农家子弟，朱德在学生中年龄最小，但他聪明好学，记得的字最多。朱世秦因为朱德书读得好而特别喜欢他。

朱德在药铺垭私塾读了一年多后，又改读丁姓的私塾。这个私塾的主人，就是朱德家租佃他家田地的地主。私塾丁先生是一个秀才，课讲得比药铺垭私塾要好得多。丁先生知识广博，对每个字、词、句都解释得很清楚。朱德见家里花钱供自己上学，学习更加勤奋刻苦。

当时，能到像丁

仪陇县马鞍场药铺垭小学曾在朱德少年时代读书的私塾旧址上修建（历史图片）

朱德当年用来装书籍、衣物的背篓和读书时用的桐油灯（历史图片）

家私塾这样的地方读书的，绝大部分是地主或者有钱人家的子弟。这些少爷根本看不起朱德这样穿着草鞋的穷娃子，时常用鄙夷的眼光盯着他们，甚至给他们起绰号，咒骂他们是"三条水牛"，还故意把"朱"写成"猪"，用各种办法来羞辱他们。"人穷志不短"，朱德他们反抗过，斗争过，将这些事情禀告先生，可是先生也不敢得罪这些地主家的孩子，结果受斥责、挨手板的还是被欺侮的朱家兄弟。

在这样的逆境中读书，困难是可想而知的。但是朱德有着刚强的性格，他不低头、不叹息、不气馁，只是默默地承受着周围的冷眼和歧视，更加奋发地努力学习。他要用优异的成绩来证明，穿草鞋的穷孩子不但会种田，还会读书，而且比周围所有的人都读得好、读得多！在私塾里，朱德根据先生教的，不停地读呀，写呀，时间抓得很紧。就连偏心的先生也不得不承认：朱代珍这孩子这么用功，将来肯定有出息。

放学回家后，朱德一边帮母亲干活，一边背书。晚上，母亲在小油灯下纺线，朱德就坐在她身边，念啊念，一直念得困倒在母亲身上。有好几次，母亲看见朱德一个人坐在门前的大青石上，闭着眼，嘴里不知道在念着些什么，天下起了雨也不觉得。母亲犯了疑："这娃娃是怎么啦？莫不是着了魔？"

朱德确实着了魔！这个"魔"，不是别的，正是知识！

朱德在丁家私塾读了不久，两个哥哥回家种地了。朱德因为年纪小，又过继给了伯父，能够继续读下去。他在丁家私塾读了两年，除读完了"四

第一章
"投笔从戎去，刷新旧国风"

书"，还读了《诗经》《书经》，并且开始学作对联。每逢农历十五、十六的晚上，朱德常常成了家庭老师，在皎洁的月光下，教哥哥、弟弟、妹妹读书识字。大人们见了，心里感到无比欣慰。

租种地主的田地年年要缴纳租粮，"一年除去五十担纳租以外，余下的将将够吃"，终年不得温饱，如果遇到灾年，日子就更难过了。佃农的家庭真是多灾多难。1895年，"地主欺压佃户，要在租种的地方加租子"，朱德家里没有力量缴纳地主的加租，地主的管家就在除夕那天突然来到朱家，逼着他们退租搬家。

这个突如其来的打击，犹如晴天霹雳一般，震碎了朱德全家人的心。农历大年初一，朱邦俊和朱世连父子迈着沉重的步伐，冒着飘落的雨雪，顶着凛冽的寒风，在泥泞的山道上四处奔波，为了全家人的生计，求拜佃主，租房佃田。他们奔波一天，毫无着落。晚上，全家人计议到半夜，认为实在没有办法，只能向人家借钱赎回祖屋，分居两处各谋生路。

正月初二，朱世连一早就离开了家，到处奔波，好不容易借到了200多

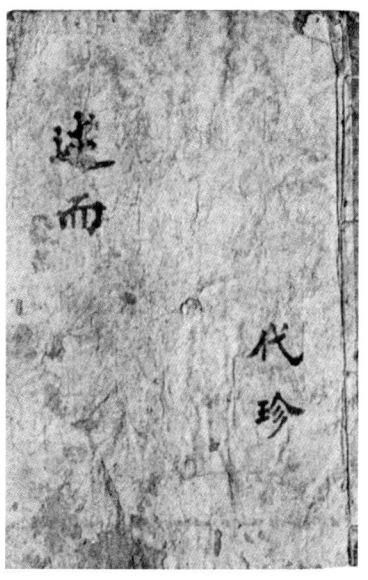

朱德少年时的读书用具和课本（历史图片）

吊钱,加上家里仅存的100多吊钱,赎回典当出去的大湾老屋和祖业田。全家人被迫分居两处:生父朱世林带领一家迁居陈家湾;朱德随养父母、三叔、四叔搬回大湾去住。

正月初四,朱德含着热泪,依依不舍地惜别了慈祥的母亲、勤劳的父亲和朝夕相处的兄弟姐妹,离别他生活了9年、美丽而难忘的琳琅山。朱德随着祖父母、养父母和叔叔迁回大湾居住。不久,祖父母相继病逝,两个叔叔也先后分居自谋生路。朱德跟着养父母,在大湾生活了14年,度过了他难忘的青少年时代。

悲惨的遭遇,严酷的现实,给年幼的朱德心灵上深深地埋下了仇恨那些欺压穷人的地主的种子,使他从小深深地感到人世间的不平。后来,他回忆说:"在悲惨的情况下,我们一家人哭泣着连夜分散。从此我家被迫分两处住下。人手少了,又遇天灾,庄稼没收成,这是我家最悲惨的一次遭遇。""母亲沉痛的三言两语的诉说以及我亲眼见到的许多不平事实,启发了我幼年时期反抗压迫追求光明的思想,使我决心寻找新的生活。"

迁回大湾后的第二年,朱德又到离大湾不远的席家砭私塾读书。私塾先生名叫席国珍,字聘三,号伯谷。席聘三是一位很有见地,又很有骨气的正直知识分子。他知识

朱德10岁至18岁时,在离大湾不远的席家砭私塾就读,深受老师席聘三的影响。图为席家砭私塾旧址(历史图片)

第一章
"投笔从戎去，刷新旧国风"

渊博，语言幽默，经常猛烈抨击封建的旧制度。席先生虽然很有学问，但不会溜须拍马，视功名如粪土，从不奉承当权者，不在仕途上下功夫。他年轻时曾两次去考秀才，但均未中榜。从此，他打消了出仕的念头，在家设馆教书，兼种几亩薄地，聊以为生。

朱德家迁回大湾后，在镇外佃来三亩地。一到农忙季节，朱德就不去上学，在家里劳动。一年有三四个月在家种地，有六七个月去读书。朱德后来回忆起艰辛的童年时代对自己的影响："我从小就是饿肚子长大的，因此，后来搞革命运动时，我就不大怕饿，好像根本不知道饿。讲起干活，也是一样。我从小到大都干活，所以后来做体力劳动时，我从来不觉得面子难看。"

那时，正处在近代中国社会风云突变、急剧动荡的年代。社会的动荡也波及中国西南偏僻的山村。1894年7月，中日爆发了甲午战争。由于清政府腐败无能，导致清朝北洋海军全军覆灭。1895年4月，清政府与日本签订了卖国的《马关条约》。灾难深重的中国面临着被瓜分的危机。

由于帝国主义的疯狂掠夺，地主豪绅对农民的无情搜刮，官吏差役的敲诈勒索和朝廷分摊的巨额赔款，此时的四川已是民穷财尽，整个社会经济濒于崩溃的边缘。在那几年间，四川又连年遭受水旱灾荒，使本来缺粮的老百姓更陷入水深火热的悲惨境地。走投无路的农民只得转徙他乡。他们有的倒毙荒丘，有的卖儿鬻女，有的找有粮的人家要一点粮食，这叫作"吃大户"。朱德清楚地记得他8岁那年，村里来过一群群逃荒的"吃大户"灾民，到丁姓地主家把粮仓打开，把粮食挑走，把财主家的猪宰了，饱餐一顿便拉着队伍走了。不久，县府派了一大队清兵追上来，把这些灾民杀死在山沟里、山道旁。这一惨案朱德一直牢记在心。

有一天，朱德正在私塾里读书，忽然听到屋外纷杂的呼唤、呐喊，走出教室一看，只见黑压压的人流涌来，有六七百人。这些人穿着非常褴褛。男女老少，带着小孩。小孩子不停地哭喊，大人表露出悲痛的神情。几个手拿木棍的"吃大户"的领头人闯进私塾，把席先生抓了出去。他们认为席先生是富贵人家，到家里一看，原来是一户穷先生。席先生对灾民深表同情，把家里仅有的一担米给了他们。朱德见此情景，眼前浮现出8岁那年灾民惨遭清兵杀害的悲惨场面，便立即走到一个"吃大户"灾民面前，关切地说："叔叔，你们吃饱了，在这里千万不要久留，官府会派兵来追赶，抓住了要砍头……"这个灾民说："小兄弟，谢谢你。我们不逃不抢也是死，逃出来向财主要粮要款，也十有九伤，真是逼上梁山啊！"说完，便把席先生拿出的一担大米挑走了。

傍晚时分，"吃大户"的灾民们正在吃晚饭。不出所料，由于财主向县衙门报信，官府派来100多个清兵，气势汹汹地追了上来，对逃荒的灾民乱砍乱杀，又抓又捆。灾民拼命反抗，双方展开恶斗。村里主持正义的乡民也趁机拿起棍棒抽打清兵，以解多年积压在心头的怨气。一时间，灾民死的死、伤的伤，没死的有的逃上山，有的藏在老百姓家里。朱德在想：这世道为什么这样不公平？再这样下去，穷人还有什么活路？他后来回忆说，这件事给他"很深的一个刺激"。

朱德在席家砭私塾读书的时候，正值中国在甲午战争中失败后的第二年，即1896年。这时的中国面临着被世界列强鲸吞的严重威胁。1898年戊戌变法失败后，朱德在席聘三先

1900年夏，天旱。朱德与小伙伴们在大湾旧居东边山坡上挖了一口小井，后经乡亲们的扩建，取名为琳琅井。图为琳琅井前立的碑记（历史图片）

生的引导下，认识到德国、美国、日本等国之所以能很快强盛，其主要原因就是他们重视学习科学。自此以后，朱德涉猎了不少自然科学书籍。

继中日甲午战争之后，1900年6月，英、美、法、俄、德、日、奥、意八国联军入侵中国，于1901年9月逼迫清政府签订了丧权辱国的《辛丑条约》。帝国主义列强对中国的掠夺，使有爱国心的中国民众群情激愤，忧心如焚。

朱德在席家砭私塾断断续续地读了8年书。朱德在席聘三门下读书，获益匪浅。然而，对他来说，最主要的收获不是打下了旧学的基础，而是在席先生的影响下，他看到了一个更广阔的世界。他开始思索着走出这片狭小偏僻的山乡，去寻找一条新的生活道路。

在顺庆府官立中学堂接受新思想

1905年，朱德19岁了。随着年龄的增长，朱德追求进步、追求新学、向往西洋科学的愿望越来越强烈。地处穷乡僻壤的旧私塾已不能满足他的要求，他一心要到外面去看看。

那时候，科举考试是知识分子步入仕途的唯一出路。读了几年私塾以后，如果要提高自己的社会地位，就得去应试。本来朱德对科举考试并不十分感兴趣，但他想：长辈们含辛茹苦，缩衣节食，供自己读书，就是希望朱家出个读书人。再加上恩师席聘三先生也极力鼓励他去应试，朱德觉得不好违背家里长辈和席先生的期望，只好应试。

按照清朝科举制度的规定，必须在通过县试、府试和院试后，才能成为秀才。朱德家里没钱，幸亏仪陇县城离大湾只有37公里，凑了一吊钱，也就

少年时期的朱德（历史图片）

勉强能去参加考试了。

启程应考这天，朱德的父母和兄弟姐妹也都赶来大湾送行。大家一句又一句地叮嘱朱德一路注意安全。朱德肩挑简单的行装，同席聘三先生的儿子还有几个同学，一道步行到仪陇县城，参加县试。这是朱德第一次离开养育他19个年头的家乡。尽管大湾离县城那么近，可是，朱家三代人中，只有朱德的伯父朱世连当年给丁家地主抬滑竿，到过这个小县城。

朱德到达仪陇县城的第三天，科举考试开场。经过几场笔试，朱德自我感觉良好。发榜的结果，朱德顺利地通过了县试。他那时用的名字是朱建德。在1000多个考生中，他排在前20名。这是他自己都不曾料想到的。能够通过县试，并且取得这样好的成绩，这在朱德他们家是从来不曾有过的事情，不但全家高兴，乡亲们都很高兴。这以后，家里就下了更大的决心，即使是借钱也要支持朱德继续读书，继续应试。

这场考试前后持续了一年之久。仪陇县属于顺庆府（今四川省南充市）。在前往顺庆府参加府试之后，朱德抽空到距仪陇县城40多公里的南部县盐井去参观。朱德为什么要去盐井参观呢？因为他听说那里有些西洋机器，他从来没有见过机器，觉得这是个增长见识的好机会。

朱德和许多结伴同行的考生一起，到了南部县盐井后，并没有看到什么新机器，却见到几千名贫病交加的盐工的苦难生活。他们从早到晚，不停地从事着奴隶式的劳动，面容憔悴，身上除了一块裹腰布，几乎赤裸。这种悲惨的情景给朱德留下了难忘的印象。朱德第一次亲眼见到中国工人的艰苦日

第一章
"投笔从戎去，刷新旧国风"

子，更深刻地认识到：朝廷官府如此腐败无能，已是病入膏肓。假若不根治、不铲除，中国就没有希望。

来到顺庆府后，朱德犹如到了一个新的世界。这个世界的一切对他来说都是那么新鲜，又是那么陌生。1905年的秋末，朱德又顺利通过了顺庆的府试。

正当朱德准备赴省参加科举考试时，清朝政府下了诏令：科举考试从丙午年（1906年）开始一律停止，并严饬各府、厅、州、县普遍设立小学堂。于是，各种

青年时期的朱德（历史图片）

新式学堂如雨后春笋，迅速遍及全国。顺庆府是四川北部的政治、经济、文化中心，在1906年也兴办了新式小学堂、中学堂，川北各县的学生纷纷到那里求学。

由于科举制度已经废除，朱德再也没有机会参加省试，但他对上新学堂学习新科学、新知识更为心切。他决定到顺庆府去上新学堂，但这个想法没有得到家里老人的同意。朱德求助于席聘三先生，在席聘三先生的帮助下，终于使他家里的老人改变了态度，同意朱德到顺庆府上新学堂。

1906年春，朱德的养父朱世连东借西贷，凑了一笔钱当学费，全家高高兴兴地欢送朱德去顺庆府上新学堂。朱德到达顺庆后，进入南充县官立高等小学堂。这所高等小学堂是刚由嘉湖书院改办的，由于刚创办，教师仍是聘用举人、秀才担任，教学方法和教学内容同旧的私塾也没有多大改变，还是"子曰""诗云"那一套。一心向往新学的朱德感到大失所望，在这所高等小学堂里读了不到半年。在刘寿川老师的帮助下，朱德以朱建德的名字和同窗好友戴与龄考入了顺庆府官立中学堂。

当时的顺庆府官立中学堂，是由日本留学回国的一批具有近代科学知识

和维新思想的有识之士创办的一所新式学堂，其教学内容、教学方法、教学设备都进行了改革和创新，与旧私塾大不相同。学堂开设了国文、数学（包括算术、代数、几何、三角）、物理、化学、历史、地理、外国语、修身、法律、动物、植物、图画、体育等新课程。朱德对这些新课程的学习都很感兴趣，每堂课都很认真地听讲。一些具有民主革命思想的老师，在讲课和谈话时，都隐约夹杂着反对清政府的思想，朱德听起来十分顺耳，自然产生了共鸣。朱德喜欢同这些老师亲近，常和他们谈论国家大事。

顺庆府官立中学堂的国文老师每次上课，总是挑选一些有积极意义的古典文学作品，重点进行讲解，课上还有时组织学生讨论，互问互学；课后还指出要阅读的重点书目。朱德特别喜欢阅读《孙子兵法》《史记》等名著，课后还常与同学们逐字逐句地研究《孙子兵法》，学习古代兵家的军事谋略和作战经验，并结合《史记》《资治通鉴》等的观点和内容，分析中国每个朝代的兴衰原因、政治得失、治乱复兴及经济文化的繁荣发展等，从书中学习知

1906年，朱德先后进入南充县官立高等小学堂、顺庆府官立中学堂学习，在监督（校长）张澜、老师刘寿川等的影响下，接受爱国救国思想。图为顺庆府官立中学堂旧址（历史图片）

第一章
"投笔从戎去,刷新旧国风"

识、吸取治国兴邦的经验教训。

朱德在顺庆府官立中学堂学习的日子里,感到生活十分充实。他热爱校园里的一草一木,热爱朝夕与共的老师和同学,特别尊重这个学校的监督(校长)张澜和良师刘寿川。张澜主张革新教育,很注重传播爱国维新思想和宣传科学强国、教育救国的新理论。张澜尽管校务工作繁忙,仍经常深入学生宿舍,与学生打成一片。他看见朱德铺上被褥很简陋,发现朱德吃饭也很省,又从刘寿川老师那里了解到朱德的家境贫寒但学习用功,便经常和朱德谈话,鼓励朱德立大志,创新业。刘寿川的课讲得深入浅出,通俗易懂,富有哲理,朱德很喜欢听,两人来往甚密,经常促膝谈心。在交谈中,刘寿川向朱德介绍了日本如何经过明治维新,从工业落后走向先进。刘寿川还向朱德介绍孙中山在日本创建同盟会,发行《民报》等革命活动,并秘密借给朱德革命党人邹容写的《革命军》,嘱朱德要好好读一读这本书。刘寿川不断勉励朱德发奋读书,立大志,献身于"科学救国、教育治国、强身卫国"的伟大事业。

朱德在顺庆府官立中学堂就读的一年中,如饥似渴地博览群书,与师生广泛交往,不断扩充自己的知识,从而更加关心国家的兴亡,也更加敬仰那些为振兴中华而献身的创业者和革命者。他各科成绩优秀,而且能写一手好诗文。

这一时期,朱德学到了许多新知识,懂得了许多富国强民、救国治国的新道理,还萌

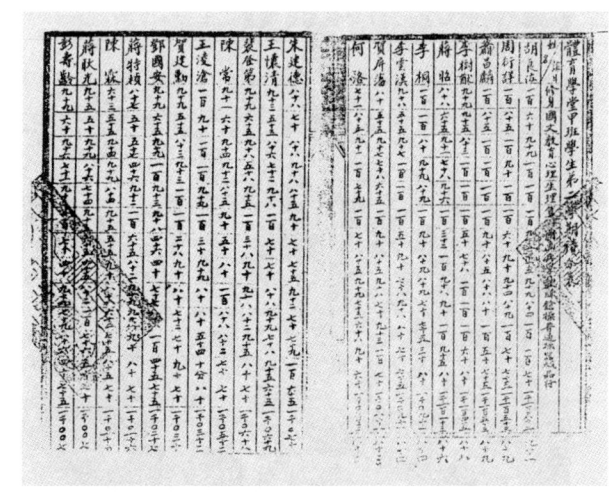

体育学堂甲班学生第二学期积分表,表中的朱建德就是朱德(历史图片)

19

发了"读书不忘救国、强国、治国、卫国"的进步思想。这是他一生思想发展中从旧传统向新观念转变的一个重要转折。

1907年，朱德从别人的谈话中，听说成都设立了一批高等学堂，还附设有体育学堂，一年毕业，出来可以当体育教师。"学体育可以增强人民体质，推倒污蔑中国人是'东亚病夫'的胡言。"朱德带着家里新借的四五十块银洋，只身徒步到成都，考入了四川通省师范学堂附设的专门培训小学堂体育教师的体育学堂。

在体育学堂，朱德不但学习了修身、教育、心理、算术、军事教练和器械等许多新课程，而且在一个偶然的机会中读到了同盟会办的《民报》。他逐渐看清了清政府的专制腐败，决心参加同盟会，推翻清王朝，建立民主共和国。

从体育学堂毕业，朱德在仪陇县立高等小学堂担任庶务和体育教师。但是，出人意料的是在学堂里教体育，竟遭到当地顽固派的反对。朱德虽然进行了反击，但他觉得单靠从事教育不可能达到救国救民的目的。于是，朱

1908年，朱德任教的仪陇县立高等小学堂（今金城小学）（历史图片）

德决定辞职，走出偏僻的山城，投笔从戎，以身许国。他要以自己独特的方式，在布满荆棘的荒原上，勇敢地走自己的路，并且义无反顾地走下去！

1909年1月下旬，朱德告别了他生活了22年的故乡仪陇，踏上了去昆明的征途。他像一只矫健的雄鹰，张开有力的翅膀，向辽阔而遥远的天边飞去。

考入讲武堂，加入同盟会

1909年4月中旬，朱德经过70多天的长途跋涉，终于到达了准备从军救国的目的地——云南省省会昆明。

云南陆军讲武堂是当时许多热血青年向往的地方。它的任务是培训军官，同时为新军补充下级军官。这个学堂名义上是清政府兴办的，但真正领导这个学堂的却是革命党人、学堂的总办李根源。教官当中，如方声涛、赵康时、李烈钧、罗佩金、唐继尧、刘祖武、顾品珍等大多是同盟会会员，或者是同情和支持同盟会，并且在日本士官学校学习过，是既有新的革命思想，又有军事才能的人。

能进入云南陆军讲武堂学习，是一件令人庆幸的事。可是，朱德报考云南陆军讲武堂，并不是一帆风顺的。他经过两次报考，才得以进入讲武堂学习。

朱德为什么要报考云南陆军讲武堂呢？1939年他回忆说："那时我还是一个农民，为了受不住帝国主义和封建统治的压迫，就和一些有知识的、前进的人参加了新军学校，进了云南讲武堂，我们曾利用了这个新军学校的力量，参加了推翻封建社会的斗争。"

朱德第一次报考云南陆军讲武堂时，没有被录取，原因在于，云南陆

云南陆军讲武堂（1912年改称云南陆军讲武学校）主楼旧址。1909年冬至1911年夏，朱德在这里学习军事，并且加入中国同盟会，参加革命活动（历史图片）

军讲武堂只招收云南籍的学生，而朱德是四川人。朱德在报考登记表中，籍贯一栏填的是四川仪陇，所以没有被录取。后来，一位川籍军官建议朱德先到滇军当兵，再考云南陆军讲武堂。因为云南陆军讲武堂招生章程有一条规定，凡云南部队中的下级军官或士兵，可以通过保荐进入讲武堂学习。朱德在去滇军第十九镇（相当于师）当兵前，进一步了解到当时因滇越铁路通车，滇政府希望讲武堂多招一些滇南籍的学生和下级军官及士兵，以备将来守卫滇南边陲。另外，朱德当时的房东肖老奶老家是滇南的蒙自。于是，朱德在入营登记表上将自己的籍贯填为云南省临安府的蒙自。

朱德到滇军以后，由于文化水平较高，又上过高等的体育学堂，军事技能基础很好，自己又能吃苦耐劳，样样事情都很努力，所以得到上下一致好评。经过较短期军营生活后，朱德很快升任队部司书生。1909年秋，朱德由于军事训练成绩优异，工作努力，由当时他所在的步兵标（相当于步兵团）的标统（相当于团长）罗佩金推荐，再次报考云南陆军讲武堂。这次报考时，朱德在籍贯上填的是云南省临安府蒙自，结果被录取了。几经周折，朱德终于在1909年11月，走进了云南陆军讲武堂的大门。

朱德后来在延安同威尔斯谈到当年被云南陆军讲武堂录取时的心情

第一章
"投笔从戎去，刷新旧国风"

说："我的志愿老想做个军人，而这个讲武堂恐怕是当时中国最进步、最新式的了。他（它）收学生很严格，我竟被录取，非常高兴。"

云南陆军讲武堂分为甲、乙、丙三个班，步、骑、炮、工四个兵

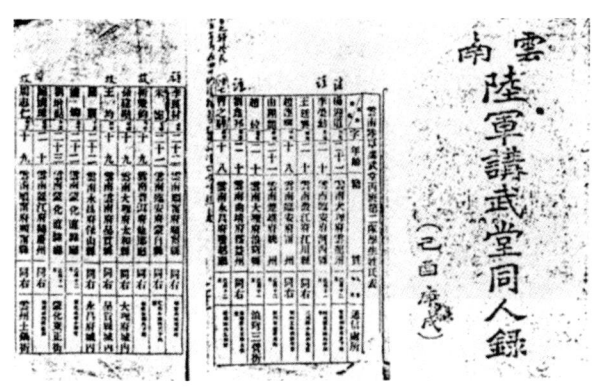

朱德在云南陆军讲武堂学习时的同人录，他填写的籍贯是云南蒙自（历史图片）

科。甲班招收滇军第十九镇中的管带、督队官、队官等；乙班招收滇军巡防营中的管带、帮带、哨长、哨官；丙班招收贡生、廪生、秀才、普通中小学堂学生以及识字的健壮青年。讲武堂学科和术科所使用的军事教材，多是依照日本士官学校的教材改编而成。课程分三类：普通学科包括国文、算术、代数、几何、英文、历史、地理、伦理、器械等；普通军事学科包括步兵操典、射击教范、工作教范、野外勤务、图上战术作业、沙盘作业、实地测绘等；专门军事学科包括战术学、地形学、筑城学、交通学、军制学、卫生学、马学、兵器学等课程。朱德被录取编入丙班二队，学习步兵科，学制一年。上半年学习普通学科和普通军事学科，下半年学习专门军事学科。

朱德进入云南陆军讲武堂学习，简直是如鱼得水，快活极了。他说："这时候我学习得很舒服，又没有什么挂虑，家嘛离得老远，也没有亲戚朋友，这可以说是一个特别专心学的时期。"他的同班同学杨如轩回忆说："朱总在讲武堂时给我印象最深的就是他刻苦好学，哪怕休息时间，他都用来看书或锻炼身体。"由于朱德刻苦学习，深入钻研，所以他的学科、术科成绩都名列前茅，成了云南陆军讲武堂的高才生。

朱德指挥队伍时，动作干净利索，喊口令时声音洪亮，为全校之冠。每当遇到外国领事到云南陆军讲武堂来参观，总办李根源总是从学生中指令朱

云南陆军讲武堂是中国近代一所著名的军事院校,原系清朝为编练新式陆军,加强边防而设的一所军事学校。建立时与当时天津的北洋陆军讲武堂和奉天的东北陆军讲武堂并称三大讲武堂,后与黄埔军校、保定陆军军官学校齐名(历史图片)

德和朱培德两人出来指挥,同学们一时称他们为"模范二朱"。

应该说,云南陆军讲武堂是当时中国最先进的军事学府。但是,学校里也有让朱德不高兴、看不惯的事,这就是长官可以任意打骂学生。有一次,一个学生集合迟到了,长官上去就打了他两个耳光;另一次,一个学生不会做一个技术动作,长官就训斥他,并罚他立正站到下课。朱德看到这些情况,心里非常不满,他总在想:长官是人,学生也是人,为什么长官要打骂和侮辱学生呢?

朱德是一个好学生,不但善于观察,还善于思考,找出问题的实质。他认为,这种不合理、不平等的现象必须纠正。他觉得自己的看法没有错,于是,冒着风险去找总办李根源。

李根源很喜欢这位出类拔萃的高才生,仔细地听着朱德反映的情况。

朱德说:"学校里强调'开明专制,绝对服从'。既是专制,还能有什么开明?既然要绝对服从,当兵的岂不成了长官的奴隶?我认为应该根除长官任意打骂、侮辱学生的现象,以人道主义的待遇对待普通士兵。"

李根源想了一会儿,觉得朱德说得有理,赞许地说:"我同意你的主张!"

从此,学校里就再没有发生过任意打骂和侮辱学生的事情了。云南陆军讲武堂的平等、民主、开明的风气得到提倡。

第一章
"投笔从戎去，刷新旧国风"

当时的云南陆军讲武堂成了云南革命党人开展革命活动的基地。清政府对此有所警觉，代表着守旧势力的云南提学司叶尔恺暗中拉拢部分教官和学生，秘密监视学堂的各种活动。

有一次，朱德得到了几期由云南同盟会

朱德和他在云南陆军讲武堂学习时的老师李根源交谈（历史图片）

主编的《盟报》和《云南杂志》。白天挤不出时间阅读，朱德只好每天熄灯后躲在被窝里，用手电筒照着读。一天晚上，朱德正躲在被窝里看《盟报》的时候，一个外号叫"田螺精"的教官，鬼头鬼脑地朝朱德床边走来。"田螺精"是反动提学司叶尔恺派到讲武堂的走狗。他听到有人告密，说朱德每天熄灯后躲在被窝里看进步书刊。于是，"田螺精"利用夜间查铺的机会，想从朱德身上抓到把柄，以此来压制同盟会的革命活动。

朱德对"田螺精"早有戒备，听到房门有轻微响动，就把《盟报》塞到被褥底下，侧过身子装睡着了。"田螺精"走到朱德床前，见他枕头上放着一本书，悄悄地拿起来，用手电筒照着书面，原来是《孙子兵法》。"田螺精"气得把书往朱德床头一扔，灰溜溜地说："熄灯了，不准看书。"

第二天早操后，一个同盟会会员问朱德："昨晚是怎么回事？"朱德笑着回答说："这种人，长得像个猴精，其实比猪还蠢。"

在云南陆军讲武堂一年多的学习生活中，给朱德印象最深、刺激最大的，是滇越铁路通车的事。修建滇越铁路，是法帝国主义在1898年迫使清政府签订的不平等条约的内容之一。他们这样做，目的就是便于侵略中国的云南、广东、广西各省。法帝国主义的侵略行径和清政府的腐败无能，激起了全国人民的极大愤怒，地处斗争前线的云南人民纷纷起来集会、游行，坚决反对铁路通过平原繁盛区，坚决不为法帝国主义当铁路工人，坚决不许法国派兵来保护铁路。法帝国主义被逼无奈，不得不跑到山东、河北一带招收工人，不得不把铁路线改由山区通过。尽管人民群众不断地抗议，但滇越铁路还是通车了，法帝国主义还要大张旗鼓地在昆明车站举行隆重的通车典礼。

一个星期天的早晨，讲武堂里突然紧急集合。朱德预感到今天可能发生了什么大事。果然，学堂总办李根源全副戎装登台讲演，激昂慷慨地对全体学员说："同学们，法帝国主义已将铁路修到了昆明，今天上午要在车站举行通车典礼。这里是我们的领土，我们堂堂中华大国四万万同胞，竟受欧罗巴小国的宰割。耻辱啊！腐败的清政府快要把我们国家的主权出卖完了，再不起来革命不行了。"

1911年春，朱德（前排左一）和云南陆军讲武堂丙班步兵科部分同学合影（历史图片）

第一章
"投笔从戎去，刷新旧国风"

　　李根源哽咽得说不下去了。会场上每个人都眉头紧锁，心上都压着一块大石头。

　　李根源环顾大家，大声说："今天，我希望你们都到车站去看一看，回来每人写一篇文章，谈谈你们的感想。"

　　昆明火车站人山人海，人们怀着气愤的心情聚集在那里，等着观看火车的到来。

　　朱德和几个同学挤到前面，却被荷枪实弹的绿营兵挡住了。绿营兵的后面，站着一排端着步枪的法国兵，趾高气扬，不可一世。不一会儿，清朝的总督点头哈腰地陪着法国领事走来了。那几个西装革履的法国人，在月台上昂首阔步地走着。

　　这时候，远处传来了汽笛声，车站上立即奏起了欢迎曲。黑色的机车拖着长长的车身缓缓地驶进了昆明站。车头两边，各站着一个穿红礼服、戴高帽子的法国兵。车头的上方，并排插着法国的三色旗和中国的黄龙旗。

　　朱德只觉得脚下的土地在颤抖，心里像被毒蛇咬了一样感到绞痛。站在朱德身边的一个同学忍不住哭了起来。朱德和其他几个同学也跟着哭了起来。

　　帝国主义修的铁路像一根粗大的吸血管，已经插进我们祖国的内脏里了；紧接着，满载着荷枪实弹的侵略军也坐着火车开到我们的国土上来了。朱德想得很多：帝国主义列强亡我之心不死，中国人必须起来与他们斗争！

　　从那以后，朱德的眼前经常闪动着那一幅幅屈辱的画面。他时常默默地提醒自己："学好本领，雪耻救国！"

　　从车站回来不久的一个傍晚，朱德正在教室看书。突然一个同学走到他的面前，轻声地对他说："看什么书？"

　　朱德抬头一看，来人正是那天在车站上放声大哭的那位同学，便热情地回答说："课余时间，随便看点书。"

　　那位同学轻轻地点点头，又小声地问他："你听说过孙中山先生领导的同盟会吗？"

朱德回答说："听说过，我还一直在找它呢！"

"找到没有？"

"还没有。不过我相信终究会找到的。"

那位同学的眼前一亮，笑着说："朱德同学，今天你算找到了。"

朱德蓦地一惊，急忙把两只滚烫的手伸了过去。

这是共同努力、并肩战斗的伙伴啊！这是同志的手啊！朱德加入了当时最先进的组织——同盟会，他的思想又大大地前进了一步。

朱德自从秘密加入同盟会后，政治热情更加高涨，视野更加广阔，思路更加开阔。他不但读了很多国内出版的进步书刊，而且还阅读了美、意、日、俄有关政治改革的书。在同盟会的教育下，朱德逐渐成长为一个既有民主主义和爱国主义思想，又有坚实的军事素质的革命军人了。

朱德后来在回忆这段生活时说："我一心一意地投入了讲武堂的工作和生活，从来没有这样拼命干过。我知道我终于踏上了可以拯救中国于水火的道路，满腔热忱，觉得中国青年着实可以使高山低头，河水让路。"

这时的朱德，满心希望中国能成为一个独立的国家，不再受帝国主义的欺侮；一个统一的国家，团结得像一个人一样；一个民主的国家，人民不再受封建专制的统治；一个进步的国家，人民生活逐渐走向富裕和幸福。

重九起义，五华山上树红旗

1911年8月，朱德从云南陆军讲武堂特别班毕业，被分配到由蔡锷领导的新军第十九镇七十四标第二营左队当副目（相当于副班长），后任司务长，开始了他长达60余年的戎马生涯。

第一章
"投笔从戎去，刷新旧国风"

朱德利用工作上的便利条件，积极而巧妙地完成了同盟会交给他的一项任务——在士兵中宣传保路运动，宣传同盟会的纲领，为云南的武装起义创造条件。在当时，做这项工作是相当危险的，暴露了是要杀头的。但朱德有办法。他发现队伍里哥老会成员很多，四川老乡也挺多，于是便秘密参加了哥老会，利用这两种身份去开展工作，在士兵中间撒下了革命的种子。朱德后来说："当司务长一个月，士兵就运动到手上来了。"

1911年10月10日，同盟会在武昌起义，辛亥革命爆发。这胜利的消息，极大地鼓舞了云南的革命党人，他们加紧了响应起义的准备工作。清朝的云贵总督李经羲知道这个消息

在云南昆明时的朱德（历史图片）

后，十分恐慌，便一方面在总督府内外修筑工事，调集卫队营来保卫总督衙门；另一方面秘密逮捕革命党人，清洗军队中的"不可靠"分子。在这紧要关头，蔡锷等人果断决定在10月30日举行武装起义。

10月30日这天，正值农历九月初九重阳节。预定起义的日子到了。但临时发生了一件意外的事情。这天晚上9时左右，驻守昆明北校场的第七十三标士兵正在为准备起义而抬运子弹时，遇到北洋派的值日队官查究，情绪激昂的士兵开枪打死了这几个军官，起义就提前发动了。这部分起义军攻入昆明北门，进攻五华山和军械局。正在巫家坝布置起义的蔡锷，听到北校场已经发动，立刻下令第七十四标也提前出发攻城，宣布云南起义。

起义军浩浩荡荡地从巫家坝向省城进发。25岁的朱德被指定接替所在连的队官（连长）职务。他走在整个队伍的前面，英姿飒爽健步如飞，两只炯炯有神的眼睛闪着坚定而自信的目光。他一面快步前进，一面不时地回头招呼部队："跟上！不要掉队！"队伍像一支利箭，直向敌人的心脏射去。

突然，前方传来一阵马蹄声。跑来的人向蔡锷报告："我奉总督之命，前来向将军报到，协助将军清剿叛匪。"原来，总督李经羲根本不知道蔡锷就是起义军的首领，还以为是他的心腹呢。蔡锷冷笑道："谁是叛匪？我们就是要灭满兴汉，缔造共和。你大概也是汉人吧，那就跟我们一起干吧。"来人大吃一惊，知道大势已去，只好跟着起义军走了。

午夜12点，朱德率领的起义军先头部队来到省城东南门。根据事先的秘密约定，城里的革命党人立即把门打开。这时，朱德从地上一跃而起，命令部队："跑步进城！"在城内一片纷乱的枪声中，起义军像一把犀利的尖刀插入城内。昆明城内已成了一个紊乱不堪的世界，到处是枪声、火光，敌人都乱了套，东奔西跑。朱德带着部队甩开零散敌人的纠缠，风驰电掣般直插总

在昆明的总督府旧址（历史图片）

第一章
"投笔从戎去，刷新旧国风"

督衙门。

云南总督衙门坐落在昆明城南门内，五华山南麓。衙门四周高墙矗立，墙内外修有坚固的工事，还有两个营的兵力和两个机枪连守卫。朱德早就秘密结识了这个卫队营营长李凤株，并且通过他了解到反动当局捕杀革命党人的罪恶计划。眼下，两军相遇，是争取卫队营站到革命方面来的最好时机。

朱德让士兵们向衙门里喊话："卫队营的弟兄们，站过来吧，让我们团结携手，共同消灭李经羲。"

喊话起了作用，但有几个李经羲的亲信还想顽固抵抗。李凤株火了，立即下令："把那几个家伙抓起来！"接着，便带领全营向起义军交了械。朱德旋即带领士兵冲到总督衙门高墙下，打开大门，冲进了总督府。经审问俘虏，得知李经羲慑于起义部队的威力，早已化装潜逃了。第二天，朱德在四集堆的一个姓萧的巡捕家里抓住了他。这个往日里不可一世的云贵总督，被捕时像一条丧家犬一样浑身直打哆嗦。

农历九月初十拂晓，敌人的重要据点总督衙门被起义军攻破。最后，只剩下一个标的敌军，据守在五华山上的武侯祠，负隅顽抗。这时，李根源所率的步兵七十三标和云南陆军讲武堂起义师生，从四面包抄上来，激战三四个小时，终于夺下了军械局。敌军第十九镇统制钟麟同被击毙，总参议靳云鹏化装逃走。起义军攻克军械局后，缴获了大批武器，枪弹得到大量补充，士气越战越旺。蔡锷将军亲临战场，指挥起义军集中火力杀向五华山。霎时，五华山上枪炮声、喊杀声连成一片。这时，朱德率领新兵连从四集堆把李经羲押回城里，关押在起义军总司令部后，又率队杀向五华山。

战斗一直持续到农历九月初十晚上，起义军全歼五华山守敌。这时，红日在东边山上高高升起，起义军官兵会师于五华山上。五华山上旌旗林立，迎风招展。

当天，被俘的云贵总督李经羲，为了活命，只得分别写信给滇东镇守使夏豹伯、滇南蒙自关道尹龚心湛等，要他们停止抵抗，缴械投降。就这样，

李经羲，安徽合肥人。1909年任云贵总督，云南起义中被捉，获释遣送出境（历史图片）

云南40多个清朝的边巡防营共1万多人便放下了武器。几天之内，云南全省便兵不血刃地改换成了共和旗号，宣告光复。

至此，云南重九起义宣告完全胜利。云南是武昌起义后第五个起义响应的省份，也是西南各省中第一个独立的省份。

农历九月十一，起义军成立了云南军政府，推选蔡锷将军为都督。在五华山的云南军政府楼顶，飘扬着五色共和旗帜。

云南重九起义是一个重大的历史事件。50年后，朱德回忆起参加重九起义的情景时，满怀激情地写下了光辉诗篇：

同盟领袖是中山，推翻清室争民权。
起义武昌全国应，废除帝制几千年。

云南起义是重阳，下定决心援武昌。
经过多时诸运动，功成一夕庆开场。

生擒总督李经羲，丧失人心莫敢支。
只要投降即免死，出滇礼送亦权宜。

靳逃钟死人称快，举出都督是蔡锷。
五华山上树红旗，出师两路援川鄂。
……

云南起义的伟大壮举，震撼了清王朝。清政府计划向革命力量反扑。在清军进攻武汉以前，端方率领的清军已进入四川，四川总督赵尔丰仍在血腥地镇压四川人民。云南军政府决定遣师北上，援助四川起义军。蔡锷将军派出两个梯团（相当于旅），共八个营的兵力，挥师入川。

援川的滇军，于12月中下旬顺利地攻克了叙府和自流井。这时，朱德升任为连长，不久，四川宣布独立，军政府在成都成立，援川军返回云南。关于这次援川战斗，朱德写有这样的诗句：

忆曾率队到宜宾，高举红旗援弟兄。
前军达到自流井，已报成都敌肃清。

"四大金刚，朱德第一"

辛亥革命后，复辟和反复辟的斗争非常激烈。1912年3月，袁世凯窃取了中华民国临时大总统职位。1915年，袁世凯接受日本帝国主义灭亡中国的《二十一条》，公然宣布复辟帝制。全国人民义愤填膺，掀起了护国讨袁的爱国运动。

1915年12月，领导过云南重九起义的蔡锷将军秘密回到昆明，组成了"护国军"，起兵讨袁。当时，滇军步兵第10团团长朱德，正在中越边境的蒙自、个旧一带剿匪平乱。他听到袁世凯宣布恢复帝制，感到异常气愤。一天，朱德接到一封急信。拆开一看，原来是蔡锷将军在昆明签署、颁发护国讨袁起义的密令。朱德惊喜地看完密令，好像从黑暗中重见曙光。他立即通知革命意志坚定的军官开会，宣读了护国讨袁誓词：

拥护共和，吾辈之责。兴师起义，誓灭国贼。
成败利钝，与同休戚。万苦千辛，舍命不渝。
凡我同人，坚持定力。有渝此盟，神明必殛。

12月25日，朱德率领起义官兵，打起护国军大旗，浩浩荡荡地向昆明进发。朱德到达昆明后，见到了蔡锷，并参加了组建护国军的参谋会议。在这次会上，朱德被任命为护国军第一军第三梯团第六支队支队长，负责组织一个新兵团，待命出师四川，护国讨袁。

这时，倒袁救国的革命风暴席卷全国。以孙中山为首的革命党人，继续高举民主革命旗帜，坚持"武装讨袁，永除帝制"的革命道路。云南护国军第一军、第二军挥师出滇。朱德在蔡锷将军的指挥下，率队由昆明出发，浩浩荡荡地第二次进入四川，投入护国运动之中。

袁世凯得知蔡锷已由昆明入川，吓得坐卧不宁。1916年年初，袁世凯任命曹锟为总司令，张敬尧为前线总指挥，调动数万所谓的"征滇军"，企图拦击和消灭当时只有几千人马的护国军第一军。

2月上旬，护国军开进到川南纳溪，便遇上了堵截的北洋军，在棉花坡展开了激烈的争夺战。

棉花坡，位于长江和永宁河之间，江河沿岸是连绵的山峦，与泸州隔江相望。张敬尧妄图借助棉花坡天险，阻击护国军攻占川南要

1915年10月，参加反袁护国运动前夕，朱德（左）与同学在昆明合影（历史图片）

镇泸州。由于征滇军在这里有相当坚固的设防，再加上武器精良，护国军的几次进击都未能奏效。

初战能否取胜，对部队士气影响很大，这是所有的指挥员都懂得的。这一天，护国军第一军总指挥蔡锷将军亲临纳溪前线，调整部署，任命朱德为第三支队指挥官。蔡锷之所以这样做，是因为他坚信朱德是个难得的将才。

蔡锷的望远镜里出现了征滇军的阵地朱坪山和朝阳观，这两个山头都有重兵把守。蔡锷观察了许久，而后指着一个制高点对朱德说："必须想办法拿下那个制高点。"朱德毫不犹豫地点头说："我保证，明天早晨，我将在那个制高点上向您报告胜利的消息。"

夜里，一支由80多人组成的敢死队，在朱德的率领下悄悄地出发了。队伍神不知鬼不觉地来到离征滇军工事三四十米的地方。朱德命令士兵们潜伏下来，等待征滇军入睡。

渐渐地，工事里发出了一阵阵沉重的鼾声。朱德忽地从地上站了起来，高喊一声："打！"顿时，敢死队员们雄狮般地扑了上去。这突如其来的冲击，把昏睡中的征滇军吓呆了。他们来不及穿衣服，来不及找枪，四处溃散。

这是一次成功的奇袭，敢死队员们全歼了山头上的守敌，燃起了一堆熊熊的大火，向蔡锷总指挥报告：久攻未克的制高点终于拿下来了。一直伫立在指挥所阵地上的蔡锷，这时才高兴地坐了下来，兴奋地对身边的总参谋长罗佩金说："朱德是我们护国军的骄傲啊！他应该得到最高的奖赏！"

拿下了制高点，使整个棉花坡战役发生了重大转机。征滇军虽然还据守着朝阳观等阵地，但却都处于护国军的枪口之下。张敬尧恼羞成怒，命令征滇军疯狂反扑。于是，一场持久而残酷的阵地争夺战开始了。此后的每天，从黎明到傍晚，双方间的争夺战不知要打多少次。在那反复争夺的日日夜夜里，朱德指挥着他的士兵凭借着制高点这个小小的舞台，演出了多场威武雄壮、有声有色的活剧！"不管打什么仗，只要按照朱支队长的命令行动，一定能打赢。"通过无数次战斗的经验，士兵们越来越佩服朱德的军事才能。

战斗无休止地持续下去。蔡锷分析了纳溪战场的形势之后，决定护国军暂时休整。不久，又开始了反攻。

3月16日晚，也就是朱德和护国军官兵在棉花坡与敌激战的第38个夜晚，朱德和营以上军官聚集在指挥所里，研究作战计划。3月17日，激战开始了。朱德率领支队发起了进攻。长江和永宁河之间，顿时枪声四起，杀声震天。护国军如猛虎下山，直向征滇军扑了过去。朱德命令敢死队队员们冲向敌人的碉堡，敌人吓得有的丢枪逃跑，有的跪在地上投降。北洋军阀吴佩孚吓得早就化装成商人逃往重庆。朱德率领护国军乘胜追击，杀向棉花坡。棉花坡守敌慌忙北渡长江、南渡永宁河，四处逃跑。这时，蔡锷指挥护国军主力全面反攻，驻守在宜宾、泸州一带的北洋军节节败退。朱德攻占棉花坡后，立即率军占领了纳溪和泸州。胜利的捷报传遍了川南城乡。

纳溪这一仗，打的是一场真正的人民战争。护国军每到一处，都注意向群众做宣传，晓以护国大义，并且对当地居民秋毫无犯，因而得到广大群众的支持。群众自动前来运送弹药、修筑工事、挑水送饭，照顾伤员。一次，一个放牛的小孩来向朱德报告说，他知道敌人的炮兵阵地在哪里。朱德当即派了一支部队跟随这个孩子，迂回包抄到敌炮兵阵地附近埋伏。当正面战场上两军激烈战斗时，埋伏在敌炮兵阵地附近的队伍突然发起冲锋。敌人措手不及，丢下大炮就四散逃命了。奇袭的部队就地放起一把火。护国军见敌后起火，知道奇袭成功了，便立即向正面的敌人发起全面攻击。敌军腹背受击，全部被歼。

纳溪之战前后共打了40多天，朱德和他的士兵们一直战斗在最前线。朱德以卓越的军事才能，采取出奇制胜、以少胜多、猛攻急逼、速战速决的战术，打得北洋军丢盔弃甲，溃不成军。赫赫有名的滇军就是在这次战役中打出了威风。朱德的名字也从此威震敌胆，广为传颂，被誉为滇军的"四大金刚，朱德第一"。

纳溪战役的胜利震动了西南各省，西南各省反袁运动的高涨更震撼了全国。不久,袁世凯的亲信,四川督军陈宦、陕西督军陈树藩、湖南督军汤芗铭,先后宣布独立。6月6日,众叛亲离的袁世凯,在全国人民的一片唾骂声中,一命呜呼。第二天,黎元洪宣誓继任中华民国大总统。同时,朱德支队奉蔡锷之命进驻泸州。护国运动宣告结束。

正在泸州整训队伍的朱德,风趣地对部下军官说:袁世凯罪有应得,我们护国起义胜利,给他灌了一剂"二陈汤",最后,一命呜呼。真是人人欢喜,个个称快。

护国运动结束后,朱德在四川泸州驻防,担任护国军团长(历史图片)

护国军第一军与北洋军在泸州、纳溪的战斗,是护国运动中具有决定意义的一次战役。护国军在十分困难的情况下,以少胜多,屡建奇功,粉碎了北洋军"不可战胜"的神话,对推动全国人民反袁斗争高潮的形成起了巨大的作用。朱德曾兴奋地写道:

中华灵气在仑山,威势飞扬镇远关。
史秽推翻光史册,人权再铸重人间。
千秋汉业同天永,五色旌旗映日殷。
多少英才一时见,诸君爱国应开颜。

朱德在护国运动中的表现是很突出的，纳溪战役初步显示了朱德的指挥能力。同时，这几个月艰苦卓绝的战斗，也大大提高了朱德的军事才能。

30年后，吴玉章在庆祝朱德六十大寿的文章中，对朱德在护国讨袁中的卓越功勋给予了高度评价："你是护国之役的先锋队，泸州蓝田坝一战，使张敬尧落马，吴佩孚、曹锟手足无措，袁世凯胆战心惊，终将袁氏帝制倾覆，保存了中华民国之名。"朱德自己后来说过："打大仗我还是在那时学出来的。我这个团长，指挥三四个团、一条战线，还是可以的。"

朱旅长救民于水火

由于朱德在讨袁护国运动中功勋卓著，因而在战争结束后不久，被委任为靖国军第二军第十三旅旅长，驻防泸州、南溪、自流井一带，担负清剿川

护国军重要成员合影。后排右一为朱德（历史图片）

第一章
"投笔从戎去，刷新旧国风"

南土匪、维护社会治安的重任。

朱德决心剿灭川南土匪，为民除害。川南百姓看到朱德部队张贴的剿匪告示，拍手欢迎。朱德在剿匪斗争中，十分注意依靠当地乡民，进行军民合剿，并经常深入乡间调查情况，掌握匪情，还制定了分化瓦解股匪的政策。当时，泸州地区有一匪首，外号叫陈大眉毛，手下有近千名部众。朱德给他写了一封信，派人送给他，劝他弃恶从善。陈大眉毛看了朱德的信后，招集所有人，痛心地说："朱旅长是仗义之士，我不忍心与他作对。你们要打算回家的，发给大洋两块。"当场有几百人表示愿意回家。不愿回家的，不久也跟着陈大眉毛离开泸州从军去了。

1918年的春耕时节，朱德接到宜民镇民众来信反映：连日来，镇里窜来一帮乱兵，自称滇军，说是朱旅长派来帮助镇里清乡的，要求各家各店送鸡献鸭，出钱捐款。朱德愤慨地说："这帮匪寇，竟敢冒充清乡队。匪寇不除，百姓无宁日。"

当天，朱德带领一连人，赶到宜民镇。部队悄悄地住下后，朱德命令部分士兵化装成当地农民，在田里干活。黄昏时分，一股乱兵大摇大摆地走下山来，对正在田里干活的农民喝道："我们是清乡队，你们有钱出钱，有粮出粮。"朱德的十几个便衣士兵分成两部分，一部分走在乱兵前面，另一部分跟在乱兵后面。趁乱兵不注意时，大家抓住了这些乱兵。

根据乱兵的口供，朱德决定将计就计，由被俘的乱兵引路，朱德带一排人化

1916年时的朱德（历史图片）

装成挑夫，假装给乱兵送粮。结果，朱德的士兵将藏在山洞里的乱兵全部抓获。自此，全镇的秩序有了保障，农民复耕，学生复课，商人开业，大家安居乐业。

1918年5月，朱德率领部队来到匪患猖獗的况场。5月21日，正逢况场集日，一群土匪身背大刀、短枪，肆无忌惮地在大街上逛来逛去。他们有的在茶馆里喝茶，有的在酒馆里喝酒。中午时分，朱德派出几名便衣，大步走进一家茶馆，掏出手枪对准正在赌钱的土匪头子戴步洲和文安全，大声说："我们是朱旅长的部队，奉命来况场捉拿你们。"话音一落，两个匪首就被捆走了。

第二天上午，朱德率部将况场包围得水泄不通。朱德登上一个高台，向乡民发表演说，号召民众起来，大胆揭发检举匪徒。朱德还明确宣布了"歼首要，赦胁从，缴械投诚者免死，仍给枪价"的政策。

在这一带，最大的匪首就数陈子光了。陈子光盘踞在一个岩洞里，拒不投降。朱德下达了最后的命令："不投降就坚决消灭！"可是，这股土匪躲在岩洞里，任你喊话也好、打枪也罢，就是不出来。朱德观察了一会儿，命令机枪班封锁洞口，另派几名勇敢的士兵从岩洞顶端攀滑而下，在洞口烧起辣椒，往洞里灌烟。土匪们被熏得受不了，只好往外突围，正碰到朱德部队的枪口上，都被消灭了。

歼灭了这股土匪，朱德的部队又在忠信乡把另一个匪首周富

1918年2月，朱德（后排左一）参加在四川自流井（今属自贡市）召开的滇军第二军军官骨干会议后，和与会的金汉鼎、杨如轩等八位将领的合影（历史图片）

第一章
"投笔从戎去，刷新旧国风"

云抓住了。周家急忙去搬他们的亲戚穆炳银来说情，愿意以巨款把周富云赎出去。这一天，穆炳银以乡绅的身份，坐着滑竿神气十足地来见朱德。朱德问明来意，冷笑两声，说："你竟敢包庇土匪，因此对你也就不客气了。"说罢，手一挥，命令士兵们将穆炳银和周富云一块儿拉出去枪毙了。

从况场刮起的这一股剿匪旋风，席卷了忠信、崇义、宜民三乡，震撼了人们的心灵。老百姓兴高采烈，庆幸太平日子很快就会到来；而那些为非作歹的匪徒则东躲西藏，日夜不安，更多地选择了争取宽大的道路，缴械投降。一天，一度误入歧途的徐焕廷双手捧着一支枪，来到旅部。朱德问他："你为什么要当土匪？"徐回答说："我是被土匪抓到山上去的，不让我回来，没有办法，我只好待在山上。"朱德通过调查，得知徐焕廷确实没干过什么坏事，就说："你过去也是个规矩人，土匪抓你去挑东西，你不该同他们同流合污。今后你要真心实意地改恶从善，回家去吧！"徐焕廷向朱德深深地鞠了一躬，把枪放在地上，轻快地走了出去，回家种田了。

1918年，朱德（前排左二）与靖国军同事、云南陆军讲武堂同学金汉鼎（前排左一）、杨蓁（前排左三）、范石生（前排左四）、刘介眉（前排左六）、兰馥（前排左七）等在泸州合影（历史图片）

朱德（前排左三）和滇军部分将领在昆明合影（历史图片）

经过一段时间的紧张战斗，川南地区的匪患荡平，百姓安居乐业。当地民众为了颂扬朱德剿匪的功绩，纷纷要求为他立德政碑。1918年9月中旬，泸县忠信镇乡民在朱德当年经常与乡民攀谈的金狮坝路边，立了一座2米高、0.5米宽的青石碑。碑的正面刻着"救民水火"四个大字，碑上镌刻着这样一段碑文：

仪陇朱旅长玉阶，勇于治匪。自奉令清乡，不阅月而匪焰息。回忆吾泸自去夏至今春，受匪患最深，而忠、崇、宜三镇尤甚。忠信介崇、宜之间，为匪集中地，故被害益烈。今者士民安靖，无异畴昔，果谁之赐欤？其于旅长又焉能已于言也。因镌"救民水火"四字于石，以垂不朽。为旅长颂，且志吾痛焉。

忠信阁镇士民恭颂

中华民国七年九月中浣立

1918年12月4日，泸县宜民镇民众在当年朱德驻防时常与百姓交谈的玉真河凉亭附近的况场路边，为朱德建造了一座高2米、宽1米的碑。碑正面镌刻着"除暴安良"四个大字。碑文为：

靖国第二军二十三旅兼四川下南清乡司令官朱大人玉阶德政

第一章
"投笔从戎去，刷新旧国风"

> 除暴安良
>
> 宜民全镇人民同建
>
> 中华民国七年十二月四号谷旦

如今，这两座德政碑，依然屹立在泸州大地上。

放弃高官厚禄，36岁加入中国共产党

从1916年到1920年的五年间，朱德率部一直镇守在泸州。五年的时间虽然不算太长，可是朱德却经历了护法战争和军阀混战两个时期。仗是打了不少，苦也受了不少，可是结果呢，不仅没有能够挽救革命，重建共和，反而陷入了军阀割据的混乱局面。大军阀以"武力统一"相号召，小军阀以"保境安民"为借口，在各个帝国主义的支持下，争夺权力和地盘。混战无休止地进行着，人民依然生活在水深火热之中。

面对此情此景，朱德茫然了。他经常在想：当初自己下决心投笔从戎，原来是想找到一条拯救祖国、解放人民的道路。但是近几年来，特别是护法靖国以来军阀混战的事实，证明这条路是走不通的。他越来越怀疑自己再这样干下去还有什么意义。他感到迷惘，不知道今后的道路该怎么走。

希望与失望、追求与彷徨，复杂的心情交织在一起，使朱德处于苦闷之中。美国女作家艾格妮丝·史沫特莱在记述她采访朱德时写道："谈到他这一段时期的生活，朱德感到很别扭，这是一个充满了屈辱和犯罪感的时期，他开始抽鸦片了。"

1919年的五四运动，使朱德的思想发生了重大的转折。"五四"风暴猛

烈地荡涤着中华大地。北京学生的爱国行动影响到泸州，川南师范学校、泸县中学的学生们拥上街头，举行游行。商人们把出售日货视为耻辱，纷纷将日货销毁。朱德当时正驻扎在泸州。作为一个立志救国救民的爱国将领，朱德十分支持学生和商人的行动。他在泸县中学向学生们发表演说时进一步指出："抵制日货固属当举，而徒恃抵制，不提倡国货，非根本之法。"他提出两个办法：一是合股开办国货贩卖所，二是开办自己的工厂。国货普及了，自然可以有效地抵制外货。

同一时期，大量的进步书刊传到泸州，朱德从这些书刊中接触到马克思主义、无政府主义等种种思潮，大大打开了眼界。他对这些新思潮产生了浓厚的兴趣。在好友孙炳文的帮助下，他开始用一种新的眼光去探寻中国的前途。

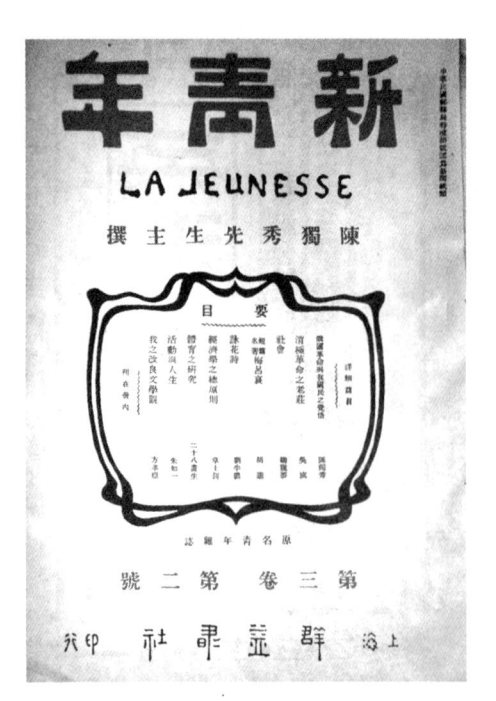

1920年5月，战火再次在四川猛烈地燃起。滇军总司令唐继尧为了控制四川，无视入川滇军将领的劝阻，尽力排挤不愿由他任意摆布的四川督军熊克武，以"阻挠北伐"为借口，发动了"倒熊"战争。朱德身不由己地继续被卷入混战的旋涡之中。在"驱逐客军，川人治川"的口号下，川军各部在熊克武的主持下联合起来，共同对付滇军，人数几倍于滇军。而滇军兵饷无援，处于孤立境地，不久即被川军击败。滇军不得不全部退出川境。朱德率余部退回云南后，驻扎在滇北的昭通。

朱德阅读了一些进步杂志，陈独秀主编的《新青年》就是其中之一（历史图片）

滇军这次在四川的失败，完全

是唐继尧对外扩张的错误政策所造成的。将领们对唐继尧极为愤慨，商议要推翻唐继尧在云南的统治。朱德对这次讨唐行动是同情和支持的。他同孙炳文商定，让孙炳文先去北京，他准备在推倒唐继尧后，再前往北京同孙炳文会合，两人一同到国外去考察学习。

不久，滇军部分将领开始倒戈反唐，发出了逼唐离滇的通电。朱德也在电文中列名。不久，唐继尧见大势已去便避居香港，顾品珍就任滇军总司令，控制了云南的军政大权。

朱德对这种军阀混战的局面感到彻底绝望，提出了辞去军职、离开云南的请求。但他的朋友和同事们再三挽留，要他留下来为巩固新政权效力。朱德同他们有着多年的袍泽之谊，只好暂时不走，但他并没有放弃出国考察学习的念头，公余时常去昆明育贤女子中学，向英文教师学习英语，做出国留学的准备。

1922年，云南政局又发生了一次人们没有预想到的重大变动。出亡香港的唐继尧趁滇军奉孙中山之命北伐的机会，纠集在广西的滇军旧部，突然向昆明发动进攻。唐继尧回到昆明，重新掌握了云南军政大权。3月27日，唐继尧对朱德发出通缉。朱德等被迫逃离昆明，经滇北渡金沙江，绕至四川会理，在5月中旬回到南溪。住了几天后，朱德又启程前往重庆，准备出川去北京找孙炳文一同出国。

这一次逃亡对朱德来说并不是不幸的，倒是成了他走上新的革命道路的转折点。他后来回忆说："借着唐继尧的毒手，将封建关系替我斩断。"本来，朱德回云南后一直在打算离滇出国。顾品珍的失败和唐继尧对他的通缉，使他能更加无牵无挂地从原来的黑暗环境中摆脱出来，踏上一条新的生活道路。

朱德到重庆后，受到川军第二军军长杨森的热情款待。杨森以师长一职相挽留，但朱德表示自己决心出国，婉言谢绝了杨的请求。1922年6月初，朱德乘船离开重庆，顺流而下，不久即到达上海。在一位旧友的帮助下，朱德住进了法国租界内的圣公医院，把大烟戒掉了。7月初，朱德乘火车赶到北京，在宣武门外一所宅院里见到了阔别两年的孙炳文。他们整日整夜地谈着，谈到中国共产党成立一年来中国革命所发生的根本性变化，谈到在全国各地掀起的大规模罢工热潮，谈到中国共产党组织领导的第一次全国劳动大会。他们感到中国共产党是中华民族的希望所在。朱德高兴地说："中国共产党是一个反帝反封建的党，正是咱们跑遍了大半个中国所要寻找的啊！"他们商议，应该去拜会中国共产党的领导人陈独秀。可当时陈独秀正在上海，于是，他们决定再次去上海。

不久，朱德第二次来到上海，见到了孙中山。孙中山比朱德大12岁，是朱德从青年时代起就十分景仰的革命先行者。对于孙中山先生坚韧不拔的革命精神，朱德是十分敬佩的。但是，十多年的亲身经历，使朱德对孙中山希望借助一部分军阀去打倒另一部分军阀的做法已不抱希望。因此，当孙中山建议朱德重回滇军工作，组织驻贵滇军，讨伐广东军阀陈炯明，并答应可先付给军饷10万元时。朱德表示自己已决心出国学习，婉言谢绝了孙中山的建议。孙中山又向他建议，如果要出国学习，不如到美国去。朱德诚恳地回答说："我们愿意到欧洲是因为听说社会主义在欧洲最强大。"孙中山最后同意了朱德的意见。

几天后，朱德又在上海闸北的一所房子里会见了中国共产党中央执行委员会委员长陈独秀，向他提出了入党的要求。像朱德

青年时期的朱德（历史图片）

第一章
"投笔从戎去，刷新旧国风"

这样在旧军队中有着很高地位的人要求参加中国共产党，这在以前是不曾有过的。陈独秀说："要参加共产党的话，必须以工人的事业为自己的事业，并且要时刻准备为它献出生命。像你这样的人，就需要长时间的学习和真诚的申请。"这一次会面中，陈独秀的冷淡态度给朱德留下了痛苦的回忆。陈独秀没有答应朱德的入党要求，使他只能把希望寄托到国外去寻找拯救中国的道路。

1922年9月，朱德乘法国邮船离开了上海，开始了去欧洲的旅行。这时，朱德已经36岁了。在同行的人中，他和孙炳文的年龄是最大的。

邮船经过中国香港、西贡、新加坡、孟买、科伦坡、地中海，经过40多天的航行，终于在法国南部的马赛港停靠。当天，朱德和同伴们换乘火车到巴黎。他们在巴黎一个中国商人家里住了下来。在这里，他们得到一个渴望已久的好消息：旅欧留法勤工俭学学生中，最近建立了"中国共产党旅欧总支部"，负责人是一个名叫周恩来的留学生，目前他正在德国柏林。朱德兴奋极了，同孙炳文一起急忙乘火车赶到了德国的柏林。

一天傍晚，朱德和孙炳文来到柏林瓦尔姆村皇家林荫路周恩来住处的门前。此时此刻，朱德的心情是惊喜和兴奋交织在一起，但心里又有些忐忑不安。他想：周恩来会热情接待我吗？会不会对我投以怀疑的眼光呢？会不会也因为我在旧军队中的经历而把我拒之于门外呢？

门开了，迎接他们的是一个英

1922年9月上旬，朱德离开上海前往法国。他认为，"在先进的欧洲可以找到救国救民的方法"（历史图片）

姿勃发、面目清秀、两眼炯炯有神的青年。他请他们进屋坐下，然后关切地询问："请告诉我，有什么事需要我来帮忙吗？"周恩来热情的问候，一下子驱散了朱德心头的疑云。面对这个比自己小12岁的青年，朱德激动地讲他怎样逃出云南，怎样会见孙中山，怎样为寻找自己的新生命和中国革命的新道路而来到欧洲。他恳切地提出了自己的请求，希望加入中国共产党，表示一定要好好学习，努力工作，为共产主义事业而奋斗终生。

周恩来认真地听着，不时地点点头。朱德从周恩来那亲切关注的目光中，感到了从未有过的信任和支持。听完朱德的叙述，周恩来非常高兴，认为像他这样一位在推翻清王朝的资产阶级民主革命中有重大贡献，毅然抛弃高官厚禄，远涉重洋来积极寻找革命真理的人，完全可以成为一名无产阶级的先锋战士。于是，周恩来满腔热情地接受了朱德的请求，同意同张申府一起，介绍他加入中国共产党。

1922年11月，经过国内党组织的批准，朱德光荣地成为中国共产党的正式党员。从此，在中国共产党的名册上，又增添了一个光辉的名字——朱德。从此，朱德获得了新的政治生命，走上了为共产主义事业而奋斗终生的道路。沿着这条道路，他走了半个多世纪，一直走到生命的最后一息。

/第二章/

"学一辈子也不会够"

◎青年朱德喜欢读进步书刊和史书,史书中尤喜研读兵书和政论文章。后来他对安娜·路易斯·斯特朗说:"学习运用游击战和多变的战法,我在中国1000多年前写的古典名著《三国志》里曾找到过最好的教材。"

阅读古籍，也读新书

人的生命是短暂的，而知识的积累却是无穷无尽的。古人说："吾生也有涯，而知也无涯。"历史上的有识之士，都致力于求知求学，把有限的生命投入无限的学习中。

朱德同志的一生，就是在不倦的学习和工作中度过的。他常说："一个革命者如果不好好学习，就不能获得必要的知识去为人民服务。而不能很好地为人民服务，还算个什么革命者呢。"

由于世世代代贫困，朱德家祖祖辈辈没有一个识字的人，饱受着没有文化的痛苦。朱德说："我是一个佃农家庭的子弟，本来是没有钱读书的。那时乡间豪绅地主的欺压，衙门差役的蛮横，逼得母亲和父亲决心节衣缩食培养出一个读书人来'支撑门户'。"

1892年，朱德6岁，老人把他们兄弟三人送到本姓家族办的药铺垭私塾就读。朱德在学生中的年龄最小，但他聪明肯学，记得的字最多。朱德从《三字经》学起，读完了《大学》《中庸》《论语》，还读了《孟子》的一部分。

后来，朱德转入丁家私塾读书。两年时间里，他除读完"四书"，还读了《诗经》和《书经》，并且开始学作对联。

不久，朱德到了席家砭私塾，在那儿断断续续读了八年书。私塾老师席聘三先生历经沧桑，饱尝过人世间的种种辛酸，对历史十分熟悉。他思想开明，又是个很有骨气的人，喜欢纵论古今，抨击时弊，很有见地，"把做官的人常常骂得狗血淋头"。他说："皇帝就是那样，好人不用，有也是例外的。"

第二章
"学一辈子也不会够"

提起帝国主义侵略中国，他更是满腔义愤，常说，"人不做事业，没什么作用"，"要能做事，才能救世界。不能救世界便没有路"。朱德称赞他"是个周身叛骨，朝气蓬勃的评论家"。

朱德随席聘三读书，从10岁到18岁，这正是一个人成长过程中的重要时期。他对席聘三先生十分尊敬，所以受席聘三的影响是很大的。这时的朱德"已经懂得问国家事"了。席聘三先生痛恨恶势力和追求救国救民真谛的精神，以及他那强烈的民族感情，深深地感染着朱德，使朱德的眼界开阔了，使他的思想在几年里"慢慢开展了"。他后来回忆说："在当时充溢着的思想，就是'富国强兵'。我们晓得做'富国强兵'的事，没知识不行。"

在席家砭私塾里，朱德读完了"五经"，还涉猎了一些史籍。后来他回忆说，在那个时期，只要学生想学什么东西，席先生就给他们讲什么东西，"四书、五经也讲，诗、词、歌赋也讲，还有《纲鉴》、'二十四史'"，以后还教朱德《左传》。因此，朱德能把四书、五经、《史记》贯通起来。由于朱德聪明又肯学习，因而经常得到席聘三的夸奖。

在这几年里，朱德不但广泛地阅读古籍，还利用各种机会广泛地阅读了戊戌变法后出版的新书，如地理、数学等。朱德在同学中有个最好的朋友叫吴绍伯，年纪比他大，出身书香门第，家里有书房，书很多，还有个常跑成都的人给他带些"新学"书籍回来。吴绍伯就把这些书借给朱德看。于是，"新学"书籍成了朱德经常的课外读物。他抓紧时间拼命阅读，用他自己的话说，"我们借光了"，"吃了便宜"。朱德读了大量的新书，眼界开阔了。

朱德从1896年入席聘三执教的私塾读书，直到1904年离开。最后一年，还得到席聘三的同意，住在他家里，只交100斤米作为伙食费。席聘三先生的教育，不但为朱德后来喜欢读书、爱好作诗打下了良好基础，更重要的是，在席先生的启蒙、引导和现实生活的教育下，朱德幼小的心灵中开始萌发出朴素的爱国主义思想，有意识地关心国家的前途和民族的命运了。

爱读史书，推陈出新

青年朱德喜欢读进步书刊和史书，史书中尤喜研读兵书和政论文章。后来他对安娜·路易斯·斯特朗说："学习运用游击战和多变的战法，我在中国1000多年前写的古典名著《三国志》里曾找到过最好的教材。"

1916年至1920年年底，朱德在川南驻防五年。战事之余，朱德购置了大批进步书籍，并购置了不少历史书籍，从中汲取了丰富的知识营养。

1917年，朱德与陈玉珍结婚后，在泸州家中布置了一间精致的书房，虽然面积不大，却显得洁净典雅。几把精致的木椅依墙而立，几盆兰花置于四角花架上，一张书桌临窗而放，存有"二十四史"的书架搁置于南端，整个书屋显得清新别致，充满着书香气息，真是一个读书的好地方！朱德自己对这个环境也很满意，尽管军务繁忙，仍千方百计地挤时间读书。一有闲暇，他便待在家里，手不释卷。

孙炳文任朱德旅部咨议期间，他们经常在一起讨论救国救民的话题。朱德大量阅读了孙炳文介绍给他的《新潮》《新青年》《向导》《每周评论》等进步刊物，还读了陈独秀的《吾人最后之觉悟》《法兰西人与近代文明》、李大钊的《联治主义与世界组织》、蔡子民的《劳工神圣》、孟真的《社会革命——俄国式的革命》《万恶之源》、高语罕的《论青年与国家的前途》、谭鸣谦的《论哲学、科学、宗教等关系》、达尔文的《进化论》及卢梭的《社会契约论》等。这些书刊对朱德走上革命道路产生了很大的影响。

通过学习，朱德接受了《青年杂志》提倡的"改造国民思想、讨论女子问题、改造伦理观念、提倡文学革命"四种主张和《每周评论》提出的"主

第二章 "学一辈子也不会够"

张公理、反对强权"的思想。

1919年发生的五四运动风暴猛烈地涤荡着中华大地,这场运动把马克思主义和俄国十月革命介绍到中国来。不久,泸州第一个学习进步思想小组在朱德家中成立了,主要成员有朱德、孙炳文、朱德的老同学军需参议戴与龄等人。朱德的书房便成了这一地区有自由思想的人们的聚会场所。后来朱德回忆说:"我们在泸州布置了一间精致的书房,在那里看书和讨论读过的书籍。在俄国十月革命的思想及其关于种族和民族平等的宣言传遍中国以后,我们也搜寻有关这类题材的书籍或小册子,并且订阅了《新青年》和《新潮》等杂志,同家人一道阅读讨论。""封建的社会习惯在四川还很顽固,在泸州也不例外。可是我的妻子和我,还有我的朋友们,对它全力攻击。我们像西方知识分子那样组织聚餐会,男人和妇女以平等的地位交往,我们的学习小组以这种形式开展新思想的辩论。"

朱德读书有一个特点:喜欢读史书。朱德勤奋好学,喜欢收藏图书。他购置并阅读了大量的经史子集,至今泸州市图书馆还保存着1596册朱德的藏书。其中有朱德当年专门托人从上海商务印书馆买回的一套"涵芬楼二十四史",除《梁书》《新五代史》缺外,其余还存有690册。另外,还有《四部丛刊》53部文集,共476册,以及其他文集、藏书430册。他在自己的藏书上都盖了"仪陇朱氏藏书之印"和"德字玉阶"两枚印章。

在史书中,朱德尤其喜欢读《孙子兵法》这样的兵书。他不但喜欢研读像《孙子兵法》这样的著名兵书,还喜欢研读《史记》《汉书》《三国志》这类包含着许多典型战例的史书。朱德在读有关战争的史籍时,善于从研究战争入手,从战争的胜负和敌对双方军事实力的消长中总结战争的基本规律。他擅长学习和借鉴古代军事家治军作战的理论和方法。朱德从这些书中,吸收了中华古代文化中的军事辩证法思想。年轻时的熟读兵书,使得朱德日后成为军中名将,一代元勋。

在朱德早年读过的书中,目前发现眉批较多的是《史记》和《三国志》

两部书。眉批用蝇头小楷写成，字迹工整，言简意赅。由此可见朱德读书之认真。

朱德在读《三国志·魏书·武帝纪》中记述曹操"开芍陂屯田"时，作了"留薪办法"的眉批，认为曹操当年大规模屯田以解决军粮问题实在是一种远见卓识，这可以说是曹操得以战胜群雄、统一北方的关键因素。曹操是有名的军事家和政治家，开荒屯田的举措给青年朱德留下了深刻的印象。多年后，他终于将这一举措应用于解放区的大生产运动中，在实地考察南泥湾的基础上，向党中央提出了屯田垦荒的建议，党中央由此作出了"开垦南泥湾"的著名决策。

孙策原是袁术的部将，但后来却能称雄一方，实力远远超过其他诸侯，及至到了孙权主政，居然发展到"三分天下有其一"的局面。这一由小到大、由弱到强的实例引起了朱德深深的思考。在读到"（初平四年）孙策受袁术使渡江，数年间遂有江东"这一句时，朱德对孙策、孙权向江南扩大地盘，积蓄力量后发制人的策略加以肯定，在旁边眉批："乱世有大志无力者，

1942年4月，朱德（右三）、贺龙（右四）在八路军第三五九旅旅长兼政委王震（右二）的陪同下在南泥湾视察（历史图片）

均远避，养力以待，后多成功。"当读到"（建安十八年）刘备袭刘璋，取益州，遂据巴中"这句时，朱德认为，刘备建立根据地比曹魏、孙吴都晚了近20年，十分可惜，如果刘备能早得汉中，后来的局势也许会是另外一个样子。对此，朱德眉批道："此时方得根据地，可谓差矣。"

朱德认为打仗就要打正义之仗，不义之战不得人心。打仗要有理有义，理直则气壮，战斗力会大大增强；理曲则气衰，战斗力会大大减弱。他非常赞赏"师直为壮，曲为老""得道多助，失道寡助"的古训。在读《史记·秦本纪》时，对秦穆公不听忠言、执意出兵郑国而最终导致失败很是感慨，认为这就是"师屈（曲）为老"，既然"师出无名，焉得不大败"！曹操在力量十分弱小的情况下敢于倡议举兵讨伐势大却失人心的董卓集团，朱德对此尤为欣赏，认为"成大事者起兵以义"。尽管曹操等出师不利，朱德仍然批道："敢战者成功，不敢战者不成功。"朱德对三国时期杨仪公报私仇，杀魏延并诛其三族很反感，写下了"军人不能与人有私仇"的眉批。

有些史实，前人的看法已成定式，可是朱德却能推陈出新。他善于从那些历史事件中展开深入思考，从不同的角度观察历史事件，得出颇有新意的结论。"夷陵之战"是中国历史上著名的战例。古往今来，人们在读到此战时，无不生发许许多多的感慨。这许许多多的感慨，主要是针对"以少胜多"的事实而发。这是一种很有代表性的心态，人们惯于从"以少胜多"中去总结一些作战的规律和法则，甚至于为此役而击节叫好。可是，青年朱德却从另一个角度，提出了一个新的价值判断。他眉批道："权、备当时人杰也，两相斗意气也，知其不可斗而斗之，逞一时之小忿也。小不忍则乱大谋，曹之灭蜀吴，是吴蜀之自亡也。"可见，朱德对刘备、孙权意气用事，不以大局为重而互相逞能争斗的做法很不以为然。当忍则忍，当让则让，顾全大局，服从大局，这是一个宝贵的原则。

从上述读史眉批中，可以看出朱德很善于从古代军事力量的兴衰成败中总结经验教训，而且有其独到之处。

青年朱德不单是一位军人，他还有着远大的政治抱负。这从他早年的读书兴趣中可以看出。他喜爱读政论文章。像贾谊的《治安策》、晁错的《守边劝农疏》等政论文章，他都百读不厌。贾谊、晁错等既是著名的政治家，又是颇有造诣的文人学士，朱德对他们的文章十分景仰。贾谊、晁错写的文章很深奥，要读懂这样既有深厚的文学修养又有创见的文章，必须下功夫去细细琢磨。从这些政论文章中，朱德以史为鉴，从中体会治理国家、兴利除弊的历史经验和教训，受益匪浅。

朱德在读史书时，十分注意学习古人的优秀品格。他常以历史上的仁人志士为榜样，并用这些榜样来激励自己上进。《三国志·魏书·三少帝纪》中记载有何晏讲的这么一段话："善为国者必先治其身，治其身者慎其所习。所习正则其身正，其身正则不令而行；所习不正则其身不正，其身不正则虽令不从。"有感于此，朱德在旁写道："人人皆宜，不必人君。"朱德非常钦佩那些忧国忧民、舍身忘家的英雄。当他读到西汉名将霍去病慷慨激昂的名言"匈奴未灭，无以为家"时，情不自禁地在旁边手书"军人格言"四个大字。这力透纸背的四个大字，令我们强烈地感受到那历史久远的年代里，一个投笔从戎、血气方刚的青年，有着多么豪迈的英雄气概和雄心壮志。

朱德十分注意学习中国传统文化中的优秀成果，《诗经》是我国最早的诗歌总集，分为"风""雅""颂"三类，其写作手法有"赋""比""兴"三种。那时的采诗官每年都要到民间收集各地的诗歌，名之为"采风"。因而，《诗经》中的不少诗都表达了劳动人民的生活体验和喜怒哀乐。朱德从《诗经》中得到不少启发。劳动人民勤劳勇敢、质朴谦逊、任劳任怨的精神，给朱德以深深的影响，他由此看到了一个民族生生不息的精神动力是一个民族振兴的希望所在。因此，在读《诗经·召南》时，朱德写下了"勤而无怨，必能兴邦"，表达了他立志于学习劳动人民的勤劳美德，以振兴中华民族的志向。中华传统文化中的优秀美德早已植根于他的心中，由此我们就不难理解，为什么朱德一生能坚持不懈地做到"勤""俭""朴"。

第二章
"学一辈子也不会够"

在读魏三帝本纪后,朱德对历史上守业者不珍惜前人成果,养尊处优、坐吃山空的行为颇多感慨,由此引发了他对"得天下"与"守天下"、"创业"与"守业"的历史难题的思考。以往很多朝代和政权由盛而衰,其失误也在于没能处理好这两者的关系。朱德认为:"历代创业之君艰苦备尝,事理政举,寿变永。继之者养尊处优,溺于嗜好,不知世之艰难,均以文理治之。长坐深宫,体力何由强?寿何能永?再继者寡妇孤儿掌大权,国不弱不乱者,鲜也!"

古往今来,任何一项事业的成败无不与其所用人才的优劣联系在一起。要想使事业成功,必得选择优秀的人才,善于发现人才、使用人才,以做到人尽其用。朱德在读史时,十分注意考察古代的用人问题,并从中吸取教训。《袁绍传》中记载,袁绍猜忌手下能人而不用,却让自己的几个儿子各据一州,结果引起袁家诸子自相残杀。袁绍是东汉末年最强大的地方豪强,手下原本有一些良臣武将,因为不善用人而终于导致衰亡。朱德读此,不禁拍案而起,慨叹道:"人才如此之多,而卒至于灭亡者,有才而不能用也。"他批评了袁绍的唯亲是举:"尽用亲戚子侄是如此家常事,以之享福则可,以之兵权焉有不自杀者?爱之甚,杀之甚也。"袁绍在官渡之战中,仗恃武器精良,兵强马壮,低估乃至轻视曹军,终于遭到失败。对此,朱德眉批道:"无能之将兵,恃器械而为雄,终不可恃。"朱德在衡量人才时,把人的道德品质放到一个突出的地位。他认为在用人时,应先考察其品格。在读《三国志》时,朱德批评曹操"尚才不尚德,乱平而人心丧尽","尚才不尚德,功成而民无生气矣"。这种见解也非常深刻。

总之,朱德从一系列史料和政论文章中,吸收了不少有价值的治军、治国、用人等思想,大大地培养了他作为政治家的素质。他由一个普普通通的农民的儿子变成一个泱泱大国的领袖,由一个旧式军官变成人民军队的统帅,可以说与他在泸州读史的经历是分不开的。

泸州读史是朱德读书生涯的重要片段。朱德的这段读书生活增长了知识，提高了他的分析能力。朱德对历史事件和历史人物的独到见解，给人们以很多的启发，雷英夫同志对此感受颇深。1943年，雷英夫有一次在朱德家里修改报告提纲，吃惊地发现朱德对《三国演义》熟极了，对诸葛亮、刘备、司马懿、孙权、周瑜、陆逊等都有深刻的分析。朱德说：诸葛亮被人神化了。他虽然很有本事，有许多高明的见解、干过许多惊天动地的大事，对蜀国有很大贡献，对后人有很多启发和教育，是一位了不起的历史人物，以至于广大人民群众都喜欢他，把他作为智慧的化身，当作无所不知、无往不胜的神人，但诸葛亮的错误缺点也很多，有些还很严重。以指挥作战来说，"六出祁山"就很笨。按照当时的情况，魏延建议孔明率主力出斜谷、魏延率兵出子午谷直插长安，两路人马夹击曹的意见是正确的。司马懿也是这种主张，说"若是吾用兵，先从子午谷径取长安，早得多时矣"。但诸葛亮不敢用此计，坚持只出祁山的错误主张，一而再，再而三，以致六出祁山，完全是顶牛阵，老一套。结果一事无成，打不开局面。论工作方法，诸葛亮有严重的事务主义，事无巨细，包办代替，只相信自己，不相信别人。结果自己累得要死，大家的积极性发挥不出来，事情也未办好。司马懿看准了诸葛亮的这一弱点，定下了和他打持久战（蘑菇战）的方针，说"孔明食少事烦，岂能久乎"，硬把诸葛亮拖死了。论用人，诸葛亮有宗派主义倾向，只喜欢顺从自己的人，听不得一点儿不同意见。这一点比曹操、孙权差多了，关云长、魏延、马谡都未用好，不该用的用了，不该杀的杀了，弄得后继无人……这些精辟的见解，雷英夫还是第一次听到。雷英夫回忆说：在此之前，我曾多次读《三国演义》，但都是随着书跑，把诸葛亮当神明，人云亦云，没有新鲜独到的见解。总司令的指点，使我如梦初醒，顿开茅塞。

　　读书，但又不随着书跑；勤于思考，勤于总结，这是朱德早年读书的特点，也是他一生读书的重要特点。

第二章 "学一辈子也不会够"

从柏林到莫斯科，理论水平快速提高

20世纪20年代初，朱德为寻求革命真理，抛弃高官厚禄到德国去留学。朱德到德国留学时，已经36岁了。初到德国，遇到的最大障碍是语言不通，既不能直接同德国人会话，又无法阅读德文书籍，而当地所能见到的马克思等人的著作多是德文版的。因此，在柏林的半年时间里，朱德把主要精力放在学习德文上，这对已经36岁的他来说，是需要有很不寻常的决心和毅力的。

尽管如此，朱德并不是整天把自己关在屋子里。他买了一张柏林地图，每天带着它出去走。沿路遇到学校、博物馆、画廊、啤酒店、餐馆，或是允许他进去的工厂，都要进去看看。他访问议会，浏览公园，参观教堂，走访普通人家。他还去看歌剧，听音乐会。那时的柏林，他几乎走遍了。朱德后来回忆这段生

1924年，朱德摄于德国哥廷根（历史图片）

活时说:"硬是走路,学德文也学得快,认识街道也快。""几个月后,我的德文程度就可以买东西、旅行、出街坐车了。这样一来,就比较舒服了。"这样,朱德就能用德语进行基本的日常会话了。

阅读德文书籍,比掌握一般会话更困难一些。朱德借助词典,一字一句地对照着书读。开始时速度很慢,但过不了多久,速度就快起来了。每逢节假日,别人都去逛大街或轧马路,他却一个人骑上自行车,带着一大摞德文书,到柏林郊外的布登湖畔去读,一读就是一整天。令同学们惊讶和叹服的是,朱德经过短短几个月的学习,就可以阅读德文版的《共产党宣言》了,大家都认为这是奇迹。其实,这哪里是什么奇迹,这里面包含了多少辛勤的汗水啊。正是凭着他的刻苦努力,朱德才克服了文字和语言不通的困难。从

盖奥尔格—奥古斯特大学是名牌大学,1924年3月,朱德在此入学哲学系,专修社会学(历史图片)

此，他如虎添翼，一发而不可收，认认真真地研读德文原著，如饥似渴地学习马克思主义的基本原理。在柏林求学期间，朱德所买的德文书已经存有几箱子。

1923年5月4日，朱德移居到德国中部的哥廷根。这个城市不大，当时有40多个中国留学生在此学习，其中四川人就有10多个。朱德住在文德路88号。这幢楼房的主人是一个在德皇军队中服务过的男爵，朱德选择住在这里就是为了可以请男爵向他讲述第一次世界大战中的战例、战法。他很重视自学，潜心研究国外的军事历史。他买了许多德文的军事书籍来读，包括一套有关第一次世界大战历史的报纸汇编，有一二十本。

朱德认为，学习知识要坚持不懈地努力，不能怕困难。他经常鼓励别的同学刻苦攻读。和他一起去德国留学的李景泌，在学习革命理论和技术知识方面碰到了困难，朱德就鼓励他说："不要紧的，困难是革命者的砺石。只有战胜一个个困难，才能学到东西。依我看，老师对学生要求严格一点，是好事。咱们中国不是也有'严师出高徒'的古训吗？好好学吧，尽可能把革命道理多学一点，将来回国后就可以大干一场。"

留德学生们经常组织讨论会，大体上每周一次，多半和旅行结合起来。大家相约到哥廷根郊外或附近的山冈上，三五成群，边走边谈。争论热烈时，索性席地而坐，各抒己见，畅所欲言。朱德年龄最大，阅历也很丰富，考虑问题比其他的年轻人更为透彻、现实。所以，很多留德学生都喜欢听朱德发表意见，尊重他的见解，佩服他分析问题有真知灼见。一次，在讨论问题时，许多人在谈到资本主义工业化的成就时，表现出赞叹之情。朱德却说："先进的科学技术固然是人类征服自然的成果，但是在资本家手里却变成了压榨工人血汗的桎梏。"他接着说："在我没有接触马克思主义以前，曾经认为，中国之所以备受东、西方帝国主义的欺凌，只是因为她贫穷落后；我还想过或许资本主义道路能够拯救中国。可是到德国这两年，我的思想转变了。中国确实贫穷落后，但是不改变中国半封建半殖民地社会制度，不打倒贪官污吏、土豪劣绅、军阀和帝国主义，中国将永远贫穷落后，任人宰割！"朱德的辩证分析，使大家一下子明白了深刻的道理。从那以后，留学生们讨论问题时，更加注意结合中国的实际情况来展开评论，收到了很好的效果。

那时，战败的德国社会正处于严重的动荡之中，社会主义思潮广泛传播，马克思主义的书籍很容易得到。朱德还认真学习了《马克思恩格斯通信集》、恩格斯的《社会主义从空想到科学的发展》、列宁的《共产主义运动中的"左派"幼稚病》《帝国主义是资本主义的最高阶段》、梅林的《唯物史观》、布哈林的《共产主义ABC》等著作，用马列主义武装了思想，从而立下了为共产主义奋斗终生的远大抱负。为了能理解马克思主义的基本原理，他还在大学里旁听了政治经济学和哲学。

朱德的学习态度很认真，做了不少读书笔记。他读的书，圈圈点点，密密麻麻地写满了批注。一个在哥廷根帮助他补习过德文的中国留学生回忆说："朱老很勤俭、谦和，有识度，读书很用功，书上写满了注解。"对他这种刻苦学习的精神，连接近他的德国同志都深为感动。他们说："一个中国将军到德国来学习马克思主义，这么刻苦，我们德国人难道不应该好好学吗？"

1925年1月，朱德回到柏林。这时，他以国民党驻德支部执行委员的身份开展工作。尽管他的年龄较大，过去有过较高的社会地位，但他给其他留学生的印象是：谦虚、好学、朴实、平易近人。朱德和留学生们一起印德文传单，改组留德学生会，组织追悼孙中山逝世的游行和集会。他们还办了一种油印刊物《明星》，每次印二三百份，许多具体工作都由朱德来承担。

1925年5月30日，上海发生了英国巡捕在南京路以排枪扫射游行学生，造成数十人死伤的五卅惨案。这个震惊中外的消息传到德国，激起了留德学生的极大愤慨，德国共产党组织开展了持续一个多月的支持中国的活动。朱德在一次游行中被柏林警察当局逮捕。在德国共产党领导人、国会议员、德国红色救济会负责人皮克的奔走下，朱德被短时间监禁后获得释放。7月4日，朱德离开柏林，乘船前往苏联。他后来回忆道："我从德国这样被赶出来，非常痛恨。不过，在这几年中间，脑筋思想都大大改变了。坐在帝国主义家里来看帝国主义倒是清楚一些。在研究马克思列宁主义方面也有很大的进步，我读过了很多这种书籍。在这休养时期、重新准备时期里，我把自己的思想、行动，都重新检讨了。现在想起来，那时的确是有很大的进步。"

到苏联后不久，朱德进入莫斯科东方劳动大学学习。他如饥似渴地学习、思考着，研读了许多文献、表册。他对着地图册，把每一个国家的位置、范围都弄清楚了，然后又下很大功夫对照统计表进行分析。这是一件十分枯燥而又有难度的事情。有的数字看上去一长串，而且还带着小数点，谁见了都会头痛。朱德却认为这些数字是分析问题的根据，如果没有了这些数字资料，分析得出的结论就失去了准确性。因此，朱德就抓紧一切可利用的时间，下功夫去记呀、背呀。

在莫斯科的这一年时间里，朱德除了参加大的宣传活动、劳动纪念节，很少到莫斯科的街道上去逛。一天到晚，他都把自己关在屋子里，不停地读

苏联莫斯科东方劳动者共产主义大学教学主楼（历史图片）

书、读书……

在列宁主义的故乡，朱德比较系统地学习了辩证唯物论、政治经济学、军事学，还有中国和世界的经济地理等，理论得到进一步的提高。几个月后，朱德又到莫斯科郊外一个村庄接受军事训练，学习城市巷战、游击战的战术。

1926年5月18日，朱德乘火车离开莫斯科，穿越西伯利亚到符拉迪沃斯托克（海参崴），再坐轮船，重返苦难深重而又正在奋起中的祖国。三年半的国外生活和学习，使朱德对于过去的中国革命为什么失败，现在的革命应如何进行等问题有了新的认识，这种认识使他的人生发生了重大的转折。他后来回忆说："认识了历史发展的规律，结合其他的研究和经验，我就找到了了解中国历史——过去和现在——的一把钥匙。"

在战斗的间隙里读书

回国后，朱德立即投入火热的革命斗争生活中。在那硝烟弥漫的战争年代里，朱德总是随身带着许多马列的书籍和报纸杂志。无论战斗多么频繁，工作多么忙碌，环境多么艰苦，他都要挤出时间来学习。朱德的时间抓得很紧，经常是白天行军、指挥作战，晚上在老乡的炕头上点起油灯学习到深夜。

朱德喜欢读书，在频繁的战斗间隙里，他从不放过一分一秒的学习时间。但在战争年代里，获得书籍和报刊是很不容易的。这时，康克清帮了朱德很大的忙。为了让丈夫多获得一些报纸和书籍，康克清想了许多办法。有时她从寄来的邮包中去寻找，有时到战友那儿去借，有时她甚至向中央领导同志求援。总之，只要能想到的办法她都想了，只要能做的事情她都做了。

第二章 "学一辈子也不会够"

此外,她还特别注意保存书刊和资料,她如同对待家珍一样,将它们妥善地保管起来,不使它们沾上尘埃。因为她知道这正是自己那嗜书如命的丈夫所渴望的东西。

1936年10月,红军长征到达陕北后,朱德暂时住在保安。在那段时间里,他埋头读了很多书,几乎连吃饭、睡觉都忘记了。后来他常对人说:"在保安住的那几个月,有时间好好坐下来读点书,真是再好不过了。"

朱德读书很专心,真正做到了聚精会神,忘寒忘食。1937年2月的延安,大地银装素裹,寒风刺骨,窑洞檐上结满了长短不一的大冰凌,冷风穿透门帘吹到屋里。炭火早熄了,可朱德却仍然像往常一样,全神贯注地看书,有时还要用笔圈圈画画。警卫员小贾为给朱德驱寒,重新把炭火烧旺,朱德竟然一点也不知道。

朱德为了读书,经常废寝忘食。为此警卫员很为他着急,怕影响了身体。有一次,快到开饭时间了,可朱德仍在津津有味地读着。警卫员几次催促他吃饭,朱德都不理。后来,警卫员只好做了一个假报告:"有人来找你汇报工作了。"这时,朱德才合上书,读书才告一段落。

朱德曾说:"读书,在我是一辈子最苦的。一直到现在,都没感觉一天是够过,太不够了——从也没懒过,只要有工夫就读,实在是因为小的时候没有书,想读读不到的困苦的关系。"是啊,对于一个嗜爱读书的人来说,最大的苦莫过于想读

1926年的朱德(历史图片)

读不到、想书却没书的困苦了。他一辈子好学不倦，却从未有过丝毫的满足。

1938年，八路军转战于华北敌后。凡是跟随朱德的人都可以看见，在朱德的坐骑上驮着一个袋子，里面装的不是吃的，也不是用的，而是许多书和报纸，就如同一个流动书架。行军途中休息的时候，朱德便从里面拿书或报纸来学习；要是停留在宿营地，他便把马袋子里面的书以及中央文件、延安来电等拿出来，放在手边，专心致志地学习起来。直到部队再次出发，他才又把这些"宝贝"装回他的马袋子。

1937年，朱德在延安给红军指战员做报告（历史图片）

在那战事频仍的险恶环境中，朱德就是靠着这个"流动书架"坚持读书学习，从未间断过。

1940年，朱德在太行山指挥对日作战，白天黑夜已经够他忙的了。忽然有一天，他听说政治部有个同志从延安带来了一本新翻译的《反杜林论》，就急忙借来看。过了一段时间，当他把这本书送还人家时，那位同志发现全书的每一行字下面，都用红铅笔画满了整齐的红杠杠。那位同志诧异地问："总司令，别人看书都是只在书中重要的句子下面打上红杠杠，你怎么从头至尾都打上红杠杠了呢？"

第二章
"学一辈子也不会够"

朱德感慨地说:"唉,上了几岁年纪(那年他54岁),眼睛有点不顶用了。晚上在菜油灯下看书,有些晃眼,书上的字又小,看着看着就串行了。后来我想了个法子,找了一个米尺压着书,画上红杠杠看,就不会串行了。不过这样一来,倒把你的书都画乱了。你不怪我吧?"他又笑着补充说:"这本书我读过不止一遍了。可总还有些地方读不太懂。有时看看,再想想;有时工作一忙,给打断了,等有时间了再接着看。看过的地方画上红杠杠,一翻书就知道上次读到哪里了。"那个同志当然不会责怪朱德,相反,倒被朱德这种认真学习的精神深深地打动了。

的确,朱德读书的精神是很感人的。艰苦的长征路上,太行山的密林里,延安的窑洞中,到处都留下了他刻苦学习的身影。他常常坐在一盏小油灯下,戴起老花镜,认真地阅读着,一学就是大半夜。就为这,警卫班的战士们常常在生活会上给他提意见,说他太不注意休息。对此,朱德总是笑着

朱德在东北视察途中阅读(历史图片)

说："我感谢同志们对我的关心和爱护，可是我要不抓紧时间学习，很快就会落伍的。我可不愿当一个落后分子！"马列主义和毛泽东的一些经典著作，如《共产党宣言》《反杜林论》《论持久战》等，朱德不知读了多少遍。朱德非常爱惜书，有的书皮破了，就用红布包起来。后来，在中国国家博物馆里陈列的许多朱德读过的书，成为教育后代的宝贵教材。

朱德常说："学习是我们党的传家宝。"他勤于学习、善于学习，他那刻苦钻研、孜孜不倦的劲头儿，在党内久负盛名。1940年6月，中央宣教部在延安杨家岭礼堂隆重举行大会，总结和表彰干部学习积极分子。朱德被评为"学习模范"，他戴着大红花站在主席台上谦虚地说："同志们说我是学习模范，老实讲，怕算不上。因为我小时候读了些'子曰''诗云'之类的东西，这些旧东西现在大部分要不得了。现在要重新学起，学新的马列的书，不学行吗？我只记住一句话：活到老，学到老，还有三分学不到。学无止境啊！……"他终生实践着这样的话。

一本《共产党宣言》，读了一辈子

中华人民共和国成立后，朱德身负重任，日理万机，但学习从不放松。他负责的工作面更宽了，很多新问题都摆在面前，需要了解很多方面的新知识。因此，他在学习上就更加勤奋了。他学习的范围很广，除了马克思主义、毛泽东著作，还要读哲学、历史、文学、科学技术等方面的书。他为了更好地领导我国的社会主义经济建设，同身边的工作人员一起联系我国的实际，认真学习政治经济学。他总是觉得自己应该学的东西太多，而能够用来学习的时间又太少。因而，多少年来，他不论是在办公室，还是在外出视察期间，不论是在招待所里，还是在火车、飞机上，甚至在生病休养的时候，都抓紧时间进行学习。他常对身边的人说："我要活到老，学到老。"一部《毛泽东选集》，他先后通读了9次。在1967年前后，他通读了中共中央规定的高级干部必读的32本马列著作，其中大部分读了两遍，并且写下了许多读书笔记。

有些人一进入老年，便会想："唉，老了！还挣扎个什么呀，歇歇算了！"可是，朱德却从没有这么想过。他说："人老了，说明剩下的时间不多了，应该抓紧时间，把应该学的东西赶快学完，把应该做的工作都做好，不然就来不及了。"他每天除了工作，大部分的时间都用在学习上。学习，成了他晚年生活的第一需要。

然而，朱德毕竟是进入老年了。他的眼睛有点昏花，看书很困难，他就让身边的工作人员或者孩子们读给他听。每次读书，他都听得很认真、很仔细。念到重要的地方，他就让重念一遍，或者让停下来，结合实际通俗地讲解。每次学习，一般都要持续两三个小时。有时正读到重要的章节，该开饭了，他总是说："等一会儿，学完这一段再吃。"周围的同志怕这样学下去会影响他的健康，多次要求他读书的时间不要过长，中间最好休息一下。他总是笑着回答："好！看情况吧！"但是下次再读书时，他又忘记休息了。

有这样一张照片，真实地记录着朱德不知疲倦的学习精神和对下一代的严格要求。

朱德在北京玉泉山看报（历史图片）

照片上是这样的：

朱德靠在沙发上坐着，头略微偏向一边，眼睛看着坐在他身边的小孙子手中的书。朱德的眼神是那么聚精会神，那样专注。坐在他身旁的小孙子，手中捧着一本毛泽东的书，眼睛注视着书上的文字，正认真地朗读着。

这是一个十分珍贵的照片。照片中祖孙二人那专心致志的学习情景让每一个看到照片的人都深受感动。

"文化大革命"开始后，朱德看到林彪、江青反革命集团歪曲、篡改马列主义毛泽东思想的罪恶行径，非常着急和气愤，他更加感到学习和传播革命理论的紧迫感。

1975年年初，中央决定开始对马恩著作的中文译本进行校正。成仿吾同志根据中央的指示，对自己1938年从德文译出的《共产党宣言》进行了严格的校对。经过一年努力，在各方面的帮助下，《共产党宣言》的新译本终于出版了。

1976年5月19日，朱德收到成仿吾送来的《共产党宣言》新译本，认真地对照旧译本，重新读了一遍。看书时，大号的字他还可以自己看，小号的字则只能由秘书念给他听。21日早晨，朱德告诉秘书，自己要去看望成仿吾。秘书打电话给成仿吾，告之这一消息。成仿吾一听，惶惑地回答说："不！不！这可使不得！总司令都90岁高龄了，怎么还能让他老人家来看我，我应该去看望他老人家嘛！"但是，不久，成仿吾就再次接到朱德的秘书打来的电话：朱老总一定要来。

上午9时，朱德来到中央党校，看望了成仿吾。两人见面，没聊上几句，话题就转到了《共产党宣言》的新译本上。朱德称赞成仿吾做了一件很有意义的工作："新译本通俗易懂，可以一口气读下来。有了好的译本，才便于弄懂马克思主义。"他指出，弄通马克思主义很重要，为了弄通，要有好译本。这个新译本很好，没有倒装句，好懂。他还说，若是不好懂，他是不能一口气看下去的。

第二章 "学一辈子也不会够"

朱德认为，做好这个工作有世界意义。他强调指出，这是根本性的工作，因为这部经典著作讲的都是一些根本问题，如阶级斗争问题、民族与国家问题、家庭与妇女问题等，都讲得很清楚。现在许多问题讲来讲去，总是要请教马克思、恩格斯，总得看《共产党宣言》是如何讲的。

朱德还详细了解成仿吾翻译工作的有关情况，问成仿吾有多少个助手，校译这个新译本花了多长时间。他说，我们队伍中老同志不多了，要多培养几个接班人，这个工作很重要。他还说要把成仿吾这里当个"点"，以后时常来看看。

"文革"后期的朱德（历史图片）

当成仿吾问到朱德的健康情况时，朱德说，中央对他照顾得很好，消化情况不坏，现在还每天坚持套着游泳圈在水里泡一泡。

临别前，朱德请成仿吾保重身体，成仿吾还陪朱德坐车环绕校园看了一遍。

谁能想到，一个多月以后，朱德便与世长辞了。他一生中接触的第一本马克思主义的经典著作是《共产党宣言》，他临终前最后读的一本马克思主义经典著作恰巧还是《共产党宣言》。朱德实践了自己的诺言：活到老，学到老,毕生为共产主义事业而奋斗。

朱德的一生是战斗的一生,学习的一生。他为革命而学,为民族独立而学,为国家昌盛而学。朱德勤奋好学的精神,尽人皆知,并一直为人们所传颂。

/第三章/

永久的记忆——朱德与他的家庭

◎恩格斯对爱情作了科学的概括,认为爱情就是"人们彼此间以相互倾慕为基础的关系"。朱德和康克清在长达半个世纪的革命历程中,相亲相爱,共同奋斗,谱写了一曲崇高感人的爱情之歌。

◎康克清回忆说:"我和朱德能组成家庭,也就是志同道合吧。当然,在许多方面,应该说我是他的学生。"

人生最大的遗憾：没能侍奉老母

朱德的母亲钟氏有着中国劳动妇女贤淑、忍耐、宽厚、善良、勤劳的美德。她体格强壮，整天不停地料理家务、纺纱、织布。朱德在对美国作家史沫特莱谈起他的母亲时说："她比一般妇女要高大一些，强壮一些，裤子和短褂上，左一块右一块都是补丁，两只手上伏显着粗粗的血管，由于操劳过度，面色已是黝黑，蓬蓬的头发在后颈上绾成一个发髻，两只大大的褐色眼睛充满了贤惠，充满了忧愁。""听说，我临出生的时候，母亲正在烧饭。还没等饭烧好，我就呱呱落地了。母亲生了我就立即起身，接着做饭。"

朱德的母亲的时间都花在繁重的家务上，没有更多的精力抚育孩子。幼年的朱德自小离开母亲的怀抱，在泥土里滚爬。但母亲的言行影响着他，那种伟大而平凡的人格力量使朱德一生受用不尽。

朱德离家参加革命后，一直没有机会回家乡去看望母亲。朱德深深地爱恋着自己的母亲，关注着故乡的一切。全国抗战爆发后的一年，四川闹灾荒，当他从来延安投奔革命的老乡那里得知情况后，非常挂念年迈的老母。在抗日战线的山西洪洞，悄悄地写信向在四川泸州的好友戴与龄求助。朱德在信中写道：

与龄老弟：

我们抗战数月，颇有兴趣，日寇虽占领我们许多地方，但是我们又去恢复了许多名城，一直深入到敌人后方北平区域去日夜不停地与日寇打仗，都天天得到大大小小的胜利……昨邓辉林、许明扬、刘万方随四十一军来晋……述及我家中近况颇为廖落，亦破产时代之常事，我亦不能再顾及他们。唯家中有两位母亲，生我养我的均在，均已八十，尚康健。但因年荒，今岁乏食，想不能度过此年，又不能告贷。我十数年来实无一钱，即将来亦如是。我以好友关系向你募贰佰元中币速寄家中朱理书收。此款我亦不能还你，请你作捐助吧。望你做到复我。

此候

近安

朱德

十一月二十九日于晋洪洞战地

戴与龄接信后，才知名震全国的八路军总司令竟如此两袖清风，连资助老母也是心有余而力不足。这位老同学感动不已，当即筹足 200 元，送到朱德的家里。

这封信后来在中国国家博物馆中保存。满纸质朴的语言，体现了革命者大公无私的坦荡胸怀，也深蕴着朱德对自己母亲博大深沉的眷恋。

钟氏在晚年知道自己的儿子担任了八路军总司令，但她仍不辍劳作，自食其力。她唯一之所求就是在余生之年能见上儿子一面，可因为当时正处于抗战时期，朱德身负重任，未能如愿。1944 年 2 月 15 日，86 岁高龄的钟氏离世而去。

朱德母亲逝世的消息传到延安。蔡畅在延安纪念三八妇女节大会上说，朱德母亲的模范行为是妇女界的光辉榜样，号召全体妇女学习她劳动终生和勤俭持家的精神。1944 年 4 月 10 日，延安各界 1000 多人举行了隆重的追悼大会。中共中央敬献的挽联上写着："八路功勋大孝为国，一生劳动吾党之光。"毛泽东献的挽联是："为母当学民族英雄贤母，斯人无愧劳动阶级完人。"刘少奇、周恩来等人同挽："教人成民族英雄，举世共钦贤母范；毕生

挥师出征的八路军总司令朱德（历史图片）

为劳动妇女，故乡永保好家风。"中共中央党校敬献的挽联为："唯有劳动人民母性，能育劳动人民领袖。"

朱德对母亲怀有很深的感情。朱德的母亲是一个普通的农家妇女，可是在她的身上却体现着所有劳动人民具备的美德。"母亲那种勤劳俭朴的习惯，母亲那种宽厚仁慈的态度，至今还在我心中留有深刻的印象。"

母亲去世后，朱德十分悲痛，他在百忙之中抽空写下《母亲的回忆》（入选《朱德选集》时改名为《回忆我的母亲》）一文，发表在1944年4月5日的《解放日报》上。

文章一开头写道：

"得到母亲去世的消息，我很悲痛。我爱我母亲，特别是她勤劳一生，很多事情是值得我永远回忆的。"

在《母亲的回忆》这篇著名的文章中，朱德用他平实、质朴的语言向世人描绘出一位中国劳动妇女的崇高形象。

母亲的勤劳给朱德留下很深的印象："母亲是个好劳动。从我能记忆时起，总是天不亮就起床。全家二十多口人，妇女们轮班煮饭，轮到就煮一年。母亲把饭煮了，还要种田，种菜，喂猪，养蚕，纺棉花。因为她身材高大结实，还能挑水挑粪。"作为一个普普通通的农村妇女，"母亲这样地整日

第三章
永久的记忆——朱德与他的家庭

劳碌着"。朱德从中深受教育，到四五岁时就很自然地在旁边帮母亲的忙，到八九岁时他不但能挑能背，还会种地了。朱德从私塾回家，见母亲在灶上汗流满面地烧饭，他就悄悄地把书一放，挑水或放牛去了。有的季节里，朱德上午读书，下午种地，一到农忙，便整日待在地里跟着母亲劳动。母亲"教给我许多生产知识"。这些生产知识，给朱德以很大的帮助。在以后艰苦的革命年代里，朱德不仅自己种瓜种菜，而且还将自己的生产知识教给身边的工作人员。"母亲最大的特点是一生不曾脱离过劳动。母亲生我前一分钟还在灶上煮饭。虽到老年，仍然热爱生产。"朱德赞美母亲的这种美德，实质上体现了朱德对于劳动人民的热爱，对劳动的热爱。

母亲的艰苦朴素是朱德学习的榜样。朱德出身佃农，"佃户家庭的生活自然是艰苦的，可是由于母亲的聪明能干，也勉强过得下去。我们用桐子榨油来点灯，吃的是豌豆饭、菜饭、红薯饭、杂粮饭，把菜籽榨出的油放在饭里做调料。这类地主富人家看也不看的饮食，母亲却能做得使一家人吃起来有滋味……母亲亲手纺出线，请人织成布，染上颜色，我们叫它'家织布'，有铜钱那样厚。一套衣服老大穿过了，老二老三接着穿还穿不烂。""她自己是很节省的。父亲有时吸点旱烟，喝点酒；母亲管束着我们，不允许我们染上一点。母亲那种勤劳俭朴的习惯……至今还在我心中留有深刻的印象。"朱德也由此一生都保持着劳动人民朴素的美德。

母亲宽厚仁慈的性格给朱德以潜移默化的影响。"母亲在家庭里极能任劳任怨。她性格和蔼，没有打骂过我们，也没有同任何人吵过架。因此，虽然在这样的大家庭里，长幼、伯叔、妯娌相处都很和睦。"朱德的性格和母亲一样。

朱德走上革命的道路，深受母亲的影响。"母亲同情贫苦的人——这是朴素的阶级意识，虽然自己不富裕，还周济和照顾比自己更穷的亲戚。"母亲"对穷苦农民的同情和对为富不仁者的反感"，"母亲沉痛的三言两语的诉说以及我亲眼见到的许多不平事实，启发了我幼年时期反抗压迫追求光明的思想，使我决心寻找新的生活"。

母亲对于朱德的革命事业积极支持。朱德参加新军和同盟会，"我母亲对我这一举动不但不反对，还给我许多慰勉"。母亲给朱德以精神上的力量。"母亲知道我所做的事业，她期望着中国民族解放的成功。她知道我们党的困难，依然在家里过着勤苦的农妇生活。"

朱德最后情深意切地写道："我应该感谢母亲，她教给我与困难作斗争的经验。我在家庭中已经饱尝艰苦，这使我在三十多年的军事生活和革命生活中再没有感到过困难，没被困难吓倒。母亲又给我一个强健的身体，一个勤劳的习惯，使人从来没感到劳累。""我应该感谢母亲，她教给我生产的知识和革命的意志，鼓舞我以后走上革命的道路。在这条路上，我一天比一天更加认识：只有这种知识，这种意志，才是世界上最可宝贵的财产。"

朱德把对母亲的爱上升为对人民的爱，对中华民族的爱。"母亲是一个平凡的人，她只是中国千百万劳动人民中的一员，但是，正是这千百万人创造了和创造着中国的历史。"对祖国母亲的爱，对劳动人民的爱，是爱的升华。"我用什么方法来报答母亲的深恩呢？我将继续尽忠于我们的民族和人民，尽忠于我们民族和人民的希望——中国共产党，使和母亲同样生活着的人能够过快乐的生活。这是我能做到的，一定能做到的。"朱德一生的革命活动确实实践了这一诺言。

《母亲的回忆》不仅叙述了母亲的人格力量，而且还叙述了朱德一家优良的家风，以及母亲对朱德一生的影响。这些在朱德一生的言行和他的家庭生活中都充分地表现出来了。

1966年11月，一位意大利记者访问了朱德。这位记者问道："你一生中，最大的遗憾是什么？"朱德回答说："我没能侍奉老母，在她离开人间时，我没有端一碗水给她喝。"

这是多么动人心弦的母子深情啊！

第三章
永久的记忆——朱德与他的家庭

47年的夫妻情

爱情是一种特殊的社会现象，是人类社会发展的产物，在人类社会生活中占有重要地位。它像一根红线，贯穿于恋爱、婚姻、家庭的全过程，被称为人生历程中的第二交响曲。在人类文化史上，古往今来，不知有多少思想家去研究它，不知有多少艺术作品讴歌它。恩格斯对爱情作了科学的概括，认为爱情就是"人们彼此间以相互倾慕为基础的关系"。朱德和康克清在长达半个世纪的革命历程中，相亲相爱，共同奋斗，谱写了一曲崇高感人的爱情之歌。

坎坷的前三次婚姻

朱德为民族为革命四处奔波，戎马一生，飘忽不定，因此他有过几次婚姻。他曾就他的婚姻情况对埃德加·斯诺的妻子、美国女作家韦尔斯女士说："至于我的私生活，我在参加共产主义革命以前结过两次婚。我的第一位（任）妻子早已去世，第二位（任）还活着。我的第一位（任）妻子生了一个儿子……我的第二个（任）妻子是师范学校的教师，天足，思想进步，同情革命。（与第一任）结婚的时候，我25岁、她18岁。我的第三位（任）妻子是1928年湘南暴动时和我生活在一起的，叫伍若兰。她被湖南（省）主席何键逮捕杀害了。我现在的妻子康克清是1928年（应为1929年）和我结婚的。"

1912年秋，朱德在昆明和萧菊芳结为夫妻。萧菊芳是一位新派女性，毕业于昆明师范学堂。他们两人是自由结合的，婚后萧菊芳继续求学，住宿学校，而朱德仍住在云南陆军讲武堂内，两人只有星期天才能见面。朱德后来回忆说："我们都是有许多严肃工作等待我们去做的革命者。"1916年，萧菊芳怀孕了，她特意从远道乘坐轿子赶到泸州前线投奔朱德。9月底，她生下一个男孩子，这个男孩子就是后来的朱琦。朱德十分高兴，给孩子取名保柱。此时恰逢蔡锷逝世，朱德陷入悲痛之中，他日夜操劳着蔡锷老师的丧事，几乎顾不上照看妻子和孩子。然而，祸不单行，萧菊芳染上了一种奇怪的热病，病魔无情地夺去了她年轻的生命，这使得朱德更加悲痛欲绝。但繁重的军务使他无法照料年幼的孩子，他只得将孩子托付给一个朋友。过了一段时间，他觉得把孩子长期托付给朋友也不是办法，但又不愿把孩子送回老家，他不想让孩子在一个封建的环境中成长，他希望孩子将来能上新式学堂，成为一个合乎潮流的人。

朱德陷入了丧妻的痛苦之中。一位国民党元老劝朱德再婚，理由是需要给丧母的婴儿找个母亲，对家庭来说也需要有个主妇。这时，朱德的朋友孙炳文向朱德介绍了自己的外甥女陈玉珍。陈玉珍毕业于四川南溪简易师范学校，参加过辛亥革命和讨袁护国运动。她思想进步，聪慧过人，知书达理，又非常温顺、贤惠，是一个典型的中国现代女性。两人见面后，就倾心相爱了。1917年的6月，朱德与陈玉珍结婚。这样，陈玉珍就成为朱德的第二任妻子。朱德后来回忆说："最吸引我的地方，大概是她的端庄、沉着和自信，此外，还因为她曾作为地下工作者参加过辛亥革命和1916年革命。她出生于一个小康读书人家，很早就和革命运动有了接触。我们在谈话之中，发现彼此都读过很多书，都爱好音乐。此外，还有许多共同的地方……"共同的理想、共同的情趣是结合的坚实基础。婚后，陈玉珍把家庭布置得简朴、新颖，而且非常干净，里里外外都是鲜花。她还非常爱朱德的儿子朱琦。

朱德与陈玉珍都爱好音乐。朱德喜欢吹箫、拉二胡，陈玉珍会弹琴，有时弹吹的是《牧羊曲》，有时弹拉的是《小夜曲》。清晨或傍晚，常常可以

第三章
永久的记忆——朱德与他的家庭

听到一阵阵悠扬的琴声和箫声从他们家飘出。他们都酷爱读书。在家里专门腾出一间房子，布置了一间精致的书屋，夫妻俩在那里看书和讨论问题。有时，他们还写些小诗和短文。两人的生活过得充实而甜蜜。

后来，朱德应杨森之邀请来到重庆，夫妻分别。此后，朱德为探寻救国救民真理，四处奔走，远涉重洋，夫妻俩再也没有机会团聚。

1937年9月，朱德在山西作战前线回信给陈玉珍时说："知道你十年的苦况，如同一目。家中支持多赖你奋斗，我对革命尽责，对家庭感情较薄亦是常情，望你谅之。"信中还将八路军平型关大捷的好消息详细地告诉陈玉珍，让她分享胜利的喜悦。

1937年11月，朱德写信给陈玉珍：

玉珍：

由南溪来信数封均收到，悉一切情形，又家中朱理书来信亦悉。许明扬近到我处，见面亦谈及家中情况。十年来的家中破产、凋零、死亡、流亡、旱灾、兵灾，实不成样子。我早已看到封建社会之破产，这是当然的结果。尚书死去，云生转姓，后事已完，我再不念及。唯两老母亲均八十，尚在饿饭中，实不忍闻。望你将南溪书籍全卖及产业卖去一部，接济两母千元以内，至少四百元以上的款，以终余年，望千万办到。至于你的生活，望你独立自主地过活，切不要依赖我，我担负革命工作昼夜奔忙，十年来坚（艰）苦生活，无一文薪水，与士卒同甘苦，绝非虚语。现时虽编为国民革命军，仍是无薪水，一切工作照旧，也只有这样才能将革命做得成功。近来转战华北，常处在敌人后方，一月之内二十九日行军作战，即将来亦无宁日。我这种生活非你们可能处也，我绝不能再顾家庭，家庭亦不能再累我革命。我虽老已五十二岁，身体尚健，为国为民族求生存，决心抛弃一切，一心杀敌。万望你们勿以护国军时代看我，亦不应以大革命时代看我。望你独立自主，绝不宜来前方，亦不应依赖我。专此布复。并望独立。

朱德

十一月六日

山西昔阳县

1927年南昌起义后，朱德率部向井冈山挺进，与毛泽东会合，创立了井冈山革命根据地。由于战争环境的险恶，交通及通信均不便利，朱德与四川老家完全失去了联系。

在艰难困苦的革命生涯中，朱德与红军女战士伍若兰结婚了。不久，伍若兰在一次战斗中英勇牺牲。

康克清心里一动：他就是大名远扬的朱军长

1991年，在朱德105周年诞辰即将到来之际，康克清深情地写道："阳光洒进卧室，放在书桌左端的朱老总瓷盘遗像泛起光彩。他抿着嘴正在静静地思考着，微笑着，似乎正要同我交谈什么……这一历久而弥新的神态，对我来说真是太熟悉、太熟悉了。""我凝视他的遗像，往事历历在目，宛若昨日。"

47年的夫妻之情，47年的同志之情，康克清从朱德的身上汲取到无穷的力量，她伴随着他，风雨同舟同甘共苦，直到他走完人生的旅途。他们之间有着太多太多的眷恋……

康克清原名康桂秀，1911年出生在江西万安县罗塘乡塘下村一个善良贫苦的农民家庭。父亲康定辉是个靠租一条渔船在赣江"惶恐滩"下游水上流浪的渔民。她的四个弟弟全都夭折，最大的没有活过11岁，几个妹妹也全都送了人。康定辉因生活不定,当小桂秀出生才40天时,就把她送给了大征禾场村罗家做望郎媳。"望郎媳"即童养媳。当地的风俗,先找个媳妇,以便这媳妇能望来个儿子。可是,这个望郎媳没有望来郎,罗家便把她当成了养女。不过,外人还是把她看成童养媳。在附近的童养媳中,她是最聪明能干的,人们都夸她是"媳妇王"。

康桂秀长得俊俏伶俐,三四岁就能爬树摘松子,十二三岁时会做饭、洗衣、推磨、车水、种田,还能做一手好针线活,所以罗家很喜欢她。

桂秀有一颗好奇的心,凡事都喜欢探索。四岁时,她见鸭子能在水塘里游来游去,就想:鸭子能游水,鸡为什么不游水?于是,她跑到鸡窝里抱起一只鸡丢进水塘,鸡一下水就挣扎着跑上岸。家里人看见了,又气又好笑,骂了她几句。她感到受了委屈,一天不吃饭。

康桂秀从小就充满了反叛意识。那时的女孩子从很小的时候就得缠足。一天,她从外面劳动回来,奶奶递给她准备好的布,强迫她裹脚。小桂秀不肯:"不裹。我好好的一双脚,裹了还怎么走路?"

奶奶看说不服她,就大哭大嚷:"养个大脚妹子,将来怎么嫁出去!"

养母很同情桂秀,笑着对自己的婆婆说:"嫁不出去,我养她一辈子。"

奶奶还是不依,坚持要桂秀裹脚。桂秀心中思忖:硬顶不行,得想个办法对付她。

第二天桂秀不去打柴,也不去挑水。见到缸里没有了水,奶奶才急了:"桂秀,你咋不去挑水?"

"你不是要我裹脚吗?"桂秀理直气壮,"我裹了脚就挑不了水,你看怎么办吧?"

奶奶从此再不提裹脚的事,桂秀也就有了一双大脚板。桂秀终于取得了胜利。可不要小瞧了桂秀这一胜利,她投身于轰轰烈烈的革命,转战南北,就是靠了这一双铁脚板。

不久,革命运动的浪潮波及万安县,中共万安县委秘密成立,开始从事革命活动。

一次，桂秀看了《秀才剪辫》的戏，对同伴说："我们也把这个马尾巴剪掉吧！"当时，关于女性剪辫子的流言蜚语满天飞，保守的人把这种举动看作危险的事情。同伴说："剪掉了辫子，我娘会打死我的。"桂秀鼓励说："怕什么，她要打你你就跑嘛。如果你什么都怕，一辈子都受人欺侮。"

后来，妇女协会来动员女性剪发。妇协主任讲了剪发的好处，问道："哪个带头？"几个女人你看我，我看你，想剪，但不敢带头。这时，桂秀打破了沉默，她响亮地说："来，先剪我的。"妇协主任高兴地说："有康桂秀带头，今后罗塘湾的妇女工作就更好开展了。"

革命的春风阵阵吹。省里和县里不断有人到罗塘湾来，筹备成立农协会、妇协会。县里来的女同志说："妇协会是妇女自己的组织，有了妇协会，妇女的事可以自己当家做主了。"康桂秀高兴地跳了起来："我参加！我参加！"从此，她日夜往筹备会跑，做了许多事，被选为妇女协会的宣传委员。她宣传禁烟、禁赌，动员女性剪发、放脚，宣传保护妇女权益。1926年，康桂秀由团支部书记罗诗通介绍加入了中国共产主义青年团。

村里成立农民自卫军时，规定凡是16岁至45岁的男会员都可参加。当时只有14岁的桂秀也要求参加。队长说："你看，队伍里都是男的，可你是个女孩子。等成立女子军时你再来参加。"

桂秀不服气地说："女孩子就不能当兵？北伐军里也有女兵。女兵一样打仗，你这个农军为什么不收女兵？真封建！"

队长无言以对，只好说："好！破格吸收你参加农军。"

就这样，农军的花名册中加上了"康桂秀"三个字。

这一年，康桂秀被送到妇女干部训练班学习，结业后当了妇女协会的秘书和宣传员，参加巡视团到全县各处演讲，宣传男女平等、妇女们自己解放自己的观点。

罗塘湾成了万安暴动的指挥中心，党团员、农协会、妇女会都动员起来了。康桂秀没有上前线，但却是妇女中最活跃的一个。她到兵工厂去，走村串户地收集破铜烂铁，将妇女分成砸铁组、装药组，干得热火朝天。经过四次暴动，农军终于攻下了万安县城。

1928年9月15日，陈毅率领一个营的红军来到了罗塘湾。万千农民欢天喜地迎接自己的子弟兵。可是没过几天，就听说国民党军队正从河西向这边逼近。由于敌我力量悬殊，红军决定撤离。康桂秀和农军战士接到上级命令，除留下必要人员外，其他同志一律随红军上井冈山。万安县的百多个农军战士，包括七名女同志，就这样上阵了。后来，康克清回忆说："对我来说，这真是求之不得的事，因为我从此成为一名红军女战士了。"陈毅同志后来和她开玩笑说："那回要不是我把你领出来，谁知道你是哪家的媳妇啊！"

成了红军女战士，康桂秀特别高兴，把自己的名字改为康克清。

在向井冈山进军的途中，有一天，康克清她们到达了遂川附近的一个村庄，听到同志们兴高采烈地互相传说："朱军长来了。"

的确，朱德率领着红四军第二十八团，走了过来。

"看，那就是朱军长！"一个人指着走在前面的朱德说。

康克清心中充满了好奇。她挤在人群中，踮起脚顺着别人指的方向看去，只见一个中等个头、体格健壮的男人，带着队伍走了过来。

朱德走近后，康克清仔细地打量着。朱德穿着一身灰布军装，虽然非常破旧，但很整洁；脚上穿的是粗麻编织的草鞋，斜背着一顶斗笠，紧紧地贴在后背上。他面容和善，隐隐透露出军人特有的威武气概。椭圆形的脸庞，因风吹日晒呈现黑红黑红的颜色。浓重的眉毛下，闪动着忠厚而机敏的眼睛；胡子很长，几乎和鬓角连到一起。见两边的人都在看他，朱德就挥挥手，打着招呼。

康克清心里一动：他就是大名远扬的朱军长？她睁大惊奇的眼睛看着。开始听人说到朱毛，她还不明白是什么意思，以为是一个人，后来虽然知道是红军的两位领袖，但没有见过。人们说得那么神，原来竟是这个样子。要

井冈山风光（历史图片）

不是亲眼看到，她还真的不大相信。尽管当时她还不能确切地说出军长是个什么样的职务，但她知道军长是个很大的官，应该有威风凛凛的派头，或者骑着高头大马，或者坐着八抬大轿，有很多人前呼后拥，吆喝开道。就说家乡挨户团的杂牌团长吧，都是一走地皮颤，前前后后好几个护兵和保镖呢！可眼前的这位朱军长，却一点架子也没有，平凡得像个农民，丝毫不引人注意。

这是康克清第一次见到朱德。她后来回忆说："给我的第一印象是他很平凡，平凡得像一个地地道道的农民。一个普通的红军战士和威名远扬的军长之间的距离，瞬间就缩短了。当时我并不理解，这正是他的特点，他的气质，他的伟大所在。更没有想到后来我俩会结成终身伴侣。"

打了胜仗来结婚

不久，康克清正式参加了红军。她穿上了向往已久的灰布军装，戴上了崭新的八角帽，显得英姿飒爽。军部根据她在地方工作的特长，分配她到第一中队从事宣传工作。不久，她以出色的工作成绩被调到政治部任宣传员。

在革命的熔炉中，康克清的思想和工作能力提高得很快。

一天，朱德和毛泽东路过井冈山的黄坳，看见康克清站在高高的梯子上往墙上写标语。朱德关切地喊道："小康，这么高，要小心啊！"

康克清一看是朱德和毛泽东，心里热乎乎的，爽朗地回答："军长放心，掉不下来的。"

毛泽东见康克清这么勇敢、大方，便问朱德："这小同志是哪部分的？"

朱德笑了一下说："她还是一个小姑娘哩！是万安游击队来的，现在政治部搞宣传工作。"

毛泽东看到朱德对康克清比较熟悉，又有好感，便有意识地说："看来这个姑娘大有出息，你要好好培养她，帮助她提高。"

毛泽东的话很合朱德的意，也启发了朱德。从此，他对康克清给予了更多的关心、爱护和帮助，康克清也更加敬爱朱德。

那时，康克清在红军政治宣传处工作，宣传处与司令部同在一栋民房办公。每天，康克清总要蹦蹦跳跳地从司令部办公室穿过。

一天，从远处传来"当兵就要当红军……"的清脆歌声。朱德一听就知道是康克清回来了。可歌声一到司令部门口就停了。朱德站在门口笑迎着她说："唱得好嘛！怎么不唱了呢？"

康克清举手向朱德行了个军礼："报告，怕影响军长的工作。"

朱德乐了，说："你们宣传员唱歌也是工作嘛。平时把歌喉练好了，将来

朱德率领南昌起义军余部和湘南起义军在江西宁冈同毛泽东率领的秋收起义部队会师。图为油画《井冈山会师》

给老百姓唱就能鼓动更多的群众来当红军,扩大我们的红军队伍。如果唱给战士听,就能激发他们热爱自己的队伍,焕发革命斗志。这样,你们唱歌的功劳就不小啊!"二人都笑了起来。

朱德看着跟前这个刚强、聪明的姑娘,招招手说:"进来,咱们随便谈谈。"康克清心想:自己是个普通战士,怎么能随便打扰军长。她站在那里没动。

朱德似乎看透了她的心思,亲切地鼓励她说:"不要紧张,红军是官兵平等,不像国民党的军队,小兵见了排长也吓得要死,怕得要命。红军官兵如兄弟姐妹,为了革命,互相走到了一起。"

一席话,使康克清的心舒展开来。她随朱德走进办公室,各坐在一条木板凳上,像兄妹一样拉起了家常。

第三章
永久的记忆——朱德与他的家庭

朱德问康克清:"参军多久了?"

"有六个月了吧。"

"想家吗?"

一提到家,康克清那双明亮的眼睛红润了。她缓缓地说:"生父是渔民,家里穷,我出生才 40 天,他就将我送给了人家……"

听完康克清讲述她的童年,朱德继续问道:"工作苦不苦?有什么困难?"

康克清抬起头,望着眼前这位军长,感到他是那么和蔼。她说:"苦,我不怕。我是苦水里泡出来的人,什么苦都可以吃。"

朱德听了,高兴地赞扬道:"好,很好!你这个思想要得!红军队伍里就是要有不怕苦、不怕死的钢铁战士。"

一个高级将领,一个刚入伍的战士,越谈越投机,越谈越亲切。

康克清无拘无束地说:"军长,我家穷,没上过学,文化低,工作起来很吃力。有时写标语还有些字写不成,宣传时有些道理讲不透。真急死人!"

朱德便开导她说:"这个不要紧。文化低可以学,一天学一字,一年可以学 300 多字,日积月累,坚持学下去,将来你会成为一个女秀才哩!"说得康克清开心地笑起来。

朱德站起身,用双手比画着说:"学文化也要打歼灭战,对生字要抓住它,弄懂它,记住它,一个一个地解决。我们红军是所大学校,官可以教兵,兵也可以教官,互相学习。坚持下去,没有学不好的。只要你肯学,我也愿当你的老师,好不好?"

朱军长肯当老师教自己学文化,这是康克清做梦也没想到的。她抑制不住内心的兴奋,高兴得跳了起来:"好!好!有军长的指教,我一定下狠心学。"

朱德虽然讲过愿当康克清的老师,但康克清却没有主动上门请教。因为姑娘有姑娘的心事:朱军长虽然态度和蔼,平易近人,愿意帮我进步,但人家终究是军长啊!自己不过是区区一兵,人家肩负着指挥千军万马的重任,我怎能去打扰他，分散他的精力，影响他的工作呢？纪律性，责任感，自尊心，使康克清欲去又止。

朱德这几天没见到康克清，心里总像缺少了什么，她那充满活力的身影，不时在他的脑海里掠过。

山乡的秋夜，格外宁静。朱德伫立窗前，仰望着天空的明月，欣赏着迷人的夜景，长期紧张的战斗神经舒展开了。突然，门外传来清脆的声音："报告！"

朱德知道是康克清来了，立即扭过身，乐呵呵地说："进来。"

康克清进到屋里，仍然立正站立着，俊秀的脸颊上泛起了红晕。

朱德幽默地问道："你不是说拜我为师吗？怎么这几天你不来请教老师呢？"

康克清抿着嘴笑着说："首长工作忙，我怕打扰你。"停了一会儿，她又说："今天不是首长托人带信叫我来，我还不敢来呢。"

井冈山茨坪朱德旧居（历史图片）

朱德说："今后每天晚上，你到我这里来学习两个钟头，学文化，学政治，学军事知识。总之，你缺什么，就学什么。好不好？"

这天，他们谈了很多。康克清明白了许多道理。

晚上，康克清躺在床上，高兴得久久不能入睡。她一合上眼，眼前就出现了一个比高山更雄伟，比日月更光明，比大海更深广，比母亲更慈祥的伟大身影。她似乎看到朱德正向她微笑，向她点头，她激动得豆大的泪珠夺眶而出。

从此，康克清每天晚上到朱德处学习。他教她识字、写字，谈军事、分析战局，谈学习马列主义的心得体会。他还经常讲故事、说笑话，启发康克清学习。康克清感到收获很大，并从朱德的语言中品味出对她的关心和思念。每想到这里，她心里便产生一种莫名的、朦朦胧胧的感情。朱德也很欣赏这个有智有谋、聪明贤惠的女战士。

此时，朱德的心情也十分复杂。自从伍若兰同志英勇牺牲后，朱德一直忙于指挥战斗，思考红军的建设和发展问题，很少有时间再去考虑个人问题。曾志同志对此看在眼里，记在心里。有一次，曾志私下问朱德："军长，给你介绍个女同志吧？"

一阵沉默过后，朱德随口说了声："好嘛。"

曾志把女战士们细细想了一遍，最后把注意力放在康克清身上。

曾志把注意力放在康克清身上，是深有寓意的。她知道康克清是个聪明勤奋的好战士，认为她与朱德很般配。曾志把这一想法告诉了朱德，朱德很同意。剩下的问题，就看康克清本人的态度了。

过了几天，康克清干完工作，曾志就走了过来，笑眯眯地打量着康克清。

曾志问康克清："你看朱军长怎么样？"

一时间，康克清的心跳得很厉害。她极力使自己镇静下来，说："军长是个好人。他带领着部队打仗，对人和蔼可亲。"

听康克清这么回答，曾志感到更有把握了。她干脆打开窗户说了亮话：

"你和军长结婚好不好？"

当曾志明确地说出这层意思时，康克清感到有些慌乱，一时无语。不是她不回答，而是她感到自己的感情一下子说不清楚。爱情本来就是这样，悄悄地来临，不可言说，只有自己的感觉与体会。

曾志见康克清不说话，以为她不满意朱德，于是说道："军长参加领导过南昌起义，在最困难的时候，把部队带上了井冈山，对革命做出了很大贡献。"

康克清点点头，心想：这些自己都知道。可是，他是军长，我是个刚参加红军的战士，和他结婚，想都不敢多想。

曾志说："现在军长一个人生活很孤单，身边需要有个能协助他的女同志，我们都认为你挺合适的。"

康克清低着头，一只手捻着衣角，没有说话。此时，她的心情也很复杂。曾志说："这件事还是得你自己拿主意，你再考虑考虑吧。"

回到住处，康克清发现女伴们都在看她，一个女伴还说："咱们的军长可是个好人，他喜欢你，你们就结婚吧！"

夜里，康克清躺在床上，翻来覆去睡不着，想了很多……结婚毕竟是人生的一件大事，康克清憧憬着幸福的家庭生活。不知不觉中，朱德的形象又浮现在眼前。自从伍若兰牺牲以来，朱德的心情一直很沉重。他以极大的毅力，忍受着心中的伤痛，指挥着红军的战斗。想到这里，康克清更增添了对朱德的敬意和爱慕。她崇拜朱德的勇武，敬重他的为人，同情他失去妻子的遭遇，这种崇拜与同情交织在一起，便交汇出爱情的火花。

康克清对朱德的爱是基于对朱德伟大人格的钦佩。她曾对美国女作家尼姆·韦尔斯谈起过她与朱德的恋爱和婚姻："当我初次碰到他，并没有立刻浪漫地对他钟情。不过因为他生活跟小兵一样，又做着小兵的工作，所以非常喜欢他。当时所有的人都敬爱这位革命领袖。我们两人是最好的同志，但一过了这个过渡期间，我已不能不承认我大概已对他产生爱情了。"

第三章
永久的记忆——朱德与他的家庭

第二天,当曾志又问起她考虑的结果时,康克清郑重地点了点头。

爱情能产生神奇的力量,催人奋进。从此,两人经常在一起学习、交流体会,两颗心贴得更近了。康克清有了朱德的辅导和帮助,工作和思想提高得更快;朱德有了康克清的支持和体贴,更加英勇和指挥若定地迎接新的战斗。两人互相鼓励:"打了胜仗来结婚。"

这时候,蒋介石调兵遣将向井冈山发动第三次"围剿"。兵临山下,朱德跃马扬鞭,与毛泽东一起,采取灵活机动的战术,率领红四军主力部队与敌人周旋。敌军人数众多,武器优良,上有飞机,下有大炮。朱德和毛泽东沉着镇定,英勇应战,屡战屡胜。

1929年3月中旬,朱德和毛泽东率领工农红军打响了入闽第一仗,攻占了长汀县城,首战告捷。长汀县城的人民欢喜若狂,载歌载舞,打开城门夹道欢迎红军。

在一幢普通的民房里,朱德和康克清结婚了。没有花轿,没有鼓乐,没有披红挂绿的仪式,有的只是两颗火热的心。康克清后来回忆说,他们结婚时,新房里几乎没有什么布置,陈设也很简单,只有一张木床,一张桌子和四个方凳。

毛泽东、陈毅等人和当地群众都登门祝贺。毛泽东祝贺他们白头偕老,并风趣地说:"你们今天是双喜临门!"的确,第三次反"围剿"取得了胜利,一对红军恋人终成眷属,这是多么令人高兴、值得庆贺的事啊!

在这大喜的日子,朱德和康克清都是枪不离身,草鞋不离脚,随时准备迎接新的战斗。朱德轻声地问康克清:"小康,和我结婚,你是不是有什么担心?"

康克清笑着说:"你是军长,我是普通一兵。和你结婚,我怕别人不再把我当战士看待。我要跟着你继续革命,不要当太太。"

朱德高兴地说:"说得太好了。要革命的妇女不能当官太太,官太太不能革命的。今后咱们俩互相鼓励,共同前进。"

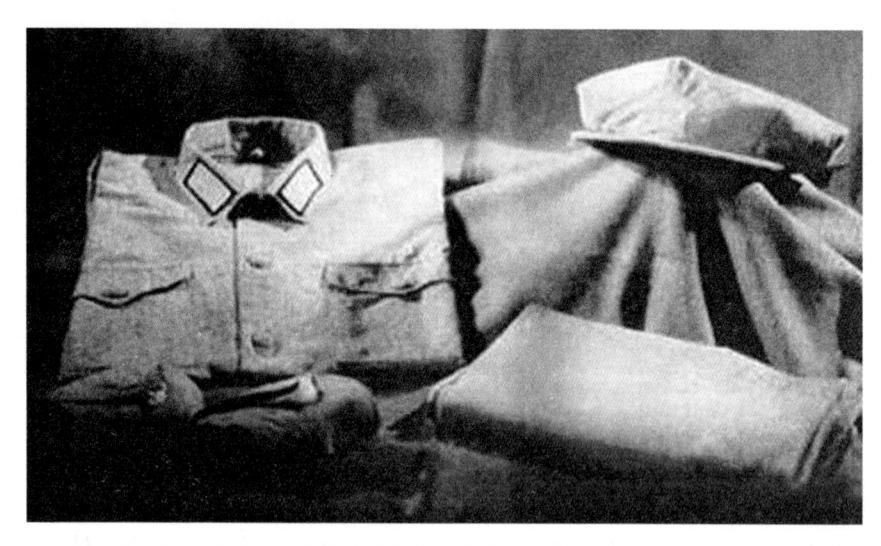

1929年3月,毛泽东、朱德、陈毅等率领红四军首次进入闽西,取得长岭寨大捷,乘胜占领长汀县城,并在闽西地方党组织的配合下,有效开展了筹款活动,筹集军饷5万余元,用其中一部分钱款制作了4000套军装——红军历史上第一次统一的军装(历史图片)

红四军司令部旧址——中兴堂,位于上杭县古田镇八甲村。1929年12月,毛泽东、朱德、陈毅等率领红四军进驻古田,红四军司令部设在中兴堂。朱德同志住在后院左厢房(历史图片)

康克清和朱德，这两位志同道合的革命战友，从此结成了终身伴侣。他们互相帮助，互相关怀，共同经历了长达半个世纪的风风雨雨。

"我们是夫妻，又是同志"

康克清回忆说："我和朱德能组成家庭，也就是志同道合吧。当然，在许多方面，应该说我是他的学生。"康克清刚见到朱德时，只有17岁，还不识字。结婚不久，朱德就成了康克清的家庭教师，教康克清念书识字。只要一有空闲，两人就并肩而坐，朱德一只手拿着识字课本另一只手指点着，康克清目不转睛地盯着课本，一字一字地学，一字一字地记，一字一字地写。由于朱德教得认真，康克清学得虚心。一两年后，康克清就能认识上千个字了。在瑞金中央革命根据地工作时，康克清考入红军大学。由于她的勤奋刻苦，学习成绩名列前茅，成为班里的优秀学生。到1937年，康克清已经成为抗日军政大学的学员了。和其他有文化的女学员一样，康克清穿着军服，握着笔，记笔记、写心得，还能写出文理通顺的短文。

爱情与事业是构成人生的基本内容。它们可以是统一的，但也往往会产生矛盾。爱情在人的一生中无疑占据着重要的地位，但它毕竟只是人生的一部分，并不是人生的全部，更不是人生的目的。在人的一生中最为崇高，更为重要的东西是事业。无产阶级革命者人生的崇高目的，在于为伟大的社会主义和共产主义事业奋斗。革命者活着，不仅需要爱情，更加需要劳动、工作和学习。朱德正确地处理了爱情与事业的关系，让爱情成为革命事业的动力。他们的婚姻生活，如同他们的生命一样，都服从于革命事业的需要。为了革命，他们经常分离，但他们的心总是紧紧地贴在一起。在长期的革命生活中，他们互帮互助。朱德喜欢读书，康克清便想方设法为他借书。康克清对朱德的体贴和尊敬在红军一直传为佳话。无论是在反"围剿"中，还是在长征途中，也无论是在抗战和解放战争中，康克清都竭尽全力地为朱德分担困难，使朱德没有任何后顾之忧，全身心地投入中华民族解放战争的伟大事业之中。

婚后，他们一直过着紧张忙碌的战争生活。朱德率领部队转战农村，康克清也和人民群众一起战斗，并且总是模范而出色地完成任务。1934年秋，康克清和朱德一起参加了长征。她在长征途中同男同志一样战斗，爬雪山，过草地，冲过敌人的枪林弹雨。在战斗中，康克清能吃大苦，耐大劳，成长为一名杰出的共产主义战士。朱德很为康克清感到骄傲，认为她是一个"在部队的教育下成长起来的姑娘——红军的标准产物"。这是朱德对康克清的评价。现在，让我们再来读一读康克清回忆朱德的文章中对朱德的评价：

> 回忆长征，最难忘怀的是和张国焘分裂主义的斗争。
>
> 我们一方面军经历千难万险，在川康边境的懋功与四方面军会合，大家高兴得跳啊，唱啊，以至热泪盈眶，像亲人久别重逢。岂知张国焘居心叵测，在过草地前，他就煽动部队说前面有大河没法过，要部队折回西康。
>
> 朱老总和刘伯承参谋长都不同意他的主张。当时党中央多次致电张国焘，敦促他北上抗日，可是他拒不受命。一计未成，他又公开策划反对党中央北上抗日的方针，妄图将另立中央、带领部队南下的阴谋强加于人。他一再逼朱老总发表反对党中央北上的宣言。
>
> 张国焘手段很恶劣，组织人员公开斗争总司令，暗中还怀有杀机。朱总很沉着，任你怎么斗、怎么骂，他总是一言不发，像"不沉的航空母舰"。等到对方斗完、骂完，他才不慌不忙地同他们讲道理……
>
> 张国焘恼羞成怒，就诡计多端地搞小动作，进行挑衅。有一次五军团断了炊，几位同志不知从哪里赶来了几只羊。张国焘唆使部

下借口把他们痛打了一顿，羊却被扣下杀掉吃了。五军团的同志气不过，找到朱老总评理。朱老总反复讲："官兵都是好的，是革命的，要多做工作，不能为此打内战，要顾全大局。"张国焘的挑衅手段极其恶劣，明明他当时有七匹马，可偏偏朱老总的那匹马找不到了。有人知道是张国焘的警卫牵去杀了。有天晚上，他们竟还撤了朱老总的卫兵。

张国焘还唆使一些不明真相的人开会围攻朱德。康克清看着大会、小会"斗争"朱德和刘伯承，内心十分忧虑，担心张国焘会加害他们。对此，朱德总是报之一笑，要她放宽心。

在那惊心动魄的日子里，康克清的处境也非常危险。但是，她却从中学到了许多斗争的经验，从中受到很大教育。康克清后来回忆说："张国焘连我也没放过，他派人监视我，给我另行分配工作。显然，这是为了限制我和朱老总的接触。我实在憋气，要去找党中央说理。朱老总耐心地劝导我说：'不行，如果你单独行动，他们就会借刀杀人。现在你和战士在一起，他们不敢随便动手。'我觉得朱老总说得有理，心情也就平静下来，放弃了自己的想法。在和张国焘的斗争中，我们始终处于有理、有节的主动地位，团结了广大红军干部。张国焘的所作所为，完全违背了军心民意，充分暴露了他反党篡权的阴谋野心，最后只能落个身败名裂。"

在那风风雨雨的艰难关口，康克清深深体会到朱德的博大胸怀和深远的眼光。康克清说："忆起长征途中朱老总同张国焘的几番斗争，三言两语很难表达当时尖锐、复杂的情况。朱老总始终如一地和党中央保持一致，使我深受教育和感动。后来，毛主席听了他与张国焘斗争的汇报，称赞他'度量大如海，意志坚如钢'。他是当之无愧的。"

朱德同康克清的爱情是建立在共同的理想、共同的情趣上的。正是由于两人都有着对共产主义的坚定信念，有为共产主义事业献身的精神，有为

长征途中,朱德坚持党中央"北上抗日"的正确方针,同张国焘分裂党、分裂红军的错误进行了坚决的斗争。在中共中央的批评教育和朱德等人的共同努力下,张国焘被迫放弃其错误行动,同意北上。图为《回师北上——朱德贺龙等同志在甘孜》(油画)

人民服务的崇高思想,所以,两人长达半个世纪的生活是美满而幸福的,他们之间的幸福生活令人羡慕。韦尔斯回忆说:"……我和她(指康克清)、朱德、周恩来一道在司令部吃午饭。她顽皮地在朱德的手臂上敲着,而朱德微笑地看着自己年轻的妻子,显得非常高兴……我望着他俩,心里想:他们是多么罕见的一对夫妻啊!他们都有令人肃然起敬的个性,他们是那么诚实、坦率、本色、纯洁,他们就像坚硬钢铁——虽然刚刚经过十年征战,可他们却像从体育运动场里锻炼出来似的从容。"韦尔斯的一番话,真实地勾勒出朱德和康克清的那种同志式的夫妻关系。

夫妻之间相敬如宾是历代传颂的美德。他们以诚相见,互敬互让。康克清在谈到自己的丈夫时,尤为赞赏的是他的品德。她中肯而动情地说:"他的最伟大的品质是他对事业的耿耿忠心,诚实正直,没有个人政治野心。这个品质,使他把自己的军队置于党的统率之下。除此之外,最重要的是他平易近人,热爱战士,战士们也同样爱戴他。"作为丈夫,朱德更关心的是如何使

第三章
永久的记忆——朱德与他的家庭

红军总司令朱德向红军指战员讲话（历史图片）

他的妻子尽快成长起来，为革命做更多的事情。朱德从不让康克清去料理他的生活，使她有更多的时间从事所承担的工作，有更多的时间学习文化。作为妻子，康克清则希望能给予朱德更多的关心和照顾。他们的关系始终是融洽和谐的。康克清回忆说："……我从未跟朱德吵过嘴，有时我给他一点小小的批评，但他平常的行为总是对的，我们两人亦从未命令过谁。"对康克清而

朱德在山西洪洞八路军总部会见美国记者安娜·路易斯·斯特朗等人。前排左起：康克清、斯特朗、丁玲。后排左一左权，左三朱德，左五彭德怀（历史图片）

言，在家里，朱德是好丈夫；在工作中，朱德是好领导。而对朱德而言，在家里，康克清是贤内助；在工作中，康克清是同志、战友和助手。夫妻之间互相尊敬，平等相待，这是朱德婚姻家庭观的一个重要特征。

"朱总风范，永存我心"

每临逆境，朱德便以其大海般宽广的胸怀，始终充满的革命乐观主义精神，感染着身边的战士和群众。这一显著特点，使康克清难以忘怀。1939年冬，值朱德53岁寿辰之际，很多人都给朱德写贺信，大家都愿意把心里话告诉他。其中一个青年战士的信里，写着这样的一句话："我对父亲的爱是和他

第三章
永久的记忆——朱德与他的家庭

属于那革命的事业结合着的。"

像太行山军民一样，康克清也加入了这个行列，聊表心意于万一。她给朱德写了一封洋溢着深厚情感的贺信。她在信中写道：

> 我和你相处十多年了，觉得你无时不以国家和革命为重，凡事不顾自己的利害。人们不能忍受的事你都能忍受，人们所不能干的事你去开辟。还有，你见书便读，学而不厌，总是前进着，提醒同志，督促同志，爱护同志……

这封信写于1939年。整整52年过去了。1991年7月，康克清回忆起这封信时说："这是我当时的认识，也是我现在的认识。几十年过去了，后来的生活实践更加深了我的这一认识。"的确，朱德是一个从不考虑个人得失的革命者。

中华人民共和国成立以后，朱德虽已年逾古稀，却仍然担负着党和国家的重要领导工作。他在主持中央纪律检查委员会的工作期间，为维护党的纪律，纯洁党的队伍，有效地保障党的路线、方针、政策的贯彻执行，倾注了大量的心血。同时，他自己身体力行，以身作则。他从未给自己的子女带来什么"福荫"；相反，他严格地管教着孩子们。他的儿子、孙子一直在基层工作。作为朱德的妻子，康克清也像她的丈夫一样，自觉地遵守党的纪律，始终保持着清廉俭朴的作风。1976年，朱德逝世后，康克清遵照朱德的遗愿，将他们多年积蓄的两万元人民币作为朱德的党费郑重地交给了党组织。

朱德和康克清都是农民的后代，始终保持着纯朴的本色。他们身为国家的高级领导人，却始终心系人民，关心群众的疾苦。康克清在担任全国政协副主席后，社会活动频繁，而她却常常穿着那件早已褪了色的蓝布上衣，出现在各种场合。当她得知江苏、安徽一带遭受洪灾后，立即将自己的鸭绒被和毛毯捐献给灾区人民。

1939年11月，朱德、康克清在山西武乡县和重庆战区妇女儿童考察团成员合影。左起：陈波儿、宋迪夏、康克清、王紫非、朱德、吴竞（历史图片）

20世纪60年代，康克清在朱德寿诞时写过一首诗。这首诗反映了她对几十年的生活伴侣和革命同志的深刻认识。她在诗中写道：

雄图壮志依然在，任重致远永不歇。
学诗学书学理论，忧国忧民忧建设。
海量宽宏唯忘我，平易近人众心悦。
奋斗一生服从党，高龄犹勉共产业。

回忆起和朱德共同生活、战斗的岁月，康克清写道："缅怀朱老总，我情不自禁地想到他一生的最后十年。那十年，党和国家，老一辈无产阶级革命家和人民，都处于忧患之中。朱老总正是怀着难以言喻的深重忧虑，于1976年7月6日离开了他为之奋斗终生的，而又正处于劫难中的人民。"

第三章
永久的记忆——朱德与他的家庭

在那史无前例的"文化大革命"的浩劫中,朱德,一个人民军队的奠基者,共和国的开国元勋,却被扣上了"大军阀""大野心家""老右倾"等莫须有的"罪名"。康克清也受到了冲击。但是,他们面对着林彪、"四人帮"的政治诬陷和迫害,始终泰然处之。他们坚信"历史是公正的",终有一天,人民会把这伙野心家钉在历史的耻辱柱上。

1967年夏秋之交,康克清正在接受批判,林彪、江青一伙把康克清说成"走资派""17年执行的是修正主义路线"。康克清感到有口莫辩,思想上很难接受。回到家里,她忧心忡忡地对朱德说:"现在,你成了'黑司令',我成了'走资派',往后还不知要成什么样呢。"朱德充满信心地回答说:"只要主席在、恩来在,就没有关系,他们最了解我。你也不要怕,'走资派'

1940年,朱德和康克清在延安窑洞中工作(历史图片)

多了也好，都成了'走资派'，就都不是'走资派'了。形势不会总这样下去的。"

造反派在批斗康克清的会上声嘶力竭地叫嚷道："你要老实交代你的'走资派'罪行！还要老实交代朱德反党反毛主席的罪行！"

康克清昂起头，冷静地回答："我不是'走资派'，没有反党反毛主席。朱老总同毛主席一起战斗了几十年，他更不会反对毛主席。"

造反派又说："那你说，是不是毛主席和林副主席在井冈山会师的？"

康克清摇摇头，大声说："这不是事实，是朱德同志和陈毅同志带领湘南起义的部队上井冈山和毛主席会师的。历史在那里摆着，不是谁想改就改得了的。"

这回答，像一把明光锃亮的利剑，刺得造反派们喊喊喳喳地叫嚷起来："她还不老实呀！还不老实呀！"

其实，康克清才是个真正的老实人，她讲的全都是毋庸置疑的事实。

1969年10月，林彪擅自发出所谓的"一号命令"，调动全军进入紧急战备状态。康克清困惑地问朱德："真的要打仗了吗？"朱德深沉地回答说："醉翁之意不在酒。战争不是凭空想象的，不是小孩子打架。现在看不到战争的预兆和迹象。"

这时，朱德等许多老一辈无产阶级革命家要被"疏散"到外地。朱德对康克清说："你得跟我一起走啊。"康克清为难地说："按理说我应该跟你一起走，可是全国妇联的军代表若不点头，我要走也走不了。"

一个革命几十年的中央委员、高级干部，一举一动还得经过一个小小的军代表批准，谁能相信这是真的？然而，这却是那个特殊年代里的事实！

朱德沉思片刻，果断地说："那我只好打电话给恩来，请他去跟他们说说。"就这样，康克清随朱德来到了广东从化。从化虽然风景优美，可是他们哪有心情欣赏？他们实际上是被困在这里。即便是在这样的逆境中，朱德仍充满着革命的乐观主义，宽慰康克清说："那些为非作歹的人不会长久的，你就安心陪着我吧。"

1974年年初的一天,康克清回到家中,把参加批林批孔大会的情况讲述给朱德,而后不无忧虑地说:"听了江青、迟群的讲话,我有一个突出的印象,就是他们向军队送'材料',把手伸进了军队,我很担心他们要把军队搞乱。"康克清把自己的所见、所想告诉了朱德,想从他那里得到一些答案。

朱德和康克清在北京(历史图片)

朱德没有马上说话，似乎在思考着什么。半晌，朱德胸有成竹地说："你不要着急，军队的大多数是好的，地方干部大多数是好的，群众也是好的。'文化大革命'以来，军队里虽然出了几个败类，但从整个军队来说，他们是拉不走的。干部中有少数人被拉了过去，但广大干部是不会跟他们跑的。江青的本事有多大，你不知道吗？去问问工人、农民、战士和知识分子，谁愿回到那种半封建半殖民地的社会中去？"经朱德这么一分析，康克清如释重负，心里感到踏实了许多。她也相信人民的力量是最强大的。

1976年6月，朱德住院后，还一再跟康克清讲，我们的军队，还有那么多的老同志在，是靠得住的。

7月下旬的一天，康克清坐车来到叶剑英住所。尽管由于朱德的逝世，巨大的悲痛仍在缠绕着她，但是，康克清看到"四人帮"抢班夺权的频繁活动，再也无法忍受，她要把朱德的临终遗言尽快地告诉叶剑英等老帅们。

坐定后，叶帅打开收音机，把音量开到最大，而后轻声地问道："大姐，朱老总临走时有什么交代？"

康克清迫不及待地把朱德生前讲过的话

1976年7月11日，康克清和家属在朱德追悼会上（历史图片）

一股脑儿转述给叶剑英。叶剑英听罢深受感动，连声称赞朱德的胆识。

金秋十月，叶剑英等一批老同志执行人民的意志，一举粉碎了"四人帮"。康克清的心情异常舒畅，她深情地凝视着摆在案头的朱德遗像，宽心地笑了。

康克清在回忆朱德的文章中深情地写道：

> 当我坐在他最后十年生活和工作的房间里，缅怀这些往事时，每每感到朱老总依然在世。他每天用的砚台和毛笔仍在书桌上摆着，继续为我使用；他读过的马列著作、毛主席著作、《资治通鉴》和"二十四史"等，都留下了他阅读时的记号和眉批；还有那把用布沿了边的芭蕉扇……每件他使用过的物品，似乎都散发着他的气质和精神，当我目睹或接触到它们时，总是如见其人，如闻其声，感到无限的亲切和充实。尤其当我抬头凝眸端详挂在左侧墙上的条幅——"革命到底"时，真是思绪万千。那是朱老总1975年3月6日书写的，四个苍劲、浑厚的大字，显示了他的坚强意志，倾注了他对我及后来人的希望。他的真诚、善良、坚毅、博大、宽容等一切美好的思想情操，仿佛都融在字中，跃然纸上，令人回思无穷，令人感奋不已……

"我不要孝子贤孙，要的是革命事业接班人"

朱德有两个孩子，儿子叫朱琦，女儿叫朱敏。战争年代，儿子和女儿都没有条件同朱德一起生活。虽然天各一方，但作为父亲的朱德却时时关心着他们，惦记着他们。

朱德很疼爱孩子们，但他把这种疼爱表现在对子女的严格教育上。他不止一次地对子女们说："我不要孝子贤孙，要的是革命事业接班人。"朱德是以一个无产阶级革命家的博大胸怀，来对待子女儿孙们的培养和教育的。他虽然整天操心着党和国家的大事，但在家里从不放松对子女的教育，时刻关心着他们的健康成长。

"你不应该自以为比别人特殊"

朱琦1937年才到延安，进入党校学习。不久，朱德就让他到基层部队去锻炼。1943年11月，时任晋绥军区八路军一二〇师司令部直属电讯队副队长的朱琦，在山西省方山县通过敌人封锁线时右腿负伤，落下了残疾，伤愈后被分配到延安中国人民抗日军政大学七分校工作。当时抗大的条件很艰苦，学员们一面生产，一面学习。朱德并不因为朱琦是自己的儿子而把他留在身边，更没有因为朱琦受过伤而安排他到一个舒适的地方工作。相反，他教育朱琦要服从党组织的需要，勉励他到基层与广大群众一起工作和生活。

有一次，毛泽东、朱德和其他一些中央领导同志去看戏，朱琦也跟着去了。当时，党中央只有一辆汽车，而且还是一辆救护车。戏演完后，朱琦走得快，先上了车。因为车小人多，朱德就走过来对朱琦说："你下来，步行回去！"可是回到杨家岭，大家一下车，朱琦也到了。原来他是站在驾驶室外面的踏板上回来的。本来驾驶室外面的踏板是警卫员站的地方。朱琦站着回来了，警卫员只好走着回来。朱德知道后，非常生气，狠狠地批评了朱琦一通。朱琦起初还有点情绪，说："这不是件小事吗？"朱德说："这不是小事。警卫员和你一样，都是革命队伍里的战士。你不应该自以为比别人特殊。"朱琦说："我只是站在汽车外面的踏板上回来，又没有影响你们。"朱德说："你

第三章
永久的记忆——朱德与他的家庭

朱德与家人在北京合影（历史图片）

知道吗？那是卫士的岗位，他的责任是保卫党中央和毛主席。警卫人员没有跟着回来，万一路上出了事怎么办？"朱琦这才明白过来，马上承认了错误，保证今后不再搞特殊。

后来，组织上安排朱琦到冀中工作。

1947年4月的一天，朱德到冀中军区检查工作。在听完了第十一军分区司令员杜文达的汇报后，特意问道："朱琦在你们那里，他最近的表现怎么样？你要如实地讲。"杜文达说："朱琦同志工作积极，学习也好，责任心也很强。比如，最近我带几个团去攻打赵县，朱琦同志负责的通信联络工作就做得很出色。"朱德连忙制止说："你不要光讲优点，难道他就没有缺点吗？"杜文达想了想说："缺点当然有。他有时生活上散漫一些，说话随便些。"朱德沉思了一会儿，严肃地对杜文达说："朱琦生活上散漫，吊儿郎当，说话随便，这就是他认为自己是我朱德的儿子，有优越感嘛。这样发展下去，就会造成很不好的影响，是会脱离群众的。因此，我要求你对他严格管教，不能搞特殊，要把他的优越感克服掉。你回去要找他谈谈，告诉他这是我朱德交代给你的任务。要他今后一定要克服自己身上的毛病，加强组织纪律观念，尊重领导，爱护下级，平等待人。特别要注意尊重人民群众，说话要注意场合，注意影响，不利于团结的话不许说。他是个共产党员，是为人民服务的，是人民的勤务员，而不是当官做老爷的，更不准有耍威风、摆官架子等旧军队的作风。"

1948年8月，朱琦和他的爱人赵力平在河北省阜平县参加土改，随着中央机关土改工作组去西柏坡，向党中央汇报工作。他们准备利用这个机会去看望爹爹和妈妈。这是赵力平和朱琦结婚后第一次同公婆见面。自己的公公是八路军的总司令，婆婆也是著名的妇女领袖，赵力平心里既激动又紧张。朱琦告诉她说："不要紧张，爹妈早就想看看你，见到你会高兴的。"

见面时，赵力平看到总司令穿着一身褪了色的旧布军装，待人和蔼，慈祥的面孔上总是泛着笑容，言谈举止间一点架子也没有，她心里的紧张、拘束感消除了，一种亲近、亲切的感情油然而生。

朱德和康克清见他们来了非常高兴。康克清赶忙请他们坐下。按说父亲和儿子好久没见面了，儿媳又是第一次见面，应该先问问两人的生活情况。可是，刚一坐定，朱德的第一句话便问到了他们的工作情况："你们都参加了土改，收获一定不少吧？"赵力平回答道："我感到很有收获，可我确实没有做什么工作。"朱德微笑着说："你们的工作还是有成绩的，可有一条，成绩不能算在自己账上。你们这次土改取得成绩主要有三个原因：一是党的方针政策正确；二是你们的领导邓颖超、黄华同志很有水平；三是有当地干部和群众的帮助。今后你们要经常到基层中去，经受锻炼。"

第三章
永久的记忆——朱德与他的家庭

1972年，朱德和儿子朱琦、儿媳赵力平在北京西郊住所（历史图片）

开饭了，朱德在饭桌上谈笑风生。他专门谈到了学习问题，谆谆告诫朱琦和赵力平说："你们现在还很年轻，今后的路还很长，工作很多。全国要解放了，要依靠你们去建设。要听党的话，重要的是学好政治理论，弄懂马列主义，学好毛主席著作，这可是终生受用的啊！"

那时，正是人民解放军同国民党反动势力进行战略决战的前夕，辽沈、淮海、平津三大战役即将开始。为了适应革命形势迅猛发展的需要，一部分原在部队工作的同志，要转到地方去工作。朱琦对父亲说："这次回部队后，我们都可能要调到地方工作。"朱德关切地问道："去做什么工作？"朱琦回答说："可能到铁路部门。因为交通要迅速恢复，那里需要人。"朱德充满信心地说："是啊！现在革命形势很好，天津、北平就要解放了。你们都是共产党

111

员，转到地方工作，一定要听从组织的安排。"朱琦和赵力平都点点头，表示一定服从组织的决定。

朱琦和赵力平要返回工作岗位了。临走的那天，朱德拿出一套新的《毛泽东选集》，郑重地交给儿媳："这是我们第一次见面，就把《毛泽东选集》当作礼品吧，你们把这部书学通了，工作就有了方向。"

全国快要解放了，大家的心里都很激动，对未来的生活充满了各种各样的遐想，有些同志不免会滋生出骄傲思想，享乐主义也有所抬头。一次，朱琦对朱德说："爸爸，全国就要解放了，咱们要进京享享福了！"听了这句话，朱德非常警觉，他觉得该对朱琦的思想进行教育了。于是对朱琦说："就到吃午饭的时间了，来，今天跟我一块儿吃吧。"饭端上来，一盆小米粥，几个玉米面窝头，两盘素菜，还有两盘拌野菜。朱琦夹了点野菜问道："爸爸，你怎么还吃这玩意儿呀？"朱德收起笑容，意味深长地说："长征的时候，有些同志因为连这样的野菜也吃不上，饿死了！常吃着它，忘不了艰苦岁月。"朱琦听了，心里很不平静，看着爸爸身上的旧灰布军装，脚上的旧布鞋，不由得眼窝一阵发热，非常坚决地说："爸爸，我不跟着进京了！"朱德赶忙问："你到哪儿去？"朱琦说："党需要我到哪里，我就到哪里去！"朱德的目光久久地注视着儿子，欣慰地笑了。

后来，朱琦转业到石家庄铁路局工作，赵力平转到人民银行工作。临行前，朱德语重心长地说："你们在部队干了多年，对部队工作比较熟悉，到地方就不同了，一切都是生疏的。要先到基层去锻炼，从头学起，踏踏实实地干下去，掌握一门技术，学会管理工作的经验。"朱琦和赵力平都遵照朱德的教导，到基层从头学起。朱琦原先在部队工作时，都是在领导岗位上，转业到铁路机务段当练习生，学做司炉和火车司机。虽然很累，但他很高兴。有一次，朱琦高兴地对赵力平说："我快会开火车了，在铁路系统不懂技术是不行的，要按爹爹的教导，学技术学本领，才能适应新工作的要求。"

1953年夏的一天，领导让朱琦驾驶一列火车，并说这是一项重大任务。

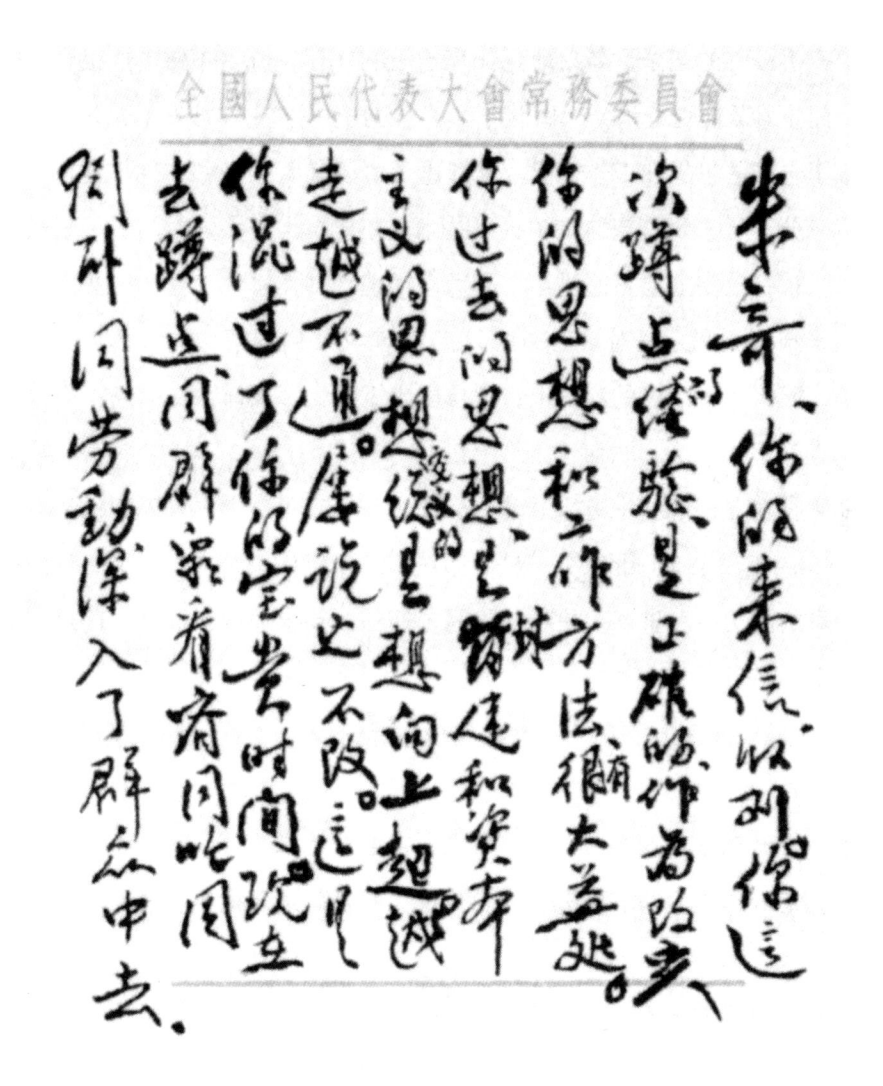

第三章
永久的记忆——朱德与他的家庭

朱德给朱琦书信手迹（历史图片）

朱琦把火车开得又快又稳，圆满地完成了任务。车到站后，领导走进驾驶室对他说："朱琦同志，首长请你停车后立即到车厢去一趟。"朱琦心想：是谁的专列？他猜不出，但他知道这是不能问的机密。车停了，朱琦没来得及洗脸和换衣服，就急匆匆地向车厢奔去。他一看接见他的首长，竟是自己的父亲。原来自己开的是父亲的专列！朱德紧紧地握住朱琦的双手，看着满身油渍，双手汗污的儿子，高兴地说："学会开火车了，开得不错。这很好嘛，掌握一门技术就能更好地为人民服务了。"父子俩一同坐在沙发上，朱琦向父亲汇报了自己的思想和工作情况。朱德边听边插言说："很好，你是真正的工人阶级一分子了，我希望你除了钻研技术，还要挤出更多的时间学习政治，要精益求精，政治上要不断进步，要谦虚谨慎踏踏实实地工作，创造出更好的成绩来报答党和人民对自己的培养。"列车又要启程了，朱琦站起来向父亲告别，回头一看洁白的沙发上，被自己坐了一大片黑印，父子俩不由得哈哈大笑。

朱德对儿子的要求近乎严苛。朱琦工作一直很努力，可朱德仍觉得不满意。1965年，朱琦到北京郊区铁路系统机车车辆厂去蹲点，写了一份调查报告，寄给了父亲。朱德很快给儿子写了回信，要求他深入群众。这封信的原文如下：

朱琦：

你的来信收到。你这次蹲点的经验，是正确的，作为改变你的思想和工作方法有很大益处。你过去的思想是封建和资本主义的思想交叉的，总是想向上爬，越走越不通，屡说也不改。这是（使）你混过了你的宝贵时间。现在去蹲点，向群众看齐同吃同住同劳动，深入了群众中去，就真正会了解社会主义如何建设，如何完成，就会想出很多办法，同群众一起创造出许多新的办法，推向前进。你们铁道部门是接管的企业，过去的旧框框没有打烂，又学苏联的新框框，就是迷失社会主义创造性的一条……三结合的方法，主要的还是群众。社会主义教育在全国均有很大进步，望你再去蹲点。今后工作要求在现场工作，使你更有进步才不会掉队。

朱德
一九六五年四月九日

"毫不特殊,做一个普通劳动者!"朱琦把父亲的教导铭记在心里,他处处严格要求自己,许多同他在一起战斗和工作过的同志,多少年后还不知道他是朱德的儿子。

中华人民共和国成立以后,赵力平的工作多次发生变动。朱德总是不断地给予她勉励和教诲,使她能愉快地服从组织的安排。1955年,组织上决定把她从银行部门调到财贸部门。起初,赵力平害怕工作生疏,自己干不好,心里颇有顾虑,但最后还是服从了组织的决定。朱德知道后,十分高兴地对儿媳说:"战争年代不论是干部还是战士,只要一个命令拔腿就走。现在是和平环境,随着形势的发展变化,今后调动工作也是经常会有的,共产党员做什么工作都要由党来决定。到一个新的单位就要从头学起嘛!时间长了就会做好了。"

"要和群众在一起,要能吃苦"

朱德的女儿朱敏是在苏联出生的。未满周岁时回四川成都由外婆抚养,一直长到14岁,她还从没有见到过父亲。只有当外婆拿出父亲的照片告诉她时,她才知道自己的父亲是一位身材魁梧、面容和善的军人。她常常缠住外婆,要外婆带她去见父亲。

1940年的一天,突然有两个陌生人闯进外婆家,指着朱敏问姨妈说:"这就是朱小姐吗?"姨妈镇静地对付着那两个陌生人,一口咬定朱敏是自己的女儿。最后,那两个陌生人没有办法,就把姨妈给抓走了。党的地下组织得知这一情况后,决定立即派人把朱敏送到延安。为了确保朱敏能安全到达,地下组织将她化装成医疗队的队员。朱敏一行历尽千辛万苦,终于抵达延安。在一座简陋的窑洞里,朱敏终于见到了朝思暮想的父亲。她紧紧地依偎在父亲的怀里,仔细地端详着父亲,情不自禁地流下了热泪……

回到父亲的身边，朱敏才真正体会到什么是父爱。尽管当时延安的生活很艰苦，但她却感到很快活。两个月后的一天，朱德把女儿叫到身边，笑着问她："你想学习吗？"

朱敏爽快地回答道："想啊，连做梦都在想。"

"那好，现在派你去苏联学习，你愿意去吗？"

一听说要去苏联，朱敏一下子不说话了。她知道苏联在很远很远的地方，刚刚来到父亲身边，马上又要离开，她心里觉得很不是滋味。但是，她望着父亲那慈祥的面容，听着父亲的亲切教诲，点头答应了。

临别之际，朱德拉着女儿的手说："你到了苏联，一定要好好学习，努力掌握专门知识。等打完仗，国家就需要建设，那时我们会需要很多建设人才。爹爹等你回来建设新中国。"

1941年3月，朱敏进入苏联莫斯科第一国际儿童院。远隔万水千山，朱德十分惦念女儿。不久，苏德战争爆发了。作为一个军人，朱德清楚地知道战争

朱敏原名朱敏书，朱德元帅的女儿，1926年生于莫斯科，未满周岁时回到四川成都。1940年11月，14岁的她由重庆八路军办事处护送到延安。1941年2月，朱敏被送到苏联莫斯科第一国际儿童院学习。1949年进入莫斯科列宁师范学院学习。1953年回国，回国后一直在北京师范大学任教（历史图片）

意味着什么。但是，由于当时的战争环境险恶，朱德无法得知女儿的情况。1943年8月，朱敏同国际儿童院的部分儿童一道被纳粹德国送到法西斯集中营做苦工。朱德当时并不知道女儿正在法西斯集中营饱受着囚徒般的磨难，于同年10月写信给女儿。信中说："你在战争中应当一面服务，一面读书，脑力同体力都要同时并练为好。中日战争要比苏德战争更迟些结束。望你好好学习，将来回来做些建国事业为是。"直到1945年，苏联政府把朱敏的音讯给朱德时，他才知道女儿的这段经历。他立即写了一封信，希望女儿原谅他，并解释说，他之所以没有向苏联方面询问，是因为苏联当时也处在灾难之中，他怎能为个人的事情去麻烦苏联领导人呢⋯⋯

1953年，朱敏结束了在苏联的学习，怀着万分兴奋和喜悦的心情踏上了返回祖国的旅途。一回到家，她就紧紧拉住父亲的手，迫不及待地向父亲汇报了自己在苏联学习的情况。

朱德抚摸着女儿的头发，亲切地说："你回来了，很好嘛！我们国家正处在建设时期，需要大批的人才。你要把自己学到的知识，贡献给社会主义建设事业。"

后来，朱敏被分配到北京师范大学工作。

20世纪50年代，朱德和党中央其他领导都住在北京西郊。每天早晚，朱德都要出门散步。朱敏回家的时候，就陪父亲出去走走。有一天，父女俩不知不觉中走到一片庄稼地边。一见地里的玉米、谷子、芝麻、棉花都长得

朱德与女儿朱敏（历史图片）

十分茁壮，朱德脸上绽出笑意。他抚摸着肥厚的叶子和粗壮的秸秆，连声称赞道："好庄稼！好庄稼！人勤地不懒啊！"他回过头来，盯着女儿问道："这些庄稼，你都认识吗？"

朱敏试着说出了几种作物的名称。朱德又问："你能估算这片玉米地一亩能打多少斤吗？"

朱敏抓抓头，实在讲不出来。朱德没有再说什么，他在沉思。

在往回走的路上，朱德意味深长地对女儿说："你对农业上的事情知道得太少，应该拜农民为师。中国现在工业还不发达，百分之八十的人口是农民。不了解农村，不了解农民，就不了解中国。"

朱敏觉得父亲的话很有道理，也看到自己和工农群众的差距，当即向父亲表示，今后一定要争取机会，到农村去调查和锻炼，补上这一课。

1965年年底，北京师范大学组织部分师生到山西农村调查。朱敏报名参加。

朱敏下乡前夕，朱德把女儿找来叮嘱道："晋东南是个好地方，抗战时期八路军总部就设在你将要去的武乡县。那里的老百姓觉悟很高，是他们用小米养活了我们八路军。你去了要好好向他们学习。"

带着父母亲的嘱托，带着对老区人民的向往，朱敏和调查团的其他成员一起出发了。在山西的半年时间里，朱敏了解了农村的实际状况，得到了锻炼，受到了教育。

回到北京后，朱敏把她和当地老乡的合影拿给父亲看。朱德打量着变得又黑又红的女儿，含笑说道："很好，很好。可惜时间短了些。这只是开始，你以后应该多去农村走走。"说着，他戴上老花镜，仔细端详起照片。他一下子认出了当年的妇联主任，用手指点了点照片上的人，问朱敏："这不是赵子平吗？老了，她今年有70岁了吧？"

朱敏没想到父亲的记忆力还是那么好，连忙应声说道："是啊！她71岁了，精神、身体都挺好，以前的事还记得。"

朱德望着照片，不住地点头，好像沉浸在往事的回忆里。过了一会儿，他才带着浓厚的感情说："根据地的人民是有功之臣，功劳是他们的！"

"不管干什么，都要安心自己的工作"

朱德常常要求子女们好好工作，他说："干什么都是为人民服务。不管干什么，都要安心自己的工作，干哪一行，就要把哪一行搞好。"他的第二个外孙分配到工厂工作，朱德很高兴地说："当工人好啊，就是要当工人农民。不要想当'官'，要当个好工人。"说着，朱德又回过头看着小外孙，亲切地问道："你长大了去当农民，好不好？农业重要啊！你会做饭吗？现在就应该学会自己做饭，自己管理生活。"

朱德鼓励孙子们要坚定不移地走与工农相结合的道路，在实践中增长知识。朱德经常告诉他们：下乡插队的，要虚心接受农民的再教育，做一个有社会主义觉悟的有文化的劳动者；进工厂的，要在厂里吃住，多和工人接触，接受工人阶级的再教育。节假日，当孙子们团聚在他身边，他看到孙子们个个穿工装，有的脸晒得黑黑的，便高兴地说："咱们家人多，干什么的都有。"

1974年，朱琦因病去世。有关部门考虑到朱德已是88岁的老人了，几个外孙、孙子都在外地工作，身边应该有人照顾，于是决定把朱德在青岛海军某部当兵的小孙子调回北京。小孙子调回北京后的第一个星期天，就去看望爷爷和奶奶。一进家门，爷爷就问他："你怎么回来了？是出差，还是开会？"小孙子知道爷爷要求严格，不敢说实话，只说自己是临时到北京海军某部帮忙。

两个月以后的一个星期天，小孙子又去看望爷爷。这回朱德猜出这里面有名堂，把他叫到自己的办公室，非常严肃地问他："你在海军帮忙多长时间

朱德在云南筇竹寺观看小学生下棋（历史图片）

了？怎么不走了？是不是调回北京了？"小孙子一看瞒不住了，只好红着脸说："我调到北京了。"还说这是组织上考虑到便于照顾爷爷。

朱德一听，就觉得这有点问题，很不高兴地说："我要的是革命接班人，不要孝子贤孙！哪里来的，还应该回哪里去！"

过了几天，朱德把海军领导请到家里，了解小孙子调动的经过。他亲切地对海军领导说："请你们还是把他调到部队基层去锻炼吧，年轻人应该到艰苦的地方去锻炼，不要留在大机关里。"海军领导说："您年纪大了，身边确实需要有人照顾。"朱德说："我虽然年纪大了，但有组织上的照顾，用不着他们在我的身边。"他还深入浅出地讲明其中的道理："一个人浮在上面时间久了只会做官做老爷。小孙子下到基层去，对党、对他自己都有好处。领导干部都把自己的子女留在北京，这不是在搞特殊化吗？那还有谁去保卫祖国的边疆和海防？"海军领导终于被朱德说服了："那就按您的意见办！"

两天后的农历腊月二十九，小孙子回到家里，对爷爷说："爷爷，组织上决定调我去南京海军某部基层连队工作。"朱德听后很高兴，亲切地说："应该走出机关，到基层去锻炼，这对你们成长大有好处。"

当时，小孙子想在北京过完年后再去部队报到。他对爷爷说："明天就是大年三十了，春节放假三天。我想和部队首长说说，过了春节再走。您看行吗？"朱德严肃而慈祥地对他说："不行。一个解放军战士，必须坚决服从命令，听从指挥，严格执行纪律。大年三十也要走。到部队和同志们一起过春节更有意思。"小孙子打消了在北京过春节的念头，说："好，我见妈妈一面就走。"

赵力平接到儿子打来的电话，约好大年三十上午从天津赶到北京。可是赵力平年三十上午有会，没能按约定时间赶到北京。当她匆匆于下午赶到北京时，小儿子已经登上了南下的列车。

朱德老家有个侄孙，不太安心在农村工作，曾几次写信给朱德，请求朱德把他调到北京工作，朱德都拒绝了。后来，这个侄孙作为适龄青年参了军。一次，他从东北回老家探亲，途经北京时去看望了朱德。朱德对他说："你参军了，咱们是革命同志关系，而后才是其他关系。你要模范遵守部队纪律，好好学习，严格训练，努力进步。"几年后，这个侄孙临近复员时到北京请求朱德帮助在城里找个工作。朱德说："使不得。回原籍安置是政府的政策，我要带头执行，不能有半点特殊。你在部队入了党，共产党员更应该服从组织纪律，仪陇县天地广阔，需要你。你要愉快地回老家去，由地方组织安排，无论干啥都要干好。"这个侄孙听从了爷爷的教诲，高兴地回到家乡，当地政府安排他当了公社的放映员。

"不及格就是不及格，差一分也是不及格"

朱德十分注意子女们的学习情况。他常说："过去旧社会里边，一些不学无术、不求成才的都是有钱人家贵族的孩子。我们要注意这些问题。"

朱敏在1953年以前，一直在苏联上学。每次回家度假，朱德总要问她的学习情况。1950年8月31日，朱德给女儿题词："虚心学习理论，更要求与实践相联系。"当时，朱敏由于长期在国外生活，中文程度差，读有些文章感到有一定的困难。朱德就戴上老花镜，让朱敏坐在他身边，辅导女儿学习。他用手一行一行地指着，教女儿一句一句地读《新民主主义论》和《论人民民主专政》等著作。他边领读边讲解，每讲完一段就停下来问朱敏懂了没有。有时，朱德发现朱敏理解不深，就重新讲解。

孙子们开始上小学一年级的时候，朱德就给他们讲开国大典，教育他们懂得，没有共产党，就没有新中国。孙子们稍大一些的时候，朱德又严肃地教育他们要认真学习马列著作。他多次对孙子们说："不懂得马列主义，不懂得哲学，什么工作也做不好。"

朱德对孙子们的功课很关心，经常抽空抓孙子们的功课。几个孙子常常因为贪玩，不能很好地完成老师布置的作业。每个星期六下午回到家里，朱

朱德与孙子朱和平、朱援朝谈话（历史图片）

德总要检查孙子们的作业本和学习手册。往往为了一道算术题没有做出来，或是作业做得不好，朱德就会严格地要求孙子们重写作业，复习功课。孙子们当时还小，不明白爷爷的苦心，经常为此噘嘴生气。为了使孙子们明白道理，朱德特地召集他们开会。朱德说："现在，老师从小就教你们知识，生活上也没有困难。在旧中国，哪有这样好的事情啊！我小的时候，全家辛苦劳动，才勉强供我一个人上私塾，每天都要自带干粮，往返跑几十里。你们可不能身在福中不知福啊！"

有一天，朱德收到一封特殊的来信，打开一看，是一位数学老师写来的。这位老师为什么要写这封信呢？原来，朱德有个上小学的小孙子，因为贪玩，学习成绩下降了，前天算术考试，只得了59分。放学后，老师把他留下来，找他谈话，帮助他。他却趁老师没有注意悄悄地溜走了。老师为了配合家长教育他，才给朱德写了这封信。这封信写得非常感人，老师开头介绍了孩子在学校的情况，然后检讨了自己没有把孩子教育好，作为一名人民教师来说是失职的，实在对不起革命前辈。

朱德看完信后，非常重视，立即把小孙子叫来，对他耐心地讲道理："光想着玩，不努力学习文化知识，就不能很好地为人民服务。科学技术在不断发展，现在不好好学习，长大了什么也不会干。当工人不会做工，怎能生产出机器？当农民不会种田，怎能长出粮食？大家都像你这样，全国人民吃什么？穿什么？上课时不能画小人，也不能人坐在教室里，心却想着玩。"

小孙子听了，不大服气地说："老师出的题我全会。这回是粗心了。再说59分离及格也只差一分，老师为什么要告诉爷爷？"

朱德对他说："不及格就是不及格，差一分也是不及格。再说及格了，难道就满足了吗？应该争取优异成绩。老师批评得对，是对你负责。学生怎么能不听老师的话呢？一定要尊重老师。这是当学生必须首先做到的一点。"

朱德要小孙子去向老师承认错误，并保证今后不再犯，一定要努力学习。为了使小孙子能受到深刻的教育，朱德还特地把老师请到家里做客。当

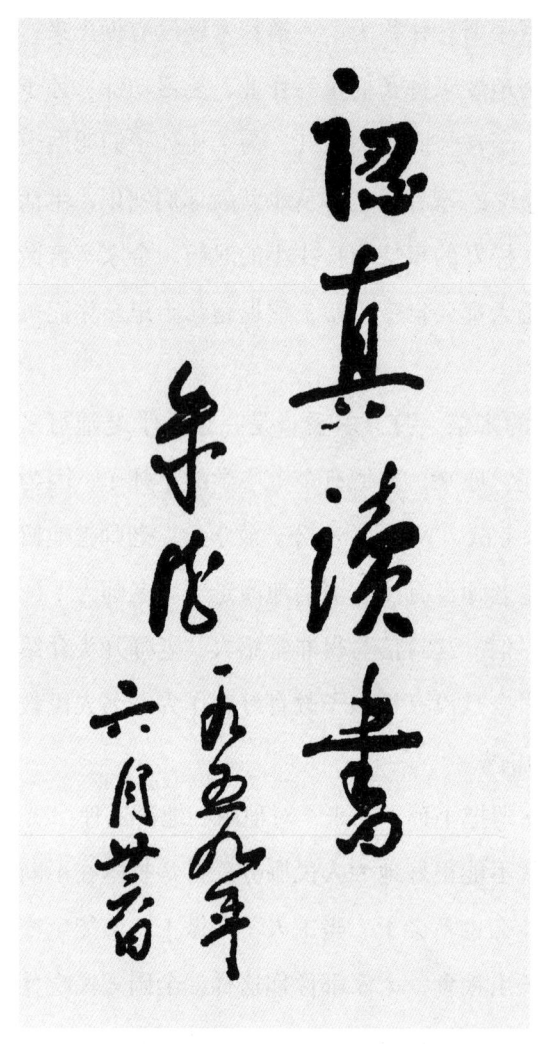

朱德手书"认真读书"（历史图片）

老师来到时，朱德起身迎接，并热情地同老师握手，感谢老师对孩子的辛勤教育。朱德说："老师的工作很重要，关系到下一代的成长。希望老师对孩子严格要求。"老师看到朱老总百忙之中还如此关心教育事业，深感肩负的责任重大，他激动地说："一定不辜负您的期望。"

朱德经常教育孩子们要刻苦钻研。碰上重要的文章，他要求孩子们反复学习，争取做到每次都有新的收获。朱德鼓励孙子们勤做笔记。当他们刚刚能够写心得笔记的时候，朱德就送给他们新日记本。他和康克清在送给孙子们的笔记本上经常会写下诸如"好好学习，天天向上"之类的勉励话语。

平时在家里，朱德常常让孩子们围坐在面前，一起学习。孩子们这个读一段，那个读一段，他自己就边听边看。读完一段，朱德就让孩子们讲一讲，提出问题。他说："不要怕问问题，不懂的地方，就大胆地问。所谓学问，就是既要学，又要问。"每次学习时，朱德都十分认真，谁念错一个字，他马上就给予纠正。

朱德一见孩子们学习就高兴。他在检查他们的作业时，谁做得好就表扬谁，谁做得不好就批评谁。他要求孩子们发现错误就要立即改正，并且要求重做一遍，以加深印象。孩子们年岁小，一听说重做就不耐烦，有时还会撒娇。碰到这种情况，朱德绝不让步，绝不松口，直到看着孩子们把作业按要求做完。朱德还耐心地给他们讲为什么要这样做，使他们认识到养成良好的学习习惯有多么重要。在爷爷的严格要求下，小孙子们谁也不敢偷懒，成绩有了明显提高。

在朱德的带动下，注重学习钻研，成为朱德一家的风尚。

节假日永远是"学习日"和"劳动日"

节假日是家庭团聚的好日子。而在朱德家里，节假日还被赋予了另外一种含义——"学习日"和"劳动日"。每逢节假日，孩子们从四面八方回来，朱德都要求他们学习或劳动。

1964年国庆节的上午，孙子们有的去参加游行，有的去参加天安门前的组织活动，有的去参加学校的庆祝活动。孩子们玩得都十分尽兴，回到家里，都感到很累。他们想：爷爷那么大年纪了，今天在天安门城楼上，同毛主席、周总理等一起检阅游行队伍，站了整整一上午，下午的家庭学习会肯定不开了。中午休息了一会儿，爷爷就把他们叫了去。他们满以为爷爷会告诉他们晚上到哪儿去看演出，或者是去看焰火。没想到爷爷却说："今天是'十一'，不能忘记学习。咱们先学《人民日报》的社论，这篇文章很重要。"一听这话，孙子们都愣住了，你看看我，我瞧瞧你。小一点的噘起了嘴，大一点的就嚷嚷开了："大家都挺累的，应好好休息。社论，什么时候学不成呀！"朱德严肃地说："这话可不对了。农民种地不能误农时，工人做工不能拖延生产计划。我们学习，也是这个道理，不能把今天学的推到明天

朱德、康克清与孙子朱和平在香山（历史图片）

去。"然后，他话锋一转，风趣地问他们："你们既然挺累的，晚上就不去参加晚会了吧？"孙子们一听就跳了起来："参加！参加！"有的还问："晚上到哪儿？"朱德笑着说："你们想休息，是为了晚上去玩呀！学习和晚会哪个重要？"孙子们不吭声了。家庭学习会开始了。这一天，朱德和全家一起学习了《人民日报》社论，还进行了热烈的讨论。

1975年春节前夕，毛泽东发表了关于理论问题的重要指示。农历大年初一，吃过早饭，朱德把全家召集到一起，说："今天我们学习这篇文章。"然后又对儿媳说："力平，今天你当组长，我给你组织。"于是，大家一段一段地读了起来。朱德戴着老花镜，拿着红铅笔，聚精会神地边看边听，读到哪里，手中的红铅笔就点到哪里。下午，朱德又带着大家继续学习。学习完后，朱德才让孩子们出门去玩。

朱德经常对子女们说："要保持劳动人民的本色。"他十分重视培养孩子

第三章
永久的记忆——朱德与他的家庭

们的劳动美德。孙子们一上小学，朱德和康克清就要他们做一些力所能及的劳动。先是洗手帕，洗袜子，后来就是洗自己的衣服，整理自己的床铺，提高生活自理能力。上高小后放了假，朱德又特意让孙子们买来煤和米面，让他们自己生炉子煮饭吃。朱德说："这些都是生活的基本功，得学会。"

他把自己的小菜园当作教育子孙的小课堂，给每个孙子发一样工具，手把手地教他们干农活。星期天一大早，朱德和康克清就把孙子们叫到跟前，拿来小锄头、水桶等工具，带他们到小菜园里，教他们劳动。孙子们第一次扛起锄头，觉得自己长大了许多，就像大人一样可以干活了，很高兴，有说有笑。朱德给他们做示范，告诉他们怎样刨坑，怎样点种，怎样施肥，怎样浇水。孙子们学着爷爷的样子，七手八脚忙起来。锄头握在朱德手里轻巧灵活，刨出来的坑，一样大小，一样深浅，坑与坑之间的距离又那样匀称。锄头到了孙子们的手里，总觉得用起来不便当，刨的坑大小不一、深浅不均，距离有远有近，横竖不成行，像是满天星斗。干上一会儿，个个满头大汗。朱德见孙子们感到累，想休息一下，就把他们叫到身边说："干活不要怕苦怕累，不养成劳动的习惯，怎样为人民服务呢？

朱德和康克清陪同越南劳动党主席胡志明参观自己的菜园（历史图片）

127

现在不劳动，就会脱离人民。工人、农民伯伯都长年累月这么干，你们要向工人、农民伯伯学习，热爱劳动！"他们听明白了道理，又愉快地参加劳动。

孙子们最喜欢跟爷爷到菜园子里摘菜。朱德种的莴笋、豆角、黄瓜、茄子，样样招人喜爱，特别是西红柿长得格外硕大。有一年，他种的冬瓜，最大的长到70多斤。朱德为什么要自己种菜呢？难道党中央的副主席、共和国的元帅还没有菜吃吗？当然不是。他说："这样做，好处太多了，既不会丢掉劳动习惯，又可休息脑子，锻炼身体，还可以减轻人民的负担。参加劳动的好处这么多，何乐而不为呢？"朱德一生不脱离劳动，为子孙后代作出了榜样，在他们幼小的心灵里播下了热爱劳动的种子。

节假日孩子们回家，朱德便让他们接替服务人员的工作，说："工作人员很辛苦，今天应该让他们休息。你们做些事，不能吃现成的。"于是，孩子们扫房的扫房，拖地的拖地，洗衣的洗衣，烧饭的烧饭，忙得不亦乐乎。

"勤俭建国，勤俭持家，勤俭办一切事业"

朱德的生活非常俭朴，无论是在战争年代，还是在和平年代，他始终保持着简朴的生活习惯，一贯倡导艰苦朴素、勤俭持家的好家风。

朱德常对孩子们说，他小时候生活十分艰苦，全家人终年劳累，辛辛苦苦种起来的稻谷全都交了租、纳了税，只好整年吃红薯南瓜、杂粮饭、豌豆饭，偶尔在高粱里掺上一些米和豆子。家里穷得连盐巴也吃不起，菜是白水煮的，桌上放一只碗，里面放一点又黑又脏的盐巴或溶化的盐水，夹一点菜，在盐巴上擦一擦或在盐水里蘸一蘸，用来下饭。那时的农活非常繁重，每天中午才能吃上一顿干的，还总是先让家里的男人吃饱，因为他们要下田干活，剩下的才是妇女的饭。过这样穷苦的生活，锻炼了他吃苦耐劳的意志，为他参加革命斗争打下了基础，长征时吃树皮、啃草根，他也从来没有觉得苦。

从一个忍饥挨饿的佃农儿子到共和国元帅，他是一步步走过了一条多么漫长而艰辛的道路啊！孙子们逐渐懂得了劳动人民在旧社会的生活，竟是那么悲惨，而今天的生活真是幸福。如果不节约、不勤俭就太不应该了。今天，即使吃点苦，要同爷爷小时候比起来，又算得了什么呢？

1960年，国家经济困难时期，就是北京城里的学校，伙食也很差。粗粮很多，三天两头吃红薯面窝窝头。孙子们好不容易盼到星期六，高高兴兴地回家来，按照爷爷立下的规矩，一律到大食堂去吃饭，朱德还一再叮嘱他们不得超过自己的粮食定量。这个不准，那个不准，孙子们听了，很不痛快，在背后小声嘀咕着：一个星期才回来一次，一家人团聚团聚，吃点好的，有什么不可以呢？孙子们的这些要求，要说也不过分，他们毕竟还是孩子呀！可是，朱德知道了，却认真起来，耐心地对他们说："你们在家里吃饭，对你们思想没有什么好处；和大家一起排队买饭，坐在一起吃，正是同大家接触的好机会。"他还说："你们呀，可不能有特殊化思想，应该向广大工农子女学习，生活要低标准，同他们生活在一起，打成一片。"

1962年春节，朱德把孩子们召集到家里，对他们说："平时你们有工作，现在借节假日团聚的机会，讲讲家史，让你们知道为什么穷人要革命。"他向孩子们讲述了自己苦难的童年，还特别重点讲述了自己拒绝大军阀杨森邀请当师长的那件事情，告诫孩子们革命不是为了做官，也不是为了个人的享受，更不是为了追逐个人的名和利。最后，朱德说，现在国家遇到了暂时的经济困难，大家的生活应当艰苦一些、朴素一点，要多想社会主义这个大家庭的困难。

1963年12月26日，朱德给儿女亲笔题词："努力学习马列主义毛泽东思想，坚决反对修正主义，发奋图强，自力更生，勤俭建国，勤俭持家，勤俭办一切事业，做一个又红又专的接班人。"这里面的三个"勤俭"体现了朱德自己的生活态度和对儿女们的要求。

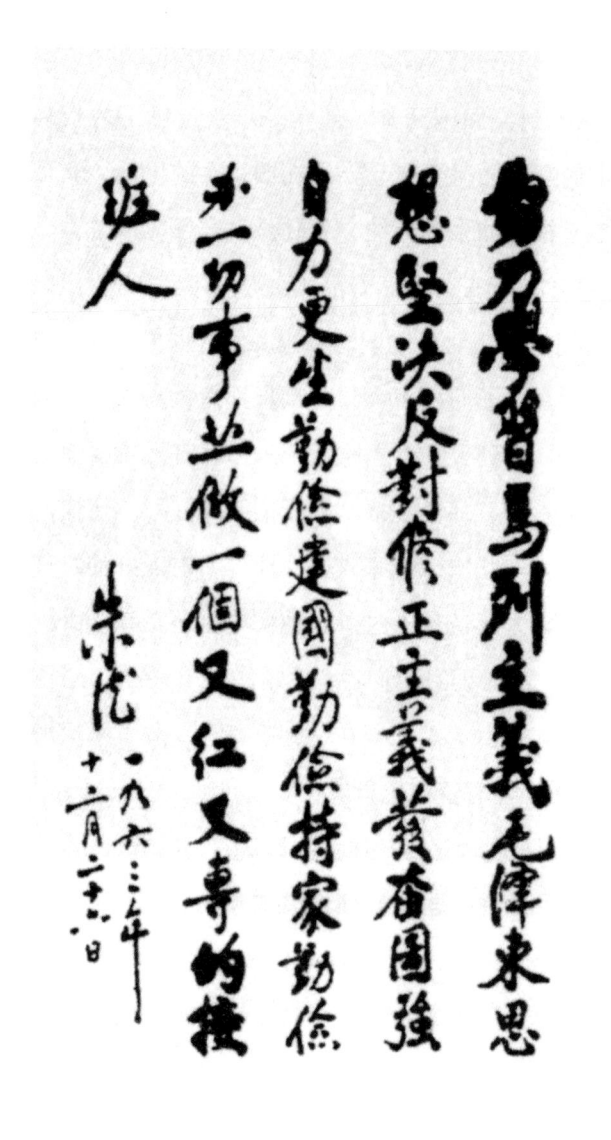

朱德给朱琦夫妇的题词手迹（历史图片）

朱德从不允许孩子们乱花钱。孙子们上小学时添置必要的衣服用具，都要征得爷爷奶奶的同意，并一一记账。朱德还经常检查这些开支。孙子们参加工作后，朱德也不轻易给他们买什么东西。

朱德有个侄儿叫朱传书，从小离开家乡，一直在朱德身边长大。朱传书中等技术学校毕业后被分配在北京一个工厂当工人。遵照伯父的教诲，传书住在工厂的集体宿舍里，与群众打成一片。后来，朱传书和一个农村姑娘结婚。朱德对这件事很支持，鼓励他们说："这很好！"并且举了另一位首长的孩子结婚时只把原有的被子拆洗了一下，没有添置任何新东西的例子，教育他们不要铺张浪费，一切从简。

第三章
永久的记忆——朱德与他的家庭

"要接班不要接'官'"

朱德对孙子们十分爱护，不仅关心他们的生活、学习，更关心他们的思想品德。

1963年3月，学习雷锋的活动在全国掀起高潮。朱德也为雷锋题了词："学习雷锋，做毛主席的好战士。"这一年的六一儿童节，朱德和康克清送给每个孩子一本印有毛泽东题词和雷锋照片的日记本，还在扉页上写了一段鼓励的话。康克清告诉孩子们："爷爷希望你们像毛主席要求的那样，好好学习，努力掌握文化知识，学习雷锋为人民服务的精神。从现在起，你们要把学雷锋的收获和体会写在本子上，爷爷说还要检查呢！"

据子女们回忆，朱德从不在子女面前谈自己的功劳。每当有人要他谈谈他的经历时，他总是摇摇头，或摆摆手。

子孙们很小的时候，朱德就常常把他们接到身边，给他们讲早年家境的贫寒，读书求学的艰难，革命烈士的牺牲，红军战士的坚贞，抗日英雄的传奇……几个孙子渐渐长大，尤其上学以后，知道爷爷曾是红军的总司令，就缠着爷爷要他讲带兵打仗的故事，不讲就不让走。这时，朱德把大手往孩子们头上一放，笑开了："红军打老蒋，八路军抗日，战斗故事多着呢，三天三夜也讲不完。"朱德就给孙子们讲了红军、八路军、新四军英勇作战的故事。

孙子们听了还觉得不过瘾，又嚷了起来："我们现在就要听爷爷自己打仗的故事。"朱德还是不肯讲自己，他说："我自己都是些老掉牙的故事，没什么好听的。老讲自己的过去有什么意思？咱们还是多讲现在，多讲将来，中国革命的事情还很多，世界革命的事还很多，我给你们讲个毛主席的故事……"

孙子们还是不放过爷爷，非要他讲自己不可。有的仗着年龄小还撒开了

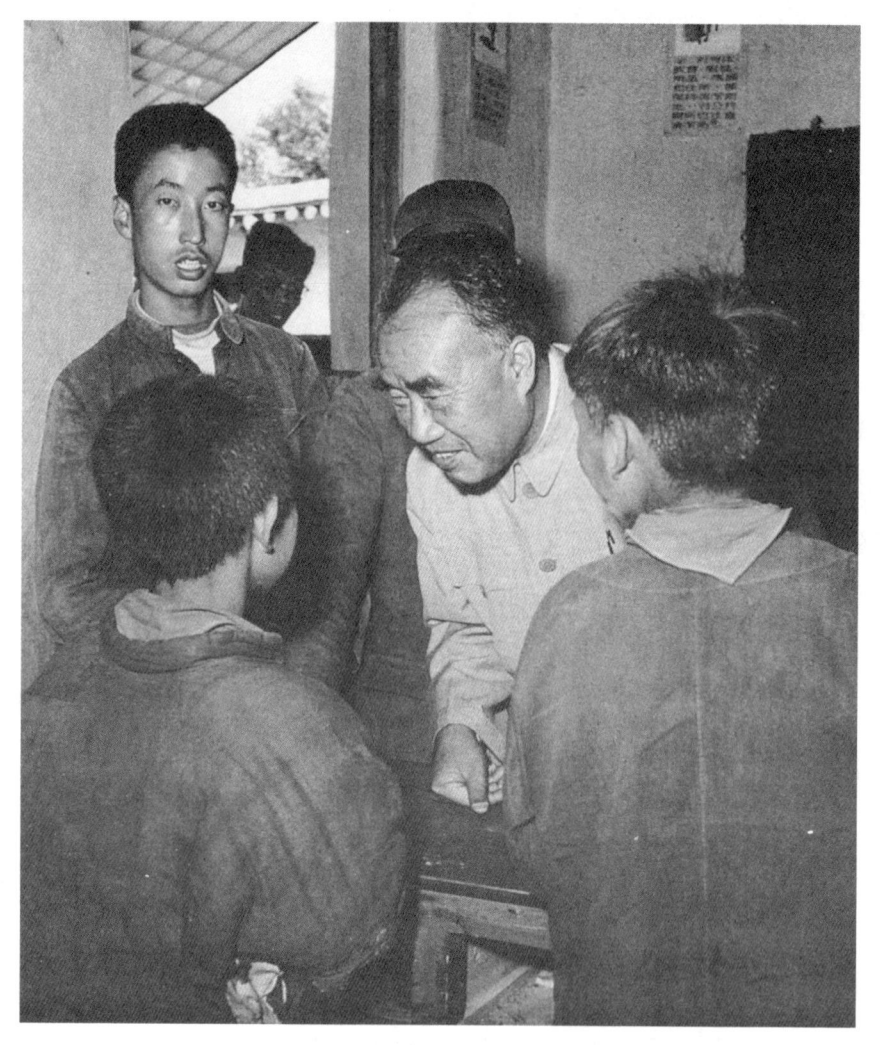

1958年7月，朱德在青海西宁郊区和农村小学生交谈（历史图片）

娇，拉着爷爷的袖子不放。朱德拿定主意，无论他们怎样纠缠就是闭口不讲自己。

　　他一辈子都不在孩子们面前摆自己的功劳。可是，在孩子们的心目中，他的形象变得更加高大，更加"英雄"了。

　　由于林彪的"一号命令"，朱德等许多老干部被秘密地从北京疏散到广东从化，失去了行动上的自由。1970年年初，朱德的孙女来到从化温泉疗养院。这是一个风景秀丽的地方，它依山傍水，绿树成荫，四季常青，可以说是旅游与疗养的最佳之地。但是，朱德生活在这样的环境中却感受不到大自然的美丽，因为他实际上是被人监控，每天活动的最大范围就是从山脚下散步到桥头警戒线。刚到从化时，朱德孙女的情绪还很高涨，可是时间一长，她就对这种单调的生活产生了厌倦心理，整天闷闷不乐。朱德看出孙女思想情绪上的变化，主动与她交谈。他们谈到中国革命的历史，谈到我们的党、我们的军队所走过的历程，谈到了胜利和失败。朱德指出，无论在什么样的历史关头，只要心中树立起坚定的信念，就会在黑暗中看到光明。

孙女后来回忆说："后来我才知道，爷爷当时被软禁了。可是在那种情况下，他关心的不是自己，而是国家的兴亡。尽管身处逆境，却始终保持着革命的乐观主义精神。"

当爷爷和奶奶问起她今后的打算时，她说她很愿意当兵，成为一名解放军战士。朱德听了，对孙女说："当兵不是享受，而是要尽一个军人的天职。首先要有一不怕苦，二不怕死的精神，你能做到吗？"孙女想了想说："通过在部队锻炼，我想我能做到这一点。"

不久，孙女参军离开了从化。后来，她又从广东兴宁调到广州军区总医院工作。领导给了她几天假，她高兴地去看望爷爷和奶奶。这是她参军以后第一次见到爷爷，一进门她就向爷爷敬了一个军礼。朱德连夸孙女的军礼敬得挺标准。他详细地询问了孙女的工作和学习情况。当知道孙女刚刚调到广州，还没有开始工作就先回来看他时，他的表情立刻变得严肃起来。他说："你是一名解放军战士了，应该遵守部队的纪律，要严格要求自己，以工作为重，我这里一切都好，不用挂念。"结果，孙女只住了两天，就回到单位，开始了新的工作。

1972年，朱德的孙女刚满18岁。这一年，她光荣地加入了中国共产党。她怀着激动的心情将这一喜讯首先告诉了爷爷奶奶。很快，康克清代表朱德回了信。信中告诫她："入党并不是一个人的目的，而是人生道路上的又一开

朱德当年亲笔题写的"山舞银蛇"四个大字刻在从化天湖风景区瀑布旁的峭壁上。图为从化天湖风景区（历史图片）

端。今后的路还很长，要有把毕生精力都献给党的事业的决心。"

朱德和康克清都十分喜欢孩子。早在战争年代，他们就为自己的战友与烈士抚养过不少的孩子。这些孩子都亲切地称他们为"爹爹"和"康妈妈"。中华人民共和国成立初期，为了报答家中兄弟姊妹们当年支持他读书闹革命的恩情，朱德特地托堂弟带几个孩子回来给他抚养。就这样，先后从老家来了十多个孩子。朱德和康克清把他们都当成自己的亲生骨肉一样抚养成人，为此付出了大量精力。由于朱德的言传身教，在这个大家庭中，大家生活在一起，关系融洽，哥哥照顾弟弟、姐姐关心妹妹，互相之间从来不分亲疏。

"要接班，不要接'官'。接班，是接革命的班，接为人民服务的思想，时刻想着大多数人，掌握为人民服务的本领，实实在在地干革命。如果忘掉了人民，心里想的是当官，就会脱离群众，早晚有一天要被人民打倒。"这是朱德关于培养接班人的基本观点，他的儿孙们就是在这种思想哺育下成长的。

朱德对培养下一代接班人的问题非常关注。他对孙子们说："要尽到我们的责任，把你们培养成为无产阶级革命事业的接班人！"他常说："在旧社会，人们都盼望自己的孩子能干一番大事业。他们所说的大事业，就是做官发财。我也希望你们做大事业，但这个大事业是为人民服务，为中国人民和全世界人民服务。你们说，这个事业还不大吗？"直到1976年7月2日，他病情危重的时刻，孙子们去医院看望他，老人家慈祥的脸上露出了亲切的笑容，无限深情地说："要做无产阶级……"孙子们看他说话非常吃力，噙着眼泪点点头，表示已领悟了老人家的教导。

/第四章/

"不搞特殊化"——生活细节

◎康克清见丈夫的衣服实在太破旧了,尤其在脱了棉袄后,没有什么可穿的,想给他做件新衣。朱德知道后说:"把旧衣服补补,还可以穿嘛!"工作人员也帮腔说:"您老人家的衣服太破了,不能再补了!"朱德说:"不能再补?两件拼一件嘛!"

对衣着没有什么特别的讲究

棉衣破了，一直穿

朱德的棉衣已很破了，可他还是一直穿着。通讯员看在眼里，疼在心里，总想找机会给军长弄一件新的。可是，部队天天打仗，军需供给不足，别说新棉衣，就是库存的旧棉衣也早就分发得干干净净，一件也没有了。

有一天，军需处处长来到军部，通讯员一把拉住他说："处长，现在被服厂扩大了，又连着打了几个胜仗，从敌人手里缴来了棉花、布，给军长做件新棉衣吧，他那件棉衣破得不像样子了。"

军需处处长听了，非常同意，说："我也早想给军长换件新棉衣，可是一直没原料。这回被服厂有原料可以做棉衣了。可是，给军长做棉衣，只怕他自己不同意。"

通讯员说："不要紧，你叫被服厂快点做，我去领来，给军长穿上就是了。"

谁料到这事不久就被朱德知道了。他严肃地问："谁让他们给我做新棉衣的？"

通讯员半开玩笑地说："那还有谁？你的旧棉衣呗！它虽不说话，可老穿在军长身上，谁都知道它很破了，早就该换新的了。"

朱德猜想这事肯定跟通讯员有关，为了摸清底细，便故意说："马上召开会议，我要问问大家。"

一听说要召开会议，还要问大家，通讯员觉得事情就大了，自己做的事，怎么能牵扯上其他的人呢？他马上坦白了："军长，是我干的。"

朱德喜欢诚实的人，见通讯员说了实话，就拍拍他的肩膀说："毛委员讲过，从军长到伙夫一样苦嘛！现在国民党反动派搞军事'围剿'、经济封锁，我们给养还十分困难，要多为革命着想嘛！"

通讯员说："您身上这件旧棉衣这么破，穿不了好长时间。"

朱德说："别小看这件棉衣，它陪伴我好几年，我对它的感情可深哩。破了，还可以补嘛！补了，就又好啦！完全可以再穿它几年！"

于是，通讯员赶紧去找针线，两个人一起补了起来。

这件补过的旧棉衣，朱德一直舍不得换掉，后来又补了好几次。越穿，补丁越多，可朱德就是不换新的。

后来有一次，朱德去红军医院看望伤员，回来时赶上一场大雨，这件棉衣被雨水淋透了。回到军部，朱德来到厨房里，就着炭火烤棉衣。

这时，通讯员回来了，见朱军长坐在灶门前，双手捧着棉衣，翻来覆去地烤着。

通讯员担心冻着军长，心想：这件棉衣湿成这个样子，怕是再没有什么修补的价值了，我还是到军需处领件新棉衣来。正要扭头走出去，被朱德叫住了："来，帮我一起烤烤棉衣。"

通讯员接过那件湿漉漉、补了又补的旧棉衣，不知说什么才好。他知道，军长是绝不会扔掉这件旧棉衣换新棉衣的。

红红的火苗跳跃着……

"好了，好了，棉衣烤干了。"朱德站起身来。

通讯员把棉衣拍了拍，觉得胸前背后硬得像纸板，袖子露出了棉花，就说："这棉衣一点也不暖和，下次该换了吧？"

"不，还暖和。你知道毛委员在八角楼穿着两件单衣披着毯子写书吧？"

"知道。你们俩都该去领新棉衣。"

朱德耐心地对通讯员说："同志，莫说我们现在环境困难，就是我们将来胜利了,坐了天下了,也应当保持艰苦奋斗的本色。"

以后,通讯员几次找机会劝说朱德换棉衣,可是,无论想什么办法,朱德还是不肯换他的那件补了又补的旧棉衣。

永远要艰苦奋斗

一天,有位后勤部门的领导同志来向朱德汇报工作,看到他那身到处打着补丁的衣服,心里很难过。临走时,这位同志专门对警卫员说:"小鬼,怎么能让总司令穿这么破旧的衣服呢?跟我去换套新的吧!"

警卫员从总司令的箱子里,挑了一套最破的衣服,拿去换了一套新军装。朱德看到警卫员拿回来的新军装,问明原因后,说:"大家都很艰苦,不要给我领新衣服,旧的补一补还可以穿嘛!"他让警卫员将新衣服退回去。警卫员只得将新军装退回去,把那套旧衣服拿回来。可衣服太破了,警卫员便找来针线,在那旧补丁上,再补上一层新补丁。

朱德看到警卫员往旧补丁上补新补丁,走过来,

1937年,朱德在延安(历史图片)

亲切地说:"补衣服也是有讲究的,要先把旧补丁拆下来,再钉新补丁。这样补上,才板正牢靠。拆下来的旧补丁,还可以打袼褙、纳鞋底。为了革命,我们要事事精打细算,要处处节约!"

朱德刚到陕北时发的那件棉衣,已经穿了好几年,早该换新的了。可是,同志们几次提出给他换一换,不是被他制止了,就是受到他的批评。1942年,秋天已过,眼看着寒冬来临,大家又都为朱德的棉衣犯起愁来:换新的吧,他肯定不会同意;不换吧,那破棉衣已经穿了六七年,怎能御寒呢?最后,几个警卫员决定今年冬天说什么也得给他换件新棉衣,要不怎么去接待来边区的客人呢?要是总司令不同意怎么办?不知谁出了个主意:到时候总司令问起来,就说棉衣送去拆洗了,因为太破,不能再补了,只好换新的。

可是,没想到,第二天,朱德突然问起警卫员小朱:"我的棉衣哪儿去了?"

小朱按照昨天商量好了的口径,回答说:"送去拆洗了,过两天就可以拿回来。"

朱德说:"拆洗什么?棉衣还很干净,用不着拆洗嘛!破的地方补一补就行了。"

小朱有点为难了,没有答话。朱德说:"还是快去取回来吧!"

就这样,警卫员想给总司令换棉衣的计划又落空了。

1945年的冬天又到了。朱德还是穿着那件补了三层补丁的旧棉衣。在他身边工作的老警卫员,向他恳求说:"总司令,日本鬼子都投降了,您也该把旧棉衣换换了!"

朱德笑了笑,语重心长地说:"是的,日本侵略者投降了。但是,革命没有完结,永远要艰苦奋斗!"

1948年解放石家庄的时候,我军缴获了大量的生活物资和军需品。这些物品都分发给部队和机关,中央机关也分到一些生活物资。那时实行的是供给制，不分干部战士，一人一份。朱德身上穿的那套灰布旧军装，是在延安时发的。管理员想给总司令发一套新装，可是朱德却婉言谢绝了。

好大的一块补丁

全国胜利后，朱德把艰苦朴素的作风带进了北京城。当他看到群众的生活和部队的生活都得到改善时，心里非常高兴。他早在中华人民共和国成立初期就明确指示："我们进行经济建设的根本目的，在于改善人民生活，增进人民福利。"他对人民是如此关心，可却处处严于律己，仍然过着艰苦朴素的生活。

朱德对衣着没有什么特别的讲究，在他的衣柜里，找不出几身好的、贴身的衣服。他有几身较好的衣服，平时怎么也舍不得穿，只是在接见外宾或外出时才穿，一回到家马上换上旧衣服。他的内衣就更破了，领口、袖口、肘部磨破了，就请工作人员补一补，继续穿。他的一件浴衣，穿了近20年没有换过。一条棉被，盖了20多年，补了多次，临终前还用着它。

曾担任朱德保健医生的顾英奇同志回忆说："朱德同志的美德之一是崇尚俭朴。他一生和旧势力、旧观念作斗争，为受剥削、受压迫的人民大众谋解放，一生中过的都是普普通通的百姓生活。我第一次见总司令时，只见他贴身穿的是一套浅蓝色丝绸面的丝绵袄裤，袄裤面已完全破烂，补丁挨着补丁，不知穿了多少年，一直舍不得丢弃。外边罩一套制服，照样年年穿它过冬。一直到1960年以后，这套棉衣实在无法再补了，才换了一套新的。"

1956年的一天，朱德向卫士郭盛魁同志要一套灰色哔叽料中山装。小郭说："那套衣服两只袖子已经磨得破烂不堪，不能再穿了。"朱德坚持说："补一补，还可以再穿嘛！"衣服补好后，朱德很满意，高兴地说："衣服不怕它破，破了可以补上，洗得干净，这样穿有什么不好？中国人、外国人看了都

第四章
"不搞特殊化"——生活细节

好嘛！我们共产党员就是要带头艰苦朴素，作出榜样。"

有一次，康克清见丈夫的衣服实在太破旧了，尤其在脱了棉袄后，没有什么可穿的，想给他做件新衣。朱德知道后说："把旧衣服补补，还可以穿嘛！"工作人员也帮腔说："您老人家的衣服太破了，不能再补了！"朱德说："不能再补？两件拼一件嘛！"康克清见说服不了他，就把裁缝师傅请到家里来，好让"生米煮成熟饭"。朱德见裁缝来了，就对裁缝师傅讲勤俭建国、勤俭持家的大道理，最后说，用不着给他做新衣服。弄得裁缝师傅左右为难，不知听谁的好。最后工作人员一起上阵劝说，他才勉强答应做件新衣服。朱德逝世后，家人们还是遵照他生前的遗嘱，给他老人家穿了一身已穿了多年的旧中山装。

朱德的衣服虽旧，但是总要穿得整整齐齐。风纪扣系得严严的，鞋带也系得结结实实，仍然是一个革命军人的风度，与战争年代相比，只是腰里少了那根旧皮带。

朱德用的褥子、床单和被子，都是用了20多年，打了许多补丁。为补这些东西，工作人员真是下了不少功夫。因为这么旧的东西，一不小心便会弄一个大洞，甚至可能会越补越破。大家都劝他换新的，可他就是不听，说："衣服被子只要干净就好，补补能穿能盖，何必买新的？给国家节约一寸布也是好的。这比战争年代好多了，那时一件衣服得穿多少年！"

1962年4月，朱德在中南海住地（历史图片）

儿媳赵力平会做针线活，每次到北京来都要帮助工作人员干些缝缝补补的活。1976年6月13日，赵力平来北京看望朱德。一进门就看到工作人员正在给朱德补被子，他们见赵力平来了，高兴地说："老赵快来帮个忙吧！"赵力平走上前一看，心里很不安地说："这不是爹爹盖了多年的那床被子嘛，我过去帮他补过几次，被里、被面都补过好几次了。"工作人员说："这床被子你补过好多次了，这次碰上了，还是由你来补吧！你比我们熟悉'战况'。"赵力平拿着这床补丁加补丁的被子仔细检查了一番，说："被面没办法补了，我给买套新的吧。"警卫员李庭良说："首长不让买新的，说缝补一下还可以用。"大家都知道，老总说话是算数的，他不让买，谁也拿他没办法，只能照办。于是，大家便一齐补了起来，一边补，一边议论说：委员长为人民操劳了一辈子，立下了不朽的功勋。他生活这样俭朴，并不是买不起一件东西。委员长想的不是个人的享受，他心里装的是人民，关心的是革命事业，唯独没有他自己。委员长这样俭朴，老百姓不是亲眼见到很难相信。

朱德的俭朴，不仅他身边的工作人员深有体会，就连他外出视察时，地方的工作人员也深有感触。下面再略举一例。

乌尤寺位于四川乐山市内的乌尤山上，是著名的旅游胜地。这天，秋高气爽，阳光灿烂。朱德从乐山迎春门码头乘船顺江而下，船行约一公里，便到乌尤山山脚下。

朱德拾级而上。快到乌尤寺山门时，大伙儿都有点汗涔涔了。朱德在路旁的一块石头上坐下小憩，随行人员帮他脱去外衣。站在朱德身后的专区文教局副局长王聿修突然看到朱德穿的白衬衣的后背上补了一块大补丁，真是令人难以置信。王聿修顿时心里感到一阵酸楚，心想：国家再穷，难道穷得连朱德这样的开国元勋也穿不上一件好衬衣吗！

好大的一块补丁！

第一次见到景仰已久的共和国领袖，就目睹了领袖的朴素。对于一个长期工作在基层的普普通通的国家干部，这是何等重要的发现！这又是何等具

第四章
"不搞特殊化"——生活细节

有震撼力的事啊！

王聿修怎么都不会想到，自己在初次见到朱德时，就能有这么一个重大发现！

这一发现，于王聿修而言，看似偶然；于朱德而言，其实必然。伟大与平凡相伴，真正的伟大就是真实的平凡！衣着俭朴是朱德一以贯之的生活习惯。朱德的朴素被初次相识的人所发现，又何止这一次呢！

生活中的许多事，往往就是这样，不经意地被人发现，但是，因事件本身所寓含的深刻意蕴，却能给当事人留下真实的、难以磨灭的印象。

后来，王聿修逢人便讲此事，讲了很多、很多次……要不是亲眼见到朱德衬衣上那么大的一块补丁，真不知道敬爱的朱德同志衣着是如此的朴素。

随后，朱德进入乌尤寺，听乌尤寺方丈遍能介绍乌尤寺沿革情况。遍能

朱德在四川成都市郊视察时同农民交谈（历史图片）

是一代高僧，在佛教界享有盛名。据遍能后来回忆说：朱德功劳那么大，地位那么高，竟如此俭朴，只有共产党的干部才能做得到哟！那天，朱老总上山来，在大雄宝殿前的坝子里坐着休息。在向他汇报寺庙情况时，遍能看见他穿得很朴素，蓝咔叽的中山服大概已经洗过好几水，和一般人一样，没有什么特别的地方。

在观赏庙里收藏的书画时，朱老总看上一本手刻的《乌尤山诗》。遍能说："送给朱总，请您赐教。"朱德高兴地收下后，硬叫工作人员付了钱。朱德的这种廉洁精神，给在场的人留下了深刻的印象。

爱穿草鞋，会打草鞋

朱德爱穿什么样的鞋？他穿鞋有什么特点？

很多红军老战士都有一个深刻的印象：朱德喜欢穿草鞋。

在那艰苦的年代，部队穿草鞋是很正常的。可是朱德穿草鞋却很不一般，他穿草鞋常常给见到的人留下终生难忘的印象。方志纯第一次看见朱德穿草鞋是在1927年，时隔多年，却能清楚地记得当时的情形。

那一年五六月间，农民运动训练班请朱德来讲课。那天，方志纯屏住呼吸，睁大眼睛，从头到脚地打量着这位威名远扬的将军。当方志纯看到朱德的双脚时，不禁大吃一惊：天啊！当过滇军旅长，现在是北伐军名将的朱德同志，脚上穿的竟是草鞋！

这一发现给方志纯留下了极深的印象。方志纯后来回忆说："他那天讲了些什么，我已记不得了，只有他脚上的那双草鞋，至今还深深地印在我的脑海里。"

1933年，方志纯又看见朱德脚上穿着草鞋，便向总司令坦率地说："开始，我觉得穿草鞋上街还有点不好意思呢，后来，看到您都穿草鞋，才觉得穿草鞋是我们农民的本色。自豪得很呢!"

朱德不仅爱穿草鞋,而且会打草鞋,手艺也很高超。

1931年盛夏的一个中午,太阳像一团火,把山道两旁的树叶、花瓣晒得卷成了筒筒。山蛙在绿草丛里喘着气,蝉儿尖着嗓门儿叫个不停。

红一方面军总司令朱德带领一支红军,像一条游龙似的蜿蜒在武夷山丛树密林中。走到山坳下一片树林里,朱德便命令部队停止行军,午休一会儿。红军战士手里拿着枪,三三两两的,在山路旁、凉亭里、老橡树底下,微微合上眼躺着。

朱德把马拴好,在一棵苍老的老橡树下坐下来,聚精会神地读着一本书。忽然间,一只山蛙"嗦"的一声从绿草丛里蹦了出来,跳到了小溪中,小溪里掀起一团水花。朱德再往前看,在一棵樟树下,有一个年轻战士。这个战士叫黄甫开,他躺在樟树底下,睡得十分香甜。黄甫开脚上的两只草鞋,鞋底已经磨穿,脚板全露出来了。

朱德笑着站起来,悄悄地从自己的马鞍上取下一只新的和一只还没编好的草鞋,坐在老橡树下,赶紧把没编好的草鞋编好了。他拿起草鞋看了看,又整了整,把它弄得平平整整,严严实实。然后,提着草鞋,悄悄地向黄甫开走去。

恰好在这时,黄甫开翻了一个身,蒙眬中见朱德站在身边,连忙爬起来,行了一个军礼:"总司令,您好!"

朱德温和地说:"你看你的右脚。"

黄甫开低头一看,不觉难为情起来。原来他站起来的时候,右脚一擦,把脚上的草鞋擦掉了。

朱德笑了笑,说:"快把这只'漏板船'换掉吧!再划就要沉了。"说完就把手里的新草鞋交给了黄甫开。

黄甫开一看,朱德脚上穿的也是一双旧草鞋,心想:把首长的草鞋穿了,他拿什么换呢?不能让首长赤着脚翻山越岭啊!黄甫开说:"总司令,我

1931年11月7日，朱德和中共苏区中央局委员合影。左起：顾作霖、任弼时、朱德、邓发、项英、毛泽东、王稼祥（历史图片）

从小在山沟里，打柴挑担，翻山越岭，打惯了赤脚，不穿草鞋也能长跑。"

朱德说："快穿上吧，我还有。再说，我脚上的草鞋还能穿两三天！"说着，把新草鞋塞在黄甫开手里就走开了。

黄甫开拿着这双新草鞋，看了又看，自言自语地说："朱老总的手艺真巧呵！"他转头一看，见总司令的马正在对面小松树下吃着青草，忽然想起了朱德的警卫员对他说过的一件事：朱德每次在行军打仗之前，都要抽空亲手打两三双新草鞋，绑在马鞍上。行军的时候，见哪个战士的草鞋破了，便解下一双送给他。

想到这里，黄甫开悄悄地跑到小松树下，马前马后翻看了一番，没有发现草鞋，心里更加不安起来：最后一双草鞋给我穿，要是再有别的同志需要换草鞋，总司令拿什么给呢？

黄甫开向四周看了看，便不声不响地把朱德给他的新草鞋重新拴在马鞍上。

这时，朱德扶着一个脚摔伤的战士走过来，拍了拍黄甫开的肩膀，说："小伙子，别磨磨蹭蹭啦，快把这双草鞋换上，准备出发。"

黄甫开只好把草鞋解下来，挺直身子向朱德行了个军礼，说："总司令，今晚我给您编一双草鞋。"

朱德笑吟吟地说："不用了，我自己会编。"说着，他扶伤员骑上自己的马，然后，率领着红军战士继续前进。

1949年，解放战争的形势越来越好，党中央决定迁往北平。那时北方的气候还相当冷。启程前，供给部门给一些同志补发了棉军鞋，给朱德也补发了一双。可是，总司令拒绝了。他说："我的这双棉鞋虽说破了一点，可补一补仍然可以穿嘛！把这双鞋拿到前方去吧，前方的战士比我更需要。"

朱德就是穿着康克清缝补的那双棉鞋走进了北京城的！

中华人民共和国成立后，朱德仍然保持着艰苦朴素的传统。他的一双皮鞋，已经说不清是哪年买的了，帮、底都破了，但还舍不得丢，垫补一下继续穿，一直穿到他老人家逝世。

朱德还有一双穿了多年的老式棕色皮凉鞋，颜色已经褪得斑驳不匀、失去光泽，但他总是不肯换新的。每年夏天，到了该穿凉鞋的时候，朱德便把这双凉鞋拿出来过夏。因为它又破又旧，很像草鞋，所以朱德有时会风趣地说"拿草鞋来"，大家都知道老总要的是这双皮凉鞋。

朱德的鞋（历史图片）

粗茶淡饭,吃饱就行

一顿晚餐

1936年7月,中国工农红军第四方面军第三次过草地。经过半个月的长途行军,走过了旱草地和水草地,来到了水旱交接的边缘地带。

在一个天气晴朗的下午,红四方面军总部和党校的几百名同志组成的队伍,在一个草坡上刚做完宿营准备工作,朱德就来了。

朱德身穿打着补丁的灰色粗布军服,脚穿一双草鞋,背上背着一个斗笠和一个公文包,手中拄着一根棍子,棍子的两头已磨得光亮。为了党的事业,朱德日夜操劳,加上长征途中的艰苦生活,朱德比过去显得瘦多了,皱纹也比以前深了。

朱德站在一个草坡上,一边招手一边高声喊:"同志们快来呀,告诉你们几个好消息……"

战士们听到朱德的喊声,立即围了过来。朱德看着大家,兴奋地说:"第一个好消息,党中央、毛主席领导的北上红军和陕北的红军打了大胜仗啦!"

人群中爆发出风雨般的掌声和欢呼声。战士们完全被这振奋人心的消息带到欢乐的海洋中去了。朱德也激动得和大家一道使劲地鼓掌。

接着,朱德又告诉大家两个好消息:"我们已经走过了最艰难的水草地,而且有了一头牦牛。"

"牦牛!"很多人惊喜得叫了起来。在这个渺无人烟,连鸟都不愿意飞的茫茫草地上,哪来的牦牛呢?

第四章
"不搞特殊化"——生活细节

《红军过草地》（张文源 画，1976）

朱德解释说，这条牦牛是先头部队送给我们的。

当时，部队每天两餐，每餐只有二两左右的炒面泡水充饥。在这样困难的情况下，居然有了一头牦牛，怎么不叫人高兴呢？战士们心想：把牦牛杀了，美美地吃它一顿。

可是，仅仅一头牦牛，怎么够好几百人吃呢？

朱德看到战士们都不作声，好像知道战士们心里在想什么，笑着说："你们是不是想吃牛肉，还嫌一头牛少了啊？"

经他这一问，战士们个个都咧嘴笑了，满以为总司令已同意宰杀牦牛了。可是，朱德却自言自语地说："不能一顿吃了啊，最困难的时刻还没有到来哩！"

停了一会儿，朱德提高嗓门对大家说："同志们，过日子要有个长远打算呀，不能光看到鼻子尖上。宁愿顿顿缺，不愿一顿无啊！我们四川老家有句俗话：'有了一顿充，没有了敲米桶。'我们可不能那样啊！"

战士们听到朱德的话，一时觉得脸上有些发烧，内心感到很惭愧，大家纷纷议论着，表示要把这头牦牛留下，留到最困难的时候吃。

朱德说:"我的意见是把牦牛杀了,留下牛皮、牛肉做干粮;牛骨头炖野菜,营养好得很,是我们今天最好的晚餐。等一会儿,大家去挖野菜吧。"说完,他用征求意见的眼光,朝周围的战士们看了看。

"好!""同意!"战士们喊了起来。紧接着,大家开始挖野菜。

朱德来到几个女战士身边,给她们介绍草地上各种野菜的名称:什么野葱啦、车前草啦、牛耳朵大黄,等等,并讲了这些野菜的形状特征、生长期和味道。女战士们一面按照朱德的指点挖野菜,一面心想:总司令对野菜这么熟悉,他一定没少吃。

朱德一边细心地寻找野菜,一边询问同志们的思想情况、家庭情况,教导大家要正确对待困难。他说:"只要我们同心同德,团结一致,就一定能渡过难关,走出草地,到达陕北;就一定能见到党中央、毛主席,就一定能壮大自己的力量,打败日本鬼子和国民党反动派,革命就一定能够胜利。"战士们听着朱德的话,浑身增添了很大的力量,拔野菜的劲头更足了。

草地上的野菜并不是很多,战士们寻找了很长时间,每个人才找到一小把。大家自觉地把野菜洗干净,送到炊事班去。

伙房就设在露天的草地上,几口行军锅成一字形排开,火苗舔着锅底,锅内热气腾腾,巴掌大的一块牛骨头,让沸腾的水卷起来又沉下去。一阵风吹过来,香喷喷的气味直钻鼻孔。大家谈笑着,都说今天的晚餐是一顿丰富的"牙祭"。

开饭的哨声响了,大家拿着缸子向炊事班走去。四周已围满了就餐的战士们,整个草地变成了一个宽大的露天餐厅。

朱德和大家一样端着一碗野菜,同几个警卫员蹲在一起,津津有味地吃着。战士们见总司令同大家一起吃野菜,又是那么平易近人,一点儿也没有感到拘束,都争着和总司令聊天。同志们边吃边谈,晚餐的气氛特别活跃。

第四章
"不搞特殊化"——生活细节

"这是草地慰劳我们的"

过草地时,恶劣的环境已使越来越多的红军战士疲惫地倒下去了。部队面临着断粮的危险,这一危机牵动着朱德总司令的心。

行军的时候,朱德走路总是低着头,时刻注意寻找可吃的东西,如野菜、草根、蘑菇什么的,总是他先发现。

一天,朱德在路上发现了一些牛、马的蹄子,这是先头部队扔下的。他像得了什么宝贝似的高兴起来。"这牛蹄、马蹄可是好东西,阔人们还专门吃这玩意儿呢!"他交代警卫员:"把这些蹄子捡起来,送到炊事班,让他们先把毛去掉,再把肉和筋挖出来,就可以煮一锅蹄筋汤了。"

天天以野菜充饥的战士们听说有蹄筋汤喝,都很开心。可总共才剔下来一碗肉和筋。战士们想,总司令整天忙碌,年纪又大,就在给他的那一碗里多盛了点"荤腥",少放了点野菜。

当朱德端起碗来时,看看自己的碗里,又看看别人的碗里,摇了摇头,把自己的一碗汤倒回锅里,搅拌了一下,重新盛了一碗,蹲到一边,笑呵呵地和大家一起吃,边吃边和身边的同志说:"干革命不是靠一两个人,要靠千百万人,我们要同甘苦共患难,团结得像一个捏紧了的拳头,才能战胜困难,打败敌人,夺取革命的胜利。"一番话说得大家心里热乎乎的。接着,朱德

红军总司令朱德(历史图片)

又严肃地说:"今后谁也不许为我搞特殊化。"

晚上,到了宿营地,战士们又累又饿,不少人一坐下就不想站起来。炊事员老杨端着个盆喊道:"同志们,快来喝鲜鱼汤!"

开头,大家谁也不相信,茫茫草原,荒无人烟,哪来的鱼汤,真会开玩笑!可当老杨走近人群,一股浓浓的鱼香味扑鼻而来。大家一骨碌爬了起来,围住了老杨。果然是鱼汤,没放油,但闻着是那么的鲜美。

大家一边喝,一边四处打听:"这鱼是从哪里来的?"可谁也说不清楚。后来问到朱德,朱德嘴一抿,笑了:"这是草地慰劳我们的。"

原来,下午,朱德带上警卫员,想找些下锅的东西,找了半天也没多少收获。走着走着,来到一条小溪旁,大伙准备在这儿把捡来的一星半点野菜洗一洗带回去。刚走到水边,突然一个灰色的东西一晃,溅起了点点水花。

"鱼!"朱德兴奋地一喊,几个警卫员也乐坏了。这意外的发现,使朱德脸上也出现了几天来少见的喜色。朱德找来一根别针,把它弯成鱼钩状,从针线包里找出一条麻线,折了一根柳树条,几分钟的工夫,一副土造钓鱼工具制成了。警卫员弄来了鱼饵,朱德聚精会神地垂钓。也奇怪,草地小溪里的鱼特馋,钩子一着水,就抢着吃,不大工夫就是好几条。

此后,战士们常常去钓鱼。

可是,草地的鱼越来越少了,饥饿再度向红军袭来。

"百人吃了百人香"

长征的红军部队在过草地时,靠吃野菜度日。朱德的马夫杨锦华望着总司令日渐消瘦的面容,心疼极了,心想:能不能搞点什么好吃的东西给朱总司令补补身子呢?可四顾茫茫的大草地,哪有好吃的东西可找啊。

一天宿营时,杨锦华发现一个水凼子里有几条小鱼在游动。

第四章 "不搞特殊化"——生活细节

高兴之下,杨锦华裤腿都没扎,一下子扑进了水里,把鱼抓了起来。他把鱼包好,生怕跑了,像得了宝贝似的急匆匆赶回营房。

"老潘,咱抓到几条小鱼啦!给总司令做个鱼汤吧!"一进门,杨锦华就朝炊事员老潘嚷道。

老潘一看杨锦华抓着的鱼,高兴得不得了:"总司令这几天没吃什么东西,我正为这事犯愁哩!你可帮了我大忙!"

几天来老潘一直是"巧妇难为无米之炊"。现在好了,有东西可做了。老潘立即动起手来。可是,老潘又犯愁了:鱼太少,只够做一碗汤。老潘清楚朱德的脾气,他要是看到大家都在吃野菜,自己一个人是决不会喝鱼汤的。

老潘拿着鱼,有点为难:"想什么办法让总司令把鱼汤喝下去呢?"

"有办法!"杨锦华出了个主意,"开饭时,专门给总司令把鱼汤送过去。"

"这也瞒不过总司令啊!总司令要是问起大伙吃啥来着,该怎么说呢?"

杨锦华一乐,凑到老潘耳朵边,小声地说:"就说锅里还给大伙留着呢。"

开饭了。朱德见老潘送来一碗鱼汤,也高兴起来。

"哪来的鱼汤,好香啊!"

"小杨捉来的。"

老潘最喜欢看到的动作出现了。朱德拿起碗来。老潘在一旁紧张地看着,心想:上天保佑,快让总司令喝了吧!

老潘最担心的情况出现了。朱德放下碗,问老潘:"你们都有吗?"

"锅里还有哩!这碗是你的,快吃了吧!"老潘有些着急。

朱德像发现了什么似的,哈哈大笑:"我说老潘啊,你怎么急成这个样子?是不是心里有鬼,不打自招啊?"

老潘更急了,忙不迭地辩解说:"没,没,大伙都在吃哩!"

老潘越着急,越易说走嘴。朱德心里更明白了:"真的吗?把小杨给我喊来!"

155

此时的小杨也不轻松。他一边快速地喝着野菜汤,一边紧张地朝朱德这边望着,生怕被他发现了。听到朱德要叫他过去,连忙放下碗,跑到总司令面前。

"你们都有鱼汤吗?"

小杨一个立正:"报告总司令,我们已经喝过鱼汤了。"

朱德看着他的脸色、嘴唇,看了好久。小杨感到奇怪:总司令这么仔细地看,自己的嘴怎么了?他顺手一抹嘴唇,竟然抹下一点东西来。仔细一看,原来是一抹野菜渣,淡绿色的,很显眼。

原来,小杨刚才听到说朱德在叫他,马上跑过来,忘了抹一抹嘴唇,所以留下了这个"物证"。

看着这个关键的"物证",朱德故意问:"这是什么啊?"然后又说:"你们两个原来早就合计好了。"

总司令走出去,来到灶边,揭开锅一看,锅里只有一点点淡绿色的野菜汤。

秘密揭开了!

朱德转身拿来那碗鱼汤就要往锅里倒。

老潘和小杨说:"总司令,你……"

话未说完,朱德已经把那碗鱼汤倒在锅里,又加了两瓢水,说:"百人吃了百人香,多加点水,每人喝几口。"

小杨和老潘激动地把鱼汤重新烧开。这天晚上,大家共享了这顿"美餐"。

"这样的东西吃了,肚子要痛的"

部队进入甘南后,尤其缺粮食。看到朱德大口大口地吃野菜,马夫杨锦

第四章 "不搞特殊化"——生活细节

华心里很不是滋味。

一天，小杨溜到野外，把老百姓地里快要成熟的豌豆荚摘了两口袋。这时，敌人的巡逻队正好巡逻到这里，看见了小杨，开起枪来。

"砰！"一颗子弹把小杨的帽子打飞了。杨锦华一看，敌人很多，自己寡不敌众，心想：这回便宜这帮狗日的，下次定要将你们消灭干净。

杨锦华大声喊道："一班向左，二班向右，包围过去。"虚张声势地开了几枪，小杨撒开腿往回跑。

跑回营房后，杨锦华把豌豆荚交给炊事员，心里美滋滋的，这回总司令可以换换胃口了。

开饭后，通讯员来了，告诉杨锦华："总司令要你马上去他那里。"

杨锦华跨进门，只见桌子上放着一碗新鲜的炒豌豆。朱德的脸色非常严肃。

"这是你在老百姓地里摘的吧！谁让你干的？"

杨锦华一下子就反应过来了：部队不许拿群众的一针一线，糟了，违反群众纪律了！有什么办法，只得认错："是我摘的，我错了！"

"你搞的啥子名堂！"朱德的语调更严厉了，"你这是破坏群众纪律，损害群众利益的行为。这样的东西吃了肚子要痛的。你说说该怎么处分你？"

朱德从来没有这样严厉地批评过小杨，这次是真的生气了。杨锦华心里又悔恨又惭愧，不知不觉眼里含满了泪水。

朱德停了停，见杨锦华光着头，帽子不见了，又问："帽子哪儿去了？"

杨锦华恐怕又惹朱德生气，没有作声。旁边一位同志替杨锦华作了回答，还说："要是子弹再打低一点儿，杨锦华就回不来听你的批评啦！"

朱德听了这些，口气缓和了。他让杨锦华坐下，语重心长地对他讲道理："我们是工农子弟兵，不能损坏老百姓的庄稼，不能拿老百姓的一针一线。你在家里也是种田人，当了红军就不能忘了老本。越是困难的时候，越是要想到老百姓的利益。以后一定要记住。"

朱德的一席话，深深地印在杨锦华的心里。

普通干部的伙食标准

和平年代了，在吃的方面，朱德的要求仍然很低，只要有点菜，能吃饱就行。菜稍多一点儿，他就会说："多了，吃不完，可惜了。"

朱德的饮食非常简单。每顿饭差不多都是一碗米饭，一盘素菜，一盘有几片肉的荤菜，一小碗汤。他要求在米饭里掺杂粮和红苕，特别爱吃蒸饭。他对身边工作人员说："毛主席爱吃杂粮，我也爱吃，杂粮饭又香又经饿，而且有丰富的营养。"朱德特别喜欢吃自己腌的泡菜和泡海椒，几乎每餐必有。他主张少吃肉，认为肉吃多了对健康没有好处。

朱德从来不吃零食。他吃苹果从来不削皮，并且叮嘱孩子们："果皮是有营养的，扔了是一种浪费。"他吃红苕也不剥皮。

吃饭时，朱德常常提醒孩子们，吃多少盛多少，要把饭吃干净，不要在碗里剩下米粒。孩子们经常看见朱德把掉在桌子上的米粒捡起来吃掉。

三年经济困难时期，全国人民都勒紧裤带过日子，朱德更是带头过紧日子，倡导艰苦奋斗的优良传统和作风。有个星期天，吃饭时桌子上摆着一盘马齿苋和玉米面窝窝头。朱德带头拿起一个，大口大口地吃了起来，一边吃一边说："好香！好甜！"当时全家都不让他吃。孙子们这回好像都挺懂事似的，也纷纷说："爷爷不要吃，我们小孩子们吃吧！"朱德笑着对全家人说："我为什么不能吃，这比长征时期吃的好多了，那时根本吃不上窝头，马齿苋可是高级菜了。现在生活好了，但不要忘记过去。今后就是在丰收的年景，吃点粗粮和野菜也对大家都有好处。"

一般人以为朱德是中央领导，吃饭是特灶，标准一定很高。可实际上，朱德的伙食标准并不高。不是他享受不到高标准，而是因为他自己的要求不

第四章 "不搞特殊化"——生活细节

高。如果自己的标准不高，那厨师想把标准提高也行不通。对此，担任过朱德厨师的邓林同志颇有感触。

像朱德这样德高望重的开国元勋、共和国领袖，为了成立新中国，为了让中国人民过上好日子，吃了不少苦，受了不少累。照理讲，解放了，人民当家做主了，年龄也大了，朱德的生活水平也应该大大提高。可是，实际上，朱德的生活标准低得让人难以相信。邓林知道，从一解放进北京城到1971年邓林生病离开中南海，朱德、康克清同志和邓林三个人加起来的伙食费平均每月都不过四五十元。在当时，这只是相当一般中层干部的水平，可朱德是中共中央副主席、全国人民代表大会常务委员会的委员长啊！他却只要求如此低的伙食标准，与规定的伙食标准相差实在是太大了！

说起来可能有许多人不相信，多年来，朱德每顿饭都是一小碗米饭，三小盘菜，一个汤。三小盘菜中，一盘是带点鱼和肉的荤菜，其余两盘都是普通的素菜，汤就是普通的鸡蛋或青菜汤。至于晚饭，就更简单了。

朱德天天如此，从来没有超出过这个标准。

平时在家里吃特灶的只是朱德一人，康克清都是在普通食堂吃饭。逢星期天或节假日，孩子们回来，人多了，饭当然要多做一些，可每顿饭也都是最普通的家常便饭。

有时来了客人，朱德留吃饭也只是嘱咐添一两个简单的菜，不够就上点泡菜、咸菜等

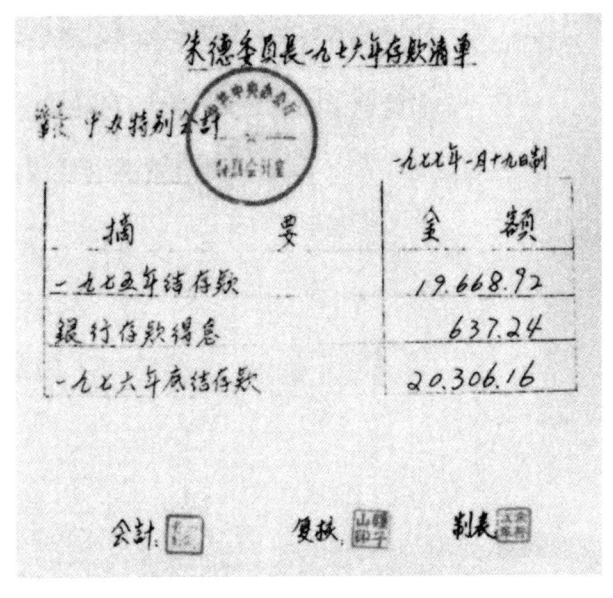

朱德1976年的存款清单（历史图片）

小菜。

据邓林回忆，刚开始给朱德做饭时，总是想多做一些，好让他多吃些，吃不完倒掉就算了，可是没几天邓林就发现这样不行。朱德每次吃饭都是尽力把饭菜都吃掉，连一点儿菜汤、一颗饭粒也不愿剩下。有时剩下了饭菜，到下顿吃饭的时候，朱德总要问剩下的菜到哪里去了。

有一天吃晚饭的时候，邓林特意做了几个菜，端上了桌子。

朱德见又做了新菜，就问道："邓师傅，上午吃剩的那碗青菜汤怎么不拿上来呀？"

邓林回答说："中午剩下的青菜汤，里面只有一两根青菜，我把它倒掉了。您要喝汤，我明天再给您做好的。"

朱德一听，感到很奇怪："咦！倒掉了？太可惜了！"

邓林回答说："您要多吃新鲜的东西，这样才有营养。"

朱德严肃地说："那你一次就不要做那么多嘛！倒掉了多可惜，这是浪费人民的血汗。"

接着，朱德就讲起了战争时期的艰苦生活。末了，朱德一再嘱咐邓林："剩菜、剩饭一点儿不能倒，一定要留着下顿吃。"

知道了朱德的这个脾气，邓林做饭就格外注意，逐步摸清了朱德的饮食规律，争取每顿的饭、菜都做得恰到好处，既让朱德吃饱、吃好，又争取一点儿不剩，免得让朱德老吃剩菜。

"多吃几个蛋黄也死不了人"

医学上认为，身体状况与饮食习惯大有关系。身体状况好的人，吃什么都能消化，吃什么都能吸收。而身体状况差的人，并不是东西吃进去了都能吸收营养。良好的饮食习惯是保持身体健康的前提，暴饮暴食，挑肥拣瘦，不利于身体吸收到均衡的营养，不利于健康。

朱德饮食方面并没有什么挑剔的习惯，一般碰到什么就吃什么。

他的身体也一直很好。所以，20世纪60年代以前，朱德在饮食上无什么特殊的要求。

20世纪60年代初期，朱德的身体明显不如从前了。这时，保健医生根据他的健康状况，作出了一个规定：只吃鸡蛋清，不能吃鸡蛋黄。

朱德是一个俭朴的人，一切主张从简，以方便为原则。现在，对于一个小小的鸡蛋，竟然要把它分为两部分，只吃鸡蛋清，不吃鸡蛋黄，这种讲究，确实令他很不适应。

蛋黄也有它的营养价值，可是，朱德却不能吃。更难的是，朱德还必须遵守医生作出的这一规定。因为，这样是为了健康的需要，不得不如此。

那么，多出来的蛋黄怎么办呢？朱德不能吃，别人可以吃呀。于是，厨师做鸡蛋时，每次都有意把蛋黄分出来，做给别人吃。

朱德不吃蛋黄，这是他老年时的一个饮食习惯和特点。

不是他不想吃，而是他不能吃。

有的人挑选饮食是主观的，自己不愿意吃就不吃，坚决不吃。久而久之，对某种食物就真的不吃了，这是一种情况，其原因在于自身，称之为"自然"。还有一种属于客观情况的限制，你想吃也不能吃，其原因不在自己主观意愿，所以称之为"必然"。前一种挑食的习惯，可以更改；而后一种习惯，却是无论如何也不能更改的，不得不服从，除非你想得病，或者说身体状况允许。

一次，朱德要去广东农村视察工作。临行前，他把邓林找过来说："你要陪我到农村去视察工作了，要记住，在下面给我做饭，一定要坚持原则，按低标准。做鸡蛋时，蛋清、蛋黄都要做，都要吃。不然老乡看见我只吃蛋清，以为我们当领导干部的娇贵得吃鸡蛋都不吃蛋黄。我的身体不要紧，多吃几个蛋黄也死不了人，领导机关的人给下面带去好影响、好作风比什么都重要。"

朱德的担心，是有道理的。那时医学营养知识尚不普及，一般老百姓不知道蛋清、蛋黄的营养价值有什么不同。另外，老百姓的生活标准也很低，根本就不讲究这些。

在中华人民共和国成立后的20多年中，邓林随朱德几乎跑遍了全国。朱德每次下去视察工作，都是谢绝大吃大喝的招待。邓林也是当地有什么就给做什么，只是尽力做得可口些。而朱德总是做什么，就吃什么，从不挑剔。

看来，不吃蛋黄的规定似乎又修改成：在家里不吃蛋黄，外出视察工作，蛋清、蛋黄都要做，都要吃。

这里面的原因，大家谁都清楚。

"粗茶淡饭最相宜"

1957年，朱德到云南昆明视察工作。

朱德对云南和云南人民怀有深厚的感情。云南，是朱德的第二个故乡，是他生活和战斗过的地方。在这里，他1909年考入云南陆军讲武堂，1911年参加了重九起义，1916年参加了二次讨袁护国运动……当他来到昆明时，感到一切都是那样的熟悉。一山一水，一草一木，对他来说，都是那样的亲切。

云南省委领导和人民对朱德同样有着

1957年2月，朱德偕康克清参观他在昆明时的旧居（历史图片）

第四章
"不搞特殊化"——生活细节

深厚的感情。考虑到朱德已是70多岁的老人,省委决定:一定要照顾好朱德的身体,伙食工作要搞好,注意营养。但是,朱德对自己的生活要求十分严格,再三提出不能超出他的伙食标准,希望把饭菜做得清淡一些。

一次吃饭的时候,朱德忽然问道:"如今还有没有豌豆尖?"

宾馆的工作人员回答说:"有,现在就有。"

朱德很高兴,说:"很好,很好。"

工作人员一听朱德这么说,就知道他喜欢吃当地的小菜和野菜,于是就与朱德聊起了当地老百姓常吃的菜。工作人员问:"您过去吃过苦刺花吗?"

"吃过,吃过。要放昭通酱炒,非常好吃啊!"朱德回答说。苦刺花是云南特有的一种野菜,味道鲜美,朱德早年在云南生活时,就很喜欢吃苦刺花。离开云南后,就很少吃到这种菜了。在长期的战争岁月里,朱德每每回忆起早年生活时,就会想起苦刺花那独有的味道。如今到了云南,当然要再次品尝那很久已没有尝过的味道了。虽然多年没吃了,但他还能清楚地记得,用昭通酱炒的苦刺花最好吃。

此后,宾馆的工作人员就经常为朱德做些当地群众喜欢吃的小菜。这些小菜每次摆上桌子,朱德都非常满意,细细地品尝,边吃边回忆往年的生活。

朱德在宾馆里住了一段时间。后来,省委在检查接待工作时,发现朱德每天的伙食费用大大低于规定的标准,怕影响他的健康,就批评了接待人员,并吩咐他们考虑老年人的身体特点,做一些燕窝、银耳和有胶质的食物给朱德吃。

一天,接待人员根据省委的意见做了燕

朱德视察昆明。图为朱德与中科院昆明工作站同志交谈(历史图片)

窝煮鸽蛋。一端上桌子，朱德就立刻把接待人员叫去，十分委婉地批评说："我每天吃小菜和野菜，吃得很可口。你们每天对我照顾得很好，不要再搞这些高贵的东西给我吃了，要看到工农群众的生活还很苦。"

负责接待工作的同志不安地解释说："省委领导怕不能保证您的营养，影响您的身体健康。"

朱德非常认真地说："这次燕窝的钱我出了，下次再弄来，我就罢吃了！"

当时，由于省委领导再三强调要保证朱德的营养，过了几天，工作人员又做了一次燕窝，硬着头皮给朱德送去了。这一次朱德可真的生气了，他一口也不吃，而且还让康克清同志专程去商店调查燕窝的价格，严厉地批评了负责接待的同志。省委领导知道后也不再强调伙食标准了，吩咐接待人员：朱德喜爱吃什么就给做什么。以后，宾馆经常做些青蚕豆焖饭、炒香椿、豌豆尖，朱德十分满意。每一次吃到这些菜时，他都会说那句寓意深长的话："几十年不吃了，别有风味啊！还是粗茶淡饭最相宜。"

"一看见红苕，就不顾一切了"

朱德每次外出视察，当地什么方便就吃什么，从不挑剔，从不提特殊要求。

为什么外出视察时，朱德喜欢随便地吃点什么呢？这里面有两个原因：其一，朱德一生保持着俭朴的饮食习惯，从不允许在生活上搞特殊化，大吃大喝；其二，他喜欢吃老百姓常吃的家常菜。

有一年，朱德视察都江堰后，没有去县委招待所就餐，而是去了南桥头一家豆花饭馆吃豆花饭。他非常欣赏这家饭馆的川味，尤其是吃了豆花和干煸豌豆尖后，十分高兴地连声称赞道："很好吃，很好吃！就是油多了点，以后要注意节约。"饭馆的师傅听了朱德的教导，感动得流下了眼泪。

第四章
"不搞特殊化"——生活细节

1960年,朱德回到仪陇老家,一到那里就说要吃家乡饭,其他统统不要。按照老习惯,他只吃玉米粉做成的馍馍,还有豆芽、魔芋豆腐等家乡群众吃的家常菜,还津津有味地吃了清明菜、灰灰菜等野菜。吃红苕,他不剥皮,有人关切地说,连皮吃不好消化。朱德笑着说:"我消化得了。扔了太可惜,过去一直是带皮吃。"

朱德在四川视察自贡市盐场(历史图片)

1960年3月8日,南充机场。午后3时许,天空中传来隆隆的声音,由远而近,越来越大,不一会儿,一架银白色的飞机徐徐降落下来。南充地委代理书记卫广平等激动万分地说:敬爱的朱德委员长到了!

顿时,机场上掌声、欢呼声响成一片。机舱门开了,一个高大的身影出现在机舱门口。

"欢迎委员长!"

"欢迎总司令!"

朱德站在舷梯上,不断向人们招手致意,并不停地答道:"乡亲们好!"

朱德和康克清同志在省委书记廖志高的陪同下走下舷梯,跟前来迎接的卫广平等同志一一握手。两个活泼可爱的小学生手捧美丽的鲜花献给敬爱的朱爷爷和康奶奶。

来到住地,朱德不顾长途劳累,就向当地党政领导连连问道:农民一天吃多少粮食?城镇居民生活怎样?南充的建设情况如何?

卫广平一一作了回答,还特别就仪陇解放十年来的变化、发展做了详细汇报。

晚上,省委、地委要在机关为朱德一行举行欢迎宴会。朱德知道后,立即派秘书前去打招呼:"一、我能够吃上家乡的饭和菜就算是高兴了,但一定要简单,不准超标;二、不准摆名酒。"接待的同志只得照办。

席间,朱德看桌上摆有红苕,十分高兴。他兴致盎然地拿起一块吃了起来,连连说:"真香!真香!"说着,又拿起一块。

康克清开玩笑说:"你呀,一看见红苕,就不顾一切了。"

朱德风趣地说:"几十年没吃上家乡的红苕了,今天吃来特别香,就让我多吃一点儿吧!"

餐厅里一片笑声。

"野菜是当年的救命菜、革命菜呀"

朱德出身佃农家庭,早年在川滇生活多年,因此他在饮食方面的许多习惯,都与川滇劳动人民的饮食习惯大致相同。每次回到家乡,他都特别高兴,因为他能吃到他早年就喜欢吃的东西。这些东西在北京是不容易吃到的。

在战争年代,生活条件非常艰苦,有的时候只能以树皮、野菜充饥。朱德在战争年代转战南北,到过不少地方,经常是靠吃野菜度日。尤其是在长征时期过草地之时,野菜更是没少吃。

朱德是个有心人,每到一地,只要有时间,他都会去寻野菜,去看看当地生长什么样的野菜,尤其是别的地方没有的野菜。由于长期的积累,他关于野菜的知识相当丰富。哪些地方有什么野菜,哪些野菜不能吃,他都知道得非常清楚。你要是听他讲野菜方面的知识,一定会以为他是个内行的菜农呢!

有一次,朱德在回四川时,特地跟当地负责招待的同志说:"我到四川

第四章
"不搞特殊化"——生活细节

来,是回了老家,泡咸菜、花生、胡豆、豌豆尖都是好菜。这回,我还要找几样野菜来吃。"

第二天早晨,太阳刚刚升起,露珠还在油菜、小麦等叶子上闪闪发亮,朱德就已开始散步锻炼身体了。他走过林荫道,来到种莲花白的田边时,突然停了下来,不顾露水湿脚,跨进地里,弯腰去挖一种野菜。服务员蒋富全见了,也跟着去挖。

朱德边挖边说:"这种野菜叫灰灰菜。在长征时,它帮过我们的大忙啊!那时没有吃的就靠煮它来充饥;在西康的炉霍境内,吃的野菜有十几种,有的叫不出名字,我们经常吃这些野菜,那时没有多少盐巴,更没有油。现在条件好了,但不能忘记过去。"

服务员把挖来的野菜集中起来后,将朱德告诉的制作方法转告了厨师。中午,上桌的野菜,朱德吃得特别香。

朱德等在四川宜宾翠屏山上(历史图片)

167

朱德边吃边向大家介绍很多种野菜，并讲了各种野菜的特征、功能和制作方法。他说："四川野菜很多，可以人吃、可以喂猪，有的还可以药用，如蛮油菜，可以做冲菜，马齿苋、泥鳅串、鸭儿群、鹅脚板，都是可以吃的，特别是牛耳大黄、猪鼻拱，用处很多，能去毒、能清热，还是中药呢！四川还有红苕尖、南瓜尖等都是好菜。"

大家听了，深感总司令真不简单，不仅带兵打仗是内行，而且还有那么丰富的生产、生活知识，就像地地道道的农民一样内行。

早在抗日战争时期，朱德和康克清就养成了一种习惯：每年春暖花开的季节，他们隔几天就要挖回一些野菜来。中华人民共和国成立后，他们虽然住进了北京城，两位老人还是保持着这种习惯，似乎吃野菜成了他们的一种特殊嗜好。他们的院子里长着不少野菜，每年野菜生长的季节，朱德都要秘书和工作人员挖野菜吃。

吃野菜也是对孩子们进行革命传统教育的方式。1960年前后，我国遭受了严重的自然灾害，再加上工作中"左"的错误和苏联趁机卡我们的脖子，整个国家的经济生活出现了暂时的困难。那时候，几个小孙子正在上小学二三年级，还不太懂事。一个星期天，天气晴朗，朱德和康克清散步回来，挖了不少野菜。朱德高兴地说："今天给孩子们做顿饭。"

吃饭的时候，孩子们看到桌子上多了几盘菜，高兴极了，可一吃到嘴里就吐舌头，好奇地问爷爷："这是什么菜？多难吃啊！"

朱德指给他们说："这是马齿苋，这是苦苦菜，这是野苋菜……"

孩子们不解地问："为什么给我们吃这些又苦又涩的菜？"

康克清说："可不要小看这些野菜啊！它可是革命的宝贝菜啊！"朱德说："这菜是有点苦，但在野菜里是最好吃的哩！长征时，我们连这样的野菜也吃不到啊！有多少好同志，因为没有东西吃，牺牲在草地上了！"

的确，不能小看这野菜。在贫穷的旧中国，又有多少穷人是靠吃野菜才活下来。在长征路上，它为红军北上抗日立下过功劳。在那一望无涯的草地上，多少红军战士就是靠着一点点的救命野菜，才补充了体力，走到了陕北。

眼前的一盘盘野菜，令朱德的思绪又回到了过去的艰难岁月……

朱德看着孩子们，缓缓地说："现在国家遇到了困难，人民生活很苦，能有这样的野菜吃就不错了。就是丰收年景，野菜也应该吃。"

朱德在北京玉泉山翻地种菜（历史图片）

最后，朱德要求孩子们搬到学校去住，说："同学们吃什么你们就吃什么，星期天回家来就到机关大食堂去吃饭，一点儿也不要特殊。"孩子们听了深受教育，第二天就带着行李到学校去住了，每逢周末和节假日，孩子们回到中南海，就自己到大食堂去吃饭。

到了晚年，朱德虽然弯腰不那么灵便了，还常常带着孙子们去挖野菜。他用手杖指点着，告诉他们哪些是可以吃的野菜。挖野菜时，他总时常念叨着："野菜是当年的救命菜、革命菜呀！常吃它，忘不了过去。"

朱德是永远不会忘记这救命菜，这革命菜。

"谁也不准搞特殊化"

20世纪50年代中期，有一天，供应站来了又大又鲜的对虾。厨师邓林知道朱德最爱吃鲜鱼虾，就买了几个，精心烹好，中午吃饭时送到老总的饭桌上。

朱德吃饭，见到菜里有一盘对虾，就问是从哪儿弄来的，多少钱一斤。邓林如实作了回答。

朱德说："邓师傅，对虾是好吃，可你知道吗，一吨对虾到国外就能换回好多吨钢材哟。我们国家穷，缺钢材，对虾少吃一口有啥关系，出口换钢材更要紧。以后记住，再有对虾你就不要给我买了，买了我也不吃。"

邓林说："您是国家领导人，就是顿顿吃对虾能吃多少。"

朱德说："国家领导人更要想着国家，能节约一点儿就节约一点儿，反正以后不要吃对虾就是了。"

朱德说话算数。以后几年，朱德在家里再没有吃过对虾。

有一次，三位同志向朱德汇报工作，还没汇报完就到了开饭时间。朱德说："你们要是回去吃饭再赶来，就白白浪费了时间，今天就在我这里吃饭，吃完饭我们再继续谈。"

按惯例，那天食堂该做包子。可是，勤务员一看朱德请了这么多客人吃饭，就多加了几个菜。

刚刚汇报完工作，大家都有点饿，坐在餐桌旁等着开饭。一会儿，四盘菜先端了上来，随后又上了一碗鸡蛋汤。朱德看着餐桌上的菜，又数数吃饭的人数，自言自语地说："一共才四个人吃饭，上这么多菜干什么？"

一会儿，包子蒸好了，勤务员把包子端到餐桌上。朱德看着热气腾腾的包子，问勤务员："今天是什么饭？"

勤务员回答说："今天吃包子。"

朱德又指着菜和汤问道："既然是吃包子，怎么又做这么多吃饭的菜？"

"今天人多，所以就多加了几个菜。"

朱德耐心地问："包子里面既有菜又有肉，为啥还做四菜一汤？"

勤务员连忙解释说："总司令因工作需要留客人吃饭，我也是因工作需要才多做了菜。"

朱德说："噢！客饭就没有标准啦！"

勤务员说："有。但总司令的客饭是实报实销的。"

这时，朱德十分严肃而激动地说："哦，原来你们是以我的名义搞特殊化呀！以后，你们都要按政府的标准行事，谁也不准搞特殊化。"

三位汇报工作的同志，边吃饭边听着朱德的教导，深深地感到，总司令威震中外，可是却时刻注意节约，注意按规定办事，不搞特殊化。这种作风，只有我们党的干部才有。这是一种无形的力量，朱德为全国人民树立了光辉的榜样。

只有三间老式平房

中华人民共和国成立初期，朱德住在中南海永福堂，只有三间老式平房。西头一间，是朱德的办公室、书房兼会客室，面积20多平方米。东头一间是他和康克清的卧室，面积也只有20多平方米。中间一间共十几平方米，被隔成两间，前间是过道兼饭厅，后间做储藏间。每逢节假日，儿辈和孙辈回来，便临时在地上铺上铺盖过夜。

由于朱德住的是老式平房，管理部门的同志早就提出要给他修理一下。朱德一直不同意，每次他都说："这房子很好嘛，有钱应当多给老百姓盖点新房子。"

后来，朱德一家搬到中南海西楼，西楼是一座三层楼房，里面的房间比较矮小。其中四五个房间被用作身边工作人员的办公室。属于朱德办公和居住的房间实际上并不多，孩子们周末和节日回来，还得三四个人挤一个房间。儿子和儿媳从外地回来探亲时，有时挤在小房间里，有时住不下，就在

朱德在中南海西楼办公室（历史图片）

会客厅里打地铺。在这座小楼里，留不出供朱德吃饭用的饭厅，平时他常去食堂吃饭，来了客人就打饭回家，在一进门的过道上放上饭桌，用作饭厅。

有一次，一位老同志从苏联参观回来，前来看望老总。他看了朱老总的居住状况后，感慨地说："总司令，我以为你住的是好漂亮的房子，原来你住的并不怎么样，苏联集体农庄主席住的房子都比你的漂亮哩！"

1970年朱德住万寿路甲15号，他办公室用的一把椅子，后背太低，因年龄大坐着不方便。当时中直管理局副局长李维新提出要换一把新椅子，经几次动员，朱德都不同意买新的，要求把椅子后面接上一块木板修一下继续用。

他说："修理一下花钱少，要买新的花钱太多。"这把椅子一直用到他逝世。康克清对这把椅子十分珍爱，一直用到1992年她去世时为止。

1994年，李维新到朱德住的地方，看到这把椅子，心情激动地说："这件事情是我亲自经手办的，委员长就是不让买新的，处处为国家节省，这样的领袖太少了。"他看到饭厅里朱德吃饭用过的桌子，动情地说："这个桌子是50年代的，很旧了，当时委员长也不让买新的，重新油了一下继续使用。"

朱德的卧室并不宽敞，里面的陈设也十分简单：一张旧棕绷床，一个旧床头柜，一个旧衣柜，一张木桌，一张旧沙发。这些家具都用了许多年。墙上挂着毛泽东像和朱德亲手书写的诗词，此外没有任何其他装饰。那张旧沙发比较矮，朱德年纪大了，坐下去没什么问题，可是站起来却很费力。工作人员想给他换一个高一点儿的沙发，朱德不同意，他让工作人员用四根木头把沙发腿接起来，风趣地称这张沙发是"土洋结合"。

朱德用的卫生间又窄又小，洗澡盆却很高。到了晚年，他手脚不太灵便，又有病，洗澡时进出很不方便，容易出危险。工作人员反复商量，想把澡盆改装一下，放低一些，上面加个喷头，以便他老人家可以坐着淋浴。他们多次向朱德提出这个建议，并且反复说明，改装一下花两三个工，用不了多少钱。可是朱德坚决不同意，他说："国家用钱的地方多得很，我这里已经很好了嘛！再修，又要浪费钱财。"大家一直为此事操心，但一直都想不出好办法说服他。机会终于来了。1976年，朱德病重住进了医院。趁他不在家，工作人员悄悄将他的澡盆改装了一下，还做好了在他出院后挨批评的思想准备。可是，这次他老人家再也没有从医院回来。那背着他悄悄改装后的澡盆，朱德一次也没用上……

脚力非凡，不搞特殊化

朱德出身农家，同所有的农家孩子一样，朱德热爱劳动，手脚勤快。小时候的劳动生活使他身强体壮，脚力非凡。

席家砭私塾与大湾相隔4公里。朱德每天清晨起床后，干点家里的活儿，然后吃完早饭再去上学。不论是严冬还是酷暑，朱德每天都要来回走四次，"晌午回来肚子饿，跑得快；晚间回来怕天黑了，也得快"，长年累月，使朱德"养成走路快的习惯"。朱德后来回忆说，自己干体力活从不觉得面子难看，"走路也是一样，成年以后，虽然有时有马骑，可是一生之中差不多都是走路，经常几个月几年长距离行军，同我指挥的士兵并肩走来走去"，"习惯那种清苦生活，走遍世界就没有觉得苦，在毛尔盖（草地）觉得也不过是

朱德出行非常简单（历史图片）

我们那样子"。

许多事虽小，却能反映出高尚的品德。

朱德用的两匹马，一匹是坐骑，一匹专门驮文件及必要的工作和生活用具。

在川北的一次行军中，一条大河挡住了去路。幸好是浅水季节，河水只齐大腿深。朱总司令策马过了河。马夫小杨挽着裤腿，拉着另一匹马过河。

时值深秋，河水冻得人双腿像针扎一样痛。马刚下水就站住不走，越吆喝越向后退。小杨一会儿转到后边去赶，一会儿又站到前边去拉。裤子全被打湿了，好不容易把牲口拉过了河。

朱德已经在河岸等着，看见小杨的裤腿还在滴水，关切地说："小杨，快把湿裤子脱下来，把我这条干的换上。"

朱德一边说着，一边动手脱自己外面穿的裤子。他已是50多岁的人了，只穿着两条单裤。再脱下一条，冻坏了怎么办！

小杨急了，连忙阻挡：

"总司令，我不冷，过会儿我的裤子就干了。"

"干了时再说，现在要换上。"

"您快别脱，脱了我也不换。天气冷，您别冻着了！"

"你穿湿裤子不是更冷吗？我穿两条干的，你穿一条湿的，那怎么行，有难大家当嘛！"

朱德脱下裤子递了过来。小杨双手接过裤子，换在自己身上，一股暖流涌上心头。

子女用车不破格

在朱德看来，干部子女有了特殊化思想，那就是变质的开端。"不要搞特殊化！"这是朱德教育子孙的一句名言。他说到做到，言传身教。

领导干部的子女用车是一个极为敏感的问题，朱德从不在这个问题上"破格"，真正做到公私分明。

朱德对家里的所有孩子都严格要求，一律不准坐汽车上学，无一例外。他交代工作人员和子女们说，他的汽车是国家给他办公用的，平时不准子女们因私事用车，必要时用车一定要交费。孩子们心想这是小事，不理解其中的缘故。朱德解释说："第一，汽车是组织上因为工作需要为我准备的，你们无权坐；第二，现在一般家庭还没有小汽车，你们常坐，就会觉得比别人特殊。特殊化可是要不得的。"儿子朱琦原在天津工作，手中也有一定的权力。每次到北京看望父亲，他从不坐汽车，都是坐火车到北京站再换乘公共汽车，和普通老百姓一样挤车到家里去。开始时，工作人员看到朱琦在战争年代脚上受过伤，留有残疾，行动不方便，朱老总的汽车也闲着，就向朱琦说，你再来时可先打一个电话，我们开车去接你。朱琦说："爸爸要求很严格，知道了会批评的。"

小孙子们上到二年级时，朱德就让他们坐公共汽车去上学。当他们念到小学高年级时，要求他们在周末回家时不坐公共汽车，自己走回来。朱德对孙子们说："你们能不能锻炼自己走回来呢！走路好处太多了，可减少公共汽车的拥挤，可以锻炼身体，还可以熟悉道路。"说着，朱德不禁回忆起初到德国的经历。他动情地说："我初到德国时，连话都听不懂，坐车没法子买票，问路也没法问。我出门干脆走路，口袋里装一张柏林地图，按照地图走，不到一个月时间，我熟悉了柏林的街道，以后办事也方便了。"朱德在一生中走过了多少路，那是无法计算的。从四川到云南上讲武堂，是走去的；从云南到四川参加护国讨袁运动，是走去的；从南昌起义到上井冈山，也是一路艰险地走去的；他率部踏上了长征路，一步一个脚印，走完了长达二万五千里的行程……中华人民共和国成立后，他迈开双脚，又走遍了祖国大地，除了宁夏、西藏和台湾等，全国各地都留下了他的足迹。孙子们听了朱德关于走路的道理，决心以爷爷为榜样。从那以后，孙子们都坚持星期六步行回家，星期日下午再步行返校。这样一直坚持到小学毕业。

"越老越英雄"

桂林市的叠彩山是驰名中外的旅游胜地。在叠彩山明月峰下的石崖上，镌刻着朱德和徐特立在1963年1月29日爬叠彩山后，彼此唱和的两首诗。这两首诗使人仿佛看到两位"登山健将"的勃勃英姿。

1963年1月，北京正是冰封大地的季节，而在秀丽的桂林却是另一番景色。这里花木繁茂，温暖如春。朱德来桂林视察，恰好同徐特立住在同一个招待所。

29日，风和日丽。朱德邀请徐老去登叠彩山。徐老欣然应诺，他笑着说:"总司令,你这年轻人都想上去,我这老头子也不能落后呀!"

朱德笑了:"我已经77岁了,怎么还说我是年轻人呢?"

徐老笑着回答说:"我今年87岁,比你整整大10岁。跟我比,你当然是年轻人啰!"

早饭过后,汽车送两位老人来到桂林北部的叠彩山下。抬头看,山势笔陡,绿树葱葱,只有一条小路时隐时现在万木丛中。再往上看,只见明月峰高入云端。朱德来到叠彩门,脱去外衣,回头对徐老说:"怎么样?开始吗?"

徐老幽默地回答说:"你前面走,老夫随后到!"

朱德兴致勃勃,不停步不喘气,经仰止堂、望江亭、直上明月峰。回头一看,徐老也向峰顶走来。徐特立走得满头大汗,便摘去帽子,任凭山风吹拂着满头银发。随行的同志怕他受凉,劝他戴上帽子。他却笑着说:"没关系。浑身披就黄金甲,敢与西风战一场。"

两位老人坐在峰顶的拏云亭上,远眺近望,桂林美景山色尽收眼底。只见山如碧玉簪,水似青罗带,"桂林山水甲天下"真是名不虚传。

当晚,朱德赋诗一首,赠送徐老,称赞徐老人老心不老:

徐老老英雄,同上明月峰。
登高不用杖,脱帽喜东风。

徐老读后,非常高兴。第二天早晨,即步原韵和诗一首,回赠朱德,称赞他身体健康,气势超人:

朱总更英雄,同行先登峰。
拏云亭上望,漓水来春风。

后来,谢觉哉同志听说他们结伴同登明月峰的趣事之后,也步原韵和诗三首，以示祝贺。其中一首是：

> 越老越英雄，攀上最高峰。
>
> 九十不算老，昂头唱大风。

三位革命老人赋诗唱和抒发豪情壮志，一时传为佳话。

攀登峨眉拒滑竿

四川省乐山市在全国乃至全世界都有相当高的知名度。乐山是一座历史文化名城，那里有著名的乐山大佛，以及相距约40公里、风景秀丽的峨眉山，去旅游的人非常多。

1963年4月20日至25日，朱德到乐山视察。据有关资料记载，中华人民共和国成立后十多年里，朱德是乐山接待的第一位党和国家的高级领导人。

那时交通不便，成昆铁路只通到彭山县。朱德一行在彭山青龙火车站下车，便轻车简从地赶到峨眉山脚下的红珠山招待所下榻。红珠山招待所依山而建，原为蒋介石避暑行营，后被人民政府辟为专门的招待所。

红珠山招待所内林木郁郁，到处生长着各种各样的野生植被。朱德住红珠山时，要求随从人员同他上山挖野菜。厨房的师傅要给他做点有营养价值的东西吃，朱德不是谢绝，就是让给大伙吃。

4月22日，朱德要去看看有名的万年寺。那时上万年寺，下车还得步行约4公里路。尽是羊肠小道，坡陡路滑，行走起来十分困难。地委的同志考虑到朱德已是77岁高龄的人，又是第一次登峨眉，为了安全，特意请当地老百姓准备了一乘滑竿。可是朱德说啥也不肯坐上去，他说："共产党员是不应该坐滑竿的，更不能坐上滑竿去爬山，如果那样，就失去爬山的意义了。"

陪同的地方领导领会到朱德说的"不应该"之意，但仍然劝说："您年纪这么大了，又不常来，偶尔坐一次，不算什么。"

"偶尔坐一次也是错误的。"朱德十分严肃地说。共产党人与旧社会当官做老爷的人是有着天壤之别的，朱德十分珍视"共产党员"这一光荣称号。

陪同的人难以说服他，便改变方式，叫人拿上一个凳子跟在后面，看他走累时，便递上去，让他坐下来休息一会儿再走。

溪水潺潺，绿草茵茵。朱德漫步在山间小道上，仿佛置身于一幅山水画中，脸上露出了微笑。

就这样，朱德硬是沿着陡峭崎岖的山路，一步一步地登到了万年寺。参观完万年寺后，又一步一步地返回原地。

1975年8月，朱德以89岁高龄，拄着拐杖，兴致勃勃地登上了北京西郊的西山。这是他一生中最后一次登山。

那天，天气晴朗。朱德在工作人员的陪同下，来到了北京西郊的西山。他身着便装，脚登解放鞋，手里拿了一根拐杖，迈着稳健的步伐向山上走去。沿着小路一路走去，朱德十分自信，边走边不断巡视。只有在比较难走的地方，他才用拐杖轻轻支撑一下。在大家看来，朱德就像是在散步哩！

是啊，北京的香山、玉泉山多次迎来了德高望重的朱德，这里的沟沟坎坎处处留下了他的足迹。这一次登西山，他也和往常一样，渐渐地又把年轻人甩在了后面。他再一次胜利了，终于登上了山顶。

8月的西山，已经有些凉意了。朱德迎着送爽的秋风，在山顶上伫立了许久。

这位爱登山的老人，自此以后，再没有登过山。但是，他却把所有的山峰甩在了他的身后——他本身就是一座高大的"山峰"。

第一元帅，却从未领过元帅的工资

共和国元帅朱德（历史图片）

对于工资，朱德自己有个规定，他的工资待遇不能超过毛泽东和周恩来。

他是共和国的第一元帅，但从1955年起的21年里，他从未领过元帅的工资。朱德逝世后，跟随朱老总多年的秘书郭仁回忆说："1955年我国实行军衔制以来，委员长从来没有拿过元帅的工资，委员长逝世后大家才知道这件事。"

那么，有限的工资如何应付全家那么多口人吃饭呢？总的说来，朱德的办法是计划开支，增产节约。具体方法有三：

精打细算，控制开支

由于艰苦生活的磨炼，朱德从小就养成了节俭理财的好习惯。1937年，他回忆说："当我想读书想出国的时候都是没有钱，只想要有几千块钱才好呢！后来几千万在手里也反而感觉到很累赘。要想做事业就需要钱。但对于理财，自己是不情愿的。事实上却还是个好手，因为小时候对农民经济情形是很清楚的，大了读书时候更是自己想法搞钱……做了十年军官从手上经过的也总在几百万，几千万……但始终认为公家是公家的，自己是自己的。对于经济问题，始终不乱用。一文钱也不乱用，一般说来都是很节省的。"1953年，朱敏刚从苏联回国参加工作。那时，她还不懂得怎样计划生活，每月工资到手，不知怎么搞的，一来二去就花光了。朱德知道后，就批评她不会过日子，教她勤俭持家的方法。朱德告诉女儿，每月应该有计划地节余一些钱存到银行里，这对国家有好处，对自己也方便，需要时再取出来，别的同志生活上有了困难也可以支援他们。

就连用的水，朱德都做到了精打细算。有一次，警卫人员给朱德放洗脸水，一下子放多了，朱德便说："洗脸水不要多放，天旱缺雨，天津市人民吃的水都得由北京密云水库拨给，我们可要注意节约用水啊！"由自己用的洗脸水联想到其他城市的用水情况，朱德这是在为中国这个大"家"精打细算啊！

据孙辈们回忆，爷爷常给他们讲"一天省一把，十年买军马"的谚语和"聚沙成塔，集腋成裘"的故事，这些都深深地印在孙辈们的脑子里。

朱德每个月都要检查伙食账，为的是看看超过一般人的生活水平没有。他总是量入为出，虽然为了招待较多的往来亲友，家里开支大，但是，他也决不允许超过每月的工资。

降低生活标准，缩衣节食

朱德一再主动要求降低自己的生活标准，有很长的一段时间朱德一点儿肉也不吃。即便是这样，朱德仍然不放心，他多次叮嘱炊事员，一定不要超过国家的供应标准。有一次，炊事员为了照顾他的身体，炒菜时多放了些肉。饭后朱德走到厨房里笑呵呵地说："同志，你是不是资本家出身啊？"炊事员赶忙回答说："首长莫开玩笑，我哪里是什么资本家啊，我是贫农。"朱德风趣地说："既是贫农，为什么菜里放这么多肉啊？"炊事员这才恍然大悟，于是笑着回答："今后一定会注意。"

朱德家里来往客人很多，有段时间家里的粮食超支了50多斤。工作人员考虑朱德年岁大了，身体又不大好，就想向组织上反映一下实际情况，由机关把亏损的粮食补上。朱德坚决不同意这么做，他说："现在国家这样困难，我们应该带头缩衣节食。自己亏损了，应该自己补回来。"为了节约粮食，朱德指导炊事员把米和菜煮在一起做成菜糊糊，坚持和全家一起吃。有一次，朱德特意做了一顿菜糊糊请身边的工作人员吃，并且说："今天请大家吃这顿饭，是让大家不要忘了过去战争年代那种艰苦奋斗的精神。在井冈山斗争时期，粮食要自己到山下几十里以外去挑，吃的菜常是白水煮竹笋，里面连一点儿盐也没有。现在虽说有些困难，但是比过去好多了，我们要把艰苦奋斗的作风永远保持下去。"朱德就是这样，带领全家用"瓜菜代"、吃菜糊糊的办法把亏损的粮食补了回来。

自己动手，生产自给

朱德常说："我们的国家一穷二白，只有增产节约才能变得富强。光增产，不节约，就等于没有增产。勤俭勤俭，勤就是增产，俭就是节约，两者不可分嘛。"

朱德吃的青菜，在很长的一段时间里，大部分是自己种的。他自己开辟了一个小菜园，同康克清一起在工余时间劳作。

"革命者的遗产不是金钱，而是革命精神。"这是朱德教育子孙的又一句名言。

朱德生前不止一次对孩子们说："人总是要死的，不能永远活着。我是无产阶级，我死后，你们没有什么可继承的。房子、家具都是国家的。我所用

第四章
"不搞特殊化"——生活细节

首都各界群众在劳动人民文化宫沉痛吊唁朱德（历史图片）

的东西，都上交给国家。我最珍贵的，就是屋里挂的那张毛主席像，你们可以继承。我的那些书籍你们可以留着读。"

朱德去世前，多次对身边工作人员说："我有两万元的存款，这笔钱，不要分给孩子们，不要动用，告诉康克清同志，把它交给组织，作为我的党费。"这两万元钱，是朱德自实行工资制以来的全部存款。朱德逝世后，康克清同志遵照朱德的嘱咐，把这笔钱如数交给了党组织。

朱德把一生献给了他为之奋斗的共产主义事业。他虽然没有给子女们留下分文，但却留下了比金钱贵重千万倍的精神财富。他留给子孙后代的不是物质享受，而是党的优良传统和作风。

/第五章/

兰香人生
——平凡世界中的总司令

◎毛泽东爱梅,他喜欢梅花坚贞不屈的个性。周恩来爱马蹄莲,他认为,马蹄莲非常洁白,象征纯洁。朱德一生酷爱兰花,他对兰花情有独钟。

◎朱德爱兰花,这是许多人都知道的。可是他为什么酷爱兰花,酷爱到什么程度,为发展兰艺作过什么努力,他如何采兰集兰,如何养兰护兰,他的兰艺、兰品,他所结交的兰友,以及围绕着兰花所发生的故事,知道的人并不是很多。

热爱书法终生不改

初习书法:"描黑"

朱德爱好书法。这种爱好,自小就养成了。

朱德从6岁到18岁读私塾的这段时间里,每天都要练毛笔字。他说:我刚开始写字时,名曰"描红",其实是"描黑"。因为印刷的红字,只有有钱人家的子弟才能买得起,像我们这些穷人家的孩子,只好"描黑"了。

朱德所说的"描黑",就是由老师以正楷在竹纸上写一首诗,名曰"字格",学生将字格套在麻头纸内,依照映出来的字影描写。当时这种方法叫"写仿"。朱德的启蒙老师钟先生给他写的第一篇字格是:"一去二三里,烟村四五家。亭台六七座,八九十枝花。"据朱德回忆说,这种字格,大概一个月一换。

朱德在"描黑"时,每天超过先生规定的字数,多写两三页,送请先生校阅。钟先生在批改学生的习字作业时,常对一些写得好的字画上红圈,以资鼓励。由于朱德学习勤奋,上进心强,所以他每天的习字成绩总是名列全塾第一。

朱德9岁时,随养父朱世连迁往马鞍场东北边的朱家老屋居住,第2年他转学到场头席家砭私塾,受教于席聘三先生膝下。席先生从教多年,对学生要求十分严格。朱德学习自觉性很强,学业成绩优秀,字又写得好,格外受到席先生的器重。席先生在授习字课时,专门为朱德"开小灶",指导他临学唐代大书法家颜真卿的楷书《多宝塔》帖。席先生还谆谆教诲朱德:"字无百日之功，只需持之以恒，苦练不倦，必有大进；临帖应以读帖为先，领会书家结字运笔神韵，然后研习，必得真谛。"朱德按照席先生的指点，潜心习书。经过不懈的努力，朱德的字写得越来越好。他在十五六岁时，就能挥毫为马鞍场的一些人家书写春联、寿对，应酬日常礼尚庆典书录。朱德在席先生的授意下，主动承当习字教学的"小老师"，为先生做助手，帮其他初入学的小同学写描黑的范字格。

书法生涯：三个时期

朱德系统、集中地学习书法，有三个时期。

第一个时期，是从6岁到18岁读私塾这段时间。朱德脱离字格之后，开始临帖。他临了很多帖，力求融会贯通，博采众长。

第二个时期，是从1916年到1920年率护国军驻防泸州这段时间。朱德在戎马倥偬之余，除练习书法，还组织了诗社，并学会了打扬琴。据当时和他相处过的老人回忆，他在泸州时，学的是北碑。北碑，包括北魏、北齐、北周等碑，但不知他具体临的是什么碑。后来翻阅朱德看过的《广艺舟双楫》一书，发现他在《孝文皇帝吊殷比干墓文》《高贞碑》《崔颋墓志》《西门豹碑》（隶书）等碑目上，都画有圈记。可能当时以一碑为主，兼学别

1959年7月31日，朱德在庐山仙人洞观赏石刻（历史图片）

样。1963年5月4日,朱德参观洛阳龙门石窟时,当地文物部门送给他"龙门二十品"一套,他看后十分高兴,说他曾学过魏碑。当天晚上在翻阅"龙门二十品"时,他边看边议论说:北碑——特别是北魏之碑——体裁俊伟,笔气深厚,隶楷错变,无体不有,所谓"体庄茂而宕以逸气,力沉着而出以涩笔"是也。到了唐宋时代,书法集南派之伟丽俊逸,北派之古朴苍劲,南北特点,兼收并蓄。

第三个时期,是中华人民共和国成立后至1976年这段时间。朱德以学习黄庭坚的书法为主,偶尔也阅写一下其他碑帖。他认为黄庭坚的字,肉丰而苍劲,态浓而意淡,巧藏于拙,秀出于伟。在黄庭坚的碑帖中,他最喜爱的是《戒石铭》和《幽兰赋》。《戒石铭》的正文大字,仅有"尔俸尔禄,民膏民脂。下民易虐,上天难欺"16个字,连同后记,不过100多字,但朱德对于此帖,经常临摹,并且是走到哪里就带到哪里。《幽兰赋》系多幅长轴,悬挂于他的书橱之前,这也是他经常临写的黄体字。由于朱德长期临摹黄体字,所以他晚年的书法苍劲古朴,深得山谷笔意。

以上三个时期,主要是从练习书法的角度而言。朱德在这三个时期里,集中而系统地练习了很多字帖,这是他书法生涯中的重要时期。朱德书法生

1937年7月14日,朱德为红军题写的抗日誓词(历史图片)

第五章
兰香人生——平凡世界中的总司令

涯还有一个重要时期,即从1920年离开泸州以后到中华人民共和国成立这一段时间。在这一时期里,朱德是否中断了他的书法生涯呢?没有!对于一个爱好书法艺术的人来说,绝不会轻易中断他的书法生涯。

从离滇赴京、海外留学、南昌起义、井冈会师、万里长征,到抗日战争,再到解放战争,这是一个波澜壮阔的历史时期。这一时期,朱德南征北战,戎马疆场,艰苦的生活条件和严峻的战争局势使他不可能花更多的时间去一笔一画地练习书法。但是,他的书法爱好并没有丢掉,而是以另外一种形式表现出来。如果说朱德早年书法生涯偏重于练习的话,那么这一时期的书法则偏重于应用。在行军途中,他随马携带文房四宝,利用指挥作战的空暇时间写下了大量的书札、函件、题词、手稿等,这些作品多是工作往来,也有的是即兴即席之作。朱德这一时期的"马背斋墨",字里行间散发出"战地翰墨分外香"的生动气息,抒发了一个无产阶级革命家的革命激情。

对于书法,朱德的本意是:一是艺术爱好,二是休息脑子,三是活动筋骨手腕。他对身边的工作人员讲:生命在于运动,长期参加力所能及的体力劳动,既锻炼了身体,又养成了吃苦耐劳的良好习惯。写字就是一种辅助性的体力活动,长期坚持下去,对延年益寿有好处。朱德曾经一度右臂酸痛麻木,大家劝他好好治疗

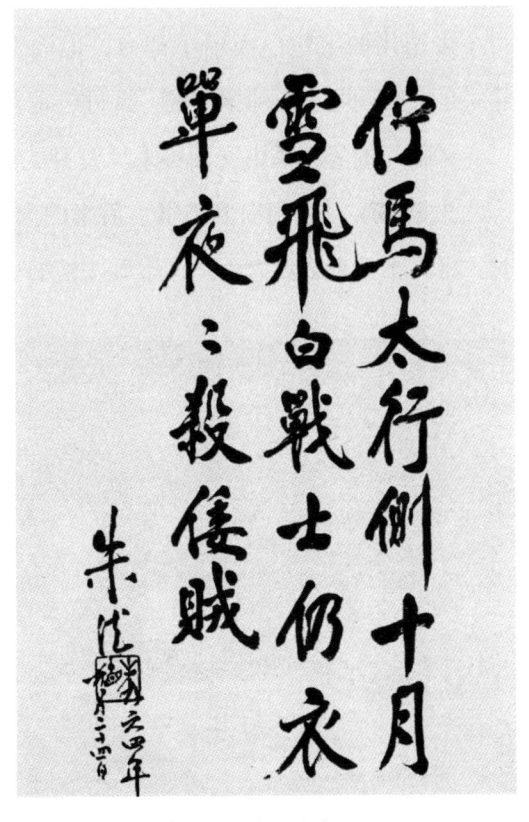

朱德手书《寄语蜀中父老》

休息，可是他仍旧坚持练写大字。经过认真悬肘运腕的习书活动，不久便治愈了右臂的酸麻症，而且日后再也没有发作。1960年朱德已满75岁高龄，仍然临帖习书不止。在他办公室的墙壁上挂着宋代大文学家、书法家苏轼写的《喜雨亭》八条屏的拓本。

朱德对于群众的书法活动经常给以热情关怀和大力支持。1962年北京书法研究会举办书法展览，他积极参与，亲笔书写了毛泽东诗词四首，送交展览会展出，并且亲临现场参观，对群众鼓舞很大。

文房四宝：十分讲究

朱德用的毛笔，大中小都有，但经常用的是长锋狼毫，这种笔产自湖北，是董必武同志向他推荐的。此外，也常用二纯羊毫和汉壁羊毫。

朱德用的墨，系由安徽买来。警卫员每天都要磨墨，但有时也用墨汁。

朱德练字时爱用白麻头纸，后来因为这种纸不好买，改用黄表纸。练字时，将大张黄表纸裁为六开，然后按格书写（纸下垫有画好的方格）。

朱德题字（历史图片）

朱德的砚台有好几个，其中比较珍贵的是史可法用过的大方砚。但他最喜爱并且经常使用的，是朝鲜议会代表团送给他的雕龙方砚。这个砚台雕刻精美，前低后高，下有木座，上有木盖。遗憾的是，有次一位同志磨墨时，误将热水倒入砚内，致使砚台中间炸开了一条裂缝。

朱德到外地视察工作时，照例要携带"文房四宝"。他特制有一个扁木箱，将笔墨纸砚及墨盒、墨水分放在大小长方不同的格子内，并以小木楔固定。字帖和纸张等放在上边。外出时，无论乘车乘船，打开木箱，随时可以写字。

朱德认为，纸墨笔砚的适当与否，对于书法的好坏关系极大。古人所谓"善书者不择笔"的说法，那是在书法上造诣极深的人的见解。其实，同是一个人，不仅用笔好坏字态各异，就是用狼毫与羊毫，字形也有不同。在用墨方面，也很有讲究，墨浓则笔滞，墨稀则笔滑。可见，纸墨笔砚对于书法的关系不小。他抄过米海岳（米芾）的一段话："东坡谓：砚之发墨者必费笔，不费笔则退墨。二德难兼，非独砚也。大字难结密，小字常局促。真书患不放，草书苦无法。茶苦患不美，酒美患不辣。万事无不然，可一大笑也。"朱德认为苏东坡这段话，很有点辩证法思想。因为世界上万事万物，利弊相连，只能根据情况，两利择其大，两害取其轻而已。

朱德在北海团城观赏古字画。右为郑振铎（历史图片）

书法习惯：行笔较慢，一笔不苟

朱德对于书法，仅仅是业余爱好。因为他年届高龄，工作很繁忙，既要阅读各种文件，又要参加各种会议，还要看书学习和阅读报纸杂志，同时还经常外出参观访问，所以他的时间是很紧张的。因此，他练字的时间，多在午饭和晚饭前后，或者是在阅读书籍文件后休息之时。他每次练字时间，大概在20分钟。

朱德对书法原来就有较深厚的基础，但他直到古稀之年，仍然注重基本功的锻炼。朱德很注重执笔的方法。他对于《广艺舟双楫》中的"执笔第十二"，曾逐句圈点，一再研读。对于《汉溪书法通解》中的执笔图，曾按图练习过拨镫法、平覆法等方法。所谓"拨镫法"，就是用大拇指紧抵笔管，笔管紧靠中指无名指尖，虎口间圆活如马镫，五指分别掌握压、钩、揭、抵、拒、导、送等指法，使笔管转动自如。所谓"平覆法"，就是双钩双挑，平腕覆掌，实指虚拳。食指中指谓之"双钩"，无名指小指谓之"双挑"。因为掌覆，所以腕平；因为拳虚，所以指实。朱德写字时的执笔方法，基本上是以平覆法参用拨镫法。其他执笔方法，如握管法、单包法、拨镫枕腕法、平覆枕腕法等，只是照图试过，并未经常使用。

朱德练习书法时，行笔较慢，一笔不苟。虽然每次练字的时间不

朱德在办公室挥毫（历史图片）

是很长，但是，只要他铺开纸笔，就一定认认真真地去写，神态很专注。他认为缓笔定形势，忙则失规矩。匆匆作书，点画尚或失之，精妙又从何来！

朱德在书法上很注意结构。他认为汉字是方块字，总的精神要掌握分间布白，上下齐平。大字贵结密，小字贵开阔。如果结构不好，"一点失所，若美人之病一目；一画失节，如壮士之折一股"。1961年10月17日，他作了一首诗，写下了自己习书的体会：

书法以精巧，用笔重结构。
字无百日功，人人学得透。

学过书法的人都知道，练字一定要先练好基本功。练字的人，先从基本的笔画练起，然后再选择自己喜欢的字体；字体练到一定程度，就须力求在笔意上下功夫，写出意境。笔画是各种不同字体的基础。往往有些人练字时，基本功尚未练扎实，便想写草书行书，这是急于求成，欲速则不达。朱德认为，有了楷书的基本功，然后写行书草书等，方能得心应手，运用自如，做到"横如列阵排云，直如倒笋垂露，戈如百钧弩发，点如危峰坠石，牵如万岁枯藤，纵如惊蛇激水"。他常引用赵孟頫的话说："笔法弗精，虽善犹恶；字形弗妙，虽熟犹生。"

书法评论：卓有造诣

中国的书法艺术源远流长，在几千年的文明长河中，涌现出许多有名的书法大师。他们独创的字体风格迥异，代代流传，显示出旺盛的生命力。

朱德练习书法，忠于传统技法，但他同时又主张力求创新而不墨守成规。他认为，初学书法时，当以一家为主，先求形似而后求神似，然后遍观各家之长，摘而临习之。他最初临习唐代书法大家颜真卿，其后兼习柳公权，再后又临习宋、明书法家黄庭坚、苏东坡、米芾等人的笔法。由于朱德多方涉猎，所以能博采众长。他的书法源古而不泥古，稳健不娇柔，给人以遒雄、隽逸、端严、俊美之感。

朱德不仅是一位卓有造诣的书法艺术家，还是一位书法评论家。对于一些书籍中独宗南碑如魏碑，他很不以为然。对于讥颜真卿之"丰肥拙厚"，讽柳公权之"骨存肉削"，也认为是褊狭之见。他认为在书法上各代有各代的特点，各家有各家的长处。他举例说，丰肥则多浑厚之感，刚瘠愈显清秀之意。他对宋代鸿儒杜陵论书道的观点持不同看法。在他的笔记本上有这样一首诗：

  杜陵评书贵瘦硬，此论未公吾不凭。
  短长肥瘦各有志，玉环飞燕谁敢憎。

朱德认为，汉字始于象形，从甲骨、钟鼎和籀字的体形来看，奇古生

朱德在全国政协书画室题词（历史图片）

动，各尽物态；到了秦分（即小篆），裁构整齐，一变古态；到了汉分，削繁成简，形成隶体；到了汉朝末年，改觚为圆。由隶正之间，发展为真书。同时，行书、草书、飞白并出，盛极一时。他认为，书法由繁趋简，这是大势所趋。"钟表兴则壶漏废"，是任何人也扭转不了的。因为繁难者人所共畏，简易者人所共喜。人心所向者荣，人心所背者衰。书法的发展，也不例外。这，就是书法中的哲理。

用诗词记录革命风雨

早年诗作

川南名胜香水山位于叙永县古宋北约一公里。香水山山色秀丽，云蒸霞蔚，以泉水清冽甘醇，盛产香茗而得名。朱德在香水山芙蓉寺寺壁曾题写一首七言律诗。

1913年袁世凯窃取中华民国大总统职位，1915年在日本等帝国主义的支持下，于12月12日称帝复辟。这种倒行逆施，遭到了全国人民的强烈反对。蔡锷将军率先在云南宣布独立，建立讨袁护国军。

1916年，护国军发动了泸州战役。3月17日朱德所率的护国军像尖刀一样直插敌逆张敬尧的大本营，其先头部队挺进到距泸州仅五六公里的南寿山附近。24日，蔡锷将军发布命令："我正面之敌，经此次痛击后，一时断无反攻之勇气，我军现暂就阵地整顿部队，稍事休养。"朱德率部撤至叙永与古宋一带休整。虽然是休整，但朱德心里想的仍是战事，并不感到轻松。一天，朱德登临古宋城北的香水山麓，游览香水山芙蓉寺。寺中女尼祥云煮红苕稀饭招待朱德一行。朱德遵纪爱民，再三推辞不过，便坚持付给了饭钱。饭后，朱德极目遥望，只见峰峦起伏，绿树如云。眼前是一片郁郁葱葱之景，而泸州前线却战火纷飞，硝烟弥漫。朱德不禁感慨万千，即兴挥笔在芙蓉寺寺壁题写七言律诗一首：

己饥己溺是吾忧，急济心怀几度秋。
铁柱幸胜家国任，铜驼慢着棘荆游。
千年杇索常虞坠，一息承肩总未休。
物色风尘谁作主？请看砥柱正中流。

综观全诗，我们不难看出，青年时代的朱德作为一个爱国者、革命者的那种忧国忧民之情，以及决心承担起救国救民的历史重任的雄心壮志。这首诗虽是以言情议论为主，但由于作者内在的革命气概，使得全诗无矫揉造作之嫌，完全是内心思想情感的自然流露；加之语言质朴凝练，结构严谨，对句工整匀称，更使得全诗意境深远开阔，议论纵横驰骋，豪情激烈跌宕。

香水山芙蓉寺已于1958年失火焚毁，但因此诗深受群众喜爱而广为传诵，并有颂诗曰："当年朱帅驻旌麾，壁上琳琅有旧题。岘首人思羊叔子，香山千古此招提。"该诗原载于1979年10月《叙永文化》第三、四期，后转载于1984年《龙门阵》第二期。

1918年，泸县十大乡民政总局局长艾承庥邀朱德登云锦山游玩。朱德乘兴赴约。

云锦山是泸东八景之一，水绕山环，松柏苍翠，浓荫蔽天。游人至此，顿觉清风拂面，沁人心脾。朱德仰观寺庙，俯瞰天地，忘情地欣赏着眼前的美景。

遥望远处，只见两江环抱的泸州城宛若从水中浮起，江面波光粼粼，千帆林立。朱德触景生情，随口吟道：

第五章
兰香人生——平凡世界中的总司令

> 云锦山腰雾重重，龙川坝下水淙淙；
> 驻马遥观天地窄，万山回首拜英雄。

这首诗意境非凡，语言质朴。前两句写云锦山的美丽景色，后两句则抒发朱德的革命抱负和英雄气概。

泸州市图书馆保存下来的两册《江阳唱和集》里，有18首诗为朱德所作，包括《感时五首用杜甫〈诸将〉诗赋》、《苦热》（五首）、《秋兴八首用杜甫原韵》。《感时》和《苦热》是有感于军阀混战、时局动荡而作，《秋兴》则是咏怀辛亥革命与护国运动的史诗。朱德作的这些诗，气势恢宏，慷慨激昂，字里行间洋溢着他忧国忧民的心情，表达了他对时局的愤懑和渴求真理的高尚情怀。这些诗，既反映了青年朱德的爱国心声，也是近代中国革命的珍贵文献。

朱德揭露了清朝末年帝国主义列强对中国的蚕食掠夺，使中国变成阴森地狱的悲惨情景。他写道：

> 飒飒秋风动上林，神州大陆气森森。
> 空间航艇如星布，海外烽烟蔽日阴。
> 国体造成机械体，天心佑启自由心。
> 征衣欲寄天涯远，思妇何须急暮砧。

朱德强烈谴责军阀官僚连年混战使"沧海桑田焦土变，名山秀野战云封"，哀叹"举国人人作政客，何人注意在商农"。

朱德热情地讴歌了辛亥革命的辉煌业绩，同时也揭示了这场革命的不彻底性：

> 传遍军书雁字斜，誓拼铁血铸中华。

悲秋客忆重阳节，起义师乘八月槎。
燕地荡平鞭索虏，神州开辟种黄花。
秋光未尽烽烟尽，鼓角声中半是笳。

针对袁世凯背信弃义、复辟帝制的丑恶行径，朱德写道：

筹安客意住龙头，惊起神州肃杀秋。
四野萧萧风雨急，中原黯黯鬼神愁。
强梁子弟三乘马，大好河山一泛鸥。
回首剧怜民国土，几希幻作帝王洲。

朱德的诗痛斥了袁世凯的厚颜无耻："言犹在耳成虚誓，老不悲秋亦厚颜。"历史的车轮不会倒转，袁世凯的帝制不过是"蓬莱昕夜觅仙山，堪笑贪夫转念间"的一场历史闹剧。人民终会胜利，正义会战胜邪恶，"报国归来天欲暮，笑看北地废朝班"。

回顾自己参加云南重阳起义的过程，朱德进一步表达出倾心报国的豪言壮志：

重光祖国借余晖，万众同心用力微。
毳幕腥膻终寂寞，汉家子弟尽雄飞。
喜当年富兼身壮，时正秋高又马肥。
戎马少年半同学，倾心为国志无违。

朱德当时虽供职滇军，但对他的故乡四川感情很深，他多次作诗抒发浓浓的乡情：

第五章
兰香人生——平凡世界中的总司令

天气清新是巴蜀，时值盛夏山山绿。
松风水月清如许，清雅人居畅所欲。

诗中山水

在朱德的诗作中，有很多作品是寄情山水，抒发革命激情的风景诗。

被军旅生涯占去大半生的朱德与山有着深厚的感情，与山结下了不解之缘。中华人民共和国成立后，朱德曾说："是山区养大了我们的军队，现在进了城不得忘记了他们。"他对山的无限留恋与喜爱，对山情有独钟。正是由于这些独特的感受，在他的风景诗中，描写山或与山有关的占了绝大多数，如《出太行》《喀尔巴阡山》《过五指山》《六连岭》《上白云山》《井冈山》《过武夷山》《骊山》等几十首。

朱德登过的山，有几座恐怕对他影响最深，也是最令他难以忘怀的。一是巍峨挺拔的井冈山，它不仅是中国革命的第一块红色根据地，而且也是朱德和其他人民领袖一起进行中国革命、缔造人民军队的艰难历程的最早见证；二是雄浑壮阔的太行山，他在那里度过了难忘的战斗岁月；三是秀丽幽雅的香山，他曾经在很长一段时间住在西山，景色怡人的香山成了朱德的好去处。在写山的诗歌中，描绘香山的诗是最多的。关于香山，朱德写过几首比较著名的诗歌，除了1959年的《游香山》，还有1960年的《游香山》、1962年的《游香山》、1965年的《登香山》。

1959年11月1日，朱德登香山时，看到青年们打着红旗，扶云直上，到达顶峰高歌胜利的情景时，心中异常高兴。他浮想联翩，当时就写下了《游香山》（1959年11月1日）：

红叶满山坡，香山游人多。

少壮扶云上，高岭听高歌。

　　戎马倥偬大半生的朱德，写这首诗时，已经是73岁的老人了。他虽身居高位，但仍矢志不渝地为祖国和人民而默默地工作着。他登山从来都是轻车简行，不喜欢人们前呼后拥。尽管已是古稀之年，但每次登山总是安步当车，边登边欣赏祖国山河的壮丽景色，还常随步吟诗。朱德登山从不回避群众，有时还亲切地与他们攀谈。

　　全诗前两句，重在写景，后两句则是借景抒情，流露出朱德对青年们的深情与期待。作为一个为人民的革命和建设事业奋斗了大半生的老人，最大的欣慰莫过于业已开创的事业后继有人，兴旺发达。面对着高举红旗、奋勇攀登的青年们，朱德的心境自然是无比快慰的。

　　这首诗不仅寄托着朱德对青年们的关切、厚爱与期望，而且，在更深层次里蕴含着朱德对社会主义事业必胜所抱有的坚定信念。这个主题构成了朱德香山诗作的基调。他于1960年所作的《游香山》一诗中，就有"翠柏苍松长不老，殷勤结子树丰功"，"防蠹修枝培植好，栋梁新出永无穷"的诗句。他于1962年所作的《游香山》中，则有"北地秋高天气爽，登峰造极诉青年"的诗句。这些诗句，都重申了他1959年《游香山》一诗的主题。

朱德在庐山（历史图片）

朱德等在福建武夷山风景区游览（历史图片）

兴之所至

写诗并不是一件很轻松的事。古人写诗，非常讲究平仄押韵，对偶工整。为了写出诗的意境，很多人废寝忘食地推敲，留下了千古不衰的文坛佳话，比如"僧推月下门"改为"僧敲月下门"的故事。一位诗人就曾写道"两句三年得，一吟双泪流"，真实地道出了作诗的艰辛。当然，诗作的快慢也因人而异，最有名的是初唐四杰之一的王维。他写诗时先不动笔，倒在床上蒙头而睡，起来时一挥而就。看来，他的蒙头大睡并非是白白地消耗时间，而是专注地进行构思。

写诗是为了表达作者心中的感情，目的是为了引起共鸣，因此，好诗必须是既有意境，又易读懂。大诗人白居易经常将新写的诗念给河边洗衣服的老妪听，如果老妪听不懂，他就认为这是一首败诗，要重新写。

朱德早年诗作，在表现形式上多少有点旧体诗的味道。他中年以后的诗作，基本上是新体诗词的写作方法。新体诗词摆脱了旧体诗词的许多限制，不再拘泥押韵对偶。可以说新体诗之所以能繁荣推广，为大众所喜爱，与这个原因是分不开的。这是新体诗词的优点，写起来也比较容易。可是，无论是旧体诗词也好，还是新体诗词也好，都必须讲求意境，这一点是无可更改的。有意境的诗，才算是好诗。

朱德经常触景生情，即兴赋诗。这样的诗是快诗，一呵而就。也有的诗，颇伤心神，需经历一番阵痛方能写出。那辗转反侧的构思，那一字一句的琢磨，常常影响到他的休息和睡眠。

1957年建军30周年时，朱德写诗以庆贺：

南昌起义诞新军，喜庆工农始有兵。
革命大旗撑在手，终归胜利属人民。

1959年1月19日，73岁高龄的朱德由北京飞往广州，开始为期37天的视察工作。在广东期间，他先后视察了黄埔港、罗岗人民公社、石门铁路学校、广州造船厂、广东罐头厂、水泥厂、饮料厂等，足迹遍及广州市、从化县、江门市、新兴县、台山县等。其间，他抽暇去位于肇庆市的七星岩游览，乘兴写下了《游七星岩》：

七星降人间，仙姿实可攀。
久居高要地，仍是发冲冠。
开心才见胆，破腹任人钻。
腹中天地阔，常有渡人船。

后来，朱德就对黄树则说过，写《游七星岩》那首诗的时候，他夜里没有睡好觉。

1961年冬，朱德和康克清来到江西南昌。这次住的时间很长，在南昌过了一个愉快的春节。那时南昌的春节很热闹，各个剧团都要上演新排的节目或优秀的传统戏剧。朱德特别喜欢江西的地方剧种，看了好几场赣剧和采茶戏，如《秧麦》《双拜月》等。看了后，朱德觉得很满意，诗兴大发，写了不少诗，还亲笔以正楷书写了两首抄给了当时的省委书记杨尚奎和他的夫人水静。

以诗会友

1941年秋，朱德、董必武、林伯渠、谢觉哉、徐特立、吴玉章、叶剑英及延安的一些社会贤达人士，成立了"怀安诗社"。当时延安的物质条件很差，没有印刷条件。社员们只能各备一册诗本，不断抄录自己的新作，送给另一人，另一人再添上自己的新作，送给其他的人。这样，辗转传递，互相唱和。这些手抄本，被称为《怀安诗抄》。后来，《解放日报》副刊上创设了专栏《怀安诗选》，诗社更加兴旺起来。

太行山，在中国的古典文献中很早就有记载。它巍峨雄伟，气势磅礴，倾倒了古往今来许许多多的文人墨士。有关它的描写和吟咏屡见于诗词歌赋中。在几千年的历史长河中，流传着无数动人的传说。《愚公移山》已家喻户晓，其中就有关于"太行王屋二山"的有关记载。人民群众丰富的创造力、坚定不移的毅力和人定胜天的豪情壮志，激励了一代又一代的中华儿女。魏武帝曹操在《苦寒行》中曾写道："北上太行山，艰哉何巍巍。"

在抗日战争时期，太行山是华北抗日的中枢。这座历尽人世沧桑的名山，一时成为无数爱国士志和热血青年向往的地方。站在太行之巅，俯视群山逶迤，倾听万马奔腾，确实能让人滋生出报国之志。朱德总司令率领八路军健儿,浴血奋战在这连绵不断的群山之中。

这一时期,朱德写下了不少壮丽的诗篇,其中有不少是与友人唱和而作。《赠友人》就是其中著名的一首。

这首诗所说的"友人",指的是著名作家杨朔。总司令与作家杨朔写诗唱和,这是怎么一回事呢?

1939年秋天,杨朔和宋之的等同志进入太行山区,来到长治县,访问了八路军防区。杨朔的感想颇深,根据地军民火热的生活吸引了这位作家,他毅然决定留下来,从事革命文艺工作。入冬后,杨朔到了武乡县王家峪八路军总部。此时适逢朱总司令53寿辰,杨朔写了两首诗祝贺。

第一首诗是《寿朱德将军》:

立马太行旗飑红,雪云漠漠飙天风。

将军自有臂如铁,力挽狂澜万古雄。

这首诗写出了朱总司令立马太行,力挽狂澜的英雄气概。

杨朔写的第二首诗是《代寿朱德将军》:

抚循部曲亲如子,接遇乡农霭若风。

谈笑雍容襟度阔,最从平淡见英雄。

这首诗写出了朱总司令宽厚质朴、平易近人的高尚品格。读这首诗,使人不由地想起关于朱总司令的许多逸闻趣事。朱总司令非常接近群众,有时附近农民找他下棋,他就在窑洞旁边跟老乡们下一阵子;朱总司令的历史知识很丰富,战士们经常坐在他身边,听他讲历史故事和革命故事。

朱德读杨朔的诗后,诗兴大发。他步杨朔这两首诗中的原韵"红""雄""风",写了《和杨朔作步原韵》:

北华收复赖群雄，猛士如云唱大风。

自信挥戈能退日，河山换尽血流红。

杨朔每次谈起这首诗，总是赞扬朱总司令水平高，第一句就指出恢复河山要"赖群雄"，要依靠人民群众，走全民抗战的路线。后来，中国人民的抗日战争雄辩地证明了这一点。

朱德这首诗在收入《朱德诗选》时，有所改动，题目改为《赠友人》，末句改为"河山依旧战旗红。"

董必武生于1886年3月5日，朱德生于1886年12月1日，董必武大朱德九个月。他们两人都爱写诗，经常用诗歌抒发他们在长期的革命战争中结下的深厚情谊。

1940年夏，朱德和董必武分别从山西太行、重庆红岩回到延安。战友重逢，分外亲切，故地重游，感慨万千。一次，董必武观看杨家岭"三台胜境"后，心绪翻腾，写了《三台即景》诗一首：

朱总司令立马太行（历史图片）

三台胜境偶留鸿，缭绕山川四望中。

处处秋初常集雨，年年春后尚多风。

肆陈杂货殊方产，人住悬崖曲径通。

城郭旧容虽已毁，黎民苏息乐和衷。

朱德读了董必武这首诗后，心有同感，挥笔写就《和董必武同志〈三台即景〉》诗一首：

秋初日暖看飞鸿，延水青山在眼中。
赤足渡河防骤雨，科头失帽遇狂风。
学生少有顽固派，教授多为中外通。
城郭成墟人杰在，同趋新厦话离衷。

在这首诗中，朱德用了董诗的六个韵："鸿""中""雨""风""通""衷"。从内容上看，朱德的诗和董必武的诗都描写了延安的风光和人民安居乐业的景象。从中可以看出两位革命老人重回延安后的喜悦心情。

朱和董诗，董也和朱诗。在延安，董必武读了朱德返延安途中所作的《出太行》，写成绝句四首：

元戎策马太行头，代北燕南次第收。
箪食壶浆迎道左，欢呼甘与子同仇。

空前国难已临头，破碎河山正待收。
贯日长虹没石羽，只知倭寇是吾仇。

为救危亡强出头，将军能发亦能收。
何时驱寇鸦龙外，信有男儿复国仇。

几许城头复阵头，将军出马寇氛收。
蜚声异国称神勇，奸佞无端认作仇。

第五章
兰香人生——平凡世界中的总司令

董必武才思横溢，步朱德《出太行》的三个韵"头""收""仇"，一连写了四首诗。两位革命老人一唱一和，别有情致。

不久，中共中央指示董必武离开延安赴重庆参加即将举行的国民参政会。解放战争初期，董必武又肩负党中央的重托，长期工作在

董必武给朱德佩戴纪念勋章（历史图片）

国民党统治区，他与朱德的唱和，只能寄之云鹤，托之鸿雁。

1946年朱德60寿辰时，中央决定给朱德总司令贺寿。董必武那时尚在南京同国民党反动派谈判，闻知此讯，特地发来祝寿诗《祝朱总司令六十秩荣寿》：

虎略龙韬尽革新，半生戎马为人民。
河山破碎劳收拾，田土纠纷要试均。
欲挽狂澜于既倒，不随流俗与同伦。
存雄是谓能行健，合有春秋似大椿。

革命将军老据鞍，豺狼当道敢偷安。
骨头生若铁般硬，胸次真如海样宽。
要作主人不作客，甘为民仆耻为官。
乌延黎庶欣公健，此日江南一例欢。

董必武诗中所说的"此日江南一例欢",真切地表现了人民共同欢庆朱德 60 寿辰的心情。

朱德读了董必武发来的祝寿诗后,依原韵作诗二首奉和:

其一

大好河山应革新,推翻封建属人民。
乾坤锦绣欣同有,田野肥沃患不均。
六十于今多扰攘,期年以内望清沧。
平分广土人三亩,栽遍神州满地椿。

其二

历年征战未离鞍,赢得边区老少安。
耕者有田风俗厚,仁人施政法刑宽。
实行民主真行宪,只见公仆不见官。
陕北齐声歌解放,丰衣足食万家欢。

1947 年董必武离开南京梅园新村回到延安,朱德到延安机场迎接。中央决定由刘少奇、朱德、董必武等组成中央工作委员会,以刘少奇为书记,朱德、董必武为常委,前往华北,进行中央委托的工作。不久,朱德和董必武相继前往华北。虽然戎马倥偬,时分时合,但在战火之中相见,有独特的诗意。

这一年的中秋之夜,董必武信步出屋,举头遥望天上那一轮皎洁的明月,回想我军"三军配合,两翼齐飞"战略进攻的神速进展,写下了《中秋望月》的诗句:

秋月光如水,今宵分外明。

第五章
兰香人生——平凡世界中的总司令

朱德和董必武、林枫等在沈阳东陵公园游览（历史图片）

> 太清云不滓，永夜露无声。
> 仰望莫能即，徘徊有所萦。
> 南征诸将士，对此若何情。

董必武将这首诗送给朱德教正。朱德吟诵着"南征诸将士，对此若何情？"诗句，心中颇多感慨，将自己所写的《感事八首用杜甫〈秋兴〉诗韵》交董老教正。

朱德这八首诗中，有一首名为《寄南征诸将》：

> 南征诸将建奇功，胜算全操在掌中。
> 国贼军心惊落叶，雄师士气胜秋风。
> 独裁政体沉云黑，解放旌旗满地红。
> 锦绣河山收拾好，万民尽作主人翁。

朱德和董必武研究图纸（历史图片）

董老和朱总的诗，一个是问询南征诸将"若何情"，一个是寄语南征诸将"建奇功"。英勇善战的南征诸将成为他们诗中共同吟唱的对象。这不是巧合。他们都时刻关注着解放战争的进程，时刻关心着前方奋战的将士，这种一致使得他们的诗作必然具有共同的主题。

1948年2月，在解放军横扫千军的胜利之际，朱德充满喜悦地题诗为董老贺寿：

> 人生幸福寿为先，况遇新春胜利年。
> 革命高潮连海外，民军蜂起接滇边。
> 农民得地耕耘乐，战士立功远近传。
> 且有操舟神舵手，能团大众去撑天。

这是给董老贺寿，也是贺革命即将取得的胜利。

中华人民共和国成立后，他们经常到各地视察，足迹遍布全国。有时两人结伴而行，吟出了许多动人的诗篇。

1964年3月，年近八旬的董必武在广东南海的西樵山参观。他沉醉于西樵山的美景，给正在广西等地视察的朱德写了一首诗，好让老友分享同歌。诗中写道：

西樵何所有？岩上白云多。
览之自怡悦，述与子同歌。

1964年，朱德、董必武到东北林区视察。两位老人精神抖擞地来到莽莽林海，观看了工人们的伐木作业，兴致勃勃地与工人们交谈。在视察松花湖之后，董必武随口吟出《游松花湖用朱委员长韵》诗一首：

出门一笑大江横，冒雨驱车丰满行。
湖上荡舟青入眼，四山松韵颂升平。

1964年的春节，朱德是和董必武在一起度过的。董老即席赋诗，朱德即席相和。朱德的诗写道：

又是迎春节，今年与昔殊。
座中邀远客，杯下吐明珠。
提倡新风尚，统传正步趋。
岭南续跃进，万象更昭苏。

1959年6月12日，朱德和董必武在辽宁视察大连造船厂（历史图片）

朱德和董必武先后在视察海南六连岭后，赋诗赞颂人民军队的光荣传统。朱德在诗中写道：

六连岭上彩云生，竖起红旗革命军。
二十余年游击战，海南群众庆翻身。

董必武作诗相和：

六连岭树红旗日，五指山防白匪时。
二十三年根据地，一心革命贵坚持。

1956年6月13日，朱德和董必武一同视察旅顺海军基地。年轻的海军官兵列队欢迎他们的到来。两位革命前辈信步登上长春舰检阅部队，随后乘

朱德和董必武视察旅顺海军基地（历史图片）

第五章
兰香人生——平凡世界中的总司令

舰返回大连。董必武写下了《长春舰官兵列队欢迎朱委员长并以舰送回大连》，记下了当时的情景：

> 夜雨晨晴海不风，长春巡舰接元戎。
> 黄金山下登舟返，鸥鸟低飞夕照红。

1940年5月，八路军总司令朱德，为坚持抗战，挫败国民党顽固派的反共内战的阴谋，离开太行山八路军总部，前往重庆与国民党当局谈判。途中接到报告：日军围攻晋西北，进逼陕甘宁，战况凶险，时局危急，故决定折返延安。

这次出太行，朱总司令的心境十分复杂，既有出征的豪迈之情，又有忧国的悲壮之感。立于太行之巅，放眼黄河天险，民族的苦难，人民的痛苦，一齐涌上心头。朱德由此写下了气吞山河的壮丽诗篇《出太行》。

这首诗辗转传到当时正在重庆从事统战工作的八路军参谋长叶剑英手中。他展读诗章，心情激荡，立即步韵奉和，写下了《和朱德同志诗》：

> 将军莫唱大刀头，
> 沦陷山河寸寸收。
> 勒马太行烟雾外，
> 伊谁与我赋同仇。

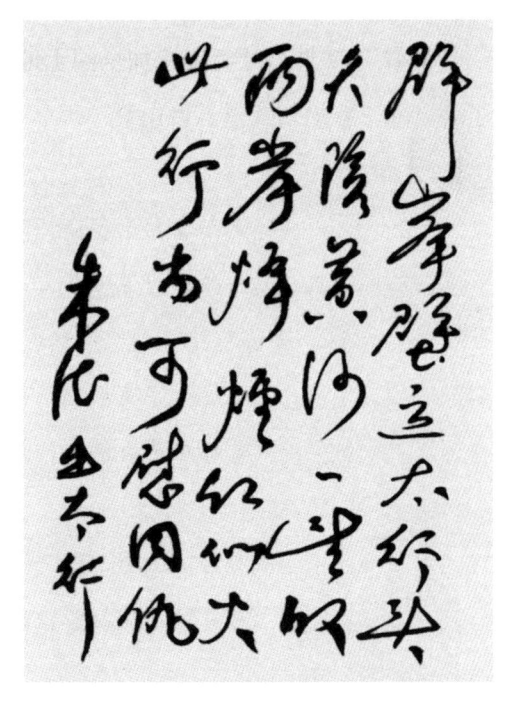

1940年5月，朱德离开华北前线回延安，途中在河南济源作《出太行》诗一首。图为《出太行》手稿

叶剑英在这首诗中用了"大刀头"的隐语。古时的大刀，刀头上有许多铁环。"环"同"还"音，所以"大刀头"也就成为"还乡"的另一种说法。有一首古诗就曾写道："何当大刀头，破镜飞上天。"大意可译为：为什么要还乡呢？因为空中明月，已到还乡之期了。后人常用"大刀头"作为"还乡"的隐语。叶剑英这首诗表达了这样一种意思：将军重返四川家乡，到重庆与国民党谈判，暂时难以成行。但是，被侵略者掠夺的祖国河山，正一片片被收复。让同胞们同仇敌忾，勒马太行，纵横沙场。

朱德得到叶剑英的和诗，十分欣赏，亲手抄录，并写了"录剑英和余诗"的题识。

1940年5月，朱德返回延安。1941年2月，叶剑英从重庆回到延安，任中央军委参谋长兼八路军参谋长，协助毛泽东、朱德等指挥作战。朱德和叶剑英这两位战友和诗友又共同战斗在一起了。

1947年9月，叶剑英参加全国土地会议期间，游览了山西五台山，写下了著名的三首绝句《过五台山》：

千年古刹千年债，万个金身万姓粮。
打破禅关惊破梦，未妨仇恨是轻狂。

荒凉殿宇有啼鸦，稀世藏经灰化也。
昔日庄严金佛像，而今流落万人家。

南台山上白云低，人在云中路径迷。
可有神工能扫雾，让吾放眼到平西。

诗人想道：那金碧辉煌、高入云端的五台山寺庙，那香烟袅袅、幕幛环绕的古刹金身，都是从千年债、万姓粮中搜刮而来。诗人号召广大农民开展反封建、反迷信的斗争，打破禅堂，惊破佛梦；尽管白云低、路径迷，但人民的力量势不可当，解放战争一定能取得胜利。

《过五台山》传到西柏坡后，朱德心潮澎湃，诗兴滔滔，挥毫和诗三首：

广大神通难赖债，强舍全身偿旧粮。
食尽农民千载粟，清还一点不为狂。

禅宫寥落乱飞鸦，扫地出门罪佛也。
修道院成休养院，荣军个个好为家。

五台高耸白云飞，天朗气清路不迷。
世人觉醒何须佛，来自西天去自西。

朱德在这三首诗中告诉人们：债要清、仇要报，人民群众自己掌握自己的命运，自己解放自己；神佛既来自西天，那就让它回西天去吧！

读诗谈诗

朱德的孙子朱和平上小学五年级的时候，语文老师霍懋征有一次在课堂上讲毛泽东的词《西江月·井冈山》。下课后，老师把他叫去，对他说："不知道我对毛主席这首诗词的理解是否正确，你回家去问问爷爷。"回到家里，他见爷爷的工作很忙，就没有提起这件事，只是随便对工作人员说了说。后来，这事还是让朱德知道了，他马上把孙子叫去，问道："为什么不完成老师给你们布置的任务？"

孙子回答说："这点儿小事用不着麻烦您。"

朱德听了，十分严肃地说："毛主席的诗词是伟大的文学作品和历史文献，老师理解得好坏，关系到每一个学生学得好坏，也关系到毛泽东思想的传播，怎么能说是小事情呢？这是一件很重要的事情！"说着，朱德就从桌子上拿起一本《毛主席诗词》，翻到《西江月·井冈山》那一首，读了一遍，又读了一遍。然后就逐字逐句地给孙子讲解。他讲的是那样认真，那样细致，那样有感情。朱德还把毛主席当年在井冈山开展革命斗争的故事讲了一遍。

讲完后，朱德再三嘱咐孙子："你一定要把我对毛主席这首词的理解带给老师，好让老师能讲给同学们听。"

过了一些日子，朱德对此事仍不放心，特地把语文老师请到家里做客，并和这位老师共同交流对毛主席这首词的理解。

1963年的一个夏天，著名诗人臧克家正在家中写作。忽然，电话铃响了。臧克家拿起话筒，当他听清楚了电话那头的来意时，既感到快乐又感到紧张，平静的心情立时像一池春水，被一阵阵东风吹得波浪迭起。

电话的那头是朱德的秘书。"朱委员长约您来谈谈，好吗？"

臧克家问道："什么时间？"

"明早9时好吗？"

臧克家激动地回答："我准时到！"

挂上电话，臧克家思潮翻滚，想得很远很远。他想到1926年在武汉，自己就开始听到朱老总的大名。那时，朱德是北伐革命军中有名的将领。后来，南昌起义、井冈山会师……关于朱老总革命业绩的故事，他听到很多，对朱老总衷心向往。中华人民共和国成立以后，在大会的会场上，在群众的集会中，臧克家还多次见到朱老总，距离虽然远远的，但心里觉得很贴近。一想到明天就要去会见仰慕了几十年的总司令，臧克家这一天的心情都没法平静下来。

第二天上午9时，臧克家坐车来到中南海。他后来回忆当时的心情时，这样写道："我的心，比车子跑得还快。"

进了客厅，臧克家的心情又紧张起来。可是，朱德那慈祥的神情，平易近人的态度，使他紧张的心情松弛了下来。

朱德对臧克家说，自己在公余之暇，喜欢读一点儿诗，也偶尔写一点儿。接着，朱德又谦逊地说：总写得不很满意。

他们谈到了诗歌创作的问题。朱德说，诗要表现战斗生活，为革命服务。不要写得太深奥，叫一般人看不懂。那样，就会失掉它的作用。诗应该通俗化、群众化，意思、语言要朴素、明朗，叫人人看得懂，念出来，听得懂。这样，群众自然会喜爱它，诗也会不仅仅限于少数知识分子的范围。

朱德的话平平实实，像是在提出个人的看法，听取对方的意见。臧克家一面倾听，一面想：党中央的许多领导同志，都关心诗歌的发展。毛泽东等领导同志以自己的创作实践，为我们树立了榜样，成为典范。现在有机会亲聆朱老总的教导，真是诗歌界的幸运。

"辛亥革命50周年了，"朱德把话题一转，"他们将出纪念集子，要我写点诗。"一谈起辛亥革命，朱德激动地站了起来，那纷纭的往事，一齐涌上心头。他心情愉快地畅谈当年辛亥革命的情况：云南起义、生擒总督、靳云鹏怎样逃走、钟麟同如何被击毙……

最后，朱德笑着把他为辛亥革命纪念册写的几首诗拿给臧克家看。后来臧克家回忆说："我严肃认真地拜读了。诗，朴素真挚，反映了革命历史，也表现出一个老革命家的真情实感（这些诗篇已选入《朱德诗选》）。这时候，我深深地以亲身经验印证：朱老总的人，朱老总的诗，关于朱老总的种种赞美的传说，甚至关于跟随朱老总工作的同志以及室内的布置，统一在崇高、朴素、平易、亲切这一总的印象之中。"

1962年4月，在陈毅的提议下，诗刊杂志社就诗歌创作问题在北京举行了一次规模空前的座谈会。朱德和陈毅都到会发表了热情洋溢的讲话。朱德的讲话一如他的人格，"温温不作惊人语"，却于质朴中寓意深刻。朱德说："我们的伟大事业，光荣的事业，将来的革命前途，我们都有责任把这些东西真实地反映出来,给人们看,给我们的后代人看。"他还就继承和创新的问题语重心长地指出:"中国几千年历史中,好东西确实不少,无论在文化上、经济上、政治上,都有我们自己的特点。我们这6亿多人能够团聚着生活下来,就总有自己的特点,自己的长处。有些人有追古复旧的想法,那是不对的。"

谈到个人写诗的情况,朱德说自己时有所感,写上四句八句的,说诗不像诗,只是完成了表现的欲望。他还表示愿意和各位写诗的同志常见面,多多交换意见。朱德风趣地说:"我经常要拜郭老为师,当个徒弟,他就是不收。"

会场爆发出一阵笑声。郭沫若站起来插话:"元帅在上,老郭不敢谈诗。"

又是一阵快意的欢笑,像春风鼓浪。大家感到,朱老总态度谦逊,诙谐风趣,出语动人,他是那么崇高,又是这样平易,在他身上,元帅与诗人的气质融为一体。

陈毅紧接着发言,说:"刚才总司令讲要把新旧(诗体)糅合起来,这

1962年4月19日,朱德在诗歌座谈会上与臧克家(前排右)、刘白羽(前排中)交谈(历史图片)

也是我的主张。我写诗，就想在中国的旧体诗和新体诗中取其所长，弃其所短，使自己写的诗能有进步。"他高度评价了五四以来新诗的巨大成绩，强调诗歌创作要百花齐放，大胆创造，突破框框，充分发挥每个作家的个性。两位老帅的发言赢得了与会者的掌声，是为他们的见解，也是为他们身为党和国家领导人而以完全平等的姿态来关心诗歌创作的繁荣。

1963年，经邓小平主持的中央书记处批准，《朱德诗选》由人民文学出版社出版。出版之前，朱德对陈毅、李一氓说："你们两个看看，修改修改。"陈毅接过朱德诗稿的清抄本，对李一氓说："你可不要乱动手，总司令是总司令，总司令的诗有总司令的诗的本色。"

对兰花情有独钟

毛泽东爱梅，他喜欢梅花坚贞不屈的个性，在居室和办公室，都要摆几盆梅花。毛泽东痴梅，还写下了《咏梅》词。刘少奇爱荷花。他常说，荷花出淤泥而不染，象征着天真无邪。他在出访途中，看到盛开的荷花时，总要赞美几句，提倡各处公园多植荷花。周恩来爱马蹄莲。他认为，马蹄莲非常洁白，象征纯洁。在周恩来的办公室里，常摆着马蹄莲花。1964年，周恩来出访苏联归来，毛泽东等人到北京机场迎接时，带去了盛开的马蹄莲。

朱德一生酷爱兰花，他对兰花情有独钟。

兰花，是一种多年生常绿草本植物，花型奇特多姿，色彩艳丽夺目，芳香清雅醉人。它，生于幽谷疏石败叶之中，银根盘错，铁线常青，幽香清远。它生于自然，无矫揉造作之态，无趋势求媚之容，被人们称为"国香""第一香""空谷幽香"。早春时即由叶丛中抽出肥嫩的花茎，那散发着清香的花朵，给人以清静淡雅、质朴高洁的感觉。

朱德爱兰花，这是许多人都知道的。可是他为什么酷爱兰花，酷爱到什么程度，为发展兰艺作过什么努力，他如何采兰集兰，如何养兰护兰，他的兰艺、兰品，他所结交的兰友，以及围绕着兰花所发生的故事，知道的人并不是很多。

采 兰

朱德爱好和研究兰花，但却不愿坐享其成。他是领袖，为人民所敬仰；但他又来自于人民之中，是劳动人民中的一员。作为一个劳动者，他身上所体现出来的劳动人民的本色，更为广大劳动人民所敬爱。

在劳动者看来，劳动是最高尚的活动，只有劳动得来的果实才是最美的。朱德喜爱收集兰花，但他更喜欢自己动手采集兰花、培育兰花。这已成为一种习惯。

山谷中的兰蕙，有的生于阳山，有的生于阴山，有的生于半阴半阳之处。阳山地性温燥，花叶多苍黄，花多叶少；阴山土性湿滑，花叶多青黑，花少叶多。朱德上山采兰时，善于根据兰蕙的习性，发现和识别优良的品种，不滥挖滥采。他先分兰蕙，一干一花香有余的是兰，一干多花香不足的是蕙。他善于从花叶中品花，他在《杭州杂咏》中说过："新叶嫩如油，看叶知花好。"在广东从化、海南岛、四川灌县和彭县、纳溪的杨村、江西劳动大学某分校所在地、井冈山等地，他都自己上山采挖兰花。功夫不负有心人。在广东，朱德得到过"金丝马尾""银丝马尾"。在四川，他找到"隆昌素"和"大红朱砂"。在江西，他也得到过奇珍异种。

养成一种习惯固然不容易，而要保持一种习惯则更难，这是人之常情，何况对于一位年过花甲的老人呢？这需要有意志和毅力来巩固，更需要有爱

第五章
兰香人生——平凡世界中的总司令

好和兴趣来维持并强化。

1961年，朱德到四川视察时，亲自去青城山采集兰草。临行前，75岁的朱德特地给身边工作人员作了几条规定："轻车简从，一不要人背，二不要人抬，三不要麻烦地方，带点干粮就行了。"

工作人员知道朱德是说一不二的，只好按照他的要求做准备。考虑到朱德年纪大了，爬山途中应带个小坐凳，便于随时休息，就想办法做了一个可以折叠的皮面凳备用。

在上山途中，朱德始终坚持步行。他一路兴致很高，边走边看，有说有笑。工作人员怕他累着，劝他休息一会儿。朱德风趣地说："山高，没有我的脚腿高。步行，就是我最好的休息。"

在当地向导的带领下，朱德以稳健的步履爬上山坡，走到崖壁下，寻找兰草，辨认哪些是春剑，哪些是秋素，哪些是君子兰……

朱德给大家讲了有关兰花的知识："四季都有花开，栽培学问也很深。""兰花生长在深山幽谷里，它有自己的脾气、个性，一定要顺着它。否则，轻则不开花，重则枯黄而死。兰花的生性是高洁、倔强的，它讨厌浓肥大水，讨厌狎昵拨弄，讨厌喧嚣烟尘的纠缠。"

大家听了这一番道理，才明白有些人种兰花始终种不好，问题就在于不知道它的脾气和个性。

古稀之年的朱德兴致勃勃，一直攀登到青城名景"天然图画"（青城山一景）上面。他在辨认兰草的过程中，发现了稀有品种——送春归。这个发现，令朱德和康克清都非常高兴。

"兰花在我国有悠久的历史，种类也很多，有秋素、剑蕙、雪兰、蝉兰、朱砂兰、线兰、送春归……"

大家看朱德这么高兴的样子，知道这株兰草是个珍贵品种，平时轻易见不到。

朱德细心地挖掘，将这株兰草轻轻地放在一旁。

经过几个小时的采集,收获很大,各种兰草足有一小汽车。

下午,他们回到了招待所。劳累了一天,工作人员都感到疲倦,两条腿都不大听使唤了。可是,朱德却毫无倦意,晚饭后照常去散步。服务员蒋富全出于对朱德的爱戴,劝说:"总司令,今天累了,就不要去散步了。"

朱德诙谐地说:"我不累,你们才累。我爬山、走路习惯了,人老骨头硬嘛!"

朱德细心研究兰花的品种(历史图片)

第二天早饭后,朱德系上围腰,戴起袖套,和李奕云、叶世惠等几个花工一起,对采集来的兰花进行分类、选苗、整根,然后就一把干粪一铲泥地精心栽培起来。朱德边劳动,边对大家讲养兰的诀窍和经验。

大家全神贯注地听着,深受启迪。

朱德在栽种兰草的过程中,不论是分类、选苗、整根,还是垫盆、植株、浇水,都娴熟得像一个经验丰富的老花工,种得又快又好。花工们异口同声地称赞道:"总司令种兰比我们还内行啊!不仅经验丰富,而且还有理论。"

朱德听后谦虚地摆摆手:"比不上,比不上,我是来向你们学习的。"

劳动了一阵后,朱德对服务员蒋富全说:"小蒋,师傅们辛苦了,去把我带来的烟和茶拿来招待大家。"

大家深深感到,朱德就像兰花一样质朴、高洁、坚韧、无私,深深地植根于人民群众这一深厚的土壤之中，不断为人们散发出清新的芬芳。

育　兰

朱德是一个善于学习、勤于学习的人。他挚爱兰花，舍得在精心钻研兰艺方面下功夫、花时间。他从兰花专著和兰花专家那里学到了一套完整的栽培技法，运用到自己的实践中去，并根据兰花的习性，北京的气候、土壤特点，因时因地制宜地加以改进，使之适应新的环境。朱德曾对身边的工作人员说："养兰入门易，精通难。须窥天时，测气候，勤于护侍，做到栽养有法。"

为了让广大兰艺爱好者"得法"，朱德经常指导园艺专业人员要加强兰花的研究工作，要重视养兰资料的搜集、编写，总结经验，提高技术。

当时缺乏养兰的资料，图书馆也只有一套日文版《兰花谱》，是20世纪30年代日本人小原荣次郎编著的。编著者主要总结了中国传统养兰的经验，对养兰技艺的提高有很大的作用。朱德知道了这件事，就想方设法请人翻译成中文，供专业人员使用。另外，朱德还印发了《四川的兰蕙》《我的艺兰生活》《兰蕙》等书，分赠给杭州、四川、广州等省市的同志。这些书，为发展兰花文化，推动我国兰花栽培技艺的研究，起了很大的作用。

朱德对采集到的兰花，十分爱护，细心培育。他根据兰花喜聚族而畏离母的特点，分根时一般以三芽到五芽为度，先剪去腐根，清除污物，然后将根部轻轻洗刷干净，放在通风处阴干十小时左右，再移植到备有干净腐殖土和透气好的兰盆中。盆底常垫以木炭和瓦片，使之易于散发水分，不致烂根。他根据兰花喜干畏燥、喜润畏湿的特性，按干湿程度适时浇水，做到灌溉有度，干湿相宜，一般使兰盆保持七分干三分湿的程度。朱德就像一个养花的老花工一样，细心地培养着兰花。他养的兰花，大都发育良好，生长得时。

1960年,朱德来到福州视察。一天早晨,陈时璋和陈树华接到市园林处负责同志的通知,说是有位领导同志要同技术人员谈话。等他们赶到宾馆时,才知道找他们谈话的领导竟然是朱德委员长。二人没有思想准备,一时显得很拘束。朱德满面笑容,指着椅子对二人说:"坐下,坐下。"接着,他们便向朱德详细地汇报了公园现有建兰的盆数和品种。

朱德问道:"建兰品种很多,为什么你们只培育了40多种呢?"

陈时璋解释说:"福建兰家习俗,向来重视素心秋兰,其次是四季兰和报岁兰。至于红彩心的,都叫草兰,大家轻视它,虽满山遍野,但无人过问。"

朱德风趣地说:"不对,不能以'红彩心'而加以歧视,要普遍搜集编谱。"说着起身走进另一房间,取出小原荣次郎编的三册《兰花谱》。

朱德指着这部书问陈时璋:"这部《兰花谱》,你看过吗?内容很丰富。"

陈时璋喜出望外地从朱德手中接过书,边翻阅边回答:"我于1956年在上海旧书店买过一部。一位日本朋友能搜集和研究这么多的资料,真是不易。"

朱德点点头,又指着谱中的一段记载,意味深长地说:"建兰由中国秦始皇使者徐福携来,种于浚河,又名浚河兰。浚河兰则引种于建兰,殊见中日很早就友好往来,交流文化。"

朱德又指着谱中的"栽培月令口诀"和"兰易十二翼",让陈时璋一一解释。当陈时璋说到

武夷山是建兰的一个重要产地,兰花品种很多(历史图片)

"建兰喜聚族而畏离母"时,朱德说:"兰花的习性就是喜聚族而居,即团结在一起,而不是喜欢离母而独居,若一个一个分开则不能生存。"这一番意味深长的话,令二人很受启发。

过了几天,朱德到西湖参观。那天上午9时,朱德乘着小船在湖滨登岸。在开化寺花卉展览馆看了一会,便健步来到兰花圃。

朱德认真地观赏着,称赞西湖培兰面积广、花盆大、株数多,植株轩昂蓬勃。他亲切地抚摸着剑叶翠绿挺秀的建兰,高兴地问陈时璋:"你能用分盆繁殖法分两盆给我看看吗?"

陈时璋当即选出"龙岩素心"和"凤尾报岁"各一盆,并将培养土、花盆及一切用具摆好,随即开始操作。陈时璋边操作边讲解,将分盆作用、分盆季节、分盆技术、分盆前应注意事项以及养管工作逐项说明。

朱德认真地听着,恳切而又语重心长地勉励说:"你要结合当地老花农的经验,迅速将培兰经验写出来,供中外广大爱兰者参考。武夷山的留香涧产兰好多,要广为采集,大量繁殖,作为出口物资,参加国际间文化交流,又可充实兰谱内容资料。"

陈时璋心想:朱老总的嘱托是对我们的关怀和信任,可是自己既没学过花卉专业,园艺基础知识又差,能完成老人家交给的这一任务吗?

朱德似乎看出了陈时璋的心思,说:"凡事都是从不知到知,也就是在学习后去实践,在实践中再学习,反复学习,反复实践,就会得到真知。你好好学习,好好总结,肯定有人支持你们的工作。"

1962年秋,朱德又一次来福州视察,又一次到西湖参观,亲笔为"兰花圃"题匾。朱德这次还将小原荣次郎的《兰花谱》三本赠送给陈时璋。

遵照朱老总的指示,陈时璋等人开始总结种兰经验和编修兰谱的工作。他们和老花农、花卉爱好者一起座谈研究,还组织一支建兰标本采集队,到闽西北4个产兰地实地考察,跑过500多个山头,采集了彩心建兰450多盆、24个品种,记录了关于建兰生长的土壤、光照、温度、湿度等有关环境资料。他们经过总结和试验，种兰技术有明显提高。西湖兰圃培育的兰花，剑叶更加挺拔，花型更加硕大俊美，开花准时。

赏 兰

20世纪50年代后期，一个偶然的机会，北京中山公园从上海引进了一批品种优良的兰花。不久，朱德就知道了，并且到中山公园看兰花。在这以前，中山公园还从未接待过这样高职位的领导同志。一听说朱德要来，同志们心里既感到喜悦和激动，又有几分紧张和好奇。大家急忙整理花棚周围的环境，准备迎接朱德的到来。

大家翘首以盼的一刻终于来了！朱德的汽车开进了公园。当朱德走下车时，中山公园的同志们感到是那样突然，显得有些紧张拘束、手足无措，连一句问候的话也说不出来了。好在朱德先解了围，他边走边打招呼，面带笑容地和大家一一握手，气氛顿时轻松下来。

朱德细细地观赏着每一盆兰花，每一个品种。在不足500平方米的兰棚下，朱德足足看了两个小时。临走前，他不断地嘱咐年轻工人要养好这些兰花，要多向老师傅们学习养兰的技术。

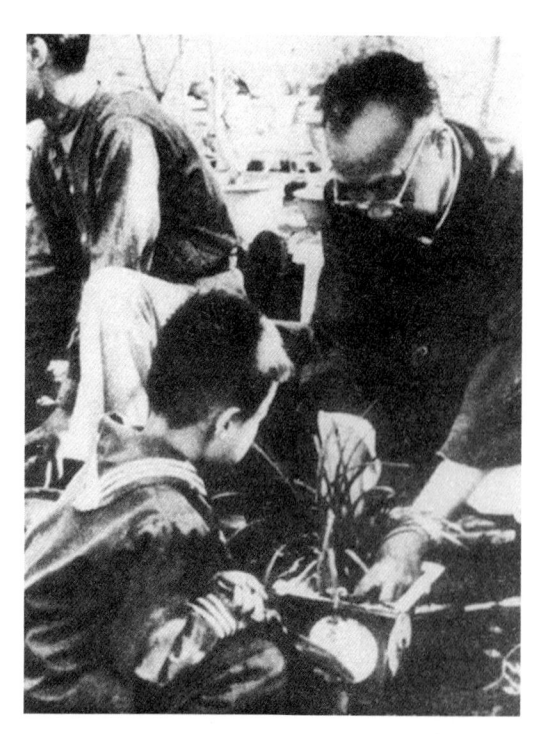

朱德与孙子朱和平一起种兰花（历史图片）

第五章
兰香人生——平凡世界中的总司令

这是朱德第一次来中山公园看花。此后，在周末或节假日，朱德常常来中山公园观赏兰花。

那时，中山公园经常举办各种花展。只要有时间，朱德每次都来，从不放过。公园里的花房与花圃很简陋，就连一把像样的椅子都没有，但朱德并不在乎这些。一次，他来观赏兰花，边看边与工作人员谈起兰花来，从四川青城山的野生兰花到江浙一带的名种，同时还与大家一同切磋养兰技术。谈了好一阵，大家的谈兴越来越浓。临走时，朱德邀请年轻技术员虞佩珍等人随他前去中南海观看兰花。朱德乘坐的车是苏联产的大吉斯，后座前有两个加座。朱德上车后，打开加座，要他们上车。虞佩珍那时还很年轻，第一次进中南海，又是坐领导的汽车，异常兴奋。中南海花圃的温室里，兰花种类非常丰富，有四川的夏蕙、广东的墨兰、银边大贡、贵州的野生兰……朱德如数家珍，指着这些心爱的兰花一一介绍着，脸上露出了满足的微笑。好一片"兰"的海洋，令人大开眼界。

在中华人民共和国成立前，兰花只供有钱有势的人玩赏，特别是一些名贵品种，往往是以多少亩土地或若干两黄金换一盆，一般老百姓是难得见到的。解放了，劳动人民成了国家的主人。朱德说："兰花不能像过去那样只供少数有钱人玩赏，要逐步走入寻常百姓家里。"他不单纯把兰花看作是一种绿色植物，而是既把它看作宝贵的祖国文化遗产，又将它当作一种资源与财富。既然把兰花视作一种资源与财富，那么养兰就要有效益，为此，他经常告诉有关人员：要切实把养兰当作丰富人民文化生活并可收到良好经济效益的事业，养兰应争取出口，换取外汇。他多次在参观中山公园的兰圃时，对养兰的工作人员指出，要普及养兰知识，让兰花深入到老百姓家。他说，养兰工作者要为老百姓好好服务，可以将兰花以低价卖给爱好者们，人家养坏了可以送回来，送回来的公园再养，养好了再给人家。当时，康克清也在场，听了朱德这么说，马上提出异议，说："人家是事业单位，怎么能不顾成本呢！"大家哈哈大笑。在这种轻松的谈话中，人们可以体会到朱德对兰花事业的关注，对养兰爱好者的关怀。

朱德常到北京的中山公园看兰花。与一般赏花者不同的是，朱德很注重兰花品种的交换与推广。在离京去外地之前，朱德总是先到中山公园的兰花棚下转一转，看一看，问问有什么兰花新品种可以送给人家，还需要带回一些什么新品种来。在外出考察和调研时，每到一地，朱德都十分留意当地有没有新的兰花品种，看看哪些是北京所没有的。如果北京没有，他就将该品种带回北京。朱德就这样沟通了北京和全国各地的联系，为中山公园搜集兰花品种做了大量的工作。朱德从外地带回的兰花名品很多，如无锡的春兰、海南岛的象牙白、湖北鸡公山的蕙兰、四川的雪兰以及云南的红舌头等，真是数不胜数。他将这些具有地方特色的名贵兰花赠送给中山公园。现在北京中山公园的兰花，就有许多是朱德所赠送的。今天的首都人民能够观赏到这些名兰，里面有朱德的一份劳动的汗水，也表现了朱德热爱人民的一份心意。

朱德把自己所培育的兰花分栽各处，供人观赏。他认为，养兰花既要养好名种，同时也要注意发掘野生品种。中山公园按照朱德的要求，多次派人到全国各地去采集野生品种，交流养兰经验，先后共采集并种植了250个兰花品种。

对于一个花艺爱好者来说，在不经意之时发现了新品种，往往会产生意外的快乐感、成就感和喜悦感。可是，发现了新品种而不能去采集，便又成为一种无可奈何的遗憾。在那艰苦的战争年代，这种情况时有发生。有一次，朱德路经广东北部从化一带的山区时，看到那里兰花很多。但是，当时任务紧急，来不及仔细欣赏，更谈不上亲手采集。这是多么令人遗憾！中华人民共和国成立后，有一年，中山公园的工作人员要去南方采集兰花，朱德马上想起了从化山区那一片片的野生兰花。他把自己早年的发现和遗憾告诉了去采集兰花的工作人员。工作人员沿着朱德指点的路径，来到从化的小雨水等偏僻的山区。那里是次生林带，林下山溪所经之处都有兰花。被派去采集兰花的几个人都是在北方生长的人，第一次看到这么大范围的兰花，感到大开眼界。他们不顾长时间跋涉的疲劳和脚上磨出的水泡，伸手就挖，恨不得全部都背回来。这次长途征战满载而归。当朱德看到这些兰花时，给大家讲述当年战斗的历程。有人感到不解，在战火纷飞的艰苦岁月里，军情多变，战事频仍，率队领军作战的总司令怎么会对这山中的小草有如此深刻的印象呢？有谁知晓这兰花无论在南国花城，还是在井冈山上……始终伴随着朱德的足迹南征北战，经历革命事业的艰难历程，伴随胜利时的吐芳微笑。如果没有对美好未来的执着追求，没有坚信胜利的革命乐观主义精神，这种深厚的感情是不可能产生的。

兰　趣

朱德养的兰花，盆盆都婀娜多姿。他常常入迷地欣赏兰花。兰花的生长和细小的变化吸引了他，他常常会拿出放大镜看个究竟，一看就是好长时间。有时，他蹲跪在树荫底下，甚至匍匐在草丛中，欣赏那大自然创造的精品，那美的化身。他欣赏兰花的体态优雅，欣赏兰花的气宇轩昂，在欣赏中得到娱乐，得到休息。每当感到疲劳时，朱德就会来到兰圃转转。他常说："看上20分钟的兰花，比休息两个钟头都好。"休息脑筋的时候，他就走到兰花旁边，细察它的生长情况，像嘘寒问暖一样。有时他用双手轻抚叶子，从下部直到叶尖，似入了迷一般。他为兰花拍了许多照片，空闲的时候，戴着老花镜一张一张地欣赏。那副认真的样子，就像是在观赏一件精美的工艺品。每当外出，他常常爬山登高，流连在花草之间不愿返回。当发现一些名贵品种时，他总是小心翼翼地挖出带回，精心地培育。1955年，朱德栽养兰花50多盆，到1964年时，短短9年间已迅速发展到6000多盆。

朱德常常把两三盆兰花摆在自己的办公桌上。这些盛开的兰花，浓香冷艳，沁人心脾，朱德从中享受到不少的乐趣。

"尤痴者则其技尤精。"朱德不仅爱兰,而且精研《兰谱》。一说起兰花,他就如数家珍,滔滔不绝。据朱德的秘书介绍,总司令不抽烟、不喝酒,最大的嗜好是种兰。早年他在护国军任旅长驻防泸州时,就在住宅院内辟出兰园,常自己动手培植兰花。朱德加入中国共产党后,先后担任我党我军的重要领导职务,在战争年代,经常东奔西走,没有条件自己种兰花。革命胜利后,种兰花便成了他的一种特别爱好。他在北京寓所的院子里,种了很多品种不同的兰花,都是他长时间搜集并培养起来的。他的客厅、办公室、卧室,常有兰香飘逸。有时,他到外地视察,专列上也会放上几盆兰花。

成都杜甫草堂内花草繁茂,朱德到成都,都要在工作之余抽时间来公园参观兰花。1961年4月29日,朱德抵达成都,第二天即参观了成都花会。在日记中,朱德高兴地写道:"11年来,成都建设得真可称为花园。特别是高山峻岭中的兰花,均集中于成都花市。过去盆景之花,现已移植成为花林,无奇不有,可喜之至。"

中山公园初建兰花室时,大家都觉得门额上总该有个名字,以标示这里是兰花展室。可是请谁来题名呢?大家不约而同地想到了朱德。可是大家又有些犹豫,他老人家年事已高,国事繁忙,因为这点小事去打扰他,总感到有点不妥。尽管有这种顾虑,大家还是希望朱德能给兰室题词。有人向卫士长谈了大家想提又未提出的愿望。没想到几天之后,中山公园工作人员就收到了朱德用毛笔字题写的几幅写有"兰室"的字幅,请他们从中选用。大家望着那厚重朴实的笔迹,感到与委员长更亲近了。

平平常常的生活会教给我们许多深刻的道理。

有所研究、有所付出,必定会有所收获,有所体会。这是生活的真谛,生活是公平的。

生活中,常常会有这样的情况:有很多东西,我们常常看见,正因为常见,所以便不仔细去辨识,而当别人一旦问起来,才忽然发觉原来我们对此竟一无所知!人的认识也许天生就存在这么一种片面倾向:因某一物常见,

第五章
兰香人生——平凡世界中的总司令

便觉其平常，因觉其平常，便不去下功夫认识，因此，越发对其知之甚少或一无所知。

朱德却不然，他很细心。朱德能叫出那些不为常人所知的兰花的名称。由于他对兰花观察得十分仔细，如此长年累月下来，便积累了丰富的经验，达到了一种令人惊叹的神奇境界：他能自如地、迅速地用贴切、生动的词语，形象、逼真地给兰花起别名。一次，北京中山公园内的兰花——海南岛的"象牙白"正在开花，那时工作人员还不认识这是哪种兰花。朱德来到这里看了后说："你们看，这像不像翩翩起舞的海燕，咱们就叫它'海燕齐飞'吧！"当时，在场的人都觉得这花确实具有海燕飞舞的神采，这个名字非常形象和逼真。直至今日，中山公园的工作人员仍然把这种兰花称作"海燕齐飞"，以纪念他老人家。

朱德在四川观赏兰花（历史图片）

又有一次，台兰开花了，这是一种花序上开好几十朵小花的多花兰，呈红褐色。大家都叫不出它的名字来。朱德仔细地凝视着，说："这花多像一群忙忙碌碌正在采蜜的小蜜蜂啊！"于是，"蜜蜂兰"因此得名。长年累月的积累，使他成就了即兴命名的本领，在场的人由于身临其境，每每对此惊叹不已，而那些不在场的人，一听到朱德给兰花的命名，立时心领神会，情不自禁地拍手叫绝！

231

咏 兰

朱德对兰花可入迷了。他敬慕兰花，赞美兰花，留下了大量关于兰花的诗篇。朱德把精神和情操寄寓在朴实无华、清馨淡雅的兰花上。仅从1959年到1964年的短短五年间，他就写下了近40首咏兰诗词。这些诗词大多是即兴而作，不事修饰，情真意切。

1961年年初，朱德参观北京中山公园的兰展后，赋诗三首，其中一首写道：

幽兰吐秀乔林下，仍自盘根众草傍。
纵使无人见欣赏，依然得地自含芳。

朱德在这首诗中歌颂了兰花"吐秀乔林下""得地自含芳"的高尚品质，其实这何尝不是朱德本人的真实写照！

1961年秋，朱德上庐山开会。庐山风景秀丽，林木郁郁，漫山遍野长满了各种奇花异草。根据以往的经验，朱德断定庐山上肯定生长着不知名的兰花品种。他准备有空去探寻一番。一天下午，朱德趁开会的间隙，来到仙人洞采兰。仙人洞是庐山胜景之一，毛泽东曾写诗盛赞它是"天生一个仙人洞，无限风光在险峰"。朱德不顾山洞小径曲折难行，细心寻找，果然在一处发现几棵不知名的兰花。待到走出山洞时，已是红霞满天。朱德余兴未尽，题下七绝一首：

仙人洞下产兰花，觅得还依小道家。
采上新名三五棵，洞前小憩看红霞。

1959年8月19日，朱德和康克清同身边工作人员在庐山五老峰（历史图片）

1961年的深秋，朱德赋《咏兰》一首：

> 幽兰奕奕待冬开，绿叶青葱映画台。
> 初放素英珠露坠，香盈十步出庭来。

这首诗道出了作者在辛勤工作、劳动后，观赏兰花时所得到的乐趣。这一年，朱德不仅赠兰花于刘挈园先生，而且还题诗一首：

> 刘老挈园助国光，卅年种菊永留香。
> 精研善养奇葩好，承旧启新世泽长。
> 全力栽培传代久，不辞辛劳为人忙。
> 京都老少欣来赏，敬赠幽兰配北堂。

1962年春，朱德在《杭州杂咏》中吟五绝一首：

> 春日学栽兰，大家都喜欢。
> 诸君亲动手，每人栽三盆。

这首诗记下了他同身边工作人员一起栽兰的趣事，规定每人都要栽上三盆。

朱德把采兰当作工余乐事。1963年1月，他在海南岛尖峰岭采兰后，又写下七绝一首：

> 尖峰岭上产幽兰，古木林中朽树边。
> 多费专家勤采撷，新种移出任人观。

成都的杜甫草堂，名木不少，自从朱德赠送了名种兰花以后，园内植兰渐多。1963年，朱德再次来到草堂，兴致盎然地观看了草堂的兰花，写下了《草堂春兴》十余首诗。其中咏兰的一首是：

> 幽兰出谷弱娲娲，移到草堂愿折腰。
> 漫道芳姿不解意，陪同工部发新条。

这首诗用拟人的艺术手法，形象地告诉人们：生性高洁的深谷幽兰到了草堂"愿折腰"，莫道花儿不解意，她是景仰杜甫的品格啊！在朱德看来，杜甫的道德文章与幽兰的

朱德在海南视察橡胶园（历史图片）

高洁质朴相得益彰，使得草堂更加春意盎然，一派生机。

位于广州市区著名的兰圃，设计独特，布局雅致，高树蔽天，野蕨满地，圃门有古藤攀络，曲径迂回，丘壑屹立，小亭傍水，充满山林野趣，不愧为闹市区的仙境。兰圃内置有朱德赠送的兰花，并矗立着一座诗碑，碑上刻有朱德的咏兰诗：

越秀公园花木林，百花齐放各争春。
唯有兰花香正好，一时名贵五羊城。

这首诗以公园的百花争春来衬托"兰花香正好"的感受，表现了朱德对兰花独特的喜爱。面对此情此景，爱好兰花的朱德不由得发出了"一时名贵五羊城"的赞叹！

中外游人到此，往往流连忘返。

赠　兰

古人云：空谷移根出草莱，寻得幽兰报知己。朱德把广大人民当作知己，常常趁视察、疗养之便，携带一些名种兰花，送给各省市的园林部门，让他们繁殖、推广。

朱德对兰花的钟爱是出了名的，所以，很多人敬仰总司令，都把赠送兰花作为对他的爱戴的表达。而朱德也回赠别人兰花。一盆盆馈赠往来的兰花，向人们倾诉着一段段深厚的情谊。

1960年1月朱德到贵州视察，当他在贵阳森林公园见到贵州的一些野生兰花时，十分高兴。他分析情况，认为贵州的山川气候适合兰花生长，便向贵州园林部门提出应对这些野生兰花进行系统的品种整理，把驯化培育和良种选育工作搞好，为祖国的大花园增添春色。朱德还乘兴欣然命笔，写下了"馨同蕙兰"四个大字赠送给贵阳森林公园。随后又将自己亲手培种的40多盆"素心春兰""送春蕙兰"等优良品种送给贵阳公园。1964年朱德再次到贵州视察工作时，又带了60多盆兰花和四种关于养兰的书籍资料赠送给贵阳市园林部门。

朱德采集、培育兰花，不是为了独自欣赏，而是着眼于与各地公园调剂余缺，繁殖推广。1960年春，他把杭州名贵品种"大富贵"赠给了福州西湖公园的兰圃，使这个公园增添了新的景色。他还把自己亲手繁殖好的福州的建兰，送给了广州华南热带植物园的兰圃，鼓励他们繁殖推广。杭州、南京、南昌等地的园林部门，都收到过朱德赠送的兰花。上海龙华花圃里，栽植着朱德从井冈山采来的兰花；武汉东湖，则开放着朱德从武夷山采挖来的兰花。

北京中山公园的兰花，大都是朱德所赠。1964年秋季，朱德把他自己珍藏的大部分江浙名种都送给了中山公园，为中山公园兰花的发展，打下了丰厚的基础。据公园的工程师虞佩珍回忆："朱老总经常送给我们兰花，如海南岛的'海燕齐飞'，广东的墨兰、'玉沉大贡'、'银边大贡'、'金丝马尾'，湖北鸡公山的蕙兰，四川的多花兰、夏蕙、'隆昌素'、'鹤起绿漪'，江浙名种'衢州素'，云南的'大红舌'和秋兰等。"中山公园已有的江浙名种，大多是朱德赠送，经技师们的爱护和繁育而保存下来的。后来，首都能有名兰供民众欣赏，不能不引起人们对朱德的怀念。

1963年4月25日，朱德参观眉山的文化古迹三苏祠。纪念馆的同志们早就听说朱德特别钟爱兰花，所以在朱德要离开三苏祠时，特地敬赠给朱德几盆兰草。朱德很高兴地收下了。

不久，朱德回赠纪念馆一盆自己培植的墨兰。大家非常珍惜总司令的劳动成果，对这盆墨兰精心护养。

时间虽然过去了好几十年，可朱德对人民的感情，人民永远记在心里。

第五章
兰香人生——平凡世界中的总司令

大家都非常珍惜领袖对人民的关爱,在历史的长河中,在漫长的岁月里,这被人民精心地培养、珍藏着的宝贵情谊,在人民群众的心中悄悄地生根、发芽,结出丰硕的成果。

朱德很珍爱别人送给他的兰花,而人们知道朱德养兰养得好,所以凡是朱德回赠给他人的兰花,都被视作不可多得的艺术珍品,精心栽培,精心养育。

三苏祠里的那株特殊的墨兰,在纪念馆工作人员的辛勤浇灌下,长势旺盛,早已分蘖分盆。值得一提的是,1991年,成都举办兰展,纪念馆将朱德送的墨兰参展,还得了奖。

是啊,领袖和人民之间深厚的情谊,一如这馥郁的兰花!

1963年,中国和日本尚未建交,但民间的往来却很多,许多友好人士互相访问,以增进两国人民间的友谊。这一年,日本的知名人士松村谦山先生来我国访问,他与朱德有着共同的养兰爱好。在访问期间,松村谦山先生来到中山公园赏兰,他高兴地发现:中山公园居然拥有许许多多的名贵兰花。于是,松村谦山向朱德点名要如意素、寅谷素、寰球荷鼎和绿漪四个品种,朱德都一一答应了。

朱德在北京会见日本自民党顾问松村谦山时,一起观赏兰花(历史图片)

松村谦山先生回国之后，回赠了几株日本杂交兰。就这样，以花为媒促进了两国人民间的友谊，为中日建交开辟了途径。对这些充当友谊使者的兰花，中山公园非常珍惜。如今，这两位令人尊敬的老人都已辞世，但记载着友谊的兰花却依然年年开放。松村谦山先生的长子松村正直先生每次来京时，总要来看看这些有纪念意义的兰花。他还从当年父亲种植的寰球荷鼎上分出一丛赠给中山公园，以使友谊之兰代代吐艳。

又有一次，一位日本知名人士来访，他也喜爱兰花，周恩来特从朱德处要去名种兰花，赠给这位友人。得到名兰的日本朋友，欣喜高兴之余，深深地体会到两国人民之间的宝贵情谊。

兰　友

人类的爱好有多种多样。一个人可能有很多种爱好，但同一种爱好却能把许许多多不同的人联系起来。

对兰花的爱好和迷恋——这一共同的情趣，把一个共和国的领袖和一位普普通通的老工人紧密地联系在一起。这位领袖只要一到老工人所在的地区视察工作，必定先要向老工人报到。这到底是怎么一回事呢？

这位共和国的领袖，正是身为中共中央副主席、全国人大常委会委员长的朱德。老工人叫李奕云，是四川成都金牛坝招待所花工组的花工。

李师傅养花经验丰富，技艺精湛。朱德对养兰亦颇有研究，讲起来头头是道。他们彼此都十分佩服对方的兰花培植技术。朱德每次来成都，只要是住在金牛坝招待所，都必定要去找李师傅报到，跟李师傅交流花艺，看望兰花，观赏兰花。于是，身边的工作人员都知道，只要总司令一到金牛，第一件事必定就是"去花工组报个到"。

朱德来到花工组，到了兰草坪，见到花工李奕云，就热情地喊道："李师

第五章
兰香人生——平凡世界中的总司令

傅，我报到来了。"

李师傅忙说："要得，要得。总司令辛苦了！"

于是，他们就蹲在那里，仔细观察兰花，研究起养兰这门学问来。

李奕云成了朱德的兰友。除了像李奕云这样的技术工人，朱德还结交了不少的兰友，他们中间有兰花专家、兰艺工程师、兰花业余爱好者以及寺院的和尚。

1951年，朱德已年满65岁，刚患过肺炎，中央

朱德和兰农在一起（历史图片）

决定让他到杭州疗养一段时间。当时，解放初期的杭州，百废待兴。西湖一带还很荒芜，到处可见坟墓和荒草。朱德向当时的省、市委负责人谭震林、谭启龙等提出，要把杭州建设成为全国最美丽的花园，把全国的名花名木都移植来，使杭州成为名副其实的优美风景区。省委的同志知道朱德爱兰，便送了他几盆莫干山、天目山的兰花。朱德在疗养中一面阅读《兰谱》，一面调查研究养兰的历史和现状。浙江的气候和地理环境得天独厚，盛产兰花，杭州又是兰花名城，经过多年的采育引种，培养出许多名贵品种，如"宋梅""绿云""大富贵"等。

杭州有一位专家名叫褚友仁，养育了一辈子兰花，经验丰富，是养兰高手。朱德拜他为师，请他讲述当地兰花的发展史，向他学习栽兰技术。褚友仁讲了培养兰花的许多经验，朱德听得津津有味，时不时还亲自尝试。朱德

对褚友仁说："杭州解放了，兰花不能像过去那样只供少数人玩赏，要逐步走入寻常百姓家。你有精湛的技术，你的专长一定可以很好地发挥。希望你多培养一些徒弟，总结经验，加以推广，为发展兰花事业多作贡献。"褚友仁听了十分高兴，还送了几盆自己培育的名贵兰花给朱德。

自从20世纪50年代初在杭州结识褚友仁后，朱德每次到杭州，都尽可能抽空看望这位专家，关心他的工作和生活，观看他培育的新品种，并把各地兰花发展的信息告诉他，给他很多支持。褚友仁总结了他养兰的经历和经验，写成《我的养兰生活》一书，朱德极为欣赏。

在福州，朱德同兰花工程师陈时璋结下了兰谊。朱德除了赠给陈时璋名贵品种和《兰花谱》，还鼓励他编写新的兰谱，以丰富人民的文化生活。陈时璋回忆起几次见到朱老总的情形，相当激动："我养了大半辈子兰花，自以为不错了。但见到朱老总后，才知道'角'还未锯，同他相比还差得很远。

朱德在福建视察（历史图片）

第五章
兰香人生——平凡世界中的总司令

朱老总对兰花的知识很渊博，对各地、各种名兰都很了解，的确是一个'到家'的人，连兰花喜爱的湿度和雾气要求的程度都了解得很准确。"陈时璋深情地说："朱老总认为，建兰株丛蓬勃，刚劲有力、轩昂挺秀，一派英姿，应很好繁殖和推广。朱老总给我的任务，至今不忘。"

在广州，朱德同华南热带植物园兰花女工程师程式君也建立了兰谊。程式君是广州兰花研究会的前会长。回忆起朱老总对她的关怀和鼓励，她深有感触地说："朱老总很关心兰花的养育、繁殖和推广，多次参观我们培养的兰花，并送了我们一些新品种，有素心兰、建兰，也有野生兰。临走时，也从我们这里带走一点儿，送人、交换。朱老总对兰花有很广泛的知识，说得出很多道理。我虽是搞科研的，但水平不如他。朱老总每次来，都很随便，同我们以兰友相交。他到兰圃参观时也把我们带去，借以交流经验。当他了解到我们植物园经费和人员都不足时，便对我说：'我们交个朋友，我把北京的地址留给你，你在工作中遇到什么问题，随时给我写信，我尽力帮助解决。'他是党和国家的领导人，却这样平易近人，非常热情地支持我们的事业，这点，我事前是完全想不到的。"

成都文殊院的住持宽霖和尚育兰有法，他也是朱德的兰友。在他培育的三千多盆兰花中，有不少名贵品种。朱德也送过一些名贵兰花给他。朱德视察成都时，只要有空，都要到文殊院去看望宽霖和尚，共叙兰情。在宽霖和尚的陪同下，他俩坐在寺院后进的东厢里，以"一闲对百忙"的逸趣，欣赏千姿百态、清香四溢的幽兰。真是：谈诗花助兴，论道霞满天。1978年，宽霖和尚发表怀念朱德的文章，称朱德对他的关怀是"润物细无声"。

杜甫草堂、五福村的养兰技工，也都是朱德的兰友。一有机会，他们就要交流兰艺。北京中山公园工程师虞佩珍和其他园林单位的养兰里手，都同朱德熟稔，朱德总是鼓励他们大力发展养兰事业。

兰 品

兰花是一种风格独特的花卉，它有着美妙的花形，丰富的色彩，优美的叶态和清幽的香味。这些是兰花的外在美。在爱兰者的心目中，兰花还具有内在的美，这就是兰花的品格之美。朱德喜爱兰花，喜爱兰花的质朴、高洁。

"芝兰生于幽谷，不以无人而不芳；君子修道立德，不为困穷而改节。"这是《孔子家语》中用兰花比喻人应有气节的话。

朱德把精神和情操寄寓在朴实无华、清馨淡雅的兰花上。人们也从他身上发现了如兰花般的高贵品格：质朴、坚韧、高洁、芬芳……朱德说过："兰花品质高洁、香气纯朴，历来为人们崇尚，经济价值也高。"当有人提到宋代郑恩肖画兰不画土，以示兰之高洁；鲁迅也用"椒焚桂折佳人老，独托幽岩展素心"之句来比喻革命先烈的气节时，朱德点头称是。他说：人们崇尚兰的品格，所以称阳春之时为"兰时"，称醇美之酒为"兰觞"，称亲密挚友为"兰友"。兰花的这些品格和情操不正是代表着我们中华民族某些可贵的精神吗？

有一年国庆节后，朱德和康克清到南昌，住在江西省委书记杨尚奎腾出的房子里。

在朱德下榻的院子里，有片宽阔的草坪，草坪上长着几株很大的桂花树。这时正是桂花飘香的季节，绿叶金花，有如夜空缀满了团团簇簇的繁星。那浓郁的芬芳，使人闻之欲醉。树下有一排石凳，青石凿成，清凉如水。

朱德的专列上有几十盆品种不同的兰花，他把这些兰花从专列上搬下来，分散摆在桂花树的四周。他经常坐在石凳上，时而仰视金桂的挺拔、凝重，时而俯视幽兰的飘逸、恬静，就像一个在辛勤劳累之余，欣赏自己成功作品的老园丁。

第五章
兰香人生——平凡世界中的总司令

有一次，杨尚奎和水静去看望朱德时，正碰上朱老总和几个卫士、秘书在桂花树下摆弄兰花。朱德拍拍手中的泥便来欢迎客人，康克清也从房子里出来。几个人坐在石凳上谈了起来。

水静对朱德说："我很喜欢兰花的绰约风姿和淡雅清香，可是不管我怎么细心侍弄，总也养不好。"

朱德在观赏兰花（历史图片）

朱德一听说水静也是一个爱兰花的人，马上来了兴致，慢条斯理地谈起了兰花经："兰花是一种很娇贵的花卉，既怕烈日，也怕强光，水、肥、土都要恰到好处，多了少了都不行，所以管理比较麻烦。有'春不入，夏不出，秋不干，冬不湿'的四大戒律。而且每年这个季节必须换一次土，否则它是不会开花的。"

"来吧，水静！"朱德站了起来，说道，"我来教你怎么给兰花换土，这是很重要的一个环节。"

水静跟着朱德走到兰花旁，蹲了下来。朱德拿起一盆兰花连土从盆中倒出，清除盆内残存的老土，仔细垫盆，换上已准备好的腐殖质土壤。然后是分株，剪掉烂根和病根，理直肉根，再植入新土。他一会儿就做好了，自始至终从容不迫，娴熟得像个经验丰富的老花工。水静都看得入迷了。

"兰花的品种很多，你喜欢哪一种呢？"朱德搓搓手上的泥，缓缓走向石凳，问水静。

"我喜欢墨兰。"水静回答说，"它叶美、花香，而且花上还有条形纹彩，花上有花。"

"不错，只是比较难养。"朱德说，"兰花生长在深山幽谷里，它有自己的脾气、个性，一定要顺着它，否则，轻则不开花，重则枯黄而死。"

"我种兰花，就是很难摸准它的脾气。"水静说，"肥呀、水呀都没少给，松土、洗叶，时间也没少花，可总是不称它的心。"

朱德像赞扬一个人的性格似的谈论开来："兰花生性是高洁、倔强的，它讨厌浓肥大水，讨厌狎昵拨弄，讨厌喧嚣烟尘的纠缠。所以它的香味清雅幽远，无与伦比，古人称它为'香祖''王者之香'。"

水静很有感触地说："喜欢兰花的不少，善于植兰的却不多。"

"你要是喜欢它的香味，首先得尊重它的个性。"朱德说，"你要像朋友那样，而不是像主人那样对待它。否则，它就不会给你吐芳呀芬。"

水静全神贯注地听着，觉得朱老总不仅是在教她如何种兰，而且是在教她怎样做人。

1959年夏天中央在庐山开会时，杨尚奎把朱老总夫妇安排在359号，这曾是熊式辉在庐山的别墅。这幢房子虽然不像毛主席住的180号那么有名气，但在当时也是堪称一流的。它的特点是院子大，花木多，而且品种都很名贵。杨尚奎作这种安排，是考虑到朱老总的爱好。喜欢花木的朱老总住在这里是再合适不过。住在这个院子里能赏花养花，兴致悠悠，朱德十分满意。

"兰为王者香"，它生于深山幽谷中，体现着一种幽雅高洁的情操。人们把它移到庭院，取其貌、其香、其德，所谓"空谷知音，雅契同心"即此意。兰若君子，自古以来君子比德于兰。兰兼有雅人姿、王者香、高士骨。朱德爱兰，既出于怡情托志，更多的是为民造福，为国增光。

在朱德看来，中国有许多兰花珍品，实乃国宝，必须使之繁荣发展。他说："一个国家文明不文明，要从各方面去看。物质生活丰富了，还要有丰富的文化生活。好的摆设，也是文明的一个方面。如果兰花普遍进入了寻常百姓家，这时的文明就更可观了。"

朱德致力于发展祖国的兰花事业，为此呕心沥血。

人以花传花越重，花凭人护人更高。

兰　劫

朱德对兰花的深情，确实无法用笔墨来形容。

"文化大革命"中，花卉被作为资产阶级情调的象征，从事花卉研究和培养的工作人员都受到压制和打击。许多人怕挨批，不敢养花。还有的花卉爱好者只能私下偷偷摸摸地养。可是，就是在这种不正常的政治气候下，朱德仍然充满了乐观，仍然一如既往地培育兰花，对兰花倾注了无限的深情。

在那个史无前例的年代里，什么事情都可能发生。一天，灾难终于降临到兰花头上。一个主管警卫工作的同志，拿着"令箭"，声称要进行园艺改革，不准养花，说养花是革命意志消沉的表现，"必出修正主义"，硬要朱德交出所有的兰花。朱德无可奈何，眼巴巴地看着自己苦心经营十多年的兰花全部被拿走了。凡同朱德有兰谊的人，几乎都受到打击。成都文殊院的宽霖和尚被隔离审查，三千多盆兰花被砸得一盆不剩，令他难过不已。福州的兰花老工程师陈时璋，回忆起这一浩劫时，痛心地说："林彪、江青反革命集团推行反革命专制主义，他们发动一些人兴锄动斧，见花就打，遇盆便砸。一万多盆建兰，连同朱老总赠送的'大富贵'名种，统统都被砸光。有一种被朱老总命名为'一摇三摆'的兰花，也因此绝迹了。多么可惜啊！我自己也被下放'改造'，叫我种菜、挑石子。"朱德送给秘书陈友群的四盆兰花，也同遭厄运，全部粉身碎骨，荡然无存。

1972年春节后的一天，朱德到北京中山公园看兰花。那时，花洞里非常阴暗，台阶的阶梯很高，上下不方便。工作人员怕朱德跌倒，就告诉他凡是开花的都送展室去了，劝他别去花洞里看了。但朱德仍坚持要到花洞里去看。他高一脚低一脚地进了低于地面一米左右的花洞。看到生长茁壮的兰花时，朱德长长地舒了一口气，感叹地连说了好几声："好啊！好啊！"

有一年的五一节，朱德突然出现在中山公园的兰圃。工作人员好久没见到朱德了，高兴地迎上去问好。朱德看到大部分兰花依然生长健壮，便面带笑容地鼓励大家说："作为国家珍贵财富，要好好保护这些兰花。你们养护得好啊！"工人们长期受到压抑的心情，因为朱老总的这一番话，一下子感到舒坦了好多。当五一游园会的工作人员赶到兰圃时，工人们这才知道，朱老总是作为中央领导同志的代表，出席在音乐堂举办的节日庆祝活动的，他是特地忙里偷闲，来看望这阔别数年而又寄有深情的兰花的。

由于林彪、"四人帮"的阴谋和破坏，"文化大革命"步步升级，许多老干部被打倒，朱德的处境也日益艰难。但是，他仍然关心那些养兰护兰的工人，关注着中山公园的兰花。又一个五一节的时候，朱德来到中山公园唐花坞。那天游人很多，为了使朱德能尽情地赏花，有的工作人员提出是否关下门，控制一下游客量。朱德知道了，马上告诉大家不要关门。他说："平时大家都忙于工作，好不容易有个节日出来游玩，绝不能让大家扫兴。"大家只好照办。朱德缓缓地边走边看，当他走到花房中厅时，一位游人发现了他，大声地说："这不是委员长吗？"游人们听到声音马上围了过来，许多游人挤到朱德面前与他握手问好。人们鼓掌表示对朱德的热烈欢迎。朱德对大家挥手致意，并抚摸身边的孩子们，谈笑风生。公园里荡漾着欢歌笑语，成了一片欢乐的海洋。大家都沉浸在幸福之中，为能亲眼看到朱德委员长而感到庆幸。

1976年的春节来临了。同往年一样，中山公园的兰花又一次开放吐香。朱德，这位与兰花结下几十年深厚友情的老人，手拄拐杖，同往常一样再次来到兰圃赏花。在公园工作人员陈向远和技师孙钜的陪伴下，他围着长长的展台，一盆一盆地仔细欣赏着。他说："今年素心的品种多了。"孙钜回答说：

"是的，但也有梅瓣的。"朱德说："梅瓣的不多见。你们能培育出来，说明你们的水平有长进了。"孙钜举起两盆梅瓣兰花请朱德观赏。朱德仔细地看着，一边看一边点头。转完一圈之后，朱德仿佛又想起了什么，提出要去看看其他的花室。来到唐花坞，朱德观赏了温室中的花卉。望着那些色彩缤纷、香郁沁心的朵朵鲜花，这位一辈子爱花护花、对花卉事业倾注了无限心血的老人，露出了满意的微笑。

他带着满意的微笑离去了。

谁能想到，仅仅几个月后，他便永远地离去了。

中山公园的工作人员听到伟人离去的消息，心情无比的沉重，他们很长时间都觉得这是不可能的！这位与兰花结下不解之缘的老人，这位经常来中山公园观兰赏兰的老人，将不能再来中山公园看兰花了！大家这才如梦初醒：那天，朱德最后一次来兰圃时，看得那么专注，那么仔细，仿佛是在向它们作提前告别；看完兰圃后，他好像已经知道自己的日子不多了，又特地去看了其他的花室。

领袖的兰花情结，在他最后一次到中山公园看花时，以一种特有的方式完全地释放出来。人们再次回忆起他最后的中山公园之行，是那么强烈地感受到：兰花已是他生命的一部分，血肉相连，不可分离！那天他看完兰圃后又看了其他的花室——这最后的举动，最后的细节，向世人昭示了一个很深的寓意：朱德，这位世纪老人，他爱了一辈子的兰花，但他一辈子所钟爱的，又岂止是兰花。他爱千千万万朵兰花，他更爱千千万万种花。他喜欢万紫千红的春天，他无比深沉地热爱着我们这个百花争艳、欣欣向荣的祖国大花园！

兰花，一代伟人无尽的情思。

透过伟人的兰花情思，我们看到的是一颗爱国爱民的真诚心！

中山公园的工人们接到布置遗体告别与追悼会场地的任务，心中再一次翻腾起感情的浪花。怀着对他老人家崇敬、怀念的心情，工人们用自己培养的鲜花，献上了一片片敬意。他们精心选择了郁郁葱葱的龙柏、米针柏，象征朱德同志的精神似苍松翠柏，永存于世。他们挑选了四盆朱德生前送给他们的兰花和大量君子兰，表达他们对朱德君子之风的崇敬。以洁白的东洋菊，色彩缤纷的绣球花、洋蝴蝶、扶桑等，环绕在遗体与遗像的四周，表示他永存在群众之中。

花开花谢一年年，领袖永活人民心。

要革命，就得有一副坚强的体魄

从1886年出生到1976年逝世，朱德活了90岁。据有关资料显示，他终生没掉一颗牙齿，到老时腰身不萎，肩背不驼。80岁时测量身高未变，骨骼坚硬。朱德得享90大寿，与党中央对他的关心照顾，与他的家庭环境及医疗保健工作是分不开的。更重要的是，他几十年如一日持之以恒地从事体育运动，起到了延年益寿的作用。

少年时代开始锻炼身体

朱德爱好体育，是从少年时代就养成的良好习惯。他从小就热爱劳动，只是身体瘦弱，干重活和长时间劳累难以支撑，于是逐步意识到锻炼身体的重要性。只要一有机会，朱德就参加翻杠、荡秋千、登山、游泳等活动。

朱德家房屋右侧的草坪上，有两株并排而立的高大柏树，笔直青翠。他在这两棵柏树上横捆了一根木棒，做成一副天然的单杠架。每天他起床很早，都要在上面翻几个来回，然后才出去放牛和做别的事。现在这两棵柏树长得又粗又壮，枝繁叶茂，人们尊敬地称之为"双柏树"。少年朱德为锻炼身体，不知在此洒下了多少汗水。一百多个春秋过去了，这两棵参天古柏，依旧昂然挺立，枝叶繁茂。今天，"双柏树"已成为朱德故居的重要标志之一。

小时候的朱德很喜欢荡秋千。他外婆家的一些亲友说："朱德是个'秋千迷'，每到过年，他到外婆家去拜年，如果在屋里没有看见他，你到有秋千的地方去寻，就一定会找着的。"在他家房屋后，有一片古坟。坟堆里长着许多刺藤，很少有人去搬弄这些扎人的东西。朱德发现，有两根刺藤长得又粗又壮，生得像架天生的"秋千"。于是，朱德在这两根藤条上绑了块木板，每天放牛回来就到这里来荡秋千。

朱德每天放学回家后，还常和伙伴们一起玩打靶的游戏。这种游戏的玩法是：把草捆在一起，按一定的距离立着，然后依次用镰刀或木棒打击草靶，谁先打倒谁就得胜。多玩这个游戏可以使人眼疾手快，身手灵活，至今在川北一带的孩童中仍很流行。朱德打靶的技艺很高超，常常百发百中，棒不虚掷。但他并不骄傲和保守，虚心地把自己的体会和经验传授给小伙伴们。他说："打草靶时，要把树棒握得紧紧的，手放得平平的，要善于用巧劲，一下子把棒打过去，就会打中。"在朱德的帮助下，小伙伴们都掌握了要领，打得又快又准。

1906年，朱德进了顺庆府官立中学堂。仪陇县距顺庆约150公里的路程。贫穷的朱德在亲友们的捐助下，身背简陋的行装，穿上自己打的草鞋，翻山越岭，昼行夜宿，只用了两天多的时间就走到目的地。这次行程十分辛苦，中间本来可以乘一段路程的船，但朱德没有这样做。有人问他为什么不乘船，朱德回答说："这样可以节省钱，走长路也是一种锻炼，不仅可以培养毅力，还可以增长知识。"

1907年年初，朱德到成都求学，考入四川通省师范学堂附属体育学堂专修科学习。那时，体育是改良旧教育制度的一门新功课，他选读体育课，就是一种进步思想的表现。体育学堂课程设有国文、教育、儿童心理学、生理卫生学、算术、图画、音乐、修身、兵学、军事教练、枪操、普通操、器械等。朱德以强烈的求知欲，刻苦地学习和锻炼。他每天早晨很早就起床，先是沿校园附近的南校场跑上几圈，然后在操场上翻双杠、跳木马、复习体操等。有时他还和同学们一起讨论教学中的一些动作的技术要领，热心地帮助同学们解决体操课中遇到的疑难问题。晚饭后，同学们都三三两两地出去散步、逛马路。朱德却到操场上练习他从小就喜好的翻单杠项目。经过刻苦的锻炼，他不但掌握了课程要求的一般技术要领，而且还能完成"大车轮"这类高难度的动作。

与封建势力的第一次较量

1907年年底，朱德从体育学堂毕业了。他学业成绩优秀，其中器械100分，心理学98分，军事教练92分。对于朱德的荣归，家里人都十分高兴。为了迎接他的归来，家里人为他准备了最好的饭菜，最整洁的衣服，尽管家里住房很紧张，但家里人还是特地给他腾出一个单人间让他住，并配上最好的桌子、椅子等用品。

晚上，全家坐在一起，听朱德讲述在成都的学习生活。当他说到学的是体育专科，回来准备到仪陇县立高等小学堂任体育教师时，父亲不解地问："体育？什么是体育？"

"体育就是教孩子们做体操、跑步、打球、翻杠……锻炼身体呀！"

父亲的脸色一下子变了，站起来大声斥责道："全家人挨饿受累供你去读书，指望你将来能混个一官半职，为朱家争口气。你倒好，不去考科举，偏要去学什么体育，回来当个孩子王，简直没出息！"没等朱德再作解释，父亲便怒气冲冲地走了。

朱德万万没有想到父亲会如此反对他教体育。第二天，朱德去伯父家，正好父亲也在那里。朱德耐心地给两位老人解释说："国家要强盛，就要进行改革，进行新式教育。现在科举制度已经废除了，全国到处都在办新学。今后每个学生都要学习近代知识，包括自然科学、历史、地理、体育、音乐、数学等。"

晚上，朱德躺在床上，反复琢磨两天来家里发生的风波。他知道，父亲、伯父都是为他好，可是几千年的封建思想在他们身上的遗毒太深了，使他们一时不能醒悟。朱德想，我是个有新思想新知识的青年，可不能迁就古代相传的孝道再走回头路。

开学的日子临近了。朱德不顾家庭的阻挠，决心要去仪陇县立高等小学堂任教。临别时，伯父并没有责备他违背祖宗的遗训、大逆不道，只是叮嘱他说："咱们是知识不多的乡下人，不懂得那么多事情。现在不明白的道理也许将来会明白。你自己照顾好身体，多来信吧！"

朱德是学堂的体育教员兼庶务。当时正处于变革时代，新旧势力的矛盾很大。尽管新学的东风吹到了仪陇，但守旧派却千方百计地阻挠新学工作的开展。朱德和一些教师一道积极宣传新学，开设新课程，要求全校学生都要参加体育活动，以增强体质，反对把学生培养成"五谷不分"的书呆子。但是，在守旧势力的反对下，他们经过努力才招到12名学生。为了学生在上体育课时操练方便，朱

朱德在仪陇县立高等小学堂任教期间亲手栽植的桂花树（历史图片）

德要求学生们脱下长衫，穿短裤操练。不料这一小小的革新，竟招来校内外守旧势力的抵制和激烈批评。一时间，恶意的诽谤，无耻的谩骂，离奇的谣言，从各个角落一齐扑了过来。他们胡说什么"新学野蛮，有失风雅，有损国粹"，"朱德上体育课下流，不成体统"。守旧分子还编写了一首打油诗，煽动一些不明真相的家长贴在墙上。继而，他们又雇了一些流氓，故意把粪桶打翻在校门口，甚至围攻学生，大打出手。

朱德和具有新思想的教师，与守旧势力展开了针锋相对的斗争。他邀请学生家长们来参观他怎样带领学生们跑步做操，从而粉碎了"体育下流"的谣言。他率领学生们猛烈回击了那些恶意挑衅的流氓，逼他们供出幕后策划人。朱德还叫学生们剪去长辫子、长指甲。

随着斗争的不断深入，守旧分子把矛头集中到朱德身上。一张张状纸，像雪片似的飞向县衙，说什么朱德剪了辫子，犯了"反叛朝廷罪"；说朱德担任庶务，贪污了学校基金……企图置朱德于死地而后快。于是，学校被查封，朱德被传到县衙讯问。支持朱德的教师、学生、家长拥入县衙，为朱德作证辩解。朱德大义凛然，理直气壮，说得条条在理。县令张口结舌，无言以对，只得宣告朱德无罪，学校即行复课。

斗争取得了初步的胜利，朱德的积极性更高了。他制作木枪、哑铃、棒槌、弹子等体育器具，供授课时使用。以朱德为首的新学派在县城的影响日益扩大，支持新学的人越来越多，学生也由12名增加到70多名。

守旧势力不甘心一次又一次的失败，继续施展卑劣手段，诬陷、排挤朱德。这年孔子诞辰日，师生进行"祭庙"活动，按照惯例每个教师可以分到两斤肉。可是，学校守旧分子竟以朱德"非孔教门人"为由，一两肉也不发给朱德。对于这些无聊的伎俩，朱德不但没有感到羞怯和气恼，反而引起他一阵阵自豪的大笑。朱德说："不吃那点肉，我倒畅快些！"

斗争使朱德变得更加坚定和成熟。从此以后，朱德就把参加体育锻炼作为日常生活的重要内容之一，和体育结下了不解之缘。

几十年后朱德回忆这段经历时说："那时新旧思想冲突得很厉害。我们抱了科学民主的思想，想在家乡做点事情，守旧的豪绅们便出来反对我们。""我开始了反封建主义的真正斗争。"

长征途中一次别开生面的运动会

在江西革命根据地的时候，朱德就在红军中大力倡导开展体育运动。他时常对部队的各级干部们讲话："没有一个健壮的身体，怎么能行军打仗？一支死气沉沉的部队，是不可能战胜困难、克敌制胜的。"那时候，无论条件多么艰苦，战斗多么紧张，只要一有空，部队就要开展文娱体育活动。他带头拉胡琴、领唱歌曲，和战士们一起在球场上奔跑跳跃，常常是满头大汗。

在艰苦的长征路上，部队吃不饱，穿不暖。可是，朱德却领导部队开了一个规模巨大的运动会。

那是1936年的春末夏初。红军长征部队决定在道孚、炉霍、甘孜一带休整。朱德和总部机关驻扎在炉霍。

部队驻下后，朱德不顾疲倦，到处巡视。他看到同志们虽然意志很坚强，可是身体却十分虚弱。他的心情十分沉重：这些幸存的同志是革命的宝贵资源，肩负着革命的重担，一定要加倍爱护。前面的路还很长，困难会更多。眼下刚刚甩掉了敌人，获得了休整的机会，一定要抓住这个有利时机，采取各种措施，振奋同志们的革命精神。

当时，全军的政治思想工作、给养补充问题、军事训练工作等，每一样都是朱德筹划安排，他已经是够忙的了。但是，他清醒地认识到部队的现状和所处的环境，认为越是在困难的时候，就越要鼓舞部队斗志、增强部队体质、开展群众性的体育运动和文娱活动。因此，朱德花了很大的精力抓这项工作。不久，全军的文体活动就轰轰烈烈地开展起来了。

这时，朱德决定要在这川西高原的长征路上，举行一次别开生面的运动会。朱德的决定一传出，全军上下群情振奋。尽管当时生活条件很艰苦，连饭都难以吃饱，但同志们还是劲头十足，从早到晚一个劲儿地练，练，练！他们要练出最好的成绩，向总司令汇报。

柔和的微风，给炉霍带来了勃勃生机。1936年5月1日，运动会开幕了。

开幕式开始了。朱德登上了主席台。那天他穿一身整齐的旧军装，腰间束一条宽皮带，气宇轩昂。他说："今天是五一国际劳动节，是全世界劳动人民团结战斗的纪念日。在这样一个日子里，在长征的路上，我们举行这次运动会，很有意义。"接着，他精辟地分析了当前的形势和部队面临的任务，号召大家继续振奋革命精神，勇敢顽强地同各种困难作斗争，把长征的道路走到底。他最后说："我们要团结一致，开好这次运动会，用我们的行动，向全中国、全世界宣告：伟大的中国共产党领导的中国工农红军，永远充满着生气，是任何力量也征服不了的。"

朱德振奋人心的讲话，激起了一阵阵掌声。

开幕式后，比赛就开始了。这次运动会内容丰富多彩，有球赛、赛跑、跳高跳远、跨越障碍，有刺杀、投弹、骑兵表演，还有认图、测距、识别和利用地形，以及搭帐篷比赛、绘制地图比赛、工兵的架桥表演，等等。朱德还参加了认图、用图等项目的比赛。

朱德考虑到部队不久就要进入草地了，根据以往的经验，茫茫草原不但无粮可补，有时连烧柴都难找到，只能用牛马粪做燃料。所以，他决定增设一个新项目——烧牛粪比赛。这是运动会的最后一个比赛项目，它的成绩决定着各队的总名次，因而，备受战士们重视。大家把鲜牛粪做成大饼状，贴在墙上，干了就揭下来堆放好。为了点燃快，大家想出了一些好办法。有的战士研究出一种比较巧妙的堆放方法，有的战士自制了一种小"风匣子"。这种小风匣是整张羊皮制成，前端绑上一段竹管，后端开了一个口子，口子的两边各绑上一块小木板，然后一推一拉，竹筒便呼呼生风。

"砰!"点火的信号响了,战士们几乎在同一秒钟划着了火柴。朱总司令满意地观看着比赛。

运动会一连开了三天,比赛项目多达20多个,把全军上下搞得生龙活虎。朱德在作总结时说:"这次运动会是对我们的思想、意志、军事、生活等方面的一次大考验、大演练、大检阅。"战士们高兴地说:"朱总司令真有办法,一个运动会把千军万马都鼓动起来了!"

这次体育运动会的作用马上就显示出来了,可以说是立竿见影。它掀起了锻炼体能的风气,增强了战士们的体能,提高了指战员们的群体意识和集体观念,增强了红军队伍的凝聚力、组织力,部队的战斗力大大增强。试想,如果没有这种大规模的体育活动,不知有多少战士会倒在雪山草地之中,部队的非战斗性减员状况又不知会严重多少倍。

1937年5月,延安举行党中央进驻延安后的第一次运动会。各机关、学校、部队近6000人聚集在延安东关机场,热闹非凡。朱德检阅武装部队后发表了讲话。经过两天半的角逐,运动会在延安门外的大操场举行闭幕式。朱德到会致闭幕词,并向优胜者授奖旗。10月,延安成立了苏区体育运动委员会,朱德被选为名誉会长。

抗战开始后的1938年到1940年春天,八路军总部在山西屯留、潞城和武乡县的砖壁村、王家峪一带驻扎期间,尽管烽火连天,反"扫荡"的斗争频仍激烈,工作和战斗十分繁忙艰苦,但朱德对部队的文体活动仍然抓得很紧,他自己也带头参加。从清晨到傍晚,在各个抗日的山村里,不但可以听到"工农兵学商,一齐来救亡""抗日的烽火燃烧在太行山上"的雄壮歌声,而且还可以看到朱德、任弼时、左权等带领战士们进行体育锻炼的情景。那时候,练兵场上,打谷场上,山道旁,小河边,到处是一片热闹的锻炼景象。特别是一到傍晚,部队就进行体育比赛,鼓掌声、喝彩声此起彼伏,响成一片,使人感到抗日根据地里真是生机勃勃,充满着无限的革命活力。

威名远扬的"朱德球队"

部队的业余生活丰富多彩。白天的训练是严肃而紧张的，可是，一到傍晚，军营里便显得生动活泼。有的唱歌，有的念书，有的聊天谈心，人的精神都得到了放松。当然，在业余活动中，战士们也十分偏爱那些紧张、剧烈、需要斗智斗勇的项目，比如下棋、打球，等等。每到傍晚的时候，战士们特别喜欢进行一项极富挑战性与竞争性的体育运动项目——篮球比赛。

打篮球，是当时八路军总部各直属单位最盛行的一项体育活动。要说简便易行、热闹活跃的体育活动，还就属打篮球了。八路军篮球运动的蓬勃开展，离不开朱德的示范和推广。

1938年，八路军挺进抗日前线。部队南北征战，没有固定的住所，更别提体育运动的工具和场所了。为了保证指战员有强壮的体魄，朱德把司令部机关的人员组织起来，成立了八路军第一支篮球队。他说："组织一个球队，选个队长，兄弟单位之间还可以打比赛呢。"

篮球队组建起来了。朱德教大家自制篮球，方法是：用皮子缝一个套，里面用草填上；再用铁丝

朱德非常喜爱体育运动，图为朱德（背对者）与战士一起打篮球（历史图片）

弯成篮筐样，打球时只需简单地钉在木板或墙上就可以了。部队休息时，只要有空地，朱德就招呼一些人打篮球。打完球，部队出发，篮筐便收起来挂在马背上，随军带走。所以，部队走到哪里，篮球活动就开展到哪里。

1940年5月，朱德从抗日前线回到党中央所在地延安。回到延安了，条件相对前方而言要好多了，开展篮球活动就更方便了。在机关组织的篮球比赛中，朱德总是积极分子之一。在枣园居住时，每次打球，同志们总要把任弼时拉来，同朱德分在两边。最有趣最热闹的场面，就是朱德和任弼时两个人抢球的时候。这时，球场外的官兵与驻地老乡就大喊大叫，为他们鼓掌、喝彩、助威。朱德因投球命中率高，常常是胜利者。有时朱德正投球时，任弼时就有意把他的腰一抱，这时，朱德就喊："报告裁判同志，弼时犯规了！"这时，运动员和观众都被逗得大笑。

有时，根据首长的体力情况，或是为了调整战术，朱德常常是意犹未尽就被替换下场。每当这时，他总是笑眯眯地和战士们席地而坐，摘下帽子，边擦汗边观战。每到新的驻地，不少老乡还不知道这位抹下帽子就擦汗的老兵，就是威震敌胆、驰名中外的朱德总司令。乡亲们不知道他的身份，都亲热地叫他"老汉"。在球场上，乡亲们往往大声喊道："老汉加油！"

朱德的球队很有名，就连敌方也知道中共有这么一支"朱德球队"。

朱德在洛阳与卫立煌谈判时，卫立煌听说朱德平时喜欢打篮球，走到哪里，都要把身边人员组织成一支球队，参加赛球，号称"朱德球队"。于是，卫立煌组织一些参加过国际比赛的运动员组成赛队，提出要与"朱德球队"比赛。

围绕着是否参加比赛的问题，大家一时拿不定主意。随行人员出于安全考虑，劝朱德不要答应这场比赛。因为，顽固派的头面人物都集在洛阳，被朱德打败过的朱怀冰还在医院里呻吟，他们都扬言要扣留朱德。如果朱德在公开场合露面，处境会很危险。朱德也想到可能的危险，但是，他认为，个人的安危是次要的，八路军的形象是第一位的。如果不参加比赛，就等于认输。这场比赛一定要打，要把它作为谈判桌外的另一场战斗。重要的是，通过这场比赛，可以进一步向公众表明八路军的坦诚和磊落。

几天后，卫立煌再次征询朱德关于球赛的意见时，朱德欣然同意。卫立煌和他的官员们对此大感意外。

当时，八路军与国民党敌对势力战斗的硝烟刚刚消散，气氛还很紧张。八路军总司令就来到洛阳，并且要与国民党公开赛球，消息传来，轰动了当时的洛阳城。比赛那天，赛场边人山人海。当54岁的朱德上场时，精彩的球赛达到了高潮。"朱德球队"官兵一致的作风和勇敢顽强的精神，给观球的群众和国民党官兵留下了深刻的印象。

意想不到的是，这场球赛还取得了另外一个辉煌的胜利：那些扬言要在洛阳扣留朱德的顽固分子看到球赛上人山人海、呼声震天的场面，慑于民心所向，不敢轻举妄动。所以，"朱德球队"还发挥着第二部队的作用。

"吹哨子的就是总司令，我只不过是个普通队员"

在朱德的参与和号召下，延安军民的篮球活动开展得有声有色。每天晚饭后，哨子一响，紧张的比赛就开始了。朱德如果没有什么特别重要的事情，照例要到篮球场上来。在球场上，他或者是以一个普通观众的身份坐在一旁观战，或者是以一个普通运动员的身份参加比赛，外来的人根本分不出谁是总司令、谁是战士。由于每次希望上场打球的人太多，经大家临时商定：每场球只能打15分钟，到时不管谁输谁赢，都得无条件下，另换人上场。比赛期间，其他等待上场的人，毫无例外地都只能在场外排队等候。场内的队伍在竞争，场外也在进行着一场无声的竞争：大家都想早点来，排在这支候补队伍的前面。

一天晚上，篮球比赛正在紧张地进行着。谁也没有注意到，朱德迈着悠

第五章
兰香人生——平凡世界中的总司令

闲的步子，悄无声息地排进了这个队伍里。

球场上，双方你来我往，争夺异常激烈。每投进一个球，球场四周便响起一阵欢呼声。

15分钟过去了，第一场比赛宣告结束，该换另外10个人上场了。事情也巧，朱德刚好是排在第11名。这时候，一个通讯员准备退下来，请朱德先上。朱德说什么也不同意："你这是干什么？该谁上谁就上嘛，大家立下的规矩，谁也不能破坏。这回还是你先上，我等下一批！"

第二个15分钟过去了。这时有人提议：等候上场的人，要按顺序报数，双数先上，单数后上。提议被通过了。朱德是单数，自然又得等候。他微笑着，安详地蹲在球场的一角，饶有兴趣地观战。

终于轮到朱德上场了。在他们这个阵容里，有总司令，还有通讯员、炊事员、参谋，其年龄、身高、技术水平都不整齐，但打起球来却浑然一体，配合默契。对方的队员中，有两个小战士不好意思抢他的球，朱德很不高兴地说："打球不拼不抢，还有什么意思？打仗、工作我是总司令，一到球场上，吹哨子的就是总司令，我只不过是个普通队员。我拿到球你们不来抢，让我一个一个地投进去，你们吃了败仗，我还是提高不了技术。你们俩打仗像小老虎，在球场上也应该像小老虎！"

经朱德这么一说，战士们便放开手脚打起来了。当球赛进行到10分钟的时候，一个炊事员为抢一个篮板球，无意之中把朱德撞翻在地。他急忙歉意地把朱德扶起来。朱德一边拍着身上的土，一边笑着说："没什么！比赛嘛，就得有一股子勇猛顽强劲儿。你是个蛮不错的队员哩！"

一天，朱德又和同志们打球。朱德老当益壮，担任前锋，连连进球，不断激起观众的阵阵掌声。对方输了球，有些急躁，队员抢球变得凶猛起来。正当朱德在对方篮下又得一球欲投篮时，对方有个长得五大三粗的勤务员急忙跳起"盖帽"。因用力过猛，不仅把球打飞了，而且手掌还落在朱德的鼻子上，朱德顿时流血不止。大家赶忙围过去，有的说要找医生，有的建议去医

259

院。可是，朱德却若无其事地说："不要紧！"他拿点纸卷成一团堵住淌血的鼻孔，用手帕擦去脸上的血，一挥手，比赛又继续进行。比赛结束后，一些同志向朱德道歉，那位勤务员也忙向朱德检讨。朱德笑着说："球场打球不分上下，谁有本事谁得球。不是故意伤人，用不着检讨。再说球场就是战场，抢球不让人，没点拼劲儿怎能赢球呢？"

在篮球场上，朱德是名副其实的老将。打球的时候，他并不是随便活动，而是一个认真的运动员。他在场上活动非常积极，满场奔跑抢球，好不勇猛，投篮命中率也很高。虽然他年岁最大，但动作却非常灵活，跑、跳、投篮，样样都不落后。大家在一起抢球、投篮，根本就不分战士和将军。朱德边抢球，边鼓动大家勇敢地抢。几十分钟拼抢下来，个个汗流浃背。朱德一边擦汗一边发着感慨："生活也恰似打球，必须拼搏！"那年月，凡是见过朱德打球的人，往往会说："朱总司令打起球来生龙活虎，一点也不像50多岁的人！""不像，完全不像。他呀，永远是个如火如花的老少年！"

特殊的篮球顾问

那时，各个篮球队还有顾问。顾问一般由上级首长担任，可是，那么多的上级首长，由谁来担任最为合适呢？战士们自有妙法。他们选择顾问的标准只有一个，那就是：作为篮球队的顾问，他必须是爱好体育运动尤其是篮球运动的人。

朱德爱好篮球是人所共知的，他不仅自己喜爱打篮球，而且还喜欢看战士们打篮球。因此，大家一致推举他为司令部队的篮球顾问。这个顾问当得可不轻松，他必须对篮球队给予各种物质上的支持，必须经常指导球队的训练、观看球队的各种比赛。有时候，顾问还不得不亲自上场，参与该队的比赛。人手紧张时，顾问还必须充当裁判的角色，这时候，他就不能偏袒任何

第五章
兰香人生——平凡世界中的总司令

1953年5月18日，朱德和贺龙（右二）、习仲勋（右三）、罗瑞卿（右四）在北京北海体育场观看篮球赛（历史图片）

一方了，必须站在公正的立场上秉公"执法"。朱德作为司令部篮球队的顾问，常常担当队长、教练、裁判、候补队员、队员的角色。

一天，一张鲜红的海报贴出来：司令部篮球队和政治部篮球队要进行一场友谊比赛。大家都非常喜欢看这两支劲旅打比赛。司令部篮球队由于有朱德做顾问，所以作风顽强，技艺高超，久负盛名；政治部篮球队由于有任弼时主任做指导，战术灵活，也是一支实力雄厚的队伍。

傍晚，司令部篮球队与政治部篮球队的比赛开始了。司令部篮球队的顾问朱德，坐在球场边上观看这场精彩的比赛。

司令部的主力队员是勤务员小吴和通讯员小余、小康。主力中锋小吴身高一米八五，投篮准确。可是他有个毛病，一输球就爱着急，一着急就埋怨别人，一埋怨别人就影响比赛和水平发挥。比赛之前，朱德就曾提醒他："小吴哇，你是主力中锋，要发挥你快速勇猛、投篮准确的特长。可是也要注意和其他同志互相配合，团结一致，才能打好比赛呀。"

261

小吴点点头说:"总司令,我记住了。"

比赛一开始,小吴的表现还可以。但随着比分慢慢落后,他的老毛病又犯了。他想组织大家打紧逼盯人的战术,然后接着打快速反击。可是,由于遇到对手的猛烈抵抗,他们打了半天,快速反击总也打不起来。这时候,小吴急了,一会儿冲着这个喊:"怎么搞的?你那脑袋难道是木头做的?"一会儿又冲着那个嚷:"这么好的机会都没抓住,真是废物!"说得大家的情绪越来越低,连连出现失误,最后输掉了比赛。

朱德看着比赛中的竞争和对抗,看着双方的抢夺和进攻,若有所思。比赛结束后,他走到球场中对大家说:"你们说说,咱们为什么要开展篮球比赛呢?"

"这还用得着问吗?"一个战士不假思索,脱口而出,"为了活跃部队生活。"

朱德又问:"还有呢?"

一个战士回答说:"为了锻炼身体呗。"

朱德又问:"还有呢?"

大家你看我,我看你,都答不上来。心里都挺纳闷:篮球这玩意儿咱大伙天天玩儿,还能有什么其他奥秘?

朱德看着大家疑惑不解的眼神,慢声细语地对大家说:"打篮球不仅是锻炼身体的好方法,而且还能够锻炼我们的斗争意志,胜不骄,败不馁。打球还可以培养集体主义精神,五个人要拧成一股劲,密切配合,才能打胜仗。一个球队,只有个人技术好,却不讲配合,那就免不了要吃败仗。打篮球不光是拼体力,还要斗智,讲战术,以己之长,攻彼之短……赛球是友谊比赛,通过比赛,增进内外部的友谊。既然是比赛,就会有输有赢。可以输球,但不能输人,不能输精神。输了球,不要气馁,不能急躁,更不要互相埋怨,这就要有良好的体育道德和作风。"

听了朱德的话,小吴不好意思地低下了头。朱德继续说:"输了球,要好好总结经验教训，争取下次比赛取胜。"

小吴主动检讨："同志们，今天我的老毛病又犯了，这主要是我对开展体育运动的目的没弄清楚。今后我一定改正，请大家监督。"

朱德高兴地说："很好！体育比赛重在参与，贵在精神。今后大家抓紧训练，一定会取得好成绩！"

通过无数次这样的比赛和教导，朱德不仅带动大家锻炼了身体，同时也培养了部队的集体主义精神和英勇顽强的战斗作风。

晚年坚持做操散步

中华人民共和国成立后，朱德肩负着繁重的党、政、军领导工作，但他仍然坚持锻炼身体。他喜好各种体育运动，如体操、爬山、散步、游泳等。

做操，是朱德晚年主要的体育运动。

朱德每天生活很有规律。早上起床后，就在户外做操。他根据自己的身体状况、医疗原则和多年实践，自编了一套适合自己身体情况的体操。这套体操的程序是：先进行头部活动，然后连续做转体，接下来做腰部活动，再做两腿活动，最后是深呼吸。如此一遍下来，使身体各主要部位和关节都得到锻炼。一套操做完，约需要10分钟。晚上睡觉前再做一遍。天天如此，

朱德在住所外做自编健身操（历史图片）

从不间断。天气好时就到室外做，刮风下雨时就在屋檐下做。有病不能出屋子，就把窗子打开，站在窗前做。

朱德经常对身边的工作人员说："做完早操，我就感到浑身舒畅，工作起来精力充沛；晚上做完操，我睡觉就更香甜，第二天工作起来精神也更足了。"

朱德自编的这套体操，最精彩的部分是最后的深呼吸。这时，他双腿微叉，眼皮微微下垂，面部肃穆，收敛心神，胸脯微微扩张，舒缓吸气，然后嘴唇一撮，身体开始下蹲。同时，嘴里响起口哨声。那哨声不大，直吹直响，由高到低，渐渐消失。在这个长哨中，不慌不忙地完成一次下蹲，立起身的同时，做深呼吸。站稳时，屏住气。接着，口哨又带着高山流水之势吹响，重新开始第二次下蹲。如此反复，五声长哨过后，朱德停止运动，已经有些气喘，脸也放出红光来。

有一次，朱德把这套操的最后部分冠以"口哨运动法"，介绍给董必武同志。董老的活动方式主要是散步和书法，他看后嘿嘿一笑，幽默地说："我看戏可以，演戏不行。"真是各有各的爱好，各有各的情趣。

朱德还坚持每天散步。早上和晚饭后，总要到外面去走，在住所周围走上几里路，即使刮风、下雨、落雪，也不例外。他说："古人说过'安步当车'，散步走得太慢就和坐车差不多了，活动量不够。散步太快了不好。不快不慢，可以一边走一边思考问题。"1955年以前，朱德散步时带

朱德在打台球（历史图片）

着拐杖，后来就把拐杖甩掉了。对此，他不无诙谐地说："手里有拐杖，总想着依靠一下，这会妨碍'独立自主'。什么也不拿，'独立自主'的力量才会增强。"

1974年年初，朱德已是88岁高龄了。他每天还能在住处周围走3圈，每圈1公里，共3公里。有时走得全身冒汗，仍顽强坚持下来。直到他去世前十天，也就是最后一次住院的前一天，他还坚持散步。他的信念是"能多走一天，就能为革命多工作一天"。

朱德的体育运动有两大特点：其一，他热爱体育，但并不苛求条件，而是以最简朴的方式，求得最好的锻炼效果；其二，寓体育于生活是朱德体育锻炼的又一大特点。他在中南海居住时，住在二楼，每顿饭都要走出家门到另一座楼的餐厅就餐。每年夏天到北戴河也是住在二楼，到另一幢房子去用餐。在他70岁以后，工作人员为照顾他生活方便，准备把卧室、办公室布置在一楼，这样他出入可方便些。当工作人员向他报告这一想法时，他没有同意，而是风趣地说："住在楼上，楼下吃饭，上上下下，强迫锻炼。"

登山健将，常常爬香山

朱德生长在山区，又长年转战山区，所以对大山有着一种特殊的感情，他终生酷爱爬山。节假日，他常利用工作之余去爬山。每到一地，附近若有山，就非爬不可。北京的香山、桂林的叠彩山、福州的鼓山、广州的白云山、贵州的黔灵山、四川的峨眉山、江西的庐山等，他都爬过。他说："高山不可怕，怕的是停止不前。"熟悉他的人，都称他为"登山健将"。

中华人民共和国成立初期，朱德在星期天常常带领孙子们爬香山。据孙辈们回忆说："鬼见愁又高又陡，爷爷就和我们开展比赛，看谁先登上高峰。爷爷和我们攀登高山的情景，至今记忆犹新。"1960年3月9日朱德返回故乡，第二天的清晨，他就登上了琳琅山。1975 年 8 月，即他去世的前一年，他还兴致勃勃地爬上了北京西郊戒台寺附近的一个山头。这是他最后一次登山，时年 89 岁。

游泳是锻炼革命意志的好方法

朱德小时候就很喜欢洗冷水澡和游泳。可是他家附近没有大河，也没有大的塘堰。于是，他经常邀一些小伙伴跑到两里外的张家湾下面的新河去游泳。从春天到秋天，他都是这条河里的常客。奔流的河水、强烈的阳光，使他的皮肤变成古铜色，身子渐渐结实起来。

朱德在仪陇县立高等小学堂教体育课时，经常提着木桶，在校门左侧他亲手栽的皂角树旁的井边，进行冷水浴。不管天寒地冻，他都长期坚持用冷水冲洗身体。

以后，在长期的行军和作战中，朱德经常游渡江河。他的游泳水平也日渐提高。后来朱德回忆说："过去红军、八路军，不光会爬山越岭，也得会游渡江河，打仗时遇到江河游不过去，就会发生危险。"

1954 年夏，朱德来到北戴河。北戴河虽然风浪平静，但对年近七旬的人来说，下海游泳同样存在着诸多不便。可他不甘心在海边游，总是不顾工作人员的劝阻，搏击风浪，向远海奋力游，不游到防鲨网不回来。

朱德游泳就像战士完成任务，不管天气怎样变化，他都坚持不懈。一次，天上下着雨，水温降至 18 摄氏度以下。有人劝他不要下海了，可他仍然戴上泳帽，撑起雨伞，高兴地喊道："走啊！"便又向大海奔去。

朱德认为游泳是锻炼革命意志的好方法，他十分注意培养下一代的游泳技能。孙子们到了六七岁的时候，朱德就开始教他们学习游泳。第一次下水，孩子们都很紧张，不敢往水里下，朱德耐心地说："大胆些，不要怕，你看爷爷不是在水里了嘛。来，爷爷扶你。"

每年七八月，正是适合游泳的季节，朱德都要带孩子们去游泳。有一次，朱德正准备下海，突然乌云密布，狂风骤起，海浪滚滚，气温骤降，眼看一场暴雨即将来临。这时，正在游泳的人们纷纷上岸，准备下海的年轻人也都撤回更衣室。而朱德却从容地带领孩子们，迎着风浪游向大海，一边游一边说："太好啦！"海水把他的皮肤冻得发紫，肌肉也有些抖动。随行人员都担心他受不了，就劝阻他："首长，您年纪这样大，身体又不好，不要游了吧！"他却笑着说："毛主席说，要在大风大浪里锻炼。不要怕，正因为年纪大，身体不好，才越需要锻炼。不然，思想上不想动了，人也就趴下了。""大风大浪里是锻炼革命意志的最好场所。风浪不可怕，怕的是畏缩不前。"他还说："刚下水时冷一点，游一会儿就好了。"这一次，朱德硬是坚持游了20分钟，直到雨如瓢泼才上岸。

大风大浪练意志，不畏艰险永向前。1974年夏天，朱德到北戴河休养。此时，朱德已是88岁的老人了，周恩来总理专门从北京医院打来电话，询问

朱德在浴场（历史图片）

朱德的身体情况，并嘱咐说："朱总要以休息为主，最好不要下海。"随行的工作人员也担心朱德会下海，听说总理打来了电话，都很高兴，心想：总理非常关心朱老总的身体状况，建议朱老总不要下海；朱老总向来尊重总理的意见，这回大概不会下海了吧！可是，朱德一方面表示感激总理对他的关心，另一方面仍然坚持到大海里去游泳。他说："一个人只要不运动，也就不能工作了。"这一次在北戴河，朱德每天两次下海游泳，每次要游400米。

　　生命不息，奋斗不止。朱德把早年养成的游泳爱好，一直坚持到晚年的最后岁月。1975年8月25日，朱德还坚持在大海里游泳。这也是朱德最后一次游泳。在北戴河游泳场管理人员小屋的墙上，至今仍然挂着一块十分醒目的小黑板，上面端端正正地写着："1975年8月25日，水温：26℃。"这是朱德最后在北戴河游泳那天的水温记录。为了永远纪念他老人家，为了永远纪念朱德89岁高龄还下海游泳的这一天，工作人员一直把这块小黑板照原样挂在那里，昭示后人。

　　小小的黑板，记录的哪里仅仅是水温？它记录着人民群众对朱德的无限怀念，记录着朱德不畏风浪、永远向前的惊人毅力和斗志。

/第六章/

史海——元帅趣事

◎朱德风趣地说:"我现在每月只有一块钱的津贴,如果抽了烟,就连洗衣服的肥皂钱也没有了。所以我戒烟已有一年多了。"真没有想到,统率着百万抗日大军的总司令,竟也和战士们一样,每月只有一块钱的津贴,而又为了节约,把烟也戒掉了!

军长理发，给了一个银角子

1928年夏天，红军打下了永新县城，部队驻扎下来休整。

一天，一个红军警卫员来到一家理发店，进门就喊："喂，老板，我们军长要理发，请你们去一个人。"

理发店的曾老板回答说："好，好，给朱军长理发，是我们的荣幸。"

警卫员说："要手艺好一点的，弄得干净一点。"

店里有五六个师傅，听说朱军长要理发，都想去，可谁去曾老板都不放心。

最后曾老板说："还是我去吧！我是老板，有什么事我担着。"

曾老板开始收拾剪子、刀子等理发的工具，还回到房里换了一身白纺绸衣裤，提起理发箱就跟警卫员出了门。

曾老板自从开了这个店，理发的活他从不沾手，只管进账。钱来得容易，他花得也随便，经常吃吃喝喝，要不就是买好衣料做衣服穿。如今他穿上白纺绸衣裤，走起路来飘飘的，好不得意！

店里的师傅们都想：曾老板亲自出马，一定能把活干好。

奇怪的是，不一会儿曾老板就拎着理发箱回来了。去担水的小徒弟曾国潘很惊奇："叔叔，怎么这么快就理完了？"

曾老板放下理发箱，把白绸衣裤一脱，满脸不高兴地说："朱军长他不理发了。"

师傅不高兴了，徒弟也不敢多问，小曾赶忙挑水去了。

再说曾老板飘飘然来到了军部。朱德一见，将他上上下下一打量，就说:"你是老板吧?"

曾老板赶忙一拱双手:"正是,正是,在下多吃了两年手艺饭,小号叫曾三和。"

朱德沉吟了一下,摇了摇手说:"我现在有点事,不理了,你回去吧。"

刚才不是说要理发吗?怎么现在又不理了?曾老板不明白个中缘由,但也不好问,只好回来生闷气。

小曾挑完水,正坐在门槛上休息,店门口又出现一个红军老兵。他拍拍曾国潘的肩问:"你是这里的徒弟吗?"

曾国潘站起来说:"是徒弟。"

"你会剃头吗?"

小曾看了看这个40来岁的人,只见他满脸胡子,穿一身旧灰布军装,军装上还补了一大块蓝布,看样子像个炊事员。

来理发的客人有好多种,理发店也有不同的对策。那些重要的客人,如本地的达官贵人之类,都由经验丰富的大师傅们动手。有一些客人有特殊的要求,比如留仁丹胡、留八字胡、修眉之类,也得由大师傅们动手。大师傅们动手,客人才会满意。一般的客人来了,自有学徒上前打理。小曾正处于学徒阶段,老板总是安排他应付普通客人。

小曾看着这个像炊事员的老兵,心想:咱的手艺基本上能对付他。于是大起胆子回答说:"我会剃头。"

"你会剃头就好,快带上一套家伙,跟我来。"

小曾提起理发箱,跟着红军老兵到了南门商会里,走进一间房子,只见墙上挂满了枪,旁边还有几挺机关枪。那个老兵把衣服一脱,就到里边去了。

小曾一看这架势,心里直嘀咕:这地方这么多枪,肯定不一般。他壮起胆子问一个正坐在那里擦枪的小同志:"刚才那个炊事员不是要理发吗?怎么还没出来?"

"你说他是炊事员?"小战士指指房间,笑了起来,"连他都不认识?他就是我们的朱军长！"

小曾一听，脑袋里"嗡"的一声，不觉"呀"了一声，说："我这个手艺，恐怕……"他后悔自己吹了大牛。

"怕什么？不要怕。"那个像炊事员的老兵从里屋出来，把小曾往板凳上一拉，一块儿坐下，亲切地说："不要怕，我们是红军嘛，红军就是为穷人解除压迫，让穷人过上好日子的。"

小曾也不知说什么才好，窘了好一阵子，才把箱子打开，准备给朱德军长理发。

朱军长挥着手说："不忙，不忙，咱们先聊聊，到吃饭前再剪。"

朱德和小曾拉起了家常，问他做了几年学徒，吃了多少苦头，问曾老板请了多少师傅，有多少钱分给大家。又和小曾讲起打土豪分田地、参加红军闹革命的道理。

朱德启发小曾："你干了活，应该问老板分钱，你应该有钱得。"

小曾回想自己在理发店时受到的"特殊优待"，心里很不平静：做学徒的人真苦，入徒还要自带三个月口粮，学三年帮三年，不但没有工钱，还要兼着挑水做饭、洗碗打杂。干活越多挨骂越多。以前认为大家都是这样过来的，就该是这个样子。经朱军长一开导，才知道早先这个不对了，学徒已做了五年了，工钱全进了老板的腰包，说起来还是叔叔呢，这哪里还有什么亲戚情分。

说话间，炊事兵走进来说："朱军长，饭快好了！"

朱德点点头，摘下军帽，对小曾说："来，小伙子，理发吧。理完了咱们一起吃饭。"

小曾一边理发，一边想：红军就是好，不论当官的、当兵的，一个个都那么和蔼可亲。普天下的好人，大概都集合到红军里来了。

理完发，朱德招呼小曾一起吃饭。他跟小曾说："以后你一个礼拜来一次，你只要把箱子放在这桌子上，我就知道你来了。"

饭后，朱德还把他送了出来，并拿出一个银角子给他。小曾拿着钱，眼泪"哗"的一下流了出来。自打学给别人理发以来，还没有人给过他一分钱。而今天第一次给他钱的，却是这位素不相识的红军军长。一时间，他觉得朱军长真是比自己的亲父母还要亲！

当时一个银角子换得三四十个铜板，普通理一次发，只要付18个铜板就够多的了。小曾心想：朱军长拿一个银角子，不是要找钱吗？

朱军长看出小曾的心思，说："不要找钱，你拿去，揣在你袋里自己用，不要交给老板。"

朱德在永新住了半个多月就要离开了。

曾国潘看着朱军长给的银角子，心里七上八下的，越想越坐不住了。他背上理发箱就去追赶已经出发的红军队伍。他拉着朱德的手，把银角子还给朱德，满含热泪地说："我不要工钱，我也不想回理发店了，你收下我吧，我坚决革命不变心，打仗跟你消灭白狗子，平时给红军剃头。"

朱德打心眼里喜欢这个纯朴的小伙子，问道："你真想当红军？那你叔叔会同意吗？"

小曾坚决地说："管他呢。我再也不受他剥削了，我要解放自己。"

"很好！"朱德转身招呼警卫员，"小李，领他到你们班里去吧。"

从此，红军队伍里多了一个会理发的小战士。

给女战士当红娘

1938年年底，八路军总部移驻潞城县北村。

这天，吃完晚饭后，朱总司令像平时一样外出散步。一出门，就碰到了女战士刘芝兰。朱总司令微笑着问："小刘啊，你这是去干什么？"

刘芝兰连忙回答说："没什么，随便走走。"

朱总司令说："那咱们一起走走，好不好？"

"好，走吧！"刘芝兰高兴地说。

太阳已经落山，天边横卧着一抹彩霞。他们沿着崎岖不平的小路向空旷的田野走去。小刘是个很细心的战士，每逢他们走过小沟或小坎儿时，小刘都会搀扶着总司令，唯恐有什么闪失。

望着小刘，朱总司令的心头就不由得升起一股父亲般的温情。他关切地问起她的籍贯、家庭、学习、工作等各方面的情况，小刘一一做了回答。

朱总司令后来又问道："小刘哇，你今年多大了？"

"24岁。"

"噢，24岁，大姑娘了嘛。有对象没有？"

小刘怎么也没想到指挥千军万马的总司令，竟会关心起一个普通战士的终身大事来。这个问题怎么好意思回答呢？小刘很犹豫。可是，当她看着总司令那慈祥的眼神，心里的害羞感和局促感消除了许多。她红着脸回答说："俺从学校来到革命队伍这几年，还没有人跟俺提过这件事呢。"

朱总司令哈哈一笑，说："没有对象，我给你介绍一位。"

总司令的笑声感染了小刘，小刘一下子感到这个话题很轻松，也不再感到拘束不安了。

朱总司令继续说："你看左权同志怎么样？他是咱们八路军的副总参谋长，年轻有为，工作、学习、思想、品德各方面，都是咱们总部的表率。"

小刘默默地听着。

"如果你同意，我就给你们当个红娘，你看怎么样？"

小刘腼腆地笑道："这叫我怎么说好呢？我投身革命，就把自己的一切都交给了党，交给了革命，一切都听从总司令的安排吧。"

朱总司令摆着手说："呃，不！不！这可不是一码事。打仗、工作，我是总司令，你得听我的，可是找对象这件事，你是总司令，我得听你的。我刚才是说当你们的红娘，可没说要当老夫人哟！"

小刘想了一会儿，大大方方地说："这么好的同志，我还能有啥意见？就怕我配不上人家呢。"

"有你这句话就行了。"朱总司令高兴地说，"至于小左那边，我去说。抽时间你们在一起多聊聊。成也好，不成也好，你们自己拿主意。我再说一遍，我只是当个红娘。"

散步回来，朱德把这件事跟左权讲了。左权也表示没意见。不久，左权和小刘就开始交往，两人的感情发展得很顺利。

1939年4月16日上午，彭德怀副总司令把刘芝兰找来，笑哈哈地对她说："经朱总司令介绍，你和左权也都同意，是不是可以结婚了？我来当主婚人，给你们举行一个别开生面的婚礼！怎么样？"

晚上，婚礼在左权副参谋长的屋子里举行。房门上贴着一个用金色纸剪成的双喜字，两边贴着鲜红的对联。屋子的正中央，摆着两张大方桌，桌子上摆满了瓜子、红枣、香烟之类的东西。左权和刘芝兰都穿着干净而整齐的粗布灰军装，胸前戴着用红纸做成的大红花。7点整，彭德怀副总司令宣布婚礼开始。他喜气洋洋地说："小刘同志在抗日前线表现很好。她

左权（1905—1942年），字叔仁，中国工农红军和八路军高级指挥员，著名军事家。他是八路军在抗日战场上牺牲的最高指挥员（历史图片）

工作积极，热情活泼，深受大家的欢迎和称赞。她团结同志也做得很好，你们看，她把我们的副总参谋长也'团结'过去了。"

朱德也站起来，乐哈哈地说："左权同志和刘芝兰同志结婚，他们高兴，我也高兴。因为他们谈恋爱是我介绍的。今天他们能够结婚，说明我这个红娘当得还算可以。你们说呢？"

大家欢笑着鼓掌，作为回答。

朱德又转过身对新郎、新娘说："我希望你们今后要互敬互爱，互相帮助，团结战斗，为打倒日本帝国主义、建立新中国而贡献力量。这里我还要特别交代小左一句，今后你可不能以副总参谋长的身份，欺负我们的小刘同志哟！"

会场又爆发出一阵开心爽朗的笑声。

为了节约，把烟戒掉了

1940年春，为了配合一二九师在晋东南的反摩擦斗争，粉碎国民党发动的反共高潮，晋察冀军区的两支队伍经过数日艰苦的行军，冲破了沿途日伪军的几道封锁线，来到了设在晋冀豫三省交界处的八路军总部附近。其中有一个营驻扎在东井村。

部队因长途行军，十分疲劳，吃过晚饭就休息了。这时，电话铃响了，营教导员李尚德连忙拿起电话，只听对方说道："我是团政委呀，通知你们一下：明天朱总司令要来我团视察工作。你们营的前身是井冈山时期创建的红一团，总司令对你们营很重视，明天很可能要到你们营来看看同志们。"

听到这个消息，李尚德心里非常激动，因为从参加红军到现在，还一

第六章
史海——元帅趣事

1939年，朱德、彭德怀等在山西武乡县王家峪。左起：罗瑞卿、吕正操、彭德怀、朱德、聂荣臻（历史图片）

次都没有见过朱德。他立即与营长李德才商量了一下，连夜召集各连连长开会，布置各项准备工作，迎接朱德的到来。

散会后，李德才忽然想起一件事，对李尚德说："听说总司令很爱吸烟，咱们不知买不买得到烟？"

李尚德说："哎呀，这事怎么刚才给忘了！我马上派人去买。"

由于部队驻扎在村庄里，买东西很不方便。于是，李尚德马上派人跑了几里路，买来了两盒天坛牌的好烟。晚上，李尚德躺在床上，翻来覆去，难以入睡，心想：总司令要是明天真能来我们营看看，那该有多好啊！

第二天，天刚蒙蒙亮，李尚德就起床到各连检查。只见大家都在忙着整理内务，擦拭武器。他心想：总司令就是来，也要先到团部，然后再到营里来。可是没想到，李尚德刚回到营部，就有一个战士进来报告说，外面有人找营部。

李尚德赶紧来到门前，只见门口站着一位50来岁的军人，个子虽不高，但很健壮，身上穿着一套褪了色的灰布军装，脚上穿着粗布袜子和一双布鞋。李尚德没见过朱德，但感到眼前这位军人和画像上的总司令有些相似。他心想：如果是总司令，怎么没带警卫员？

李尚德行了一个军礼，问道："请问您找谁？"

"我找营部。"

那位军人一开口，李尚德立即听出了是四川口音，马上断定他就是朱德。李尚德又惊又喜地问道："您是总司令吧？"

"我就是朱德。"

李尚德一时激动得不知说什么才好，只是紧紧地握住了朱德伸出来的粗大温暖的手。

这时，营长李德才也来了。朱总司令说："你们辛苦了！我是来看看大家的。"边说边走进屋子。李尚德搬了一个木板凳，请总司令坐下，又倒了一杯热水。接着，又递给他一支香烟。

朱德端起杯子喝了两口水说："我不抽烟。"

李德才说："听说总司令会抽烟嘛。"

朱德笑了笑，说："那是过去的事啦！过去是爱抽烟，而且烟瘾还不小呢。可是现在，部队的供应这么困难，每月一个人连二两油、二两盐都供应不到。一个战士平均三个月发不到一双鞋，一套衣服要穿三年呢！眼下主要是解决吃穿的问题。"

朱德拿起那支天坛牌烟看了看，说："这烟很不错呀，一盒就相当于一个战士一天吃饭的费用。"

李德才忙辩解说："平时我们哪能买得起这种香烟。这盒烟是昨天听说您要来，我们特地给您买的。"

朱德风趣地说："我现在每月只有一块钱的津贴，如果抽了烟，就连洗衣服的肥皂钱也没有了。所以我戒烟已有一年多了。"

第六章
史海——元帅趣事

听到朱德的这些话，李德才和李尚德都明白了朱德为什么现在不抽烟了。真没有想到，统率着百万抗日大军的总司令，竟也和战士们一样，每月只有一块钱的津贴，而又为了节约，把烟也戒掉了！

这时，李德才问："总司令，您骑的马和警卫员在哪里？"

朱德回答说："路又不远，只有20来里，为了锻炼身体，我没有骑马，警卫员也没带。因为今天参加集体生产，留下他，多一个就多一份力量。"

接着，朱德又询问了部队当前的军事训练、政治学习、文化生活等情况，了解后满意地说："不错！不错！"

听了工作汇报后，朱德去看望战士们。他在每个连里都看了一个战斗班和炊事班。他每到一处，无论是对干部还是战士，尤其是炊事员，都一一握手并亲切地问候大家。在每个炊事班里，他都要亲口尝尝饭菜的味道。他对炊事员们说："你们现在吃的是小米，这对你们还是优待哩。别的部队，就连总部都是吃黑豆。可是，这难不住我们。"

回营部的路上，李尚德问道："总司令对我们还有什么指示和批评？"

朱德微笑着说："你们营搞得不错，保持和发扬了红一团的优良传统。我很满意。"

石家庄解放后，上级部队开了一个座谈会，了解攻打石家庄的经验。李玉林和孙良巨接到通知后，带了点简单行李就动身了。

快要见到总司令了，大家的心"怦怦"直跳。高兴的是，刚打下石家庄不久，朱德在百忙之中就接见一线指挥员，这真是做梦也梦不见的事啊；着急的是，人们脑子里热乎乎地光顾想着朱德总司令了，把念叨出来的汇报内容也忘得一干二净了，怎么也想不到点子上。

朱德满面笑容地迎了出来。进屋后，大家都规规矩矩地坐着。朱德看出大家都有点拘束，笑笑说："不要紧张，随便谈，随便谈。"说着，他就和蔼地跟大家拉起了家常。他问大家上过学没有，生活情况怎么样。聊到这些生活问题，紧张的气氛一下子就变得轻松起来。

1947年，朱德给指战员做报告（历史图片）

后来，朱德从右边口袋里取出一副黑边眼镜，慢慢地戴上，又拿出钢笔和笔记本。他说："谈谈你们怎么打石家庄的，有什么经验吧！"

于是，工作汇报开始了。一谈到战斗，大家都感到群情振奋，你一言我一语地谈了攻打敌人核心工事的经过：怎么把敌人全部压到大石桥，又怎么利用爆破，冲进去全歼残敌；怎么突破内外市沟，巩固突破口，让后续部队投入巷战。当大家谈到在巷战中看见高大的楼房、拐弯抹角的街巷，弄得分不清东西南北，晕头转向，只好见哪里有敌人就往哪里打的时候，朱德微微笑了笑说："过去我们都是钻山沟打游击，打像石家庄这样不大不小的城市，还是头一次。打这样的仗当然还不习惯。"

朱德又有节奏地点着指头，说："今后我们还要打下上海、天津、北平、南京、沈阳……全国很多很多的城市都等着我们去解放。"他的每一句话，每一个动作，把大家刚经过战斗还没有平静下来的思绪又引入更激烈更伟大的战斗中了。每个人脸上都流露出兴奋、胜利和喜悦的神色。

这时，警卫员走进屋来，拿来一盒烟放在桌子上。大家的目光一下子集中到这盒烟上，仔细看去，这是一盒边区造的纸烟。

朱德问大家："会吸吗？"

"会。"孙良巨说着，习惯性地把手伸到口袋里，像是要拿又不敢拿出来，犹犹豫豫地在里边摸来摸去。李玉林立刻想起孙良巨来的时候带了盒玻璃纸的香烟，心想：朱总司令抽的是边区造的纸烟，你有好烟该拿出来让总

第六章
史海——元帅趣事

司令也吸一吸。

孙良巨摸了半天才拿出来说："请总司令吸这个！"

朱德看着印有英文字样的香烟，没有说什么，只是拿起茶缸喝了一口水，大概觉得太凉了，又放在火炉边上烤着。这时，李玉林

1947年，朱德在石家庄战役前，视察晋察冀野战军炮兵旅（历史图片）

才看清朱德的茶缸子是个绿洋瓷铁的，边上的瓷都脱落了，露出发黑的铁皮来，上边扣了一个老乡用来盛咸菜的小瓷碟当盖子。李玉林心里很难过，觉得总司令太俭朴了，自己用的缸子都比总司令的要好些。

朱德又拿起脱了瓷的茶缸来喝了一口水，笑嘻嘻地问道："你们一个月多少钱？"

大家以实相告。

"不多嘛！一个月这几个钱还要买日用品，还有钱买烟吸吗？"总司令说着，拿起玻璃纸烟盒端详了一会，看着大家。

李玉林只觉得脸一热。孙良巨的脸直红到脖子根，鼻子上隐隐地冒出几颗汗珠。他不自然地拽着衣角说："打下石家庄后，我们谁也没见过这号烟，就买了一盒尝尝！"

朱德笑呵呵地说："啊，是这样的。尝尝是可以，但是不要忘记我们艰苦奋斗了几十年，今后还要艰苦！要时时刻刻记住我们是人民的军队啊！"

大家都很惭愧，却很受感动和启发。朱德那温和的眼神，深深地印在同志们的脑海里。

朱老总的谈话艺术

言语朴实含哲理

朱德的语言很朴实，但其中却显露出深刻的哲理。

朱德是一位伟大的军事家，被人尊称为"红军之父"。他戎马一生，身经百战，创造了许多光辉的战例，立下了不朽的功勋。朱德有着非凡的军事才能，在大大小小的战斗中表现得淋漓尽致。从中，我们也可窥见朱德不同寻常的谈话艺术。

大铺桥战斗是湘南起义战斗之一。当时驻扎在大铺桥的国民党部队有两个营六个连。这六个连是从小学和中学征召来的学生，大部分不到20岁，有些还只是十六七岁的孩子，从来没有打过仗。朱德在组织大家讨论作战方案时，有人主张对这些毫无战斗力的敌军一举加以歼灭，也有人主张用政治攻势，争取学生军站到革命阵营来。

朱德听完大家的争论，指着一把雕有武松打虎图案的太师椅，打趣地问大家："武松为什么打虎？"有人回答说："不打虎，老虎就要伤他。"他又指着另一把雕有苏武牧羊图案的太师椅问大家："苏武为什么不打羊呢？"笑声中，有人回答："羊又不咬人。"朱德接着说："大铺桥这一仗，正像这两幅图案，有'虎'也有'羊'。对'虎'——那些顽固的反动军官，我们学武松，要坚决地打，不然就过不了景阳冈。对'羊'——那些学生兵，我们要学苏武，耐心地去把他们牵来。打虎才能牵羊，只有把'虎'打死了、打伤了，'羊'才能得救。"

朱德的比喻形象而生动，大家都同意这个"打虎牵羊"的方案。在朱德的指挥下，大铺桥战斗按预定方案进行得很顺利，多数学生兵自愿参加工农革命军。1937年，当美国记者史沫特莱问起这件事时，朱德告诉她，当年的那些学生兵，"许多人已经成了他的部队中的军政干部"。

朱德率领南昌起义军余部在宜章发动湘南起义。图为起义军指挥部旧址（历史图片）

二打永新战役时，朱德在战前动员大会上动员部队长途奔袭永新，端掉敌军的指挥部。他说："打他的心脏，打他的指挥机关，打他的脑瓜子，一个铁掌把他的脑壳打碎，他们就完了。"

朱德能在言语之中，用形象生动的语言，点明问题的实质。他的话很朴实，但却蕴含着深刻的哲理，能让听者受到教益。1928年6月，朱德来到新城，乐坏了新任的区苏维埃主席雷伴吉。这里的工作才刚刚开始，若想把群众工作开展起来，真是有很多困难呢。雷伴吉心想：困难再大，朱军长来了就好办了。于是，他决定去找朱德，以求得朱德的帮助。

雷伴吉心事重重地来到朱德面前，还没等他开口，朱德就好像猜透了他的心思，笑着说："看，小雷，你的嘴巴上栽了一棵树哩！"

雷伴吉听了，有点莫名其妙："什么？树？"

朱德风趣地笑着说："黄连树呀！看你的样子，像有吐不完的苦水。"

雷伴吉这才明白，朱德是用"嘴上栽树"来形容他想向朱德诉苦的心思。他心想：既然军长全明白了，这次不正好可以向朱军长诉诉苦以便请求指示吗？

朱德这时又说："没有困难，还要我们这些共产党干什么？"

雷伴吉说："反正朱军长您一来，我们可就借这股东风，工作就不发愁了。"

朱德立即纠正道："工作要靠大家做，要把群众发动起来。群众的力量，才是一股真正强有力的东风。"

是啊，群众的力量，才是真正强有力的东风，这是多么深刻的道理，而其语言又是多么的朴实啊！很大很深的道理，就蕴含在这朴实无华的语言中，这是生活的智慧，是生活经验的总结与自然流露。它没有任何修饰，没有任何雕琢，然而，却能引人深思，启发人思考。

1940年5月24日，朱德离开西安回延安，同行的有著名文学家茅盾等人。上午出发，傍晚宿在铜川，朱德和茅盾的住处很近。晚饭后，朱德前去拜访茅盾，他们多次谈论的话题是杜甫和白居易。闲谈中，茅盾发现"这位名震中外的将军有很高的文学素养"。

第二天下午，经过中部县时，根据朱德的提议，大家前去拜谒黄帝陵。车队停在桥山脚下，大家拾级而上，来到陵前。驻守黄帝陵的卫兵说，这里是国防重地，奉令不让参观。但黄帝陵管理处的负责人看到是第十八集团军总司令前来，便特别通融，陪同参观。

黄帝陵是著名的文化古迹。在中国古代传说中，黄帝被作为中华民族的始祖。人们常用"炎黄子孙"来表示中华民族血浓于水、团结一致的美德，来表达自己的爱国情怀。在参观过程中，朱德请茅盾向大家讲讲黄帝的故事。茅盾讲完后，朱德即兴发挥，由黄帝而引申到中华民族正在进行的抗日战争，号召大家同仇敌忾，奋起抗击日本侵略者。

茅盾回忆当时的情景说，总司令接着讲话。他很幽默地说："刚才沈先生

第六章
史海——元帅趣事

讲了历史上的黄帝，现在我再讲讲当代的'黄帝'——我们这些黄帝的裔胄。中华民族有五千年光辉的历史，然而近百年来我们这个民族却遭受了帝国主义的百般欺凌，被称作'东亚病夫'。现在这个古老的民族觉醒了，我

黄帝陵（历史图片）

们这些黄帝的子孙点燃了民族解放的烽火，全国人民正进行着神圣的抗日战争。抗日战争就是中华民族复兴的战争，我们一定要把这场战争进行到底，我们也一定能取得战争的最后胜利！现在有人想阻挠抗日战争的胜利进行，想妥协投降，这种人是黄帝的不肖子孙！"总司令的话不长，却极具鼓动力，茅盾发现总司令还有很好的演说才能呢。

有一次，雷英夫去给朱德送《敌情资料》《国际资料》。这些材料的封面上照例印上了"秘密"两字。朱德看后说："我给你们提个意见行不行？"雷英夫赶快说："请总司令指示。"朱德说："你们把'秘密'两字去掉好不好？要不，就请你们在'秘密'两字之前，加上一个'不'字，印成'不秘密'三个字。因为现在是战争环境，有关敌情资料应该让大家知道，知道的人越多越好。除了某些情报来源应该保密，敌人的情况有什么秘密可保的？知己知彼，百战百胜嘛！大家知道了敌人的情况，就会更自觉地去打仗，才能打得更好，不了解情况，懵懵懂懂去打仗怎么行？要知道我们是人民军队，进行的是人民战争，非靠广大群众和干部不可，不能只靠少数人。《敌情资料》和《国际资料》如此，我们作战和建军中的有些问题，如建军宗旨、编制、装备原则，政治工作、战略战术等，也是一样，知道的人越多越好，没有什

么密可保的。即使敌人知道了,也没有关系,横竖他们学不会,不能用。因为我们是革命军队,进行的是革命战争,敌人是无法运用我们的一套原则和战略战术的。"总司令的精辟见解,使大家豁然开朗,大家一致拥护。后来,《敌情资料》和《国际资料》上的"秘密"两字都去掉了,并扩大了发行范围,取得了很好的效果。

备战气氛中的祝寿

1946年秋冬之交,人民解放战争正处在一个重要时刻:解放区的保卫战已取得了可喜的进展,尽管中国人民解放军在军事力量上处于劣势,却在7月到11月间消灭了进攻解放区的国民党军队39个旅。然而,蒋介石却仍然过高地估计自己的力量,不顾中国共产党一再发出的警告,一意孤行,向陕甘宁边区发动进攻。延安正处于紧张的备战气氛中。

这一年的12月1日,是朱德60寿辰。人们在这个严峻的历史时刻为自己的总司令祝寿,怀着一种特殊的心情,自然地把朱德的名字同中国人民的命运联系在一起,形成热烈的、真挚的感人情景。

祝寿前夕,《解放日报》在11月27日发表了中共中央祝贺朱德60寿辰的祝词和《朱德将军年谱1886—1946》。中共中央的祝词说:"人民庆祝你的60年生活,因为你是中国人民60年伟大奋斗的化身。""你对民族利益和人民利益的无限忠诚,你的不怕艰难危险,不求个人名利的牺牲精神,你的联系群众、信任群众、视民如伤、爱民如子的群众观点,正在鼓舞着全党全军为独立和平民主而奋斗到底。""你的60大寿是中国共产党的佳节,是中国人民解放军的佳节,是全解放区和全国人民的佳节。""你的寿辰正是战斗的号召，胜利的号召！全解放区军民，一定要用胜利的自卫战打退和粉碎反动派的进攻，作为替你祝寿的纪念品！"从 11 月 29 日起，延安全城悬旗三天，党、政、军、农、工、商、学各界纷纷举行庆祝活动。11 月 30 日，中共中央在延安为朱德总司令 60 寿辰举行庆祝大会。

这天的延安热闹非凡，到处洋溢着节日的气氛，大街小巷插满了大大小小的红旗。庆祝会的主会场设在中央大礼堂。在礼堂的门口悬挂着一块红布，上边用黄纸贴成一个斗大的"寿"字。寿堂正中的墙上悬挂着毛泽东亲笔题写的 5 个苍劲有力的大字"人民的光荣"。中共中央送的贺幛上写着"万年长青" 4 个大字。贺幛的下面，摆着一盆郁郁葱葱的凤尾菜，菜心正中放着一个用金色纸剪成的"寿"字，金光四射，满堂生辉。寿堂两侧的长桌上，摆满了各地群众送来的鲜花、果品和寿桃，五颜六色，散发着扑鼻的芳香。

下午 1 时，朱德在一片锣鼓声和欢呼声中，乘车来到了寿堂门前。他穿着一身普通的灰布军服，披了件斗篷。看到敬爱的总司令，人们激动万分，高

1946年，《解放日报》刊登庆贺朱德60寿辰特刊（历史图片）

1946年11月30日，中共中央在延安庆祝朱德60寿辰（历史图片）

1946年11月30日，毛泽东等祝贺朱德60寿辰。图为庆寿会上（历史图片）

第六章
史海——元帅趣事

呼："毛主席万岁！""朱总司令万岁！"朱德亲切地对大家说："你们不要祝贺我，我要祝贺你们，祝贺党，祝贺人民。"

人群中走出几个孩子，把一束束鲜花献到总司令的手中。总司令弯下腰，亲了亲这些可爱的孩子。

晚上，中央大礼堂举行庆祝大会。党和军队的领导们及群众代表频频向朱总司令举杯祝寿。陕甘宁边区政府主席林伯渠首先致辞。接着，刘少奇代表党中央致贺词，他称赞：朱总司令60年来为中国人民所作的事业，"是中国共产党和中国人民最优秀的结晶，给予党和人民极大的光荣"。

周恩来在晚会上宣读了他的祝词。他满怀激情地说："我愿代表那反动统治区千千万万见不到你的同志、朋友和人民向你祝寿……亲爱的总司令，你几十年的奋斗，已使举世人民公认你是中华民族的救星，劳动群众的先驱，人民军队的创造者和领导者。亲爱的总司令，你为党为人民真是忠贞不贰，你在革命过程中，经历了艰难曲折，千辛万苦，但你永远高举着革命的火炬，照耀着光明的前途，使千千万万的人民，能够跟随着你充满信心向前迈进……你的革命历史，已成为20世纪中国革命的里程碑……你的强健身体，你的快乐精神，象征着中国人民的必然兴旺。人民祝你长寿！全党祝你永康！"

周恩来的讲话高度地概括了朱德近半个世纪的奋斗历程，也代表了所有劳动人民的心声。会场上响起了经久不息的掌声。面对着这热烈的场面，面对着自己亲爱的战友和同志们，朱德十分激动。他从座位上站起来，向讲台走去，用饱含深情的语调说："我衷心感谢党和同志们对我的热情祝贺。中国人民很早就干革命，前仆后继，但屡次遇见革命伙伴，就往往不大靠得住。那些伪装革命而以升官发财为目的的人，在获得革命果实后却反转来镇压革命，致革命屡屡失败，人民屡次上当。我是一个农民的儿子，所有农民的儿子都是要革命的，那时不成功是摸不到路，后来找到了，加入了中国共产党。我虽然已六十岁，但帝国主义的年纪却比我大得多哩。他们还能活多久？反动派一定失败，中国人民一定胜利。我相信我可以亲自看到中国革命获得成功。"

这些话语表达了朱德的心声，表现了对革命必胜的坚定信念，使在场的许多人联想起了六年前在华北敌后的一次祝寿会上，那是为庆祝朱总司令54岁寿辰举行的集会。那次庆祝会的规模远比这次小得多。当时正是抗日战争处于最艰苦的阶段，蒋介石集团掀起了第二次反共高潮。在那种艰难困苦的形势下，中国共产党和八路军表现出坚强的革命斗志，克服了种种困难，与一切反动派斗争到底，不断地取得胜利，一次次地粉碎了国民党反动派的反共高潮，挫败国民党的阴谋诡计。而在前线，英勇的八路军战士浴血奋战，保家卫国。在那次祝寿会上，朱德以高昂的声调说："我认为今天开会并不是简单地庆祝我个人，而是你们在庆祝中表现出你们对中国共产党和八路军的拥护。对于同志们这种庆祝的热情，我个人实在不敢当。我只有更加努力为国家民族、为人民、为无产阶级事业奋斗到底，尽自己的一切力量，和大家共同努力，争取革命的胜利，来回答同志们。"朱德的这一番讲话，是与同志们共勉，要大家坚定地把握革命真理，依靠党，依靠人民群众，为全人类的解放而奋斗到底。

朱德在祝寿大会上致答谢词（历史图片）

时隔六年，情形是多么相似，总司令的革命精神依然是那样令人鼓舞，他依然是那么乐观。

1946年年底，在美帝国主义支持下的国民党反动派，认为他们已经在"和平谈判"的掩护下完成了发动全面内战的部署，居然胆敢冒天下之大不韪，悍然撕毁"停战协定"和"政协决议"，向解放区发动全面军事进攻。国民党政府过高估计了自己的力量，对他们发动的这场战争得意忘形，以为可以速战速决，一举消灭共产党领导的人民军队。蒋介石甚至声称，他倚仗国民党的军事优势，"如果配合得法，运用灵活……就一定能速战速决"。

国民党敢于发动全面内战，很重要的因素是依仗美国政府的支持，而

1946年，朱德在延安（历史图片）

当时美国看起来似乎是很强大、不可战胜的。从1945年9月到1946年6月，美国出动飞机和军舰，将国民党军队约54万人运送到华北、华东、东北、华南各地。国民党军队在短时间内接受了100多万日本军队和几十万伪军的武器装备，还收编了大量伪军，使其军事力量大大加强。

面对严峻的形势，中国共产党采取坚定的立场。同年10月，中共中央详细地总结了全国规模内战爆发以后三个月的战争的胜利和经验，指出，在战争的头三个月，国民党反动派进攻解放区的全部正规军190多个旅已被我军歼灭了25个旅。"今后一个时期内的任务是再歼灭敌军约25个旅。这个任务完成了，即可能停止蒋军的进攻。那时的任务，是歼灭敌军第三个'25个旅'。果能如此，就可以收复大部至全部失地，并可以扩大解放区。"

根据当前的形势和任务，中央向全党、全军发出号召，向朱总司令学习，用实际行动去反击国民党军队的进攻。给总司令祝寿，就如同向全军发出动员令。正如中央的祝词中所说的："今天反动派还在进攻，反动派的进攻还没有被打退，但是这个时间是不远了，你的寿辰正是战斗的号召，胜利的

号召！"

解放区军民为朱德祝寿的热烈情景，正是表现着高涨的士气与民心所向。

人们用各自的方式来表达对总司令的尊敬。这些天，延安的人们互相见面时，除了打听前线的胜利消息，都要加问一句："总司令60大寿，你做了些什么？"回答是："我准备做个大寿桃去。""我准备送一束最香最美的鲜花去。""我准备送一面锦旗。"

1945年，日本帝国主义投降后，朱德在延安研究战局形势图（历史图片）

电波传来了各解放区战场的贺电，前线的干部战士们从硝烟弥漫的战壕里写来贺信，表示要发扬革命精神打胜仗。

解放区的军民通过这次给朱总司令做寿，进一步鼓起了必胜的信心。大家表示要更好地学习朱总司令忠心耿耿、全心全意为人民服务的革命精神，用胜利的自卫战来打退和粉碎国民党反动派的进攻。

"在我们这个时代，工农兵里就有韩荆州"

1942年5月2日，这是中国文艺史上一个令人难忘的日子——延安文艺座谈会召开了。这天上午，来自各个文艺团体、中央各文教单位的代表，以及从前线赶回来的部分文艺工作者，把整个会议室挤得满满的。

一阵热烈的掌声响起来，毛泽东、朱德及党中央的其他负责同志到会了，人们纷纷站起来鼓掌。

会议开始，首先请毛泽东讲话。毛泽东讲话的内容，就是《在延安文艺座谈会上的讲话》中的"引言"部分。

接着，朱德也在会上讲了话。他在讲了文艺工作者取得的巨大成绩之后，也批驳了当时延安文艺界存在的一些错误思想。其中提到一个相当有名的诗歌作者。此人曾引用李白的《与韩荆州书》中的诗句——生不用封万户侯，但愿一识韩荆州——表示了一种怀才不遇的怨恨情绪。朱德注意到了这种情绪，他说："你要到哪里去找韩荆州呢？在我们这个时代，工农兵里就有韩荆州！只有到工农兵群众中去，你才能结识许许多多的韩荆州。"他谆谆教导大家一定要到火热的斗争生活中去，密切联系群众，才能写出受群众欢迎的作品，使文艺更好地为革命服务。

毛泽东和朱德讲完话后，各个文艺团体的负责人和文艺工作者，一个接一个地站起来发言。大家展开了热烈的讨论。

1942年5月，朱德（前排右五）、毛泽东（前排右八）同参加延安文艺工作者座谈会的人员合影

大会经过20天左右的学习、讨论和争辩，不少模糊观念得到了澄清。5月23日，座谈会就要结束了，大家请毛泽东和朱德再给大家讲讲话。

这天下午，朱德应邀讲话。他首先赞扬了我党领导的八路军、新四军在革命战争中所建立的伟大功勋，赞扬了无产阶级和劳动人民对战胜日本侵略者和国民党反动派所做出的巨大贡献。他有针对性地指出："八路军和新四军为了国家民族流血牺牲，既有功，又有德，为什么不应该歌？为什么不应该颂？"在谈到"文艺工作者是不是也要经过一个思想转变"的问题时，朱德明确地回答说："哪里不要转变啊！岂但转变，我说就是投降。我原先不是无产阶级，因为无产阶级代表的是真理，我就投降了无产阶级。我觉得很光荣！我投降无产阶级不是来当总司令的，我只是替无产阶级打仗、拼命、做事。后来仗打多了，事情做久了，大家就推我做总司令。有的同志说，他不但要做中国的第一个作家，而且要做世界的第一个作家。我说，中国第一也好，世界第一也好，都不能自己封，都要由工农群众批准。"朱德停了一下，继续说："还有的同志觉得延安生活不好，太苦了。其实比起我们从前过雪山草地的时候，已经是天堂了啊！外边大都市里吃的住的穿的再好，但那是人家的；延安的东西再不好，也是我们自己的呀。"

朱德以铿锵有力的语调，深入浅出，侃侃而谈。全场的人全神贯注，静听凝思。

不知不觉，天色已经很晚了。毛泽东向全体人员讲话，他说："同志们希望我来给大会作结论，其实，总司令已经作了结论了。我的意见，和他的差不多。"接着，毛泽东发表了长篇讲话，这就是著名的《在延安文艺座谈会上的讲话》的"结论"部分。

在庆祝徐特立同志60寿辰时，朱德用诙谐的笔调描写徐老如何成长为一个共产主义战士的历程。朱德写道："徐老头……你是封建社会里生长的人，从小就背叛封建社会的习惯，就染着了资本主义革命气息，嗜好民主自由平等的味道，参加了中国一贯的革命。你为得要看穿资本主义的西洋镜，曾跑到了最标本式的欧洲巴黎等地去勤工俭学,仍是不合你的脾胃。毕竟你是一个老怪物,一直跑到了共产主义的营垒来,做了一个无产阶级革命的老战士,你才算是死心塌地做下去。"

"运输大队长"连张收据都不要

1947年3月,延安保卫战迫在眉睫。在南泥湾附近的一条公路上,朱德和两位苏联医生被一群战士围住了,大家亲切地交谈着。有一位战士看见了朱德的警卫员背着一支小巧的步枪,便问朱德:"这是什么枪?"

朱德回答说:"这是卡宾枪,美国制造的。"

战士又问:"管打不管打?"

朱德笑着说:"当然管打!这比咱们老套筒、汉阳造轻便多了。不过这枪拿到反动派手里,就不管打了。"

看见大家对这支枪很感兴趣,朱德风趣地说:"这种枪就这么一支,不能奉送给你们。你们如果想要的话,运输大队长会给你们送来的。"

战士们一下子就听明白了,朱德所说的"运输大队长"指的是蒋介石。大家都会意地笑了。朱德继续说:"蒋介石这个'运输大队长'还真行,前次在上党战役中,不但给我们送来好多枪,还把美国的山炮、榴弹炮也给运来了,连张收据都不要。"

朱德的话逗得大家嘴都合不拢了,连两位苏联医生也忍不住笑了起来。

是啊,幽默有时也是一种战斗的武器,这种"软"武器能发挥许多"硬"武器所不能发挥的作用。大战之前,大家的思想都集中在准备打仗上。朱德的这一席话,说得那么幽默,使大家的精神得到了放松。一方面,揶揄了蒋介石,另一方面,也激发了大家的斗志。战士们摩拳擦掌,恨不得多打几个胜仗,让蒋介石这个"运输大队长"再多送点东西来。

揽山川之胜

西山寻访蒋琬墓　北山凭吊宋哲元

1957年3月12日，四川绵阳。城南著名的菜羹香餐馆前，依旧像平常一样热闹。下午，几个干部模样的人来到餐馆，拣了一张靠墙角的桌子坐下，其中一个中年人对一位身披大衣、年约70来岁的老人说："请您先坐一会儿，我去排队。"

"好。不要惊扰别人！"

一会儿，服务员送来几碗茶。老人端起茶碗，揭开盖，一阵清香扑鼻而来。

老人连声称赞："好茶！好茶！"

身旁的人给老人介绍说，这是川北山区的老茶，香味醇厚，价钱便宜，山里人特别喜欢喝这种茶。说话间，饭菜上桌，几个人津津有味地吃了起来。

吃完饭走出餐馆，老人回头望了望那高悬的"菜羹香"额匾，连声赞道："菜好汤香，名副其实嘛！"

这位悄然而来，匆匆而去的"普通顾客"不是别人，他就是中共中央副主席朱德。朱德是来绵阳视察工作的。

3月13日上午，朱德视察了绵阳缫丝厂。从缫丝厂出来后，朱德一行登上了西山。

3月的西山，桃花盛开，轻风拂面。71岁的朱德步履稳健，拾级而上。他站在玉女泉边，只见清澈的泉水从一只石青蛙的口中涌出，潺潺而下。

朱德沉思片刻说："可以在玉女泉下建个厂，充分利用泉水，宿舍就修在山下，也便于工人上班。"

朱德在西山上四下环顾，问陪同的人："蒋琬墓在哪里？"

随行人员答道："就在前面的小山坡上。"

"走，去看看。"

蒋琬是三国时蜀汉名将，具有卓越的政治、军事才能，辅佐刘备维护蜀汉政权。公元241年，蒋琬死后葬于此地。朱德向大家讲述了蒋琬的历史，叮嘱要对蒋琬墓这一文化古迹好好保护。

下了西山，朱德又驱车到北山，凭吊国民党抗日名将宋哲元。

早在1933年，国民党二十九军军长宋哲元率部在长城一线抗击日寇，取得长城血战大捷。1937年七七事变时，宋哲元率二十九军奋起抵抗，揭开了全面抗战的序幕。

1940年，一代名将宋哲元病逝于绵阳，安葬于富乐山。当时任第十八集团军总司令的朱德与副总司令彭德怀曾赠送了一副挽联：

一战一和，当年变生瞬间，能大白于天下；
再接再厉，后起大有人在，可无忧乎九泉。

朱德在墓前伫立良久，语重心长地说："凡是爱国的、对民族有过贡献的人，我们都应该纪念他，一定要修缮保护好宋哲元将军的墓，每年清明节，也应为他扫墓……"

离堆·尔雅台·三苏祠

1963年4月24日，朱德游览乌尤寺。一进山门，迎面石碑上镌刻着的

"离堆"二字便映入眼帘。他走到碑前,一边欣赏这两个字的书法,一边问:"这两个字是谁题写的?"

站在朱德身后的专区文教局副局长王聿修和乐山文化馆馆长黄高彬同时回答:"这是清末荣县人赵熙题写的。"

朱德又问:"灌县有个离堆,为何这里也叫离堆呀?"

王聿修回答说:"'离堆',就是把连着的山打开一条通道,引水分流,被分开的山叫'离堆'。秦蜀守李冰在川大兴水利,先后凿离堆达六七处。李冰在灌县凿离堆,主要目的是引岷江之水灌溉川西坝子上的万顷良田。这里是沫水(大渡河)、若水(青衣江)、岷江汇流处,水势湍急,行舟极险。当年李冰率人在凌云、乌龙山之间凿一渠道,使江水分流,以利于航行,避免水害,故也称离堆。"

朱德听了,点头应声。

朱德既有渊博的文史知识,又有虚怀若谷、不耻下问的胸襟。他对碑铭和书法有相当的研究,乌尤山保留有很多这方面的文化古迹。

朱德一路欣赏碑铭,一路夸书法。当走到半山腰的止息亭休息时,朱德看到亭内石碑上刻着"登山有道,徐行则不蹶,与君且住为佳"的碑文,连声说:"讲得好,有道理,很富哲理性。"

在参观乌尤寺收藏的字画时,朱德指着李公麟的一幅画说:"此人有'宋画第一'之称,画得好,墨也好。"

朱德说:"赵熙的字写得好。我当年在川南泸州时,与他有过接触,可惜那时没有索要他的书法。"

乌尤寺中的尔雅台,是有名的文化古迹。相传这是汉代犍为郡郭舍人注《尔雅》之处,后人筑尔雅台,以为纪念。朱德走进亭中,观看亭中壁上"汉犍为郭舍人注尔雅处"十个大字,然后又仔细阅读了《尔雅台记》全文,觉得考订翔实,书法工整,便风趣地说:"考得有点名堂。"

朱德虽然是第一次到乐山,但对尔雅台这一文化古迹早有所闻,并写有有关尔雅台的诗篇。说起这些诗篇，不得不提到朱德和郭沫若的诗交。

郭沫若与朱德知交深厚。1927年，北伐战争后期，郭沫若发表了著名讨蒋檄文《请看今日之蒋介石》。这篇文章的写作时间是1927年3月31日，地点就是在江西南昌进贤门内花园角2号朱德寓所内。同年8月南昌起义失败，两人在战斗途中分别。1938年10月22日，为进行神圣的抗日战争从日本只身归国而后出任国民政府军事委员会政治部第三厅厅长的郭沫若，与当时任八路军总司令而到汉口出席国防军事会议的朱德重逢，并在鄱阳街1号郭沫若的寓所内，同住一夜，共叙别情。第二天，朱德飞回晋东南抗日前线。郭沫若曾写了一首白话诗赠朱德以作纪念，朱德也写了一首《重逢》的白话诗回赠郭沫若。朱德的诗写道：

> 别后十有一年。
> 大革命失败，东江握别。
> 抗日战酣，又在汉皋重见。
> 你自敌国归来，敌情详细贡献。
> 我自敌后归来，胜利也说不完。
> 寇深入我腹地，
> 我还须坚持华北抗战，
> 并须收复中原，
> 你去支持南天。
> 重逢又别，再见必期鸭绿江边。

1939年9月初，郭沫若趁第二次从重庆返回故乡乐山料理父亲丧事的机会，重游了阔别26年的乌尤寺。这里也是他少年时代在乐山城中读书时经常登览之处。据连任40多年乌尤寺住持、曾任中国佛教协会常务理事的遍能和尚回忆说："那天陪同郭沫若一道来乌尤寺参观的，有他的夫人于立群。我在方丈室用茶点款待他们，我还向郭沫若询问了日本佛教的情况。他们在寺里游览了一通，特别在尔雅台前盘桓了相当时间，前后在寺里耽搁了约两个小时。因郭沫若是突然造访，事先未准备纸墨，所以当时没有留下任何墨迹。"

郭沫若是著名的诗人、文学家，观罢尔雅台，诗兴大发。回到与乌尤寺一江之隔的金灯村七妹夫家，写下了《登尔雅台怀人》的七律。诗前小序说："1939年秋返嘉州，登尔雅台怀玉阶先生。"玉阶即朱德的字。这首诗写道：

依旧危台压紫云，青衣江上水殷殷。
归来我独怀三楚，叱咤谁当冠九军？
龙战玄黄弥野血，鸡鸣风雨际天闻。
会师鸭绿期何日，翘首嵩高苦忆君。

朱德（左三）和郭沫若（左一）交谈（历史图片）

这首寄怀诗经过相当长的时间，才辗转送到朱德手里。

1944年，朱德在戎马倥偬之中，步其原韵写出了《和郭沫若同志〈登尔雅台怀人〉》七律一首。那时，虽然朱德并没有登临过尔雅台，但他渊博的文史知识却使他对有关尔雅台的历史典故了如指掌。朱德在这首七律中写道：

四顾西南满战云，台高尔雅旧情殷。

千村沦落悲三楚，四位英雄丧廿军。

北国翻新看后劲，东邻陨越可先闻。

内忧外患澄清日，痛饮黄龙定约君。

如今距当年写这首七律诗时将近20年，今天总算亲临尔雅台，一了夙愿。朱德在尔雅台前欣赏古碑，流连忘返不忍离去。他对同行的人说："可惜沫若没有一道来！"

朱德走出亭台伫立江边，远眺峨眉山巅，近观滔滔江水，抚今追昔，感慨万千。想当年山河破碎，国运坎坷，诗中不乏万端感慨之情；到如今"痛饮黄龙"早成现实，"内忧外患"也已澄清，可社会主义建设的道路仍有待继续探索，共产党人肩负重担任重而道远啊！

4月25日，吃过午饭，不待休息，朱德便兴趣盎然地去看眉山三苏祠。

三苏祠，坐落在眉山县城西南隅，原为北宋时苏洵、苏轼、苏辙旧宅。明洪武年间，时人为纪念苏氏父子，改宅为祠。三苏祠内有三苏塑像，辟有陈列馆，展出宋元以来三苏著述的历代版本以及苏轼的书法、绘画拓本等。朱德早年在泸州驻防时，曾经读过三苏著述，不仅了解三苏其人，而且非常仰慕他们的文学才华。

在县委领导的陪同下，朱德边走边听三苏纪念馆负责人的介绍。在大厅里，朱德看了三苏父子的塑像。参观文物后，朱德说："苏家三父子真是了不得，唐宋八大家，他们一家就占去三把交椅，难怪后人那么敬仰他们。"

在场的人都笑了。

纪念馆里陈列着一部《三苏全集》共80册。这是道光壬辰年（1832年）眉山刻本，每册都盖有"德字玉阶""仪陇朱氏藏书之印"两枚印章。

这是朱德早年的藏书，辗转陈列于这里。朱德看后赞扬说："你们的文物和文献书籍陈列丰富，保管得很好。"

三苏祠（历史图片）

这时，有人提出，请朱老总为纪念馆题词。朱德略一沉思，回答说："可以，但不是现在，等我想一想，回到成都写好后给你们捎来。"

朱德走后不几天，三苏纪念馆果然就收到了从成都寄来的朱德亲笔题诗，20个苍劲有力的大字跃然纸上：

一家三父子，都是大文豪。
诗赋传千古，峨眉共比高。

大家看着总司令亲笔题写的诗词，心里感到由衷的高兴和激动。总司令答应给三苏祠题词，说到做到，这充分表现了他老人家对纪念馆的高度重视。此情此景，令人难忘！

在生活中，有很多事情是值得珍重的，有很多记忆是值得人永远留恋的。当年曾经向朱德作过讲解的纪念馆馆长胡慧芳回忆说："当时我们感到老人家的题词不仅是对三苏父子的敬仰和高度评价，也是对我们工作的莫大支持和鼓励。于是，便组织人将题词放大后挂在大厅里，供游人拜读欣赏。题词手迹，至今仍作为珍贵的文物完好地珍藏在馆里。"

喜欢种树，对树木有着特殊的感情

朱德是佃农的儿子，从小生长在川北山区，对树木有着特殊的感情，自小就喜欢种树。在仪陇县朱德故居里，在他小时候读书、教书的学校，到处都能看到他当年亲手植下的树。琳琅山西北垭口的药铺垭小学，是他当年读私塾的地方，校门前，有一棵他幼年时种下的香樟树，至今枝叶繁茂，学生们常常在浓荫下游戏。仪陇县城里的金城小学（仪陇县立高等小学堂旧址）门口，有一棵巍峨的皂角树，挺拔翠秀，有十多米高。那还是1908年朱德在这里任体育教师时栽的。如今，这个学校的1000多学生，在这棵大树下做操、复习功课、做游戏，他们个个都知道这棵大树是朱德爷爷亲手栽下的。

1960年，朱德回家乡时，来到琳琅大队。他对队长说："俗话说'靠山吃山，靠水吃水'，山区要从实际出发，想山区的办法。在山区就要发展林木，多种树。河坡、路旁、田埂上，栽桑树、茶树、果树、白蜡树，就是在住宅附近的零散地块上，也可以栽树。四季常青，这是最好的绿化。生活环境好了，还增加收入。好好种植广柑、药材、山竹，想法运出去，化肥、机器就运回来了。这是条富裕之路。"

这时，琳琅大队的队长指着大湾坡上的嘉陵桑对康克清说："听老人们讲，那桑树就是朱老总在顺庆府读书时，带回来的桑枝栽下的。"

朱德听到后，非常惊奇地问道："还活着？"

队长回答说："剩下不几棵了，但长得很好。"

朱德非常高兴。他说："山区宝藏多呀！许多地方胜过平川。树木、竹子、山货、药材都是宝贝。要因地制宜，发展山区，农、林、牧、副、渔、土产、特产都要搞。搞好多种经营，把秃山打扮好，山上的木材就用不完，瓜果就吃不了，桑叶就采不尽。常言道'栽桑种桐，子孙不穷'。别小看栽桑养蚕，这可是摇钱树呀！蚕粪可肥田，桑枝能烧柴，桑葚可入药，蚕丝可卖钱。女人穿衣扯布，娃娃念书买本子，老人有病就医，都可以从这里开销。"

朱德的每句话都讲得实实在在，都讲到群众心里去了。

"红星杨"的传说

朱德自幼养成了植树、爱树的良好习惯和品德，无论是战争年代还是和平建设时期，只要有机会，他就大力提倡植树，而且身体力行。

1940年春天，华北抗战如火如荼。朱德带着八路军总部机关，驻在山西武乡县的王家峪村。面对着满目荒凉的村庄，朱德发出了植树造林绿化村庄的号召，并率领驻地军民在王家峪一带种植了两万多棵白杨树。他和战士们在村头和房前屋后栽下了一棵棵树苗。当时，有的战士不解地问："我们天天打仗、行军，栽这些小树苗干啥用呀？"朱德耐心地解释说："植树造林，可是件大好事呀！树多了不仅可以调节气候，还可以做盖房子的木料；有的树叶还可以吃，树枝还可以当燃料烧火。"有个小战士天真地说："现在栽上这些树苗，我们也用不上呀！"朱德笑了笑说："中国有句谚语，叫作'前人栽树，后人乘凉'。我们八路军植树就是为了后代，将来革命胜利了，搞建设也需要木材嘛！"总司令的一席话，战士们受到很大鼓舞，不几天工夫，王家峪村前村后，全都栽上了树苗。

后来的王家峪村，已是林木繁茂，绿树成荫了。每到夏天的夜晚，乡亲们坐在树下乘凉时，就想起了几十年前，在这里为他们植树造林的朱总司令和八路军战士们。

王家峪的寨湾有一棵杨树，是1940年清明节时，朱德和他的警卫员种植的。当年的小树苗，已长成26米高的参天大树，冠幅达20多米，繁茂的枝叶像一把张开的大伞，覆盖面积达60多平方米。说来也真稀奇，这树上的枝儿，你随便折下一枝，用手一折断，中心总呈现五星形，五个角规规正正，很像五星军徽。大家称这棵树为"红星杨"。当地流传着许多关于"红星杨"的传说。老人们说："朱总司令不同凡人，他栽的树自然不一般。"青年人说："朱老总当过红军总司令，那树心的五星就是他头上戴过的红五星。"还有人说："朱总司令栽杨树时，就要回延安了，他怕走后乡亲们惦念他，便留下了一颗火热的红心，时时刻刻和太行的土地、太行的人民在一起。"

这些传说是那么优美，那么动人。树心中出现五角星，很可能是树木自身结构的巧合，植物学家肯定会有一个科学解释，而我们却从传说中看到了太行山区人民对朱总司令的深厚情谊和无限的怀念。

朱德在总部驻地同当地农民亲切交谈（历史图片）

"元帅柏"巧遇元帅

1963年3月12日，朱德到四川视察，来到剑阁县的剑门关。这里原是一条古驿道，据说原来古驿道两旁，有古柏数十万株，经过几百年的风雨，现在仍有近万株。这些古柏在崇山峻岭的古道两旁连绵不绝，树干参天，浓荫蔽日，蔚为壮观。清代剑州知州乔钵曾赋诗赞誉这一胜景为"翠云廊"。

从翠云廊到天生桥一段，有一株古树，高34米，树干直径有1米，远看似柏，近看像松，果实卵形，大于柏子而类似松子。中国林业学会将这株古树定名为"剑阁柏木"，它是世界上的珍稀树种之一。

朱德看到这株古树后，非常高兴，告诉当地的负责人说："长成这样大的树，好不容易，可要好好保护呀！"

这时，一个同行的工作人员问："还有比这棵树更大的树吗？"

在场的一位农民说："那里还有一棵帅大的树！"

那位工作人员不懂"帅大"是什么意思，又问："什么是帅大的树？"

朱德兴奋地说："这是我们四川话。帅大的树，就是很大的树，就是树中的元帅！"大家听朱德元帅讲"元帅柏"，心里乐开了花。

朱德和随行人员来到元帅柏旁。好大的树啊，六个人手牵着手才围起了树干。朱德赞不绝口，再三叮咛："要好生保护这株树中的元帅！"从此，剑门人民十分珍惜它，爱护它，并认真研究它。元帅柏与元帅的故事传为佳话。

卧龙柳起死回生

中华人民共和国成立后，党中央机关进驻中南海。1951年，开始整理中南海的园林。一天，朱德来到工人中间和他们攀谈养花和植树。工人们都知道朱德一贯提倡栽树种花、爱树护花，便向他介绍中南海园林的规划，征求他的意见。朱德指着岸边一棵树干已大半腐烂、斜卧在地上的柳树说："这棵残柳，你们怎么处理？"工人们说："挖掉，栽棵新的。"朱德说："这棵树不必挖掉，还有那些有病的老槐树也不要挖掉，中南海里老树都不要挖掉，这是古人留下的，都长了几十年、上百年了，我们要爱护他们，把它们救活，养好！"

那棵残柳留下了。园林工人按照朱德的意见，整治了树干上的伤疤，使它免于一死。几年之后，这株满目伤残的柳树变得生机勃勃，奇迹般地长成了一棵枝叶繁茂的新柳。一到春天，柳絮飞扬，柳丝摇摆，显得婆娑多姿。工人们按照它那苍劲突起、腾空欲飞、虎踞龙盘的雄姿，给它起名为"卧龙柳"。

几十年过去了，虽然朱德已离开了中南海，离开了我们，但是，在他关心下救活的这棵卧龙柳仍然茁壮地生长着，始终充满生机。

"植树节"的倡导者

朱德，这位久经沙场的元帅，常常用战略家的眼光和头脑观察思考一些有关国计民生的大事。他将祖国的绿化事业挂在心上，认为植树造林是关系到中华民族千秋万代的大事业，不可等闲视之。

中华人民共和国成立后，朱德走遍了祖国各地，几乎每到一地，都关心着当地的植树造林问题。在东北视察时，他提出："要有计划地开发林业。"在云南，他提出：除了发展农业，还要发展林业经济。在四川，他提出：靠山吃山，靠水吃水，山区以发展林业为主。在海南，他提出：不要乱烧山，要护林防火，封山育林……在全国林业厅局长会议上，他提出："要全党开展造林活动，凡是能种树的地方都要种树。"他看着那一片片新营造的树林，那一道道绿色的长城，那一棵棵高大的树木，心里非常高兴。这是在建设祖国的新时期，他所统帅的又一支"新军"。

朱德多次向党中央写信建议，提倡植树造林。1952 年 3 月 5 日，他给周总理写信，建议将清明节定为植树节。他认为公布植树节的好处是，可在当

朱德和董必武在内蒙古赤峰市郊了解沙漠地带的造林情况（历史图片）

日催促人民个个种树，家家动员，各栽一棵或两棵树。全国党政军民机关学校都来种树，形成一种制度和风气。他特别提出要多种果树，营造经济林。他认为营造经济林，既能改善人民生活，增加收入，还可增加出口；又可防风防旱，保持水土，防止山洪。

朱德建议设立植树节的愿望，终于在24年后实现了。1976年，国务院决定每年的3月12日为"植树节"。在一年一度的植树节里，开展植树活动时，我们不会忘记朱德元帅一生倡导植树爱树，为后人留下一片绿荫的功绩。

/第七章/

浪底真金——浩劫中的朱德

◎林彪为了夺权,拼命往自己的脸上贴金。他们一伙炮制了"毛林会师"的论调,妄图将功劳贪为己有。

◎朱德微微一笑,坦然地说道:"叫我说什么呢?历史就是历史,是非自有公论。这些事全国人民都知道,世界上不少人也知道,你不是也知道吗?我还讲它干什么?"

81岁，遭遇"文化大革命"的惊涛骇浪

1966年到1976年，在中国大地上发生的"文化大革命"是一场中华人民共和国成立后空前的浩劫，它给党、国家和各族人民带来了严重的灾难。朱德正是在这场历时十年的"文化大革命"的惊涛骇浪中，度过了他的最后岁月。

"文化大革命"的风暴，发源于北京，很快就波及全国各地。

古老、庄严而美丽的北京城，在呼啸的狂风和动乱的氛围里颤抖。天安门广场上，拥挤着从全国各地到北京来进行"大串联"的红卫兵。他们胸前挂着毛泽东像章，臂上佩戴着红袖章。东西长安街以及其他所有的大街两旁，贴满了两三米高的大字报和大标语。架着高音喇叭的汽车，穿梭似的在大街上来回奔驰。喇叭声中传出歇斯底里的喊叫，一会儿要打倒这个，一会儿要打倒那个。张贴在街道两旁的标语上，写着"横扫一切牛鬼蛇神""把无产阶级文化大革命进行到底"等口号。

朱德每天都看报纸。报上的每一条消息、每一篇文章里，几乎都离不开"走资派""批倒批臭""彻底砸烂"等火辣辣的字眼。看到这些，朱德的心情十分沉重。

工厂停工了，学校停课了，生产也没人抓了！面对这混乱的局面，正直的人们忧心忡忡，不知道该怎么办才好。可是，街上的高音喇叭却还在播送着林彪、江青一伙的"指示"："天下大乱，越乱越好！""还要再乱，乱得要深、要透！""乱得不够的地方，要重新点火，挑起大乱！"……

"什么？还嫌乱得不够？他们究竟要干什么？"人们窃窃私语，冷眼观

第七章
浪底真金——浩劫中的朱德

察着。

实际上,当这场史无前例的"文化大革命"将要开始的前夜,国内的政治生活中早已处处可以感觉到那种"山雨欲来风满楼"的紧张气氛了。1965年12月在上海召开的中央紧急会议上,海军政治委员李作鹏、空军司令员吴法宪秉承林彪的旨意,发动突然袭击,制造伪证,诬陷中国人民解放军总参谋长罗瑞卿借林彪身体不好,逼林彪"让贤"。同时,还对罗瑞卿不赞成林彪关于"毛泽东思想是当代马克思列宁主义的顶峰"等提法进行批评。在这次会议上,朱德实事求是地表示同意罗瑞卿反对"顶峰论"的提法。朱德认为,马列主义、毛泽东思想还会发展,不能讲达到了顶峰,到了顶峰就意味着不再发展了。他没有料到,这次发言以后竟成为林彪、康生等人攻击他的重要口实。对于罗瑞卿的所谓"篡军反党问题",朱德和刘少奇、周恩来、邓小平等人一样,事先一无所知。显然,这是林彪一伙背着朱德、刘少奇、邓小平等人搞的。

朱德参加上海会议后不久,到了杭州。当时,康克清正在江西搞"四清",便赶来看他。吃饭时,康克清发现朱德常常停住筷子,沉思、摇头。她不清楚发生了什么事情,但见他这个样子,心里很担心,就问道:"老总啊,身体不舒服吗?"朱德摇头不语。

饭后,朱德把康克清叫到他的办公室,对她说:"你就不要多问了。"然后,又自言自语地

"文化大革命"期间的朱德(历史图片)

说：“如果这样搞下去，面就宽了，要涉及很多人，怎么得了呀！”康克清听了觉得很奇怪。后来，朱德的秘书告诉她：朱老总忧心忡忡，是因为罗瑞卿同志的"问题"。

1966年5月4日，中央政治局扩大会议在北京召开。会议以"反党集团"的罪名对彭真、罗瑞卿、陆定一、杨尚昆进行了错误的批判。会议通过了毛泽东多次修改的中共中央通知，对当时党和国家的状况作了完全错误的估计，提出："混进党里、政府里、军队里和各种文化界的资产阶级代表人物，是一批反革命的修正主义分子，一旦时机成熟，他们就会要夺取政权，由无产阶级专政变为资产阶级专政。这些人物，有些已被我们识破了，有些则还没有被识破，有些正在受到我们信用，被培养为我们的接班人，例如赫鲁晓夫那样的人物，他们现正睡在我们的身旁……"

朱德在小组会的发言中，强调要认真学习马列著作，学习唯物辩证法。他说："朝闻道，夕可死矣。我也有时间读书了，读毛主席指定的32本书，非读不可。准备花一二年的时间读完，连下来读就通了。毛主席也是接受了马克思列宁主义的理论……"

朱德的话还没说完，就被打断了。林彪重新提起他去年在上海会议上关于"顶峰"的发言，攻击他有野心，是借马克思主义来反对毛泽东。康生也攻击朱德"想超过毛主席"，"组织上入党了，思想上还没有入党，还是党外人士"。

这次会议决定由陈伯达、康生、江青、张春桥、姚文元、王力、关锋、戚本禹等组成"中央文化革命小组"取代以彭真为组长的"文化革命小组"，并掌握了中央的很大部分权力。会后，朱德的话更少，心情也更沉重了。

沉默，就是无声的抗议，是不妥协的语言。

1966年8月，中共中央召开八届十一中全会。毛泽东写了《炮打司令部——我的一张大字报》。会议通过了《关于无产阶级文化大革命的决定》。

第七章
浪底真金——浩劫中的朱德

1966年8月,毛泽东在北京主持召开中共八届十一中全会。会议通过《关于无产阶级文化大革命的决定》。主席台左起:毛泽东、周恩来、林彪、刘少奇、朱德、邓小平(历史图片)

一场由毛泽东发动、席卷全国达十年之久的"文化大革命"从此开始了。

"文化大革命"会那样发展,是朱德原先所没有想到的。这一年,朱德已经80岁了。当他看到中央和地方许多党政领导干部被作为"反革命修正主义分子""黑帮分子""叛徒""走资派",受到批斗、抄家,看到工厂、农村的生产秩序受到冲击、整个社会陷入混乱时,他忧心如焚。

朱德在参加中央的会议时,多次坦陈自己的看法。他说:"现在群众已经起来了,我有点怕出乱子,特别是怕生产上出乱子。"一位当时在朱德身边工作的秘书回忆说:"1966年冬的一天,我去给朱老总送文件时,看到他仰靠在沙发上,紧闭双目。直到我走近前,他才睁开眼睛,好像是在对我说,又像是在自言自语地说:'看来这次要打倒一大批人了,连老的也保不住了。'看他当时的表情,心事很重。"

"文化大革命"这一冲天大浪没有对已经81岁高龄的"红军之父"网开一面,而是无情地将他推进了历史的旋涡中。

为什么朱德会成为林彪、江青一伙打击的目标呢?一是因为朱德在党内外、军内外有着巨大的影响,如果把他打倒了,那么其余的将帅们还不是顺理成章地跟着一起倒？其二，朱德在很多会议上的发言，坦陈了他对时局的看法，林彪、江青一伙认为朱德是与他们唱对台戏，恨不得除之而后快。

忧虑与困惑

1967年1月，从上海到全国，掀起了一场造反派"全面夺权"的狂潮。"打倒一切"和"全面内战"，造成了比以前更加严重的社会灾难。11日，朱德在中央政治局扩大会议上说："现在文化大革命运动搞到破坏生产的程度，忘记了'抓革命，促生产'，这是新出现的问题，要注意解决。""我们制止武斗这么久了，可是有些人还在武斗，甚至还有砸烂机器、烧毁房屋的，这里面有反革命分子在捣乱，要注意。"这自然使朱德更被林彪、江青等视为眼中钉。

在江青的指使下，"中央文革小组"成员、当时担任中央办公厅负责人的戚本禹约集中央办公厅的造反派，鼓动他们在中南海里对刘少奇、邓小平、陶铸、朱德等人进行批斗。于是，这些造反派先后冲进刘少奇等人的家中对他们进行围攻、批斗，也包围了朱德的家。康克清回忆说："一天上午，我回到家，中南海造反团的造反派们围在楼前，高呼'打倒''炮轰'的口号，把大字报、大标语贴到我们家里，墙上、地下，到处都是。还提出要把我们从中南海轰出去。当时，朱老总还在玉泉山。他们一直闹到很晚才散去。"

疯狂的恶浪已扑向朱德。熊熊的烈火已燃烧到他的身上。朱德在玉泉山接到康克清打来的电话，他不能再"孤陋寡闻"、按兵不动了，他连忙赶回中南海。汽车才进中南海西门，就远远地看见白晃晃的大字报贴得到处都是。他的心都揪了起来。这是中国的政权中心啊！哪里乱都不能乱到中南海里

第七章
浪底真金——浩劫中的朱德

啊！等车开到家门口，他才发现脚下已是大标语铺路，两边是大字报夹道。

朱德从玉泉山回到中南海的家中后，就接到造反派的"勒令"，要他必须去看批判他的大字报，交代"反对毛主席的罪行"。周恩来的卫士高振普回忆说："造反派在中南海内贴出了攻击朱老总的大字报。周总理闻讯赶到朱老总的家，安慰他要保重身体，劝说老总到比较平静的玉泉山休息。在老总身边工作的同志告诉我，朱老总已去看了那张大字报，边看边用手中的拐杖敲打着地面，说那张大字报只有两个字是对的，那就是'朱德'，其他内容不知是从什么地方造出来的。"

过了几天，戚本禹又煽动中国人民大学的造反派，把批判朱德的斗争引向社会。一时间，攻击朱德的大字报、大标语纷纷出现在北京大街上。造反派还贴出海报，准备召开万人大会，公开批斗朱德。北京大学的造反派头子聂元梓得到这个消息后，立刻召集北大造反派开会，她说："清华大学揪出刘少奇，我们这次也要搞一个大的。"会后，她给康生打电话，探询"中央文革小组"的态度。康生回答："你们自己搞就搞成了。要说是我让你们搞的，就搞不成了。"于是，聂元梓几次召开会议，组织班子撰写批判朱德的文章登在《新北大报》上，印了50万份，散发到全国各地。

面对突然袭来的恶浪，朱德泰然自若地向康克清谈了自己的看法："第一，历史是公正的；第二，主席和恩来最了解我，有他们在，我担心什么？"同时，他还劝慰康克清："你不要怕他们批斗，要每天到机关去，群众是通情达理的。和群众在一起，他们就不会天天斗你了。"

造反派要揪斗朱德的消息传到周恩来那里。周恩来及时向毛泽东做了汇报，并征求毛泽东的意见。毛泽东不允许这种做法，说："过去国民党要'杀朱拔毛'，现在你们说他是黑司令，'朱毛''朱毛'，司令黑了，我这个政委还红得了吗？朱德不能批斗，他是红司令！"周恩来在造反派准备开批斗会的前一天要秘书通知戚本禹，必须立即取消"批判朱德大会"。由于周恩来的干预，批斗大会没有开成。

这次事件后，戚本禹责备造反派们："你们以为你们自己很聪明，其实最傻了。要不要搞，你们自己考虑。"此后，他们又换了一种手法，由公开批斗改为打入"冷宫"，由激烈言辞的攻击改为含沙射影，由身心折磨变为触及灵魂的精神折磨。

1967年2月前后，谭震林、陈毅、叶剑英、李富春、李先念、徐向前、聂荣臻等政治局和军委的领导人，在不同的会议上对"文化大革命"的错误做法提出了严厉的批评，但被诬为"二月逆流"而受到压制和打击。自此以后直到党的九大召开，中央政治局会议不再举行，"中央文革小组"实际上取代了政治局的职权。

在"中央文革小组"的导演下，中华大地上演出了一幕幕历史为之恸哭的悲剧。国家主席刘少奇和中央书记处总书记邓小平被打倒，他们背上了中国头号、二号"走资派"的帽子。随后，中央书记处常务书记陶铸也突然被打倒，戴上"中国最大保皇派"的帽子。怀疑一切、否定一切、打倒一切，

1959年国庆节，毛泽东、周恩来、刘少奇、宋庆龄等与朱德等解放军高级将领在天安门城楼上合影（历史图片）

已成了各地造反派们的行动纲领。打天下的将帅们，除了林彪是革命派，其余全被看作混进革命队伍的阶级异己分子。

"中央文革小组"所制造的一系列事件，使朱德陷入了深深的困惑和不解之中。面对这纷乱的世界，他更加忧虑。他不理解，为什么党内斗争非要用"打倒"这个偏激的词？他多次反映过自己的不理解。当然，这些不理解在那特殊的政治环境里，无疑被掌握造反大权的康生、陈伯达等人看作不和谐的音符。

一向正直的朱德不管"中央文革小组"的人爱不爱听，把自己的想法说了出来："现在有一个问题，就是要把你也打成反革命，把他也打成反革命。我看，只要不是反革命，错误再严重，还是可以改正的。一打成反革命就没有路可走了，这个问题要解决。"

这些话，使陈伯达、康生、江青等人听了更觉得刺耳。

"文化大革命"不断地升级，林彪、江青等人对朱德的迫害在不断地升级。朱德的忧虑也在不断增加，困惑也越来越多。

"历史就是历史，谁也篡改不了"

那时候，连朱德这样的开国元勋都受到冲击，更何况各地的老干部。周恩来在非常困难的环境中，设法取得毛泽东的同意，保护了一批老干部、民主人士和专家学者。时任江苏省委第一书记的江渭清被接到北京保护起来。江渭清到北京后，听到朱德也受到批判、攻击的消息，很为朱德担心，便给朱德家拨了个电话。接电话的是康克清。江渭清提出想去探望朱德，康克清答应了。

随后，江渭清来到了朱德的家中。一见面，朱德便亲切地询问江渭清的身体和安全情况。江渭清后来回忆说："说心里话，在当时那种处境下，听到他老人家的一番问候，我不禁热泪盈眶，紧紧握住他的手，不知该说什么好。"

朱德微笑着说："今天你来，我们随便谈谈心。"江渭清听了，更加感动。

坐下后，江渭清把心中的疑虑一股脑儿地倒了出来，向朱德叙述了江苏省"文化大革命"运动的情况，又谈了自己的看法。朱德说："渭清同志啊，你要能忍耐。忍得一时之气，免得百日之忧。不忍不耐，小事成大啊！"

朱德的一番语重心长的教诲启发了江渭清。江渭清心想：朱老总作为党和国家的领导人，也受到造反派的冲击，而他却十分坦然，这种态度令人肃然起敬。

谈话后，已近中午吃饭时间。朱德留江渭清吃饭，江渭清担心地问道："我是江苏'最大的走资派'，会不会牵连到您？"

朱德哈哈大笑："你这样的老同志，我是了解的。吃顿饭就会牵连到吗？"

江渭清心中充满着感激之情，可还是怕连累到朱德。康克清在一旁说："老总啊，你决定吧。"

朱德斩钉截铁地说："没关系，他是主席、总理用专机接来的，怕什么？"

江渭清听了朱德的话，心里踏实了许多，十分感谢朱德对他的关心。

可是，形势在继续恶化。刘少奇、邓小平等中央领导和国务院的许多领导同志，被点名批斗、关押或靠边站了。接着，攻击彭德怀、贺龙、陈毅、徐向前、聂荣臻、叶剑英等老帅的大字报也相继出现，甚至还有要打倒周恩来的大标语。

年事已高的朱德再也坐不住了。他挂着手杖，迎着刺骨的寒风，巡视在一排排大字报中间。面对着那些离奇的谣言和无中生有的捏造和中伤，他时而冷笑，时而愤懑。凭着他丰富的军事斗争和政治斗争经验，他看清了林彪、江青这一伙人究竟要干什么。

他自言自语地说："心怀叵测呀！"

动乱的局面给国家的政治生活、经济生活带来了严重的影响。许多地

第七章
浪底真金——浩劫中的朱德

方相继发生了大规模的武斗，社会处在大动乱中。朱德听到有些地方武斗很凶，甚至有的部队也参加了武斗的消息后，很痛心。他说："用这种狂轰滥炸的方式解决矛盾，怎么行呢？"朱德的秘书回忆当时的情况说："这一段时间，朱老总一直很沉郁，他想去找主席谈谈，可是，得到的答复是，主席很忙，没有时间。有一次，朱老总要我陪他去找总理，可到了总理门前，他又犹豫了，最终还是没有进去。"是啊，作为国家的总理，什么都要管，每天工作二十几个小时，实在太忙太累了，怎么好再去增加他的负担呢？

的确，1967年这一年，对于朱德来说，是在十分艰难的处境中度过的。他的文件被停发了，他的保健医生也被调离，他的行动也受到各种限制，只是由于毛泽东在一次会议上谈到朱德时表示：我要保他。朱德这才没有遭到残酷的人身迫害。

但是，有些人不敢接近朱德。个别曾在他那里工作过的人甚至写大字报和揭发材料来批判他。他的夫人康克清被妇联的造反派弄去游街，他的子女被禁止进入中南海。后来他的儿媳赵力平回忆说："这时，中南海已不让我们进去了。一次，我们到北京，是妈妈（康克清）从妇联来接我们，然后在前门外的一家饭馆里一边吃饭，一边交谈。当时，面对这种情况，我心里很难过。"

一天，有人告诉朱德，街上出现了攻击和诬蔑他的大字报，说他是"大军阀""黑司令""毛主席身边的定时炸弹"。同时还带来一份"揪朱联络站"印发的传单，上面胡说什么朱德秘密成立了一个什么党，还在什么地方开过会，是这个党的"主席"。

朱德戴起老花镜，把传单从头到尾看了一遍，淡淡地笑了笑。

康克清问道："老总，你笑什么？"

朱德指着传单，鄙夷地说："根本没有这么回事，这是造谣嘛！让他们造去，将来一定会弄清楚的。"

不管那些别有用心的人怎样造谣诬陷，朱德都深信是非自有公论。他敢于顶狂风、战恶浪。和朱德一起战斗了几十年的老战友陈毅同志站出来说话了："如果说我们的解放军是在'大军阀'的领导下打仗的,怎么能解释人民解放战争取得的伟大胜利?"

形势仍在急转直下!

1968年10月13日至31日在北京召开了八届十二中全会扩大会议,出席会议的八届中央委员、候补委员只有59人。朱德参加了这次会议。当一些人在会上猛烈攻击所谓"二月逆流"问题时,朱德在小组会上依旧坦然地说:"一切问题都要弄清楚,怎么处理,主席有一整套政策,批评从严,处理按主席路线。谭震林,还有这些老帅,是否真正反毛主席?"他的发言不时被吴法宪、张春桥等人打断。他们攻击朱德"一贯反对毛主席""有野心,想黄袍加身"。谢富治在10月17日的小组会上说:"陈毅同志是朱德同志的参谋长。这些人都该受到批判。""刘邓、朱德、陈云都是搞修正主义,'二月逆流'这些人不死心,还要为他们服务!"

面对这种不正常的气氛,82岁的朱德始终泰然处之。他坚持自己的观点,不为高压所动,不为诬陷之词所屈服。

1969年4月1日,党的第九次全国代表大会开幕了。在这次大会上,林彪、江青集团的一批骨干和亲信,被选进了中央委员会,林彪还被选为中央委员会副主席,并且定为接班人。在新选出的中央政治局委员中,林彪、江青集团的亲信竟占了半数以上。而在这次大会期间,朱德等许多老同志却遭到他们的多次围攻。

一天,朱德开会后回到家中,显得特别疲惫。康克清关切地问他的身体有什么不适。朱德突然问康克清是否知道李作鹏。康克清想了半天,说只记起曾在红军总部警卫班当过战士的李作鹏。随即,她问朱德为什么要提起这个人。朱德叹着气，摇着头说："这个人'左'得不可收拾哟！"

群丑登台了，他们大肆打击和迫害老一辈革命家。

有一天，林彪死党黄永胜的秘书在电话上传达了"首长"的一道勒令："勒令：朱德、董必武、李富春、聂荣臻、陈毅、叶剑英、李先念、徐向前，必须老实交代反党罪行！"

朱德收到这个"勒令"，冷笑一声，说："不要理它！"

1969年国庆节，朱德的儿媳赵力平回北京探亲。自从"文化大革命"开始后，她还一直没有回过家。当时社会上的一些流言蜚语，使她感到困惑不解，所以见到朱德就急不可待地问道："爸爸，过去我们学党史，讲的是毛主席和您在井冈山会师。现在有人却说是林彪，这是怎么一回事？"

朱德沉默了一会儿，抬头望着儿媳，态度十分严肃地说："井冈山会师，那是历史。历史就是历史，谁也篡改不了！你们要相信毛主席，以后事情会弄明白的。"

其实，林彪为了夺权，拼命往自己的脸上贴金。他们一伙炮制了"毛林会师"的论调，妄图将功劳贪为己有。儿媳的担心是有道理的，很多知道内情的老同志也对此愤愤不平。1971年在北戴河，一位抗日战争时期参加革命的老同志问朱德："小时候我就知道毛主席和朱总司令在井冈山会师，怎么现在又忽然冒出了个林彪来？"

朱德平静地说："那个时候，林彪也在井冈山。"

那位老同志急了："林彪那时还是个连长，率领部队会师井冈山的是毛主席和您，不应该说是林彪去会师的。"

朱德没有说话。那位老同志更加急了："人家那么胡说，老总怎么不吭气呢？"

朱德微微一笑，坦然地说道："叫我说什么呢？历史就是历史，是非自有公论。这些事全国人民都知道，世界上不少人也知道，你不是也知道吗？我还讲它干什么？"

相信历史,相信是非自有公论,这就是身处逆境中朱德的坚定信念。

九个月的"软禁"生活

在九大开幕前夕,发生了苏联军队多次入侵我国黑龙江省珍宝岛地区的边境武装冲突事件。当时对发生战争的危险性作了过分的估计。林彪想借此机会,试试自己的命令能有多大的效力,同时也想把老帅们遣出北京,减少篡党夺权的阻力。

1969年10月17日,林彪突然抛出了一个"关于加强战备、防止敌人突然袭击的紧急指示"。第二天,总参谋长黄永胜紧急传达林彪的"一号命令"。全军立即随着"副统帅"的这个命令而进入紧急战备状态。

林彪一伙打着"为了战备""为了安全"的口号,把住在北京的老一辈革命家们疏散到外地。实际上,他们是想将老一辈革命家们隔离监视,"围而待歼"。根据这一"命令",陈毅要去石家庄,徐向前要去开封,叶剑英要去长沙,刘伯承要去汉口,谭震林要去桂林,而朱德、董必武、李富春等,则要去广州。

将帅历来都是战争的骄子,战场上的王牌。谁听说过战争在即,却让身经百战的将帅们远离战争指挥中心?难道要打一场不要将帅指挥的战争?这其中的险恶用心,明眼人一看就知道了。林彪就是利用这不能自圆其说的备战紧急疏散方案,把眼前碍手碍脚的将帅们都支得远远的,他好在中央内部施展浑身解数,再次青云直上。

当时朱德想让康克清同行,可是康克清很为难,因为她当时没有行动自由,需经军代表批准。后来,朱德给周恩来打电话,说明情况。周恩来立即

第七章
浪底真金——浩劫中的朱德

给全国妇联方面做工作，康克清才得以与朱德同行。

10月20日，一架大型客机在广州白云机场平稳地降落了。朱德、董必武等被人搀扶着，颤颤巍巍地走下了舷梯。迎面走来几个人，没有微笑，没有寒暄，只有伸过来的一只只冰冷的手。

广州，这个四季都荡漾着春意的城市，朱德过去不知来过多少次了。那时候，一下飞机，就会有很多人微笑着迎上来，亲切地寒暄，热情地问候，而后坐进小轿车，驶向早已安排好的驻地。因为那时候，他是人民解放军的总司令、共和国的副主席、人民的委员长啊！可是今天，他是什么人？他被林彪一伙诬为"大军阀""黑司令""老机会主义者"，又有谁来欢迎他呢？

连续乘坐了三个多小时的飞机，对于这位83岁的老人来说，已经相当疲惫了。可是，他还不能马上去住地休息，因为住地还没有收拾打扫。

有什么办法呢？只好在候机室里等着。

朱德没有被安置在城市里，而是用汽车送到了广州郊区的从化。

在这里，他能呼吸到清新而且纯净的空气，享受着片刻的宁静和清闲，忍辱负重的心灵暂时得以解脱。可是，时间一长，他就开始烦躁起来。因为他毕竟是共和国的领袖啊，他需要知道中央的精神和全国的情况。可是，他却得不到这方面的信息。

名义上说是来从化"疗养"，然而，这是怎样的一种"疗养生活"啊！前后9个多月的时间里，没有任何负责人来看望过他，来向他汇报工作；伙食是十分简单的饭菜，取消了按国家规定应该有的补助；平时只能在划定的区域内活动，连去一次广州都不容易，离开宾馆需要经过广州军区主管领导批准；想去附近的工厂、农村搞点调查研究，人家说："不行！"想自由地散散步，人家说："不准超过警戒线！"想找个服务员来帮助念念报纸，有人就批评服务员："别给他念，他自己不会看？"看电影时，有时晚到了几分钟，也没有谁过来照顾这位83岁的老人，他只得自己摸黑进场……这样的生活，这样的限制和冷遇，与其说是"疗养"，不如说是"软禁"！更加令人气愤的是，林彪的追随者、广州军区司令员丁盛还多次在会议上攻击朱德"是一个老军阀""从井冈山起，就是反对毛主席的""一贯和毛主席唱对台戏"。

这样的软禁生活，一直持续到1970年7月。

1970年7月，朱德接到通知：准备参加在庐山召开的九届二中全会。他离开广东返回北京。8月23日到9月6日，中共九届二中全会举行。那些被"疏散"到外地的老帅们陆续相逢在庐山。被勒令靠边站的老帅们虽说都是中央委员，却不知道中央的精神，他们已经有一年没有回中南海，没有坐在中央会议桌前，既不清楚中央内部的事情，也不知道毛泽东此时的内心活动。会上，林彪一伙发动突然袭击，准备夺取更多的权力。毛泽东严厉批评了在这次突然袭击中打头阵的陈伯达。会后，毛泽东采取一系列措施，削弱林彪一伙的权势。

"历史是公正的"

1971年9月13日，林彪因发动武装政变的阴谋败露，仓皇乘机外逃，终于摔死在蒙古的温都尔汗。第二天，在人民大会堂的会议室，朱德和军队的数十位高级将领知道了这个消息，大家先是一片沉寂，后来有人反应过来，大叫一声："听见没有？林秃子摔死了！"朱德当时激动得许久说不出话来，用手杖指指天，又戳戳地，说："老天有眼！老天有眼！"

林彪叛逃自绝于人民，这一事件大快人心，也使一些被他欺骗蒙蔽的人醒悟过来。原来这个装得最"忠于"毛泽东的人，却是一个阴谋杀害毛泽东的野心家。朱德怀着激愤的心情，给党中央、毛泽东写了一封信，信中说："当我从文件中看到林彪及其一伙妄图谋害毛主席时，我感到异常愤慨。他

第七章
浪底真金——浩劫中的朱德

们真是恶贯满盈，十恶不赦。林彪这颗埋藏在毛主席身边最危险的'定时炸弹'自我爆炸是一件好事。因为这使我们党更加纯洁、更加伟大了。"

林彪集团失败后，朱德的心情舒畅多了。

林彪事件的发生，对毛泽东不能不说是一个重大打击。他在陷入痛苦与失望的同时，也吸取了某些教训，开始起用一部分被林彪迫害的老干部。但是，他并没有从根本上认识到他所发动的"文化大革命"的错误，仍然让江青等人把持着党和国家的重要权力。正因如此，江青一伙利用毛泽东的信任和支持，发号施令，继续他们篡党夺权、祸国殃民的罪恶行径。

中国的政治空气并没有完全恢复正常，"四人帮"的阴谋活动有增无减。历史依然是那么沉重，依然在曲折中行进。此时的朱德，仍然坚信人民的力量，仍然那么坚强，不停地抗争、奋斗。

"四人帮"一伙极力推行文化专制主义，除了他们树立起来的几个"样板戏"，其他文艺作品一概受到排斥和打击，致使文艺舞台秋风萧瑟，毫无生气。朱德对他们搞的这一套极为反感。就在"四人帮"一伙气焰嚣张、别有

林彪坠机现场（历史图片）

用心地组织对电影《创业》进行批判之时,朱德特意重新观赏了这部影片,边看边夸奖这是一部好电影。坐在一旁的女儿说:"你还说好呢,人家却批判这部片子有问题。""有什么问题?"朱德不以为然地说,"我看很好。'两论'起家,这是毛主席的思想,有什么问题?"话虽不多,但很有分量,很能令人信服。

电影《海霞》公演不久,"四人帮"又把矛头指向这部热情讴歌人民战争思想、反映守岛民兵战斗生活的新影片。以往朱德从不要求为自己专门放映电影,这次破例,他特意调来这部影片看了一遍。刚放映完,朱德就站起来,语气坚定地说:"电影不错嘛,为什么要批判?"他对"四人帮"一伙的陈词滥调,连听也不愿意听。

1974年,正是"四人帮"猖獗的时候,被林彪、江青一伙关押了七年多的萧华在毛泽东的干预下走出了监狱。他回到家中,首先想到的是要去看望多年没有见面的朱德。

在西郊一处幽静的院落里,萧华见到了朱德。八年没见,他感到朱德老了许多,但那和善、慈祥的神态依然如故。当萧华谈起冤狱生活时,朱德意味深长地说:"萧华呀,要振作精神,我们不能灰心呀!"朱德还说:"共产党员受点委屈不算事儿。瑞金、井冈山、二万五千里长征,那么多困难,那么多挫折,我们都踏着熬过来了,现在这点磨难,能让我们丧失信心吗?"

朱德一席话,说得萧华心里热乎乎的。他知道,像朱德这样德高望重的开国元勋,人民军队的总司令在"文化大革命"浩劫中同样受到林彪一伙的迫害,人格受到莫大的污辱。但他仍然是胸襟坦荡,毫无怨言,对革命前途依然充满了信心。

"总司令,我明白了。"萧华还像当年称呼着朱德,"可是,林彪他们任意篡改历史,把井冈山会师说成'毛林会师',简直不知道世上有'羞耻'二字!"

"恶有恶报,天理难容。"朱德神情泰然,语调深沉而缓慢地说,"井冈山会师，他林彪不过是一个连长，怎么能说是他和毛主席会师呢。历史就是历史，历史是公正的。"

说完，朱德不屑地摇了摇头，表示出对林彪一伙的蔑视。

萧华赞成地点点头，又向朱德谈了自己对形势的看法。朱德听罢，微笑着勉励道："我们要相信党，相信毛主席。这几年，不过是历史的一个插曲，革命总是要经历曲折反复的，总是要向前发展的。"

接着，朱德又鼓励萧华抓紧时间学习，多读一些书，特别是有关哲学方面的书籍，为今后出来工作做准备。

萧华颇有苦衷地说："总司令，我的家被多次查抄，什么东西都给抄走了。"

"噢，"朱德走到书柜前，打开柜门，"没啥关系，你从我这里挑一些书吧！"

萧华激动地走到书柜前，挑选了几本马克思、列宁和毛泽东的哲学著作。

朱德语重心长地说："萧华呀，你要记住，凡是违背唯物辩证法的东西，别看他眼前时兴得很，但从长远的观点看，最后在历史上总是站不住脚的。要好好地学，它是我们识别真假马列的武器。"

这次谈话，正是在四届人大即将召开的前夜。当时，很多人都在关注着四届人大，老一辈革命家寄望于它，而"四人帮"则把它看作夺权的一个时机。今后的局势如何发展？这个问题尖锐地摆在人们面前。朱德深信"历史是公正的"，深信历史是不断前进的，深信我们的党、我们的人民一定会取得胜利。这种信念，鼓舞了所有与他接触过的人们。

"你要我休息,我还要挂帅出征呢"

1975年1月13日至17日,四届人大一次会议在北京举行。朱德主持了会议。周恩来拖着重病之躯在会上做了《政府工作报告》,重申了发展我国国民经济的两步走设想,即第一步在1980年以前,建成一个独立的比较完整的工业体系和国民经济体系;第二步在20世纪内,全面实现农业、工业、国防和科学技术现代化,使我国国民经济走在世界的前列。从三届人大到四届人大,中间相隔十年,又重新提出实现四个现代化的宏伟目标,朱德的精神为之一振,心情格外激动。

在四届人大召开之前,江青等人派王洪文飞赴长沙,企图来个"恶人先告状"。但是,心忧天下的周恩来,带着重病之躯,赶在王洪文的前面飞到长沙,与毛泽东面谈四届人大后的政府人选问题。周恩来的长沙之行,使得毛泽东做出了起用邓小平的决定,这就是有名的"长沙决策"。四届

1975年1月13日,朱德主持第四届全国人大第一次会议(历史图片)

第七章
浪底真金——浩劫中的朱德

人大决定了以周恩来、邓小平为核心的国务院领导人选，使经受了多年"文化大革命"磨难的人民心中又燃起了新的希望之光。

朱德在这次会议上继续当选为全国人大常委会委员长。这时，他已是89岁的老人了。他在全国人大常委会第一次会议上说："在庄严的四届人大一次会议上，我们被选为人大常委会委员，党和人民委托我们贯彻执行宪法规定的职权，责任重大，任务很艰巨。我们一定要刻苦学习马克思列宁主义、毛泽东思想，勤勤恳恳地努力工作，完成党和人民赋予我们的光荣而艰巨的任务。"

1975年3月6日，著名诗人李瑛来探望朱德。闲谈中，李瑛把当时"四人帮"一伙搞的所谓"黑画事件"向朱德汇报了。他很不满地提到所谓"黑画展览"，反映了许多画家遭受迫害的情况。

朱德听后，颇有感触地说："革命不容易啊！要向前看。你们这一代青年任重而道远。"言罢，朱德奋笔挥毫，写下了"做一个彻底的唯物主义者"11个大字。

这时，李瑛联想到黄胄的一幅题为"任重道远"的画，画的是负重的骆驼在沙漠里坚忍地行进。这幅寓意深邃的画，被诬为"黑画"，黄胄因此受到批判。想到这里，李瑛请朱德再写个"任重道远"的条幅。朱德沉思片刻，觉得还是写"革命到底"更好。于是，他换了一支大羊毫，蘸满了浓墨，一气呵成，写下了"革命到底"4个大字。写完后，

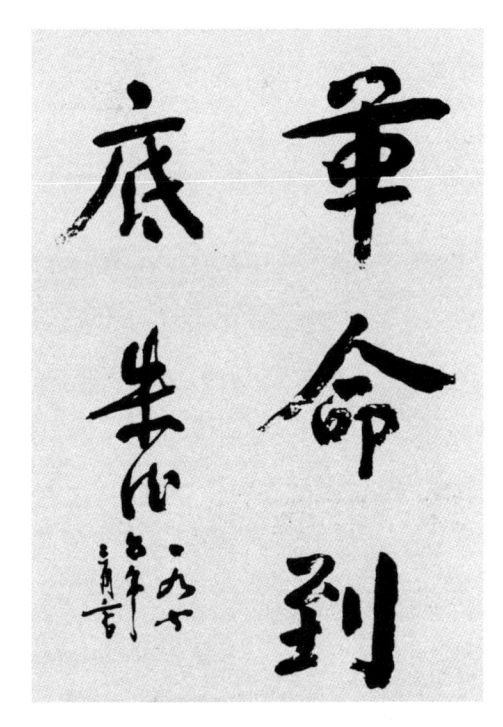

朱德题字：革命到底

朱德语气坚定地说:"我们的党是一个伟大的党,是久经考验的。有这样伟大的党,这样好的人民,我们这个国家是有希望的!"

"革命到底",表达了他为共产主义事业奋斗终身的坚强意志和决心,这是朱德一生的光辉写照。在1973年,他就曾多次写过这一内容的条幅,勉励自己的子女们要做到生命不息,战斗不止。时隔两年之后,他又重新写下了这四个大字,并与大家共勉,从中我们看到的是老一辈无产阶级革命家的崇高品德和伟大的人格力量! 1976年,朱德又写下了"革命到底"的条幅送给康克清,两人互相勉励。

是啊,"革命到底",这是朱德的心声。他时刻关心着祖国的革命和建设事业,时刻在尽自己的一份力量。1974年8月的一天,朱德乘驱逐舰来到东海舰队某部的操演区,登上高耸的舰桥总指挥所,检阅海上舰艇的演习。他坐在一把高椅子上,昂首挺胸,双手举起望远镜,不时地调整视距,专心地观察前方辽阔的海域,检阅操演的舰艇。朱德那庄严威武的样子,令人肃然起敬。

朱德视察青岛某海防炮兵阵地(历史图片)

第七章
浪底真金——浩劫中的朱德

162号潜水艇从指挥舰左舷高速驶过，舰首激起一米多高的浪花，像是一朵大白菊花。朱德全神贯注地看着，脸上露出喜悦的神情，大声地说："同志们好！"

一艘新型的潜水艇1710号急驶过来，进行各种技术表演。朱德问身边的陪同人员："这是我们自己造的吗？"旁边的人回答说："全都是我们自己制造的，没有一个零件是进口的。"朱德满意地说："谢谢同志们的努力！希望你们继续为建设强大的海军而奋斗！"

话音未落，另一艘新型的297号潜水艇高速驰来，舰首高高昂起，像一把利剑劈开万里海疆，水柱像瀑布似的向两侧飞溅。朱德兴致勃勃地在指挥台上观看，为海军建设取得的成绩感到由衷的高兴。

共和国第一元帅站在舰艇上，昂首迎着阵阵海风，心中升起豪情壮志和革命激情。将帅的生命在军营中，在操演场上，在士兵中。与战士们在一起，88岁高龄的共和国第一元帅显得是那么年轻、那么快意。

三个多小时的海上操演结束了。水兵们升起了旗帜，感谢首长的关怀。

这次视察，使朱德的心情感到前所未有的振奋。他作为中国人民解放军的总司令，无时不在关心着部队各个兵种的建设，无时不想念着他视同亲人的士兵们。尤其是在"文化大革命"的动荡年代里，能够看到海军建设取得如此巨大的成就，他的心里怎能不高兴呢？

他仍然是那么勤奋地为国事而操劳、忙碌。

从1975年到朱德逝世这一年半的时间里，他承担了大量的外事活动，频繁地会见外国国家元首、政府首脑、议会领导人以及友好代表团，单单出席接受国书的仪式就有40多次。

是啊，虽然"四人帮"仍在捣乱，但历史的车轮却不以他们的意志为转移，历史总是在一步一步地前进，尽管是那么缓慢，尽管它的轨迹是那么曲折。

四届人大后，朱德的心情一度有所好转。还是和过去一样，朱德从早到晚都是一个"忙"字。开会，看文件，找人谈话，接见外宾……工作一项接着一项，日程总是排得满满的。

孩子们看他老人家太累了，就劝他说："您年纪大了，身体又不好，应该多注意身体。"朱德不爱听这样的话，反过来提醒他们要抓紧时间，多干工作。他的一个侄子从外地来看他，关切地说："您都那么大岁数了，该休息的时候就休息一会儿。"朱德回答说："休息？把党和人民委托给我的工作做好了，就是最好的休息。共产党员为了实现共产主义理想，只要一息尚存，就不容稍有松懈。你要我休息，我还要挂帅出征呢！"

老骥伏枥，壮心不已

1976年一二月间，朱德反复吟咏了毛泽东元旦发表的两首词《水调歌头·重上井冈山》和《念奴娇·鸟儿问答》，怀着兴奋的心情，写下了两首五言长诗，激励全党"风雷兴未艾，快马再加鞭""真心搞马列，地覆又天翻"。豪迈之气跃然纸上。真是"老骥伏枥，志在千里，烈士暮年，壮心不已"！

早在1927年10月，毛泽东率领秋收起义的中国革命军进入井冈山，创立了中国第一个农村革命根据地，并在那里坚持了一年零三个月的"工农武装割据"斗争。1928年4月，朱德率领南昌起义余部进入井冈山，与毛泽东胜利会师。1929年1月，毛泽东同朱德、陈毅等率领红四军主力向赣南、闽西进军，自此与井冈山阔别30多年。

1965年春，在我国社会主义革命和社会主义建设取得伟大成就的凯歌声中，毛泽东巡视大江南北，5月下旬再次来到井冈山。其时距初上井冈山已经有38年了。这次，毛泽东5月22日上山，5月29日离开，前后共游览、

第七章
浪底真金——浩劫中的朱德

1962年3月，朱德重上井冈山时，为纪念和赞颂伟大的井冈山斗争，为井冈山题写了"天下第一山"五个大字

视察了8天。他先后到了黄洋界、茨坪，察看了井冈山地区的水利、公路建设和人民生活的情况，会见了老红军、烈士家属、机关干部和各界群众。井冈山地区的崭新面貌，体现了我国社会主义建设的大好形势。毛泽东抚今追昔，感慨万千，于5月25日写下了脍炙人口的《水调歌头·重上井冈山》：

久有凌云志，重上井冈山。千里来寻故地，旧貌变新颜。到处莺歌燕舞，更有潺潺流水，高路入云端。过了黄洋界，险处不须看。　　风雷动，旌旗奋，是人寰。三十八年过去，弹指一挥间。可上九天揽月，可下五洋捉鳖，谈笑凯歌还。世上无难事，只要肯登攀。

显然，重上井冈山，绝不是一次普通的登山临水，而是诗人理想、抱负的寄托与重温。

在《念奴娇·鸟儿问答》（1965年秋）中，毛泽东写道：

鲲鹏展翅，九万里，翻动扶摇羊角。背负青天朝下看，都是人间城郭。炮火连天，弹痕遍地，吓倒蓬间雀。怎么得了，哎呀我要飞跃。　借问君去何方？雀儿答道：有仙山琼阁。不见前年秋月朗，订了三家条约，还有吃的，土豆烧熟了，再加牛肉。不须放屁，试看天地翻覆。

1976年元旦，毛泽东的这两首词公开发表，极大地鼓舞了全国人民。朱德怀着对毛泽东深厚的感情，挥毫写诗二首，抒发自己内心的感情。

朱德在《喜读主席词二首》的小引里写道："毛主席词二首发表，聆、读再三，欣然不寐。吟咏有感，草成二首。《诗刊》索句，因以付之。"

其中一首写道：

　　　　昔上井冈山，革命得摇篮。
　　　　千流归大海，奔腾涌巨澜。
　　　　罗霄大旗举，红透半边天。
　　　　路线成众志，工农有政权。
　　　　无产者必胜，领袖砥柱坚。
　　　　几度危难急，赖之转为安。
　　　　布下星星火，南北东西燃。
　　　　而今势更旺，能不忆当年。
　　　　风雷兴未艾，快马再加鞭。
　　　　全党团结紧，险峰敢登攀。

在这一首诗里，朱德饱含革命激情地回顾了井冈山的革命斗争，描绘了中国革命的光辉历程，展现出一幅无比壮丽的历史画卷。朱德把回忆过去和展望未来有机地结合起来，把革命现实和革命理想有机地结合起来，使得诗

第七章
浪底真金——浩劫中的朱德

的蕴含丰富，气概豪迈，气势磅礴，而且笔力雄健。起首四句，一个"昔"字暗承毛泽东"重上井冈山"的"重"字。毛泽东的词写的是他重上井冈山后看到的眼前的现实，而朱德这首诗却是从对过去的回忆写起。这首诗抒发了老一辈无产阶级革命家老骥伏枥，斗志昂扬的崇高精神，读之令人感奋。"千流归大海，奔腾涌巨澜"，"风雷兴未艾，快马再加鞭"，这些常用在人民口头上的成语，活用在诗里，不仅明白易懂，而且意境深远。"全党团结紧，险峰敢登攀。"朱德是在勉励人们，无产阶级的革命事业正在突飞猛进地向前发展，要加快社会主义建设的步伐。当然，在前进的征途中还会遇到许许多多的艰难险阻，只要全党和全国人民紧密地团结在党中央周围，就能经得起任何艰难的考验，什么样的险阻也能越过。

朱德以充满对共产主义事业必胜的坚定信念和将革命进行到底的崇高精神，挥笔写下的这两首壮丽诗篇，刊登在1976年《诗刊》第二、三期合刊上。邓颖超曾建议在《人民日报》上转载，却遭到当时把持着舆论大权的姚文元的无理拒绝。粉碎"四人帮"后，《人民日报》于1976年12月26日作了转载。

四届人大后不久，周恩来总理病情加重。邓小平受毛泽东的委托，主持党中央和国务院的日常工作，对工业、农业、科技、国防、教育、文化等各个方面进行全面整顿。在短短九个月里，形势有了明显好转。对于邓小平的成就，朱德十分欣慰。他称赞说：在毛主席的领导下，由邓小平同志主持中央的日常领导工作，很好。

1975年年底，辽宁原省委书记周桓去看望朱德。朱德对周桓说："现在形势很好，组织上顺过来了，思想上还未顺过来。"接着，朱德又说："现在虽然有人还在捣乱，要抢班是不行的，林彪不是垮了嘛！他们要打倒我，这不是我个人的事，我是党树起来的。"

然而，由于"四人帮"的阻挠和破坏，全国局势再度陷入混乱。朱德有一次同江西省省委常委刘俊秀谈话，针对江青一伙的倒行逆施，愤慨地说：

"别听他们'革命'口号喊得比谁都响,实际上就是他们在破坏革命,破坏生产。不讲劳动,不搞生产,能行吗?粮食不会从天上掉下来,没有粮食,让他们去喝西北风!"

闲居之中的慰藉与乐趣

在这最后的十年间,共和国第一元帅所遭受的最大磨难,不是来自身体上的摧残,而是来自精神上的折磨。一般人碰到这种情况,很难顺利过关。然而,朱德却能在逆境中奋起,在苦难中寻找快乐,在失望中看到希望。这,恰恰是伟人的伟大之处。

一颗伟大的心灵,正是在这种困苦之中,放射出耀人的光彩。

生活中常常有这样的情况:大悲而后乐,大苦而后甜。这种情况很普遍。如果仅仅只看到前一阶段,生活包含着悲、苦;如果仅仅只看到后一阶段,生活就成了乐、甜。而如果把前后两部分作为一个整体来看,生活就会被理解为有苦有乐,喜忧参半。生活,就如同多味瓶,喜怒哀乐,往往是交织在一起的。

晚年的朱德,也有许多快乐的时光,也有高兴和畅意的时刻。

朱德因为"二月逆流"而被列为靠边站的对象,本来在十大元帅中,朱德的年龄最大,现在更有理由让他闲居在家。

闲居,对于经历了大风大浪的朱德来说是不好受的。他一辈子都在搏击风浪,不停地奋斗着。现在被勒令闲居在家,这不仅是身体的闲居,更难以忍受的是心灵的禁锢。朱德十分苦闷。他常常把自己关在房间里,终日静思无语。其实,他的心还在外面的世界里。因为他是共和国的领袖啊,领袖怎

第七章
浪底真金——浩劫中的朱德

能不关心群众、怎么能不关心国家大事呢？而此时，外面的世界却"天翻地覆"，所发生的那些事，让他困惑而迷惘。苦闷的时间长了，心里憋不住，总得有个发泄的渠道。于是，一向宽厚、性情温和的朱德开始发起脾气来。

碰到康克清在一旁唠叨，朱德时而会生出许多无名之火。康克清知道朱德心情不好，见他怒目相对，用拐杖笃笃地敲敲地，就闪身躲开，独自委屈一阵子。不一会儿，又听见朱德"克清、克清"地唤她，刚才那一肚子的闷气随着朱德的和颜悦色而烟消云散。

几十年的风风雨雨，所经历的坎坎坷坷，使得他们的人生阅历中，积淀了更多的智慧、经验与深沉。他们已不再年轻，但他们爱得更深，也了解得更深。

朱德在老一辈革命家中，年龄居长，是最早享受祖孙乐的领导人之一。然而，这个欢乐的代价却是他和亲生儿女多年离别才换来的。儿子和女儿，

朱德和身边工作人员打扑克（历史图片）

很小的时候就不在他身边。等他们再回到父亲的身边时,他们已经是为人父母的人了。面对日夜挂念的孩子,朱德有说不出的愧疚。

在人民的心中,朱德是党和国家的领导人,但是在家里,他是一位慈祥的家长。他对孩子的教育从来不摆大道理,也不命令式地强制他们做这个还是不能做那个。他总是在和风细雨中将做人的道理灌输给孩子们。这是朱德教育后辈们的一贯方式。

当然,在教育孩子们时,他也有情绪激动的时候。每逢第一次告诉孩子们不要做什么,他总是和颜悦色。以后,如果孩子们没有照着办,或者只遵守了一段时间,朱德就会第二次进行教育工作。这时的态度,就比第一次要严厉多了。

但朱德就是这种人,他发完脾气,一会儿就过去了,从不赌气,更不记仇。家里人都知道朱德的这个特点,所以看见他生气就赶快走开。你一走开了,朱德也不会跟出来和你生气了。

朱德和康克清之间一直都很和气,从来没有吵过嘴。可是,"文化大革命"以后,情况就有点不同了。朱德可能被外界的风风雨雨、是是非非搞得心情不宁。他很苦闷,开始爱发脾气。后来,身边的小孙子陆续离开了他,到农村"广阔天地大有作为"去了。

家里没有了孩子们的笑声,变得静多了。可是,朱德心里也觉得空落落的。

与此同时,外面的世界还在闹腾着,日夜撞击着朱德的心。这时,康克清的处境也不好,被全国妇联的造反派们揪斗。有时候康克清在朱德身边念叨的话多了,朱德会生出无名之火,性情变得暴躁起来。他也不和康克清争辩什么,只是用拐杖咚咚地敲地,或者扬起拐杖在康克清面前舞动着……

和所有的老人一样,晚年的朱德对儿孙们有一种依恋。他总想与孙子们多待些时间,多聊聊天。他经常专注地看着孙子们,揣摩孙子们的心思。孙子们都还小,他很理解这么大年龄的小孩爱做什么,不爱做什么。对于孙子们喜欢干的事，他总是尽量支持。为此，朱德想了不少办法，创造各种条件，尽量满足孙子们的要求。

朱德和康克清对孙子们的要求都很严格，但两人的方式不一样，各有千秋，各有侧重。康克清从来不让孙子们跟着爷爷沾光，比如搭个车，参加什么宴会，或是去参观什么演出，等等。在这点上，朱德和康克清两人的态度是一致的。可是朱德还要看什么样的场合，具体问题具体分析。比如，如果演出节目有利于孙子们增长见识，开开眼界，他倒是乐于让孙子们参加的。

朱德在孩子们的眼睛里还有一个特殊的外号——大肚子爷爷。"大肚子"有两层含义：其一是朱德待人宽厚，肚量大；其二是朱德患糖尿病多年，胃口大，老是觉得吃不饱。

朱德进入晚年以后，医生对他的饮食控制得更加严格，每顿饭都定时定量，那些过瘾的大鱼大肉都不让他吃。因为医生有这个规定，所以康克清就一丝不苟地看管着朱德，不让他吃得过多过荤。

有一次，廖承志夫妇来家里看望朱德和康克清。廖承志生性豪爽，走到哪里，哪里就有笑声。

朱德和廖承志交情很深。长征途中，张国焘要杀廖承志，朱德想办法救下了他。

那时，廖承志和朱德一样，都患有没有口福的糖尿病，他也是被医生看管着，在家里又被夫人监督着，和最爱吃的猪肉无缘。

他们谈了一会儿，康克清见时间不早了，就挽留他们夫妇一同吃午饭。廖承志一听，胖胖的脸上洋溢着开心的笑容。他借机提出一个在家里不能提出的要求：要吃一顿回锅肉！他的夫人一听，当即表示反对，说吃什么都可以，就是不能吃猪肉。

一直没有表态的朱德，这时开口说话了："克清，你就满足廖公这个小小要求吧！"

于是，康克清叫厨师炒了一盘香喷喷的回锅肉。

菜刚端上桌，康克清就指着大孙子说："我们家也有一个吃肉的。"言外之意是朱德不能加入吃肉的行列，先打一个招呼。

朱德自然明白康克清的意思，他咂咂嘴没有答话，把视线从回锅肉上移开。可是身边的廖公看见回锅肉就像看见了稀世珍宝，高兴得手舞足蹈，一边吃一边开心地叫："今天开戒，好吃，真好吃！"他的夫人在一边悄悄地推他："不能多吃。"

廖承志有朱德在身边，胆子壮了许多，越吃越香。连意志坚定的朱德也不由地停下了筷子，看着廖承志津津有味地吃饭的样子。

朱德求援似的望着身边的孙子。孙子心领神会，趁奶奶不注意时，迅速地夹起一块肉往爷爷嘴里一塞。朱德配合得非常合拍，快速地吃下了肚。

等康克清发觉时，朱德已经品尝了回锅肉的美味，心满意足地继续埋头吃他的饭。

全桌人都被朱德和孙子滑稽的举动逗得乐不可支了。康克清苦笑着对朱德说："你今天沾了廖公的光了。"廖承志连忙摆摆手说："不对不对，今天是我沾了老总的光了。我要感谢老总啊！"

就这样，朱德和廖承志互相掩护，在严格的夫人面前开了一次戒。而朱德又和孙子联手，把精明的奶奶又蒙了一次。

壮怀激烈，悲凉慷慨

在那个年代里，每个人的政治神经都绷得紧紧的。稍有不慎，便会让人抓住把柄，被打成"现行反革命"。任何一件细小的事情，都可以无限上纲上线，都要用阶级斗争的眼光来衡量、来判断。朱德是人民解放军的总司令，

第七章
浪底真金——浩劫中的朱德

是驰骋疆场、运筹帷幄的共和国第一元帅；但他同时又是一个极有情趣的人。他爱兰养兰，是一个兰艺专家。可是，在"文化大革命"时期，朱德最大的情趣——养兰——被认为是小资产阶级情调。

他听到这些言论，默默地走进兰圃里，用手抚摩着一朵朵怒放的兰花。这些来自祖国各地的兰花，和他相伴度过了多少朝夕？他为它们洒下了多少辛勤的汗水？

为了采集各种珍奇品种，朱德不知走过了多少地方。为了养好这些兰花，朱德不知在灯下查看了多少资料。

朱德是严于克己的人，对自己的要求很严格，他不愿意自己的这一爱好招来更多的非议。他深深明白，在当时那样的政治氛围里，他根本用不着解释，况且任何解释都是多余的。他决定忍痛把自己多年来收集的兰花全部送给中山公园。为什么要送给中山公园呢？因为那是他常到之地。他常去那里赏兰，与技师们交流经验。既然不得不忍痛割爱，那么，将所爱之物送给自己信得过的中山公园，也算得上是一种慰藉了。更何况，能有这么一个地方收留这些政治斗争的牺牲品，也算是不幸中的万幸了！

几乎每一株兰花都有一段不平凡的经历，都有一个动人的故事。现在，突然要离开这些兰花，他感到难舍难分。

中山公园的花多了，可朱德的心却空了许多。以前，他的住室里放着各种各样的兰花。他与兰花为伴，每天都能呼吸到兰花的清香。现在，离开了兰花，他的心里有一种失落感。

闲居的开国元勋的生活中，突然没有了绿色，突然没有了争奇斗艳的兰花。在他的眼里，连阳光灿烂的日头都变得如此暗淡无光。他开始整日悄然无声地独坐书房，打发心中的寂寞。

毕竟他是指挥千军万马的统帅，绝不会因为失去兰花而意志消沉，更不会自暴自弃。不让养花，他就抽一切可能的时间去中山公园看花。一进花圃，看见自己熟悉的兰花，好像看见了久别的朋友，他的眼眶湿润了。

不让养花，他就开始考虑干点别的。

他选择了种菜。本来种菜是他的拿手好戏，一直未间断过。家里有一片菜地，现在，可以扩大规模了。像当年在延安参加大生产运动一样，朱德挥动锄头，在原先的菜地旁又开了一块菜地。以前，每天的傍晚，都是他去花圃的时间。现在，这段时间替换为下地劳动了。

有了菜地，多少分担了朱德对兰花的思念。

由于朱德的辛勤劳作，他种的菜长势非常好。不多久，门前菜地里的菜有的可以采摘了，先是青菜，后是莴笋，再后来是西红柿、豆角，纷纷摆上了家中的餐桌。孩子们都高兴极了，围坐在一起，分享着丰收的喜悦。这时的朱德，看着孩子们吃得津津有味，脸上绽开了笑容。

这样的欢笑，是少有的。

心忧天下的共和国元勋，在那特殊的岁月里，难得有轻松和欢笑。不是他不爱欢笑，也不是他不想笑，而是他的心情很沉重，笑不出来。尤其是在开会的时候，那些人别有用心的攻击，夹带着恶毒的政治诽谤，一齐扑了过来，他不得不去应付，耗去了他多少的精力啊！他能笑得出来吗？他那严肃的表情，是他不屑于同流合污的标志。

少见的欢笑只是出现在与老友们相聚重逢的喜悦时刻，只是在家中与子孙们一起的时候。

然而，随着"文化大革命"的不断升级，连这少有的欢笑，也越来越少了。因为老战友们一个一个地相继离他而去。

生老病死，人生的自然规律不可抗拒。然而，这些出生入死、为共和国洒过血汗的老战友，是在被勒令靠边站的情况下，是在始终不见明朗的政治局势下离世的，这是多么不公平和令人忧虑啊！

朱德在陈毅病重的时候，曾去医院看望过他。浑身插满了管子的陈毅，再没有发出他那豪放爽朗、富有诗人浪漫气质的声音，只是很艰难地点点头。朱德握着他瘦骨嶙峋的手，许久没有松开。最后，陈毅露出安详的微

第七章
浪底真金——浩劫中的朱德

1948年5月，朱德和陈毅在河北濮阳县（今属河南省）研究作战方案（历史图片）

笑，这是老战友在愉快时才会有的表情。

朱德的心情十分沉重。他无比痛苦地离开了医院。他知道，他将失去一位正直、直率、充满激情的好战友了。

几天后，陈毅病逝，朱德去医院向陈毅遗体告别。这次，所有在场的元帅们都落了泪。

朱德没能参加陈毅的追悼会，因为当时中央只是将国务院副总理的追悼会规格定在了军队元老一级的，使得中央和国务院许多高层人士都不能参加。可是谁也没有想到毛泽东抱病穿着睡衣突然赶到了追悼会现场，参加了陈毅的追悼会。周恩来知道后，马上赶到追悼会现场。等朱德听说，已经来不及赶往八宝山了。

朱德在家里，怀着悲伤的心情，写下了《悼陈毅同志》，称赞陈毅"重道又亲师，路线根端正"。放下笔，他长叹一声，说："陈老总九泉之下可以瞑目了。"

自陈毅离世后，中央高层领导人也陆续进入了垂暮之年，相继走上了这条黄泉之路。到朱德去世，短短四年间，"耳畔频闻故人死"，朱德参加的追悼会达七次之多。

据子女回忆，朱德很少落泪，很少表现出悲切的情绪来。子女的记忆里第一次是他为彭德怀去世暗自悲伤，因为他听说彭德怀临终前喊了几天他的名字，就是想见最后一面，直到第三天才在绝望之中停止了呼吸。

朱德一边落泪，一边挥舞着拐杖，对着空荡荡的房间大声质问："为啥子不告诉我？一个要死的人还有啥子可怕的？他还能做啥子嘛？"悲痛不已的朱德，对"中央文革小组"封锁消息的行径感到非常气愤。

如果说对陈毅的逝世是以诗寄托哀思，思念彭德怀是暗自落泪，那么周恩来逝世时，朱德则是痛哭流涕。

他的哭声使身边已经知道这一噩耗的工作人员，再也憋不住内心的悲伤了，跟着在外头的房间也哭泣起来。已经懂事的孙子，也跟着奔到爷爷面前，祖孙抱头痛哭。

第二天，朱德到北京医院吊唁厅向周恩来遗体最后告别。他双腿颤巍，但还是并拢双腿，以军人的姿势举起右手，向周恩来敬了一个军礼。

这是朱德生前最后一个军礼。它敬给了长期共同奋斗的老战友，敬给了人民心中的总理！

他对总理的思念是深沉的。他将这种思念化为工作的动力。1976年春节，朱德对全国人大常委会的几位负责同志说："总理不在了，我们要更加努力工作。不然我们既对不起党和人民，也对不起总理。"

晚年的朱德，陷入了深深的悲伤、悲凉之中。然而，他自己也面临着死神的侵袭。从枪林弹雨中冲杀出来的共和国第一元帅并不惧死，但是他希望看到共和国走过这一段坎坷历程后步入一个新的辉煌时期。他与病魔抗争着，与死神搏斗着。他始终保持着高昂、激越、慷慨的精神状态。

第七章
浪底真金——浩劫中的朱德

1976年6月21日，朱德在人民大会堂会见了澳大利亚联邦总理马尔科姆·弗雷泽。由于会见的时间推迟，而朱德事先没有得到通知，在有冷气的房间等了将近一个小时。这次会见给弗雷泽留下了深刻的印象，他赞誉朱德为建设新中国做出了巨大贡献。然而，谁也没有想到，这次会见外宾是朱德最后一次外事活动。从此，他再也没有踏进人民大会堂的大门。

朱德会见澳大利亚总理马尔科姆·弗雷泽。这是朱德最后一次会见外宾（历史图片）

会见完外宾后，朱德回到家里，便感到身体不舒服。经医生诊断，是患了感冒。25日晚，朱德突感不适，保健医生认为应立即住院治疗。可是，朱德却要坚持第二天按照日程安排接待外宾后再去医院。后经医生和家人的劝说，才不得不住进医院。

朱德住院后，叶剑英委托女儿"几乎每天打电话到医院，询问朱老总的病情"。邓颖超、聂荣臻、李先念等纷纷前往医院探望。在病榻上，朱德同看望他的国务院副总理李先念作了最后一次谈话。他说："我看还是要抓生产，哪有社会主义不抓生产的道理呢？！"

这位共和国的领袖在病重垂危之际，还关心着祖国的生产建设。他的心中没有个人，只有共和国！这是何等博大的胸怀！在生命的最后之际，病榻

矗立在朱德纪念园的朱德铜像

第七章
浪底真金——浩劫中的朱德

上的朱德仍然是豪情满怀，仍然是斗志昂扬！

一代伟人内心最后所维系的，是共和国灿烂的明天！

1976年7月6日下午3时1分，朱德，这位世纪伟人，永远地离开了他所挚爱的人民，他所毕生为之奋斗的共和国。

1976年7月6日下午3时1分，朱德在北京逝世（历史图片）

第八章

朱老总的人际交往

◎朱德抢前几步,毛委员也加快了脚步,早早地把手伸了出来。他们那两双有力的大手紧紧地握在了一起,使劲地摇着对方的手臂,显得那么热烈,那么深情。从这一刻起,朱德与毛泽东并肩战斗,共同走完了波澜壮阔的人生历程。

战友情

"朱毛"不可分

在中国长期的革命战争中,朱德的名字与毛泽东的名字紧密地联系在一起。毛泽东和朱德作为中国共产党第一代领导集体的核心成员,他们在长达半个世纪的历程中结下了深厚的友谊。

1928年4月,朱德率领南昌起义部队和湘南农军经过五六个月的转战,来到井冈山宁冈地区砻市。

1928年4月,朱德、陈毅率领南昌起义余部和湘南起义万余人到达井冈山与毛泽东领导的部队胜利会师,合编为工农革命军第四军,朱德任军长,毛泽东任党代表。图为会师地——砻市(历史图片)

第八章
朱老总的人际交往

当朱德等人来到砻市时,毛泽东正带着部队在湘南掩护朱德率领的起义军上井冈山,还没有回到宁冈来。这些日子,朱德住在龙江书院。看到井冈山革命根据地生气勃勃的景象,朱德情不自禁地赞叹:"毛泽东同志真有办法,我只恨同他相识太晚了!"此时的朱德迫切希望见到毛泽东,三番五次叮嘱传令兵:"毛委员一回到砻市,就马上报告我。"

4月28日,这是一个具有历史意义的日子。早饭后,陈毅来到朱德的房间,只见朱德伏在一张地图上仔细地看着。陈毅是个爽快人,不清楚的事非要马上问个明白:"你在干啥子嘛?"

朱德抬起头,若有所思地说:"我在推算毛委员回来的行程。毛委员应该快回来了。"

就在这时,警卫员一阵风似的进来报告:"毛委员回来了!毛委员刚刚回来,他就要到龙江书院看我们啦!"

听到这些,朱德和陈毅快步跨出门槛,急匆匆地穿过三厅两井,走过浅池石拱桥,来到龙江书院大门外。只见远远地从山埂小道上来了一路人,打头的那位又高又大,迈开大步子,朝龙江书院走来。

不知是谁喊了一声:"走在前面的那一位就是毛委员!"

朱德抢前几步,毛委员也加快了脚步,早早地把手伸了出来。他们那两双有力的大手紧紧地握在了一起,使劲地摇着对方的手臂,显得那么热烈,那么深情。从这一刻起,朱德与毛泽东并肩战斗,共同走完了波澜壮阔的人生历程。

星星之火,可以燎原。就在朱毛井冈山会师不久,中国工农红军的第一支武装力量——工农革命军第四军(后改称"工农红军第四军")——宣告成立。朱德任军长,毛泽东任党代表。从此,在湘江赣水,在华夏大地上,流传着一个响亮的名字——"朱毛红军"。

朱毛会师在中国共产党的历史上,特别是在军队的发展史上,是一件值得大书特书的事,也是朱德人生历程中的一个重要里程碑。1957年,朱德重返井冈山故地，面对那十分熟悉的一景一物，回忆起30年前那历史性的时刻，欣然命笔，赋诗一首：

革命雄师会井冈，集中力量更坚强。

红军领导提高后，五破围攻固战场。

井冈山会师后不久，红四军军部设在洋桥湖，毛泽东就住在这里。朱德每天来这里办公，来来去去有好几里路，还要爬山过坳。一天，毛泽东送朱德出门后，沉思了一阵，说："请朱军长来洋桥湖住，怎么样？"警卫员听了这话感到十分为难，说："村里只有对面谢慈理家有一间小楼空着，又小又黑，怎能让朱军长住呢？"

毛泽东"噢"了一声，同时环顾了一下自己的房间，说："我这间房紧靠军部，朱军长工作起来很方便，就把这间让给他住吧！"

警卫员瞪大眼睛，迷惑不解地问："那您呢？"

毛泽东哈哈一笑："我就搬到谢慈理家去。"说完，就催着警卫员收拾东西。

房东看见了，走过来问："为什么要搬？"警卫员笑着回答说："腾出这间房子，另派大用场！"房东更迷惑了，一夜都没睡好觉。第二天，警卫员对房东说："毛委员空出的房子，我已打扫得干干净净，我们红军的一位领导人要住在这里。"

1929年1月，毛泽东率红四军主力向赣南闽西进军途中，起草的红四军布告（历史图片）

房东忙问："是

第八章
朱老总的人际交往

谁呀？"

这时，朱德向这边走过来。进门一看，朱德就愣住了：毛委员房间里空荡荡的，这是怎么回事？

警卫员只得以实相告。朱德一听就急了，一口气跑到对面找到毛泽东住的小楼。这间小楼的梯子日晒雨淋，看样子已不大牢靠。房间又矮又小，进门要低头，窗户还透着风。

朱德越看越不安："毛委员身材那么高大，比我高得多，他住这里太不方便了。还是我搬到这里来吧！"他转身对警卫员说："现在毛委员不在，先把他的行李搬走，再把咱们的行李搬过来。只要我住这小楼，他怎么撵我都不走。"

正在动手搬东西的时候，毛泽东回来了。他看见朱德和警卫员在为他收拾行李，不禁呵呵大笑："朱军长，这么点大的小楼，还能住上我们两个人？我住在这里很好，你放心吧！"

古田会议会址——廖氏宗祠——位于福建省上杭县古田镇，原是廖氏宗祠，又称"万源祠"，始建于1848年。会址为四合院式建筑，有庭院、前后两厅和左右两厢房，朱德同志办公室在右厢房（历史图片）

朱德还想再说什么，但是，当他看到毛泽东那坚决、安详、充满着信心的眼神，终于再没开口。

在漫长的革命岁月中，朱德对毛泽东的信赖和拥护有增无减，特别是在极端困难的环境中，更表现出他们之间的亲密友谊。

红军初创时期，我军内部就如何建立一支新型的无产阶级革命军队尚处于探索阶段。实践中，红军将领们深切地感到红四军既离不开朱德，更离不开毛泽东。但是，由于思想方法和工作方法上的分歧，毛泽东一度被排挤出领导岗位。在红四军的党代表会议上，当罗荣桓等人提出希望在闽西上杭养病的毛泽东回到部队工作时，朱德爽朗地说："我同意把老毛请回来，人家都说'朱毛红军'，'朱'离不开'毛'，'朱'离开'毛'过不了冬。"

1935年6月，朱德和毛泽东率领红一方面军与张国焘率领的红四方面军在长征途中会师，共同北上。当红军行进到川甘边界时，张国焘借口无法过河，企图使部队回转南下，开始进行分裂党、分裂红军的阴谋活动。开始，张国焘妄想拉拢朱德和他一起反对党中央和毛主席，并要朱德发表声明。朱德胸怀坦荡，临难不苟，明确表示："中央的决议我是举过手的，我不能反对毛主席、党中央。"张国焘不死心，又对朱德进行威胁利诱，并挑拨朱德和毛泽东的关系。朱德严肃地指出："'朱毛'，'朱毛'，人家都把'朱毛'当作一个人，朱怎么能反对毛呢？你们可以把我劈成两半，

1936年冬，朱德和毛泽东在陕西保安（历史图片）

第八章 朱老总的人际交往

但割不断我与毛泽东的关系。""哪有朱反对毛的!'朱毛'是不可分的!"

朱德坚持原则,坚持耐心说服和教育,团结红四方面军广大指战员,同张国焘的错误行为进行了坚决有效的斗争,为红军三大主力胜利会师、开拓新局面做出了重要贡献。事后,毛泽东得知此事,深受感动,称赞朱德"度量大如海,意志坚如钢"。

长征结束后,朱德在延安曾无限深情地回忆说:"'朱毛不可分'的思想,我也不是一参加革命就有的。1927年南昌起义时,还没有这个思想;1928年井冈山会师后,我初步有了这个思想,但不够牢固;一直到遵义会议时,我才彻底地树立起这个思想。因为革命成功的经验和失败的教训,证明毛主席的路线是正确的,领导是高明的,毛主席把马克思主义同中国革命结合得最好,他的意见都是从中国革命实际出发。因此,我下决心,一心一意跟着毛主席干革命、拜毛主席为老师,拥护他担任我们党的领导。"在中国革命和建设的进程中,朱德与毛泽东的合作持续了48年。"朱毛"这一名词已成为团结的象征,成为革命者所共同高举的旗帜。

"文化大革命"时期,朱德受到不公正的待遇。林彪、江青一伙公开诬蔑、攻击朱德,甚至冒天下之大不韪,将井冈山"朱毛会师"篡改为"毛林会师"。1967年初,江青指使戚本禹挑起揪斗朱德的风潮,朱德受到冲击。毛泽东得知后十分气愤,在一次会上表示:"朱德还是要保,他还有国际、国内的威望。"如果没有这句话,朱德的处境会更加困难。毛泽东在约见北京卫戍区司令员傅崇碧时,对中南海里贴出污蔑朱德是"大军阀""黑司令""老机会主义"的大字报提出批评。他说:"这很不好,'朱毛''朱毛',朱德和毛泽东是分不开的嘛!"

1973年12月21日,中央军委会议在毛泽东的住所召开。这天,朱德身着深色的中山装,手拄拐杖,从郊外的住所赶来参加会议。自从林彪仓皇出逃,摔死在蒙古温都尔汗之后,朱德的心情舒畅了许多。

朱德一迈进会议室的房门,便看到了很久没有见面的老战友毛泽东。

毛泽东准备马上站起来，可是，未等毛泽东起身，朱德已经走到毛泽东的近前。毛泽东拍着身边的沙发，请朱德挨着坐下，动情地问："红司令，你可好吗？"朱德高兴地回答说："很好，很好。"说话时，两位老战友的手紧紧地握在一起。

坐定后，毛泽东习惯地点燃一支雪茄，吸了一口，轻轻地吐出一缕缕青烟。他环顾与会的其他领导人，又扭转头对朱德说："有人讲你是'黑司令'，我不高兴，我说是'红司令'，红司令！"接着，毛泽东又笑了笑，风趣地说："没有朱，哪有毛，'朱毛''朱毛'，朱在先嘛！"话不在多，可字字千斤，参加会议的同志们都清楚毛主席讲这些话的含义。对那些企图打倒朱老总的野心家来说，这些话无疑是致命的打击；而对亲密的战友朱老总来说，却寄予了无限深情。

1976年元旦前，朱德因病住进了医院，当时毛泽东也在病中。当他听说朱老总住院了，便嘱咐为自己看病的医生给朱德带去口信，问候他，让他保重身体。朱德见到这个医生，详细地询问了毛泽东的身体状况，并说："等我身体稍微好些，我要去看望主席。"

无情的死神在向这两位耄耋之年的领袖袭来，他们留在世上的时间已经不多了。

1955年9月27日，朱德接受毛泽东授予的勋章（侯波 摄）

1976年6月底，年已90高龄的朱德因患感冒住进北京医院，多种并发症使他的病情日趋严重。当朱德正在病榻上与病魔搏斗着的时候，中南海里的毛泽东正因心脏病发作处于昏迷状态。朱德获知毛泽东的病情后焦虑万分，他特别嘱咐医疗组的医生们快到毛泽东那里去。医生们尽力劝慰他，因为他的病情也很令人担忧。

1976年7月6日，朱德怀着对党和国家命运的深切关注离开了人世。这时，毛泽东因心肌梗死发作，刚刚从垂危中被抢救过来。听到朱德逝世的消息，毛泽东再度陷入痛楚之中。躺在病床上的毛泽东用微弱、低哑的声音问："朱老总得的什么病，怎么这么快就……"随后，毛泽东嘱咐一定要料理好朱德的后事。两个月后，毛泽东也离开了人世。

送给周恩来的一床毛毯

在北京的中国人民革命军事博物馆里，陈列着一条红色毛毯。这不是一条普通的毛毯，它是朱德和周恩来革命情谊的历史见证……

朱德和周恩来的相识始于1922年。

这一年10月的一天，朱德和他的朋友孙炳文急匆匆地登上从法国巴黎开往德国柏林的火车。他们此行的目的是去找中国共产党旅欧总支部负责人周恩来。

黄昏降临的时刻，朱德和孙炳文来到柏林瓦尔姆村皇家林荫路，叩开了一幢楼房的房门。

"你们找谁？"一个眉清目秀的年轻人出现在朱德的面前。

"我找周恩来。"朱德说。

年轻人自我介绍说，他就是周恩来，而后热情地把朱德和孙炳文引进室内，让座、沏茶，询问他们此行的来意。朱德坦诚地向周恩来叙说了自己是如何在寻找着一条救国救民的道路。他的经历，打动了周恩来的心。当他提出加入共产党的要求时，周恩来爽快地答应了。

这年11月，在张申府、周恩来的介绍下，朱德终于实现了他梦寐以求的愿望,成为一名共产党员。

    柏林会面,成为朱德和周恩来友谊的开端。在后来几十年的革命历程中,他们共同奋斗,为中国革命做出了不可磨灭的贡献。

    1927年7月,中共中央决定在南昌举行武装起义,委派周恩来赴南昌担任前敌委员会书记。27日,周恩来抵达南昌的当天,便来到百花洲畔的花园角2号朱德的寓所。这是他们分别五年后的第一次见面,两人都分外激动。朱德迫不及待地摊开地图,向周恩来详细地汇报了敌军的兵力部署等情况。几十年后,当周恩来重温这段具有重要意义的历史时,对朱德在南昌起义中所起的作用给予了高度的评价,称他"是一个很好的参谋和向导"。

    1936年12月,震惊中外的西安事变发生后,周恩来作为共产党的代表,去西安同张学良、杨虎城两将军谈判。在一个大雪纷飞的早晨,朱德和其他领导人送周恩来出发,他看到周恩来衣被单薄,就将自己床上的毛毯送给周恩来以抵御严寒。朱德亲手把周恩来的腿脚盖严实后,才让汽车开动。周恩

1927年8月1日,朱德参与领导的在江西南昌举行的武装起义,打响了武装反抗国民党反动派的第一枪。图为《八一南昌起义》(油画)

来带着党中央的重托，带着战友的温暖，顶着朔风大雪挟来的奇寒踏上征途。

朱德送给周恩来的毛毯，可不是一条普通的毛毯。毛毯的主人原来是董振堂。1931年宁都起义后，在庆祝会上董振堂特意赠给朱德作为纪念。它伴随朱德粉碎了国民党反动派的五次"围剿"，经历了二万五千里长征，胜利到达陕北。而今，朱德又亲手把它转交给亲密的战友周恩来。

周恩来十分珍爱这条毛毯。外出时，只要用得着，都会带上它。它伴随周恩来经历了许多重大历史时刻，也经历了许多惊险。

1937年4月25日，周恩来肩负着加强抗日民族统一战线的重任，又带着这条毛毯从延安出发，前往南京同国民党谈判。

汽车出了延安城，刚过了三十里铺，就在劳山遭到国民党匪徒的伏击。周恩来在警卫班的掩护下，机智地摆脱了敌人，转移到安全地带。匪徒们把牺牲了的警卫参谋陈有才错当成了周恩来，用刺刀把陈有才身边的毛毯戳了好几个窟窿。当我军闻讯赶来时，敌人仓皇逃窜。

毛毯上留下了烈士的斑斑血迹，倍添了它的珍贵。

到了南京后，周恩来向邓颖超谈起了这条毛毯的经过。邓大姐的眼睛湿润了，她取出针线，把深切的哀思和胜利的希望一针针、一线线地缝进毛毯里，织补好了那几个被敌人刺刀戳破的洞。

抗日战争胜利后，朱德要率兵奔赴抗日前线，周恩来想到华北前线天寒地冻，又把这条饱含着革命情谊的毛毯回赠给朱德。打那以后，这条毛毯又伴随朱德深入敌后，转战千里，为他抵御着风寒。

在太行山区，朱德经常住在老乡家里，房东老大娘生怕冻坏了总司令，常常会特意把炕烧得更热一些，一次，不小心把毛毯给烧了一个大洞。房东老大娘感到十分抱歉，朱德却风趣地说："这是太行山留给我的一个极好的纪念！"

康克清大姐也十分珍惜这条象征着革命情谊的毛毯。她看到毛毯烧破了，也像当年邓颖超大姐那样，亲手一针一线地缝补好。

1952年8月1日，朱德和周恩来、贺龙等在全军第一届运动会上观看跳伞表演（历史图片）

1960年11月5日，朱德和周恩来在北京机场（历史图片）

1949年3月，朱德带着这条留下"伤痕"的红毛毯，带着革命战友的深情，进了北京城，去迎接中华人民共和国的诞生。

中华人民共和国成立后，朱德和周恩来都担负着党和国家的重要领导工作，为共和国的建设忙碌着。但他们两人始终惦记着对方。周恩来作为共和国的政府总理，日理万机，在繁忙的工作之余，经常来到朱德家中，问寒问暖，关心着朱德的身体状况。朱德要看电影时，就惦记着去约周恩来，好让他也休息休息。"

在"文化大革命"时期，朱德无论受到多么大的攻击，始终坚信，有毛泽东和周恩来在，就没有关系。他曾深情地对康克清说："主席和恩来最了解我。"

朱德和周恩来有着半个多世纪的深厚情谊。50多年来，他们曾经一起度过了多少个生死与共的日日夜夜。1974年6月，周恩来病重住院治疗。周恩来住院后，朱德几次想去看望，只是怕影响总理的正常治疗。周恩来也不愿意让年近九旬的老战友看到他在病榻上的样子，所以一直没有让他来。朱德心里一直惦念着病中的周恩来。

这两位世纪老人的最后一次相见是在1975年7月11日。那天，周恩来身体稍好一些，起床后在病房内做"八段锦"运动。

周恩来一边运动，一边对卫士长高振普说："你去打电话，问一下朱老总的身体怎么样？他现在有没有时间？前些日子他想来看我，因为我当时身体不太好，没能请他来，今天可以了，看朱老总能不能来。"

高振普答应马上去打电话。周恩来接着说："现在是4点多钟，如果老总可以来，5点钟可以到这里，大约谈上半个小时，5点半可以离开，6点钟他可以回到家吃饭。按时吃饭是朱老总多年的习惯。他有糖尿病，年岁又大，不要影响他吃饭。如果今天不能来，过几天他要去北戴河了，最好在此之前来一趟。"

高振普明白：今天总理约朱老总来，是想到朱老总过几天去北戴河，需两个多月才能回来，总理担心到那时自己的身体条件不会比现在好，所以请朱老总在去北戴河之前先来见见。于是，他拨通了朱德家的电话。

高振普把朱德可以来的消息报告了周恩来，同时转达了康克清的问候。周恩来在病房里来回走了好几趟，对高振普说："换上衣服，到客厅里去见老总，不要让他看到我穿着病号衣服。"

5时50分，朱德到了。他迈着稳健的步子走进客厅。周恩来起身迎向朱德。两人同时伸出双手，紧紧地握在一起。

朱德用颤抖的声音问道："你好吗？"

周恩来回答说："还好，咱们坐下来谈吧。"

朱德当时已89岁，动作有些迟缓，工作人员扶他坐在沙发上。

见此情景，周恩来关切地问朱德："要不要换一个高一点的椅子？"

朱德摆摆手说："这个可以。"

据高振普回忆："总理示意关上客厅的门，我们都退了出来，客厅里开始了两位老战友的谈话。6时15分，谈话结束了，总理送老总走出客厅，用力地握手告别，警卫员搀扶着老总上了车，总理目送着汽车开走才转身回到病房。谁能想到，这次相见竟是两位几十年出生入死的老战友的最后相见。"

1955年5月，朱德和周恩来在明十三陵对弈（历史图片）

1976年元旦，朱德也在住院。病刚好一点，他就出了院。他在生病期间，组织上没有告诉他周恩来病重的消息。1月8日，周恩来逝世时，组织上怕他悲伤过度，一开始也没敢告诉他。那天下午，朱德还去接见外宾，接受国书。回来后，康克清先慢慢地对他说："总理病情最近恶化了。"

朱德听了后，沉默了一会儿，竟不相信。他认为：有那么多的好大夫给总理治病，病情不会发展得那么快！可他的心情还是显得十分沉重。

到了晚上8点，朱德从收音机中听到周恩来逝世的消息，他惊呆了。尽管一个月前，他已经知道周恩来的病情到了十分严重的程度，但是，他怎么也无法相信周恩来会这样匆匆离去。看到家人个个泪流满面的样子，他才肯定这是真的了。他一下子哭了出来，眼泪从他那饱经风霜的脸上流了下来，滴落在衣襟上。

当他听到总理临终遗言中说，要把骨灰撒在祖国的大地和江河里时，朱

第八章
朱老总的人际交往

德喃喃说道："过去人们死后要用棺木埋在地里，后来进步了，死后火化，这是一次革命。无产阶级的伟大导师恩格斯去世后的骨灰是撒在大海里，而总理要把骨灰撒在祖国的大地和江河里，这也是一次革命。总理为党、为国家、为人民鞠躬尽瘁，死而后已，是一个真正的彻底的革命家。"

朱德一边说，一边流泪，还问家人："你们知道总理的革命历史吗？"

孩子们点点头，说："知道一点，看了一些别人的回忆。"

"你们应该了解总理的革命历史！"说着，朱德就开始讲起总理革命的一生。声音是那样深沉，又是那样悲切，言语中包含着他对亲密战友的思念。

周恩来治丧委员会的同志特地来看望朱德。考虑到他年事已高，身体又不好，劝他不要外出活动，注意节哀，并建议他只参加一次总理的吊唁仪式。可是，朱德说什么也要参加全部吊唁活动。

两天后，周恩来遗体告别仪式在北京医院举行。那天，朱德穿上军装，在女儿的陪同下，冒着刺骨的寒风赶到医院。在车上他就要脱帽。

哀乐声中，朱德缓步走进灵堂。他双眼直勾勾地望着静卧在鲜花和翠柏丛中的周恩来。这位90高龄的元帅刚毅的脸上，流下了热泪。他凝视着周恩来那清癯、安详的面容，颤巍巍地抬起右臂，庄重地向这位交往50多年的同志、战友和知己行军礼致敬。此时此刻，他像是有许多话要向周恩来倾诉，久久不愿离去……

回到家中，朱德黯然神伤，不思茶饭，长久地陷入极度的悲痛之中。

周恩来的追悼会就要举行了。秘书见朱德悲痛过度，连续几天彻夜不眠，身体特别虚弱，怕他撑不住，就征求他的意见："去不去参加？"

"去，当然去！"沉浸在极度悲痛之中的朱德，根本没有考虑到自己的身体状况，马上作了肯定的回答。

可是，就要上车出发的时候，朱德却因两腿软得厉害，怎么也站不起来了。这使朱德非常不安，坐在沙发里难过地叹气："唉，去不成了！这怎么对得起恩来？"

猛然，朱德像想起了什么，忙吩咐说："快把电视机打开！就是坐在家里，我也要参加这个追悼会。"

电视机打开了，朱德怀着对老战友周恩来的巨大哀思，随着那撕心裂肺的哀乐，用闪着泪花的双眼，送走了那系着黑纱的灵车。

后来，那条记载着朱德和周恩来友谊的毛毯，被献给了军事博物馆，供人参观瞻仰。

朱德和周恩来的友谊，就像这条留着"伤痕"的毛毯，经受了革命战火的考验，越来越深厚。如今，每当人们走进中国人民革命军事博物馆，看到这条毛毯时，无不为它所包含的革命情谊所感动，人们伫立在那里，久久不愿离去。

与彭德怀的默契

彭德怀生性耿直，疾恶如仇，但对士兵和蔼可亲，关怀体贴。

1952年，彭德怀从朝鲜战场回到北京，向党中央汇报工作。他下车后甲胄未解便带着一身硝烟走进丰泽园。汇报完毕后，彭德怀交代警卫员说："回去洗个澡。"

"哎呀，彭总，换洗的衣服没带回来。"警卫员有些不安。

"我说洗澡，没说换衣服么。"彭德怀已经大步走开了。

立在台阶上的朱德笑了。他太了解彭德怀了。一张行军床，一身布军装，两件换洗的内衣裤，再无多余。换洗的内衣裤带到朝鲜，家中又没存货，难怪警卫员要犯愁。

彭德怀洗过澡，正在擦干身子，警卫员来报告："朱总司令来了。"

彭德怀一向注意军容风纪，见人时必须要穿戴整齐。但是对朱德总司令例外，从不避讳，边穿衬衣边迎了出来。

第八章
朱老总的人际交往

"什么事？"彭德怀了解朱德生活很有规律，坚持早睡早起。但是毛泽东有夜里办公的习惯，所以大家都要跟着熬夜。朱德年岁已大，熬一夜是很疲劳的，却不抓紧时间休息，又赶到这里来，可能有急事。

正这么想着，朱德已来到面前，递给彭

1939年，朱德和彭德怀在山西武乡县王家峪（历史图片）

德怀一套洗得干干净净并且叠得整整齐齐的衬衣衬裤，用那种永远不变的慢声调说："这是我的一套衣服。不知合不合身，你试试看吧。"

彭德怀接过衬衣衬裤，什么也没说，两手托着停顿了一下，看了朱德一眼，两人相视一笑。彭德怀嘴角一抿便动手脱下刚刚穿上的留有汗碱的衣裤，换上散发出清新气息的衣服。他系上纽扣，头也不抬地说："挺合适。"

一套衣服，两个元帅之间，就这么平平常常，再没有第二句，更没有谢谢之类的话。

朱德不喜欢城里喜欢野外。休息时，他爱和几位四川老乡到香山或十三陵野游。1953年，彭德怀从朝鲜战场胜利归国。朱德特地邀请彭德怀这位"湖南佬"去游十三陵，并拉了邓小平等几位四川老乡同行。

去野外，彭德怀是一叫就应。出发时，两家的警卫员互相询问，结果发现带的东西都一样：行军床、小马扎、猎枪、象棋、望远镜。

游玩的人不多，十三陵显得格外宁静。一下车，年轻人都跑去玩了。几位老同志在野外漫步，也渐渐走散了。

朱德和彭德怀在北京香山（历史图片）

像是有一根无形的线牵着朱德和彭德怀，每次都是这样，走不散。

"这干啥子嘛。"朱德立住了脚。

"摆么。"彭德怀也立定不走了。

这种对话含有默契，外人是听不懂的，可长期跟随在首长身边的警卫员们都能明白：两位老总又要开始一番厮杀了！于是，警卫们立即支起行军床，放下两个马扎，摆好了象棋。

朱德慢慢地蹲腿欲坐，彭德怀扶了他一把，像舞场里跳领舞的一样，手头稍稍一动作便传递了意思：坐那边去。

朱德望了一眼彭德怀，也没说什么，便慢腾腾地走到对面，在警卫们的帮助下重新坐好。

警卫们知道这里的名堂：那边是红帅，这边是黑将。彭德怀尊敬朱德，请朱德执帅，自己执将。

朱德话不多，彭德怀的话更少，所以两个人下棋时，基本上都不说什么话。

朱德照例是先擦眼镜，就像战前擦枪一般。眼镜一架上鼻梁，瞳仁里便漾出一股锐气，与彭德怀的目光撞出一团火花，那里有无声的对答：动手吧？红先黑后。今天分输赢？照三百回合杀吧！

砰！朱德走了当头炮。虽是老步子，却也气势不凡。彭德怀不走马，也走出当头炮，这股对着干的架势，如同他指挥打仗，喜欢进攻，喜欢拼杀，喜欢争取主动。

第八章
朱老总的人际交往

不知什么时候，邓小平踱过来，站在一旁，背着手看。朱德和彭德怀仍是没有言语，只有行动，下手都够狠。彭德怀"吃"子，必要将自己的子狠狠砸在对方的子上，然后再心满意足地将"吃"掉的子从下面抠出来放一边。朱德则不然，朱德是用自己的子将对方的子往开一推，横扫一般，便取而代之了。然后再像打扫战场似的将对方被"吃"掉的子拾起来丢在一旁。

朱德和彭德怀对弈，邓小平一旁观战（历史图片）

朱德和彭德怀下棋有他们自己的特定方式。他们互相欣赏对方的耿直和痛快，在生活中相互理解。1959年的庐山会议上，彭德怀由于上书直言，受到了错误的批判和斗争。朱德深深地同情彭德怀的不幸遭遇，为此他自己也受到了批评。

与陈毅几十年的诗交

南昌起义后，部队南下途中遭到围攻，损失惨重。有的人悲观失望，动摇叛变了；有的人经受不住艰苦的战斗生活，中途悄悄地逃跑了。部队军心动摇，这颗革命的火种随时都有熄灭的危险。当此危难之际，朱德挺身而出，组织余部辗转湖南。陈毅作为副手，在协助朱德整编队伍、实现与毛泽东会师井冈山的艰难历程中亲身体会到朱德的伟大。事隔多年，陈毅回忆起这段难忘的经历时,清清楚楚地记得朱德当时的登高一呼:"革命的跟我走,不革命的可以回家!大革命失败了,不勉强。跟我走只有200条枪,但我们有办法。1927年在中国革命等于1905年的俄国革命,俄国革命1905年失败后是黑暗的,但黑暗是暂时的,到1917年革命终于成功了。中国革命现在失败了,现在也是黑暗的,但黑暗同样遮不住光明,只要保持实力,革命就有办法,革命就能成功。"陈毅深情地说:"朱德总司令在最黑暗的日子里,在群众情绪低到零度、灰心丧气的时候,指出光明的前途,增加群众的革命信念,这是总司令的伟大,没有马列主义的远见是不可能的……总司令之所以能够成为人民军队的领袖,是自然的,绝不是偶然的,是在革命斗争中考验出来的。"

红军初创时期,朱德任红四军军长,陈毅任政治部主任。在创建中央苏区的斗争中,他们两人三下闽西,转战赣南;在粉碎敌人的五次"围剿"中,朱德任总司令统率三军,陈毅则常以地方武装配合主力部队作战。1934年,朱德率主力红军长征,陈毅奉命坚持南方游击战争。抗战爆发,陈毅出山。1940年10月,陈毅和粟裕指挥黄桥战役取得巨大胜利。消息传到延安,在总部参加领导全国抗战的朱德为战友取得的重大胜利感到由衷的喜悦。1941年,皖南事变后,陈毅被任命为新四军代军长。不久,陈毅就果敢地指挥了讨逆(李长江)之役和陈道口之役,为创建和巩固华中根据地做出了重大贡献。捷报传到延安,朱德喜不自胜,欣然吟成七律一首《我为陈毅同志而作》:

江南转战又江东,大将年年建大功。
家国危亡看子弟,河山欲碎见英雄。
尽收勇士归麾下,压倒倭儿入笼中。
救世奇勋谁与识,鸿沟再划古今同。

第八章
朱老总的人际交往

朱德将此诗抄示于"怀安诗社"同人,让延安的战友们共享胜利的喜悦。这真是"一片深情,尽见于此"了。

1946年11月,朱德同志60大寿,中共中央举行庆祝会。陈毅当时在山东解放区指挥作战。在连续后撤集中兵力捕捉战机以改变战局的紧张繁忙之中,陈毅同志挥毫写下了《祝朱总司令六旬大庆》一诗:

高峰泰岳万山从,大海盛德在能容。
服务人民三十载,七旬会见九州同。

这首诗既是陈毅对朱德由衷的称赞,又不啻是一曲人民革命的胜利之歌。陈毅自己也比较喜欢这首为朱德贺寿的诗。1949年8月,在人民解放军向南方胜利大进军的凯歌声中,陈毅将此诗赠予徐平羽同志。

1948年5月,朱德和陈毅、聂荣臻等在河北建屏县西柏坡(现属平山县)。右起:聂荣臻、陈毅、朱德、彭真、粟裕、李先念、蔡树藩、薄一波(历史图片)

1947年9月,陈毅在指挥沙土集战役后不久即赴平山向刘少奇、朱德主持的中央工委汇报工作。一别两年,今朝重逢,朱德和陈毅彻夜长谈。陈毅同志诗兴勃发,写成《平山呈朱德同志》诗一首:

> 滹沱河畔与君晤,指点江山气象殊。
> 南指中原传屡捷,石门北望庆新都。

1948年5月,朱德代表党中央赴濮阳指导华东野战军整训,作了"耍龙灯""钓大鱼"等一系列重要指示。陈毅则在欢迎大会上发表了《向朱总司令学习》的演说,号召指战员们学习总司令的伟大人格。陈毅意犹未尽,兴致勃勃地赋诗四首——《和郭副司令并呈朱总司令以志其亲临南线之快》:

1948年5月,朱德和陈毅、粟裕在河北濮阳县(现属河南省)同华东野战军各纵队负责人合影(历史图片)

第八章
朱老总的人际交往

读罢新诗兴不残,又将远举付深谈。
总戎令下风扫雪,立马吴山更图南。

首夏清和花事残,为讨不庭向江南。
郭郎妙笔留春在,总座新诗气如磐。

战局几回抵掌谈,反复指点计艰难。
北线迩来传屡捷,逐鹿自古在中原。

耻杀无辜得天下,东征西怨万方从。
温温不作惊人语,大度自然是真雄。

"十年动乱"中,朱德被诬蔑为"大军阀",陈毅则被扣上"二月逆流黑干将"的罪名而屡遭迫害。在这样的非常时期,老帅们的心贴得更近了。陈毅怒斥林彪之流对朱德的诬蔑:"朱德同志怎么成了'大军阀'?这不是给我们党脸上抹黑吗?一揪就是祖宗三代,人家会说,你们共产党怎么连80岁的老人都容不下!"

几十年的情谊,几十年的诗交。在行将告别人世的最后岁月,陈毅对朱德及其诗作的真挚情感是十分动人的。1971年夏,陈毅身患绝症,与朱德在一起度过了最后一个酷暑。陈毅在给长子讲解

朱德(中)和陈毅(右二)在云南视察空军某部(历史图片)

杜甫的《秋兴》时，兴致勃勃地讲起总司令曾用《秋兴》原韵，写过一组解放战争的战场即景诗。他要长子找来读读，满怀深情地说："这组诗出自战场总司令的手笔，是历史研究的珍品。"

1972年1月6日，71岁的陈毅与世长辞了。朱德十分悲痛，不顾86岁的高龄和正发着高烧的病体，执意要人搀扶着向陈毅遗体告别。意志坚如钢的总司令凝望着年轻自己15岁的战友、诗友，老泪纵横，呜咽出声，颤抖着行了一个庄严的军礼，向这位自南昌起义后并肩前行的、有着45年情谊的知交告别。失去这样一位豪爽耿直、才华横溢的战友，朱德感到哀恸难禁。回到病房，朱德仍然泪流不已，极其沉痛地叹息道："陈毅同志好啊，他死得太早了！"朱德已多年没有写诗了，这一次，在大恸之中，心声凝为诗句：

一生为革命，盖棺方论定。

重道又亲师，路线根端正。

这首诗，既是对亡友的至深至切的追念，也是对鬼蜮蝥贼的挞伐。

与刘伯承：从对头到战友

在十大元帅中，数朱德和刘伯承的年龄大，又数他俩相识最早。他俩关系颇为密切。

抗日战争时期，作为战地摄影记者的徐肖冰曾经遇到这样一个场面：那是在一次军事会议召开之前，八路军将领站在屋前，三个一群、五个一伙地围在一起聊天。徐肖冰手持摄影机正忙着选取镜头。他看到朱德和刘伯承正谈得热烈，笑得是那么开心，急忙过去拍摄。

"你拍我们两个，你可知道我们两个是对头，是交过手的？"刘伯承扭过头，指着镜头说。

"是下棋还是打球？"徐肖冰随口问道。

"下的啥子棋哟，我们是真枪实弹地交过手哩。"刘伯承认真地回答着。

徐肖冰惊讶极了，到底是怎么回事？

原来，早在1916年，朱德和刘伯承就参加了反对袁世凯复辟帝制的护国运动。当时，朱德在入川参战的滇军中任团长，刘伯承则在川军中任职。四川逐渐形成了军阀割据的局面，战事不断。1917年年末，军阀熊克武为了消除另一军阀刘存厚的势力，派遣刘伯承作为代表赴川南泸州与云南军阀唐继尧的部队谈判，意欲联合驱逐刘存厚。在这次谈判中，刘伯承结识了朱德。然而，到了1920年，唐继尧图谋夺取四川的统治大权，企图联合其他川军驱逐熊克武。结果，熊克武用"川人治川，驱逐客军"的口号，与四川军阀联合起来，将驻川滇军逐出四川。在这次战争中，刘伯承率部与滇军作战，连连取得胜利，而朱德所在的滇军接连失利，一直从成都溃退到贵州境内。

徐肖冰心中释然，终于明白了朱德和刘伯承曾经是对头的来历。

那么，原先的对头又是如何走到一起直至成为亲密无间的战友呢？

1917年俄国十月革命和1919年五四运动爆发后，许多探索中国革命的仁人志士开始从马列主义那里找寻拯救中国的正确道路。朱德和刘伯承都加入了中国共产党，正如朱德所言："人们走着不同的道路，有的人做了军阀而不思悔改，有的人随军阀陷入泥潭，但最终找到了新的革命道路；也有的人看到了新的道路，却因为过去中毒太深而不能自拔。许多国民党军人变成了新军阀。而刘伯承和我两个人则找到并走上了新的革命的道路。"

在后来的年代里，刘伯承和朱德患难与共，为中国人民的解放事业立下了卓越的功勋。特别值得一提的是，在红军长征途中，朱德和刘伯承为了党和红军的团结，不顾个人安危，同制造分裂的张国焘进行了不懈的斗争。

为了使朱德和刘伯承就范，张国焘煽动一些人斗争他们。在一次会议上，一些人无理谩骂，坐在朱德身旁的刘伯承忍无可忍，拍案而起，厉声

1938年，朱德在一二九师和刘伯承（中）、邓小平（左）研究作战计划（历史图片）

1952年4月13日，朱德和刘伯承在北京香山（历史图片）

怒斥道："你们是在开党的会议，还是审案子！？"一下子，那些人又把斗争的矛头对准了刘伯承。

这时，留在左路军中的一方面军干部战士对此感到十分气愤，他们利用各种方法向朱德和刘伯承传递信息，请示该如何做。朱德和刘伯承自然明白这些请示的意思。但是，他们从整个红军的大局出发，置个人荣辱于度外，告诫部队要搞好团结，避免分裂；少讲空话，多做工作，切不可草率从事。

在艰难和危险的处境中，朱德和刘伯承始终没有屈服于张国焘的淫威，坚持对四方面军广大干部战士进行说服教育，使他们认清北上抗日的意义。

南下部队在经历了近十个月的磨难之后，广大指战员终于从残酷的现实中认识到，只有北上才是真正的出路。张国焘南下计划"破产"，被迫命令部队重新北上。

1946年，当朱德60寿辰之际，尚在前线的刘伯承怀着喜悦的心情对来访的记者说，朱总司令"志坚如铁，从无失败情绪。总司令参加革命以前，生活优裕，即不升官发财，亦足以度其舒适之一生，当其一旦认识革命，即弃如敝屣，义无反顾。以后在任何困难面前，坦然如坐春风，尤足使人深深感动"。

师生情

朱德对他的老师，一直是很敬重的，就是在他成了党和国家的领导人之后，也从未曾忘记他的老师。1957年春，朱德到云南省视察时，应邀参加省政协在政治学校礼堂举办的晚会。演出即将开始时，一位年逾七旬的老人被工作人员引导到前排。朱德看见走过来的老人，急忙起身向前，立正敬礼。礼毕，朱德握住老人的双手，亲切地喊道："叶老师，您好！"然后，请老人先入座。待老人坐定后，朱德自己才坐下。

这一情景，使在场的人都惊呆了！因为这台晚会是特地为欢迎朱老总而举办的。朱老总是这台晚会的贵宾，可是他对这位七旬老翁如此谦让。老翁的神秘身份和朱老总对他的尊敬引起了人们的好奇。人们纷纷交头接耳，议论纷纷："这位老者何许人也？"

前排就座的有许多是辛亥革命的老人，他们知道刚刚入座的是老同盟会员叶成林老先生。叶成林老先生年轻时曾担任过云南陆军讲武堂的教官，当年，朱德在讲武堂学习时，他给朱德讲过课。

一阵窃窃私语之后，大家得知朱老总迎接的是他的老师时，都被眼前这一幕师生之情深深地感动了。此情此景，令人感慨万千。

朱德的另一位老师李根源先生赋诗颂扬朱德的尊师风尚：

> 如兹美风仪,
>
> 天下知重师。

朱德的尊师重教是一贯的。上面的这一幕只是他许多尊师镜头中的一个缩影。

相遇贵相知

1945年3月,正值中共七大召开的前夕,朱德收到孙炳文的夫人任锐写来的一封信。这封信引起了他对孙炳文的无限怀念之情……

孙炳文是朱德的良师益友。

孙炳文,生于1885年,四川南溪县人。他自幼在私塾刻苦攻读,后考入京师大学堂,又因思想进步,触犯了学校当局而被开除。他随即去保定学堂插班,并以同盟会京津分会文牍部部长的身份兼任《民国日报》总编辑。孙炳文积极从事反对清王朝的活动,后因预谋刺杀原摄政王一事泄露,遭到袁世凯的通缉,被迫潜回老家四川,以教书为业。

1917年春,经好友李贞白介绍,朱德与孙炳文相识。他们一见如故,倾心交谈,彼此深感相见太晚。朱德豁达朴实、谦逊谨慎的作风深深地吸引着孙炳文,孙炳文"视玉阶大雅绝俗,无阴粗之难近","非与玉阶习者,而不知其口德之高洁也"。而孙炳文仗义豪爽、正直无私的性格也给朱德留下了深刻的印象。几小时的长谈,孙炳文对时局作了分析,有力地抨击了军阀混战、民不聊生的惨痛局面。孙炳文向朱德介绍了新思潮、新文化的兴起。孙炳文颇富见地的谈话,似雾中一盏明灯,一下照亮了朱德苦闷已久的心。

握别时,朱德向孙炳文表示了挽留之意,孙炳文答应有机会一定再来相聚。

第八章
朱老总的人际交往

光阴荏苒，一转眼就是数月。已经担任少将旅长的朱德刚刚摆脱战事的纷扰，率部进驻泸州。这时，孙炳文再次来访，并告诉朱德，他决定弃笔从戎，留下来协助朱德干一番事业。朱德喜出望外，立即聘他为旅部咨议。从此，两人朝夕相处，结为挚友。

在孙炳文的启发帮助下，朱德从进步书刊中了解到俄国正在发生一场翻天覆地的革命。在很长的时间里，朱德与孙炳文促膝长谈，商讨如何救国的问题。在讨论中，朱德、孙炳文赞赏苏联实行"不劳动者不得食"的办法，认为"单单吃饭不做工，就是社会寄生虫"，应当建立一个没有强权、没有专制、没有私有制的社会。可是，应当如何实现这一理想中的社会呢？他们讨论了很久，都没有找到一个令人满意的答案。他们感到用旧的军事斗争的方法不能达到革命目的，必须寻求一种新的革命方法，这种方法也许就是苏联革命的方法。十月革命建立起了布尔什维克政权，并粉碎了帝国主义列强的武装干涉。但是，中国的革命却一败再败，为什么不能像苏联革命那样呢？症结何在？他们百思不得其解，最后只能得出这样的结论：在走上新的道路之前，应该先到国外去，考察一下国外的政治思想和制度。

1920年5月，川滇军之间再次爆发大规模战争，朱德又一次被卷入军阀混战的旋涡。这时，孙炳文已决定到成都去。朱德和孙炳文商定，等到打完仗后他就去找孙炳文，然后一起到国外去。

1918年2月，朱德（左）和孙炳文在四川泸州（历史图片）

1921年，孙炳文来到北京，做出国前的准备。1922年春，朱德终于冲出军阀混战的乱局，辗转重庆、上海来到北京与孙炳文会合。他们在北京寻找中国共产党的领导人陈独秀。后来听说陈独秀在上海，他们又登上南下的列车。

在上海，朱德和孙炳文历尽千辛万苦，终于见到了陈独秀。谁料想，当朱德叙述完自己的经历，向陈独秀提出加入共产党的请求时，却遭到陈独秀的拒绝。朱德仿佛被一盆凉水从头淋到脚下，一股失望之情油然而生。他无法理解为什么斩断了与封建主义的关系，却不能在新环境中投身革命？正如后来朱德回忆说："我的一只脚还站在旧秩序中，另一只脚却不能在新秩序中找到立足之地。"

朱德默默地起身告辞了。他是一个认准了方向就绝不回头的人，朱德认定，只有先进的政党——中国共产党——才能拯救中国。他意识到必须尽快到革命导师马克思、恩格斯的故乡，到十月革命的爆发地去系统地学习和考察。

1922年10月中旬，朱德和孙炳文踏上了欧洲大陆的土地。高耸的埃菲尔铁塔、美丽宁静的塞纳河、雄伟壮观的凯旋门吸引着他们。但是，他们听到旅欧共产党组织的负责人周恩来正在德国柏林筹建组织的消息后，再也无心留恋巴黎风光，迫不及待地乘上前往柏林的火车。

在柏林瓦尔姆村皇家林荫路的一幢楼房里，朱德和孙炳文恳切地向周恩来倾诉着他们追求光明、追求真理的信念与决心。一腔赤诚打动了周恩来的心。当他们提出加入中国共产党的要求时，周恩来爽快地答应了。

在德国的三年时间里，朱德和孙炳文广泛地涉猎了马列主义著作，共同探讨中国革命的道路，积极地向中国留学生宣传孙中山提出的革命的三民主义，组织广大留学生参加各种活动。

1925年7月，他们先后抵达苏联。由于国内斗争的需要，孙炳文奉调返国，朱德则留在苏联学习军事。然而，临别时，他们谁也没有意识到，这一次分手竟成永别。当朱德1927年夏在武汉见到任锐时，才获悉孙炳文已在这年4月20日惨遭杀害。

这一幕幕难忘的往事重新涌上心头。沉思良久，朱德提笔复函任锐："炳文同志革命意志坚强，以民族民主革命的锐志而走到无产阶级的战士，是一贯的革命精神。一生学而不厌，诲人不倦，深通历史及文学、哲学，最后在留学德国时，研究马列主义最有成果，并影响一批前进青年加入革命。平日生活最能刻苦自励，凡接近者均受其模范激励而有所振作。对敌人是疾恶如仇，有灭此朝食之慨；对同志是爱护备至，情同手足之感。"

中共七大召开之际，低沉雄壮的《国际歌》回荡在大礼堂内。朱德作为大会的代表之一，怀着极其沉痛的心情，向为中国革命牺牲的烈士们默默致哀，也向他失去的挚友孙炳文致以深切的哀悼。

生事之以礼，死葬之以礼、祭之以礼

张澜先生早年曾任四川顺庆府官立中学堂监督。他在任期间，锐意整顿学校，一洗迂儒们传播的封建、保守、萎靡、颓废的学风，主张办"洋"学堂，吸纳西方先进思想。张澜思想开放，他将西方的民主思想和科学精神引进了该校，开民主、自由之新风尚，使该校名声大振，一时成为进步青年向往的地方。

按理，朱德应该到与仪陇县毗邻的保宁府中学堂就读。可是，青年朱德却舍近求远，到顺庆府官立中学堂就读。这是为什么呢？原来，求知欲旺盛的朱德久慕张澜大名和他所倡导的新学风，所以决意进入顺庆府官立中学堂，学习新式思想。

张澜亲自给学生们讲授"格致"课，这门课程包括生物、物理等内容。他将留学日本时所学得的自然科学知识，结合他从日本带回国的标本、挂

张澜，四川南充人，中国民主同盟创始人之一，曾任民盟中央执行委员会主席多年（历史图片）

图、仪器、资料等，深入浅出地详细阐述，引起了学生们的极大兴趣。他经常对学生们讲："人生在世，做人、做事。做事难，做人尤难。学生求学，旨在学好做人、做事的本领。要做好事，造福于国家和人民，就要安心向学，勤奋不懈，以便经世致用。要做好人，成为志士仁人，就要正心修身，行端表正，以便担负天将降的大任。这两者互为表里，相得益彰。"为使学生具备做人的基础，他将教"修身"课的守旧的教师换掉，自己兼授"修身"课，课程内容也改为爱国爱民、勤政亲民的古圣先贤的嘉言懿行，以及中华民族志士仁人的丰功伟业。由于张澜的循循善诱，青年朱德的品德和学业都大为长进。更为重要的是，朱德从这里学到了许多做人的道理。

张澜将学生真正当作自己的弟子，经常同学生打成一片，没有一点旧式封建教育所谓"师道尊严"的架子。当时学校虽不兴"家访"，可他对学生们的家庭情况了然于心，这就有利于他对学生因材施教。他知道朱德家境贫寒，对他勉励有加。朱德爱好体育课，张澜对此尤为高兴。每当课余朱德奔驰于篮球场上时，张澜便鼓励在场外围观的学生向朱德学习，加强锻炼。张澜还给朱德讲述东晋大将军陶侃朝夕运砖以习劳励志的故事，要朱德立志洗雪"东亚病夫"的奇耻大辱。

当时清廷腐败，帝国主义列强大肆侵略。张澜联系当时的形势，严肃地提醒学生们："要亡国灭种了，现在什么都不管，就是牺牲身家性命，去救国家！"张澜的谆谆教诲，像阳光一样沐浴着朱德的心灵。朱德吸收着这些忧国忧民的思想。

朱德虽然在顺庆府官立中学堂只学习了一年时间，但张澜的言传身教，却给他留下了终生难忘的印象。据朱德后来回忆,他那时把张澜当作从事推翻封建王朝的革命党人,曾长期认为张澜"是同盟会的秘密会员"。从某种意义上说,朱德的认识是非常深刻的:张澜固然在组织上不曾参加同盟会,可他的思想意识和活动已经革命化了,以至不久就有他领导四川保路运动的全川人民大起义,成为辛亥革命的导火线。孙中山先生对此肯定地说:"若没有四川保路同志会的起义,武昌革命或者要迟一年半载的。"

1907年,已经受到民主思想启蒙教育的朱德,为进一步探索救国救民之道,来到成都投考四川通省师范学堂,不久又远走昆明,考进了云南陆军讲武堂。后来朱德担任人民军队的总司令,尽管地位变了,身份不同了,但他并没有忘记早年的恩师。凡是有机会向张澜致意之时,他总是要托人代致问候。1937年10月,四川的军政首脑刘湘赴南京出席国防最高会议,朱德在会后亲去刘湘下榻处拜访,托刘湘向张澜问好。1938年春,在山西前线抗日的邓锡侯返回四川任川康绥靖主任,去八路军总部辞行时,朱德又托邓锡侯带信慰问张澜。后来,朱德还经常托董必武、林伯渠两老问候张澜。1944年9月,林伯渠由延安去重庆参加国共谈判,此时的张澜已是国统区致力民主革命的领导人,朱德又特地托林老代致张澜一封信,信中写道:"你的事业,我坚决支持。"朱德还将延安大生产运动中生产的一床蓝色方格呢毯带给张澜,表达对老师的敬意。

1945年8月30日下午,毛泽东主席飞抵重庆参加国共谈判的第三天,去张澜寄居的特园拜访。毛泽东首先转告张澜:"你的学生朱德同志向你致以亲切的问候!"毛泽东还赞扬张澜"曾经教育过朱总司令这样的抗日报国的当代英雄"!

1949年5月,张澜在上海被国民党特务劫持,经中共地下组织营救才得以脱险。其后,张澜应毛泽东主席、朱德总司令、周恩来副主席等电邀北上,参加新政协的筹备工作。6月14日下午,在北平前门火车站,张澜和朱德在阔别多年后再次重逢。屈指一算,师生之间已有44年没见面了!朱德见到老师，立即举手敬礼，表示崇高的敬意。过了几天，朱德设宴招待张澜，并邀请张澜的另一位学生罗瑞卿作陪。席间，朱德详细地询问了张澜的健康情况，说他将派保健医生给老师彻底检查身体。他又指着罗瑞卿对张澜说："老师，瑞卿同志可是一位好同志啊！难得的是他早年也受到你的教育，你对他的影响很深、勉励很大！"罗瑞卿连连点头，感谢张澜对他的教育。宴后，朱德、罗瑞卿又陪同张澜泛舟中南海，畅游叙谈。

张澜与朱德、罗瑞卿师生合影（历史图片）

不久，周恩来安排张澜去颐和园听鹂馆侧近休养。朱德多次前往该处看望张澜。每当张澜因病住进医院时，朱德总是第一个去探视。张澜病情较轻时，朱德多叙谈求学时的敬业乐群、军旅中的赏心乐事，以博得张澜掀髯一粲；张澜病情较重的时候，朱德则叙述扶病长征、抱病抗日的同志们与疾病作斗争的故事，以在精神上鼓舞张澜。有一次，朱德还将自己珍贵的保健药物针剂，分赠一些给张澜。经注射后，张澜的健康情况颇有起色。

1951年4月2日，张澜过了80岁生日。远在南方休养的朱德，早在3月27日便驰函祝寿："张副主席：兹值你八秩大寿之辰，我以欣慰的心情，庆祝你的健康长寿。适在休养，未能面祝，特致贺忱。"

1955年2月9日，张澜病逝，朱德担任治丧委员会主任。朱德对张澜做到了"生，事之以礼；死，葬之以礼，祭之以礼"。自始到终，朱德都体现了学生对老师的崇高感情。

一曲张澜与朱德的弦歌，长奏出师生间山高水长的清韵。

第八章
朱老总的人际交往

追随蔡锷——收拾河山谁与问

1911年的春节到了,云南陆军讲武堂照例放假三天。学员们有的回家去了,有的逛街去了,宿舍里静悄悄的。

朱德自1909年年初离家,已经整整两年没有回去了。他思念家人,思念竹木繁茂的故乡。于是,他决定写信给家里。这时,讲武堂总办李根源推门进来了,他的身后还有一位陌生的军人。朱德立即起身迎接。

李根源指着后面的军人说:"我来介绍一下,这位是新近来省的蔡松坡先生,现住在我们讲武堂里。"

"蔡先生,你好!"朱德恭敬地向蔡锷行礼,"学生朱德,字玉阶,特别班步科生。"

"朱德是我们讲武堂的优秀学生,当初还是冒籍进入讲武堂的,险些被除了名。"李根源笑着说。

听了李根源的介绍,蔡锷称赞道:"看得出来,朱玉阶同学将来一定会有所作为的。"

朱德坦诚地说:"蔡先生过奖了,学生只是为了救国救民,才下决心来学习军事的。"

"说得好!"蔡锷很喜欢朱德朴实、坦率的态度。

临走时,蔡锷邀请朱德有空到他那里去看看,朱德愉快地答应了。

蔡锷(1882—1916年),原名艮寅,字松坡,汉族,湖南宝庆(今邵阳市)人。遗著被编为《蔡松坡集》。蔡锷曾经响应辛亥革命,发动反对袁世凯洪宪帝制的护国运动,是中华民国初年杰出的军事领袖(历史图片)

后来，朱德从教官那里了解到，蔡先生是日本士官学校的毕业生。在学校时，由于成绩优秀，与同期毕业的蒋方震、张孝准同被誉为"中国士官三杰"。回国后，先后受聘于江西、湖南、广西督办军事学堂。朱德还了解到，蔡锷只比自己大4岁，但资历颇深，思想进步。

朱德为能够结识蔡锷而感到庆幸。此后，他常去蔡锷那里借书、看报，其中最使他感兴趣的是康有为的《欧洲十一国游记》和梁启超的《新大陆游记》。康有为、梁启超对游历诸国政治制度的详尽介绍，使朱德大开眼界，初步地了解了西方的政治思想。

有一天，朱德来到蔡锷住所时，看见他正伏案疾书，便贸然问道："松坡先生，我每次来都看到您在写，到底在写啥子？"

"我打算将曾国藩、胡林翼著述中有关治兵的言论辑录下来，再加上一些按语，编写一篇训练部队的材料。"蔡锷告诉朱德，"曾国藩、胡林翼二人虽然不是武将，但他们所讲的兵家之事见地颇深。他们在治兵方面的阐述，是值得借鉴的。"

朱德仔细地翻阅蔡锷写的按语，他对蔡锷的精辟分析，感到由衷的佩服。以至于他后来担任了八路军总司令，仍然认为蔡锷编写的《曾胡治兵语录》对他带兵打仗有着重要的作用。

不久，辛亥武昌起义的消息传到云南，云南革命党人积极响应。在蔡锷等人的领导下，10月31日举行了推翻清王朝统治的起义。这时，朱德已从云南陆军讲武堂毕业，被分配到蔡锷的部队里担任军官。在战斗中，朱德带领突击队，率先攻入总督衙门。

辛亥革命胜利的果实被窃国大盗袁世凯所夺取。到了1915年，袁世凯丧权辱国、恢复帝制的行径日益引起全国民众的强烈反对。这时，正在边疆地区剿匪的朱德也时刻关注着国内局势的变化。

12月下旬的一天，朱德在蒙自街头突然遇到了一位故友。他感到很奇怪，那位朋友向他行礼后，顾不得寒暄，只是嘱咐他晚上到城外小庙见面，便匆匆离去。

晚上，朱德和几位反对帝制的军官来到城外的小庙里。一会儿，一个传令兵送来一封信，朱德一看笔迹，心头一震：这是蔡锷将军写的。蔡锷将军告诉朱德按传令人的命令行事。

朱德问："蔡先生要我做什么事？"

来人告诉朱德："蔡先生已经回到昆明，将于25日宣布独立，反对帝制，讨伐袁逆。希望你届时务必率部返回昆明，参加起义。"

朱德一听，惊喜万分。他所盼望的这一天终于来临了。

朱德回到部队后，立即着手准备，于25日黎明率部队向师部进攻。帝制派军官闻信早已逃遁。朱德率部登上火车，开赴昆明。

当朱德走进护国军司令部时，他简直不敢相信自己的眼睛。蔡锷将军面色苍白、两颊下陷，说起话来十分困难。原来，蔡锷将军被喉疾和肺结核病缠身，病情相当严重。朱德握住蔡锷将军的手，难过地流下了眼泪。

护国运动胜利了，然而，蔡锷将军的病情却日益严重。朱德为此感到十分忧虑。

1916年8月中旬，蔡锷将军辞去一切职务，从成都来到泸州，准备转赴上海，而后东渡日本治病。在泸州停留的几天里，朱德终日陪伴在蔡锷将军的身边。由于蔡锷将军说话吃力，他们交谈不多。朱德把自己对这位良师益友的尊敬和爱戴倾注在细致入微的照料中。

蔡锷将军就要走了。在码头上，蔡锷将军的脸上流露出痛楚的惜别之情。他握着朱德的手，声音嘶哑地说："此行东瀛，费时又费钱，是否能够痊愈，难以逆料，恐怕是凶多吉少。古人说，武将不惜死。我能够看到护国运动的胜利，也算是满足了。"

朱德伫立码头，望着渐渐远去的轮船，心中不禁悲怆起来。他祈祷蔡锷将军早日痊愈归来。

蔡锷将军由于积劳成疾，不幸于日本病逝。1916年11月间，正在四川

南溪驻军的朱德突然得到这一消息,禁不住失声痛哭。悲痛之中的朱德提笔写就一副挽联,寄托对蔡锷将军的思念之情:

勋业震寰区,痛者番向沧海招魂,满地魑魅迹踪,收拾河山谁与问?
精灵随日月,倘此去查幽冥宋案,全民心情盼释,分清功罪大难言。

蔡锷将军的病逝,使朱德失去了一位良师益友。但是,朱德实现了蔡锷将军的理想。

送给李鸿祥的乌铜马

1957年2月,朱德结束了在广东的视察,风尘仆仆地来到祖国的西南边陲云南。云南是一个多民族省份,很多少数民族聚居在这里。云南风光旖旎,云南的人民热情好客,每年到这里来旅游的人相当多。

此时的昆明城,已是春意盎然。山茶花绽开了笑脸,迎接远方的客人。阔别35年,重返故地,朱德思绪万千,他首先想到的是当年的老师和同学。

一到昆明,朱德不顾旅途的劳累,驱车来到他的老师李鸿祥家中,登门拜访。

一见面,朱德恭敬地向李鸿祥执弟子礼。他的举动,把李鸿祥弄得无所适从、手足无措。虽然说自己曾做过朱德的老师,可如今朱德已经成为党和国家的领导人了,真有些担当不起。

"不敢当,不敢当!"李鸿祥热泪盈眶,连忙拱手还礼。

"你过去是我的老师,今天仍然是我的老师,学生几十年来一直没有忘记老师当年的教诲。"朱德挽住李鸿祥的胳膊,亲切地说道。

坐定之后,朱德深情地说:"当年南京一别,一晃35年过去了,真没想

第八章
朱老总的人际交往

到今天还能见到老师。"

李鸿祥谦虚地说："往事不堪回首，像我这样对革命贡献甚微的人，实在惭愧。今天我们还能相见，也实在是一件幸事。"

朱德说："老师对革命的贡献大着呢！当年你在教学中经常向学生们讲反对清王朝统治的思想，鼓励学生们积极参与反清活动，教出了许多好学生，后来都成为护国运动的名将。您的功劳大得很！中国革命需要您这样的人！"

李鸿祥起身从案头取来一件东西，激动地说："你看，这是当年你送给我的礼物。"

那是一尊油光锃亮的乌铜马，做工精细，一看就知道是被精心存放的贵重物品。

"这尊乌铜马，我一直保存在身边。"李鸿祥慢慢地说，似乎是在回忆当年旧事，"每当我看到它那矫健奔驰、志在千里的形象，就自然地想起了你。"

朱德接过乌铜马，轻轻地摩挲着，陷入了深深的回忆之中……

1916年朱德奉命率部进驻泸州。朱德在泸期间，随身携带一尊精制的小乌铜马。这是按照他的坐骑大黑马为原型做的，朱德对它十分喜爱。1922年，朱德离开云南后，决意要出国考察，寻求新的革命道路。他婉言拒绝了四川军阀杨森让他当师长的邀请，乘船顺江而下，到达上海。他在从上海赴北京途中，特地去看望寓居南京的老师李鸿祥。朱德向李鸿祥表明了准备出国寻求真理的决心，对此李鸿祥很赞赏。李鸿祥想到朱德远渡重洋，必须要有足够的经费，便取出一笔钱，送给朱德作为旅资。老师的一片真情，令朱德十分感动。为了表达对老师的感激之情，朱德把随身携带的乌铜马送给李鸿祥作为临别纪念。

于是，这尊小小的铜马作为师生友谊的见证，被李鸿祥仔细地珍藏着。在后来20多年的戎马生涯中，朱德虽然军务繁忙、日理万机，却始终惦念着他的老师。

云南一解放，朱德就委托在昆明的陈赓、宋任穷代他去看望李鸿祥，关照李鸿祥的生活。

在拜望李鸿祥的当天晚上，朱德又在宾馆里宴请了当年参加过辛亥革命的40多位老人。他在致辞中说："云南是我的第二故乡，有光荣的革命传统，我永远不会忘记云南。这次有幸重返云南，见到阔别多年的老师、同学、同事，愉快的心情是难以表达的。"

席间，朱德逐一询问了老人们的生活和工作情况，使老人们备感亲切。

这时，已经担任云南省人民委员会委员、省政协委员的李鸿祥心潮激动，感慨万千。他即兴赋诗三首，赠予朱德。其中一首写道：

青山一发是滇南，白首相逢慷慨谈。
论道经邦动天地，春醪共醉乐酣酣。

朱德听罢，乘兴和诗一首：

英侵法略视眈眈，革命当年秘密谈。
制度更新歌乐土，彩云永是现滇南。

这次会见在老人们的心中留下了深深的美好回忆。

与刘寿川的交往

刘寿川生于清朝光绪年间，早年曾自费留学日本，参加了同盟会。回国后，在顺庆府官立中学堂任监督（在张澜之后）。1906年，朱德考入顺庆府官立中学堂。刘寿川想把学校办成真正的新学，着重讲授史地科学和军事体操，培养文武双全的人才。他经常向朱德介绍他在日本时所见到的新东西，

第八章
朱老总的人际交往

朱德也很喜欢他讲的课。

朱德决定去云南报考云南陆军讲武堂时，曾与刘寿川商量过。刘寿川认为，朱德有救国救民的志向，具有军事才能，走"从军救国"的道路是对的。当时的云南陆军讲武堂有很多同盟会会员，革命气氛很活跃。因此，刘寿川极力主张朱德去报考。临别时，刘寿川还给朱德赠送了路费。

朱德在讲武堂学习很认真，思想进步很快。1909年，朱德加入了同盟会。1922年，朱德在重庆同刘寿川商量，决定到德国留学，学政治兼学军事。刘寿川也十分赞同朱德的选择，他说："日本维新是学德国的，中国要谋富强就应直接学德国，不要拐弯学日本。"朱德即将启程出国，刘寿川到上海亲自送其上轮船，并赠送路费。朱德在德国仍然保持着与刘寿川的联系，寄回信件和照片，刘寿川也常常寄钱给朱德作为留学费用。

朱德回国后，遵照中共中央的指示，以广东国民政府代表的名义到杨森部，以争取杨森参加北伐。刘寿川当时在杨森部队当秘书长。师生又见面了，经常在一起谈心。此时，杨森投靠吴佩孚的阴谋已经形成，朱德如果留在杨森部队会非常危险。刘寿川获悉此情况后，立即给朱德说了，并送朱德离开了杨森部队的驻地万县。

抗日战争初期，朱德从延安写信给刘寿川，邀请他到延安参观新社会，信中还寄了一张穿军装的照片。当时刘寿川因年纪大了，又患风湿病，加上路途遥远交通不便，没有去成。后来刘寿川每每谈及此事，总感到非常遗憾。

杨森也是刘寿川的学生，他与朱德既是同学，在护国军又是同事。刘寿川试图利用这样的关系，争取杨森起义。杨森去台湾之后，刘寿川曾争取杨森返回大陆，但仍未成功。对此，刘寿川非常感慨地对人说，他的两个学生，朱德走革命之路，为革命立下丰功伟绩；而杨森则走上反革命道路。

1950年3月，刘寿川给朱德写信，由刘寿川之子刘长征带到北京面交朱德，朱德接信后很高兴。朱德给刘寿川写了回信，信中说："特奉上复函，问候起居。我今解放后，人民得以翻身，建设当有新的事业……先生欲来京，当以贵体健康来决定,北方严寒,生活一时难习惯,如能来当表欢迎;如不能来,即到顺庆工作,亦好,当为介绍……"后来刘寿川被安排到川北行署任委员。1952年冬,川北行署撤销后,刘寿川到了成都,担任四川省人民政府参事,同时被选为四川省人民代表大会代表。

1955年四五月间,刘寿川由四川省委统战部派专人送到北京,见到了朱德。朱德委托机关事务管理局的叶科长,陪同刘寿川在北京游览了名胜,参观了工厂、学校。朱德还陪刘寿川一同参观了官厅水库。两位老人拄着手杖,兴致勃勃地爬上水库高地,观赏这一巨大的水利工程。朱德对刘寿川说:"水利是农业的命脉,希望刘先生回到四川,协助政府兴办水利。"

1959年9月,刘长征从北京调回成都工作。临行前,刘长征向朱德和康克清辞行,他们留他一道吃饭,并交代说:"你父亲年纪大了,身边需要人照顾。你回去后,一面要好好工作,一面要照顾好老人。"

1962年夏,刘寿川重病住院,朱德委员长致电慰问。7月1日,刘寿川不幸病故,省里举行了追悼会,朱德送了花圈,给家属拍了慰问电,并亲笔题写了墓碑文。

与民主人士的交情

"今天吃了总司令亲手炒的辣子,定将革命进行到底"

很多人都知道:1949年8月4日,程潜、陈明仁两位将军在长沙宣布和平起义,这震惊中外的壮举备受毛泽东、朱德的赞赏;很多人都知道:毛泽东后来还与程潜同舟泛游中南海,留下一段佳话。然而,很少有人知道:

第八章
朱老总的人际交往

发起长沙和平起义的另一位将领——陈明仁将军——与朱德还有着深厚的交情。

早在长沙起义前,陈明仁就非常敬重朱德的军事才能和为国为民的思想。1920年陈明仁在长沙兑泽中学读书时,和长沙讲武学校的学生张谷中等谈起未来的志向时,从护国军的总司令蔡锷,一直谈到指挥四川泸州纳溪战役的朱德。

学生时代的陈明仁,早就对这些能征惯战的护国英雄钦佩不已,心向往之。

陈明仁当时怎么也想不到,自己后来会率军驻守朱德曾经战斗过的地方。1941年陈明仁任中将师长,驻守在泸州和叙永。当年,就是在叙永和纳溪一带,年仅30岁的朱德率护国军与曹锟号称十几万大军的北洋军激战了46天。朱德以少胜多,取得了决定性的胜利,这赢得了陈明仁深深的敬佩。

陈明仁(1903—1974年),号子良,湖南省醴陵市人。1924年升入广州市军政部讲武学校和黄埔军校学习。国民党起义将领、解放军上将(历史图片)

当时,朱德写了一首抒发理想和壮志的诗:

年年争斗逼人来,如此江山万姓哀。
冯妇知羞甘守节,徐娘无耻乱登台。
推开黑幕剑三尺,痛饮黄龙酒数杯。
西蜀偏安庸者据,中原逐鹿是雄才。

朱德"逐鹿中原"的雄心壮志令陈明仁深受感动。

这一年的中秋节，陈明仁登上叙永城东北的红岩山，题写了"填海补天"四个大字和跋文。跋文写道："率偏师频年，与暴日相周旋，苦战恶斗，屡寒敌胆……丑虏未歼，恨海难填；神州沦后，荒天谁补？何时鲁阳金戈，挥退残余酷日；一朝田单火力，收回七十齐城。此愿此心，期必偿而后已，今夏旋师入川，驻节永宁……渺渺予怀，不禁感慨系之，爰题四字，藉抒胸臆，且将证验来兹云。"

陈明仁报国救国的热情，促使他不安于在这川南后方享清福，再三要求到抗日前线杀敌卫国。1941年冬，陈明仁率部开往滇南边境战场，打败了犯我云南边境的日军，并于1944年攻克了日军的战略要地回龙山，收复畹町、芒市，与由印度打出来的中国远征军新一师会合，打通滇南国际交通线，为夺取抗日战争的胜利，做出了贡献。

朱德对陈明仁在叙永勒石明志和抗日卫国的行为十分赞赏。所以，陈明仁虽然在蒋介石发动的内战中，在东北四平与我军血战40多天，给我军造成很大的伤亡，但仍多方争取他站到人民方面来。陈明仁的弟弟陈明信，在四平被解放军俘虏后，不仅受到优待，被送到医院去治伤，朱德还让当时担任华北局敌工部长的李立三接见陈明信，要陈明信回南京做陈明仁的工作，使陈明仁回到人民这方面来。

毛泽东主席和朱德总司令对陈明仁的关怀与争取，对陈明仁后来决心脱离反动阵营、参加革命起了很大的促进作用。

1949年8月4日，陈明仁和程潜在长沙起义，朱德和毛泽东致电给予高度评价："义声昭著，全国欢迎，南望湘云，谨致祝贺。"并同意由陈明仁任湖南省政府临时主席兼改组后的起义部队第一兵团司令。以后，就有关事宜，毛泽东和朱德多次致电程潜和陈明仁。8月下旬，又电邀陈明仁出席中国人民政治协商会议第一次会议。陈明仁于9月3日启程，10日到达北平。朱德让北平市市长聂荣臻等领导亲临车站迎接，安排住在六国饭店。随后，朱德即

第八章 朱老总的人际交往

在交际处接待和宴请陈明仁将军。

这次宴会的规格很高,作陪的有刘伯承、陈毅、聂荣臻、粟裕、黄克诚等解放军的高级将领,地点是在接待处一间装饰华丽的餐厅。厅中间的一个大圆桌上,摆满了丰盛的西式酒菜。

朱德和陈明仁进入宴会厅。见是吃西餐,朱德兴致勃勃地对陈明仁说:"今天吃西餐,我给你露一手,加个川菜来,你尝尝我们家乡菜的风味。"

朱德走进了厨房。厨师们一看敬爱的总司令进来了,都停下手中的活,赶过来向总司令问好。

朱德一指锅灶:"今天我是来当大厨师的,你们给我准备配料好吗?"

厨师们一听乐了,马上拿来朱德要的原料,如辣椒、花椒等。

不一会儿,朱德就端来一大盘热气腾腾、辣味冲鼻的炒菜。

陈明仁大惊。他本以为朱德只是说说笑话,万万没有想到这样一位伟大的军事家、人民解放军的总司令,会下厨为他炒菜。

朱德将热气腾腾、飘着香味的菜端到陈明仁面前,陈明仁激动异常地说:"总司令,我陈明仁何德何能,让总司令亲自下厨房!"

朱德哈哈一笑道:"啥子哟,你们湖南人也爱吃辣椒的嘛!西菜里没辣子。在我们部队里常听湖南老乡说'不辣不革命'。你看,把辣子和革命联系起来了。我们四川人不光吃辣,还要加胡椒面,叫作'麻辣'。子良将军,来,你尝尝是不是这个味道?"

陈明仁满怀感慨地说:"谢谢总司令,我陈明仁今天吃了总司令亲手炒的辣子,定将革命进行到底!"

陈毅在一旁诙谐地说:"这么说,在座的都是辣子将军喽,地地道道的'土八路'!"说得在座的人哈哈大笑。

朱德接着说:"我们这些'土八路'可是不简单哪!连子良将军都到我们这个部队中来了。大家看,这间餐厅,在北洋政府时期,是日本驻华公使的会议室,丧权辱国的二十一条,就是袁世凯在这里同日本人签订的。"

刘伯承说："只要有我们这些'土八路'在，那样的历史在中国就不会再重演了。"

陈明仁的情绪受到感染，心悦诚服地点着头。他要求把他率领起义的部队正式改编为中国人民解放军，并请求将他的部队调往前线作战，以报效国家和民族。

朱德对陈明仁这种爱国思想和行为十分赞赏，非常高兴地和他单独合影留念。不久，陈明仁所率的起义部队被正式改编为中国人民解放军第21兵团。陈明仁任司令员，率部开往广西剿匪。后来，陈明仁回到北京时，总要去见朱德。朱德每到陈明仁部队驻地时，都要接见陈明仁。

朱德的坦诚相待，使陈明仁终生难忘！

向傅德辉借了100大洋

1950年冬，四川省长寿县（现重庆市长寿区）农村正在普遍实行减租退押。在地主出身的傅德辉家里查出一沓借据，这可抓住了一条重利盘剥的物证。工作队和乡干部仔细验看，发现其中有一张借得傅德辉名下大洋100元的借条，署名竟是朱德！

朱德？是朱老总吗？干部们不由得一愣，连忙问道："这个朱德是咱们的朱老总吗？"

傅德辉老人平静地回答说："就是北京的朱总司令。"

敬爱的朱老总会向眼前这个地主出身的老头借钱？大家都不相信。工作队的干部怒喝道："傅德辉，你竟敢造谣诬陷咱们的总司令，该当何罪？！"

老人仍旧那么平静，简短地回答说："我没造谣，这是事实。"

"那你说说看，朱总司令怎么会向你借钱？"

"这是在德国留学时的事。"

第八章
朱老总的人际交往

会有这事？消息迅速由村报到乡。这一意外发现事关朱总司令，乡政府不敢马虎，赶紧上报到区。区又上报到县，县又上报地区，地区又上报川东区，川东区上报西南局。层层上报，最后到了党中央。

朱总司令很快回了信，证明确有借钱这桩事，并说虽然傅德辉是地主家庭出身，可他自己是个搞科学的，人才难得，不要难为他，送到北京来吧。

大家都感到有点糊涂，这到底是怎么一回事呢？

原来，傅德辉是朱德早年结识的朋友。他毕业于北京大学化学系，受北大校长蔡元培、教授李石曾的鼓励，自费到德国留学，入柏林大学攻读化学系，学成到库尔水泥研究院工作。在学习和工作之余，傅德辉还翻译、写作和辅导一些中国留学生的德语，换取部分收入。随后他又开了一个小豆腐坊，这个豆腐坊成了中国进步留学生的一个秘密聚会据点。他本人也参加了"社会主义研究会"。

傅德辉有个绰号，叫"傅铁牛"，大概是形容他某些倔强古怪的性格吧。由于他有额外收入，经济条件比其他穷留学生要宽裕得多。有的人经常向他借钱周转。他也有求必应，尽力帮助。大家都知道，傅德辉有一个习惯，找他借钱还不还无所谓，但是必须先打张借条。如果钱还了，他就把借条退还。不还也就算了，借条继续保存着，为的是往来分明，手续清楚。

那时，朱德抛弃旧军队里的高官厚禄，追求革命真理，辗转到了德国。后经张申府、周恩来介绍，朱德加入了中国共产党，积极从事革命活动，与傅德辉相识交好。1924年，朱德经济拮据，旅费短缺，便向傅德辉借了100元大洋，照样出具借据。以后二人无从见面，无法还钱。于是借据就一直被傅德辉保留着。

1931年，傅德辉回到国内。四川杰出的实业家卢作孚听说回来了这么一位水泥专家，亲自赶到上海，请傅德辉回四川办水泥厂，傅德辉欣然同意。经过往返周折，最后选定重庆南岸的玛瑙溪作为厂址，1937年建成投产。这就是当时西南最大的水泥厂——四川水泥厂——即后来的重庆水泥厂的前身。但是，投产不久，傅德辉与厂方关系弄僵，牛脾气一发，坚决辞职不干，回家务农，从此不再出山。

自此以后，傅德辉这么一个留学德国的科学人才就隐居在乡间，长期以来不为人知，甚至连村里的干部都不知道。

生活中的许多事情在当时看起来好像是那么偶然，可是事后看起来却又是那么必然！如果傅德辉没有"借钱还不还无所谓"的信条，如果傅德辉没有"打借条"的习惯，如果没有实行减租退押，如果傅德辉没有发那牛脾气辞职回乡，这张特殊的借条就不会被发现。然而，历史毕竟是历史，历史不能假设，但历史却以独特的方式再现了事情的真实进程。

事情清楚了。朱德早年的一件轶事得到了证实，一个长期隐居乡下的科学人才后来也得到了重用。

傅德辉在北京学习了三个月后，眼界大开，扫除了胸中多年的积郁，又兴高采烈地回到四川。当时的川东行署任命他为工业厅化验室主任，他的专业知识终于派上了用场。其后，他相继在西南工业部、综合勘查院西南分院等处，从事化学工业的研究和教育工作，得以一展所长。

傅德辉一生中借出了不少钱，保存了不少借据。唯独保存朱德的这张借据，决定了他后半生的际遇。

他帮助过人民的领袖，理应得到人民的重用。

王葆真："人生得一知己足矣。"

王葆真是中国国民党的一位元老。他思想进步，热爱祖国。第一次国共合作之后，他长时期从事反对独裁的政治斗争。几十年来，他一直关注着中国政局的变化和发展。

抗日战争爆发后，王葆真即奔赴第五战区，担任司令官李宗仁的顾

第八章
朱老总的人际交往

问。他在研究抗日战争战略问题时，曾从毛泽东的《抗日游击战争的战略问题》、朱德的《论抗日游击战争》《八路军半年抗战的经验与教训》等著作中受到启发。王葆真反复阅读，被著作中的精辟论述所折服，深深感到：有了中国共产党的领导，抗日战争一定能胜利、国家一定能得救。

台儿庄大战前后，王葆真来到战地实地考察，了解到为策应国民党第五战区作战，朱德总司令命令八路军派出精锐部队，出平汉线以东向津浦线敌人进行袭扰，有力地支援了徐州战区国民党军的作战。王葆真高度赞扬中国共产党团结抗日的方针政策，对朱德总司令更是敬佩得很。王葆真受毛泽东主席、朱德总司令思想的影响，发表了《民众抗战的胜利与全民政治》《发动民众的认识与抗战必胜的信念》两篇文章，刊登在武汉《新华日报》上，主张国共两党团结合作，开展民众运动，发动全民抗战。

1939年冬到1940年春，蒋介石集团为推行其"溶共防共，限共反共"的政策，掀起了第一次反共高潮。国民党顽固派不断制造军事事端，使抗战出现了错综复杂的困难局面。中国共产党为了尽可能地争取国民党继续抗战，决定派朱德总司令亲赴洛阳，与国民党第一战区司令长官卫立煌谈判。王葆真当时担任国民党战地党政委员会委员兼冀察党政分会副主任。为了促进团结抗日，他在国民党战地党政委员会副主任李济深的支持下，去晋东南解放区拜会八路军朱德总司令和彭德怀副总司令。

1940年4月9日，王葆真率领战地党政委员会冀察分会十多人，从山西晋城出发，前往晋东南抗日根据地。一踏上根据地的土地，他看到田里苗青麦壮，山上山下红旗飘扬，劳动人民欢声笑语，呈现出一派生机勃勃的景象。王葆真一行在根据地受到了八路军战士和人民群众的热烈欢迎。

4月19日，当王葆真一行即将抵达八路军总部所在地武乡时，朱德总司令和彭德怀副总司令到郊外五里地外相迎。王葆真对此非常感动。当天晚上，朱德总司令、彭德怀副总司令同王葆真畅谈到深夜。朱德总司令纵论抗日形势，坦诚地指出，只有发动民众，国共两党合作抗日，才能挽救民族危亡。武乡夜谈，朱总司令的雄才大略以及热情待人和友好坦诚的态度，给王葆真留下了极为深刻的印象，顿生相见恨晚之感。随后的几天里，朱德总司令还陪同王葆真检阅了129师，八路军总部为王葆真一行召开了有两千多人参加的欢迎会，并演出了精彩的文艺节目。王葆真等人还参观了抗日军政大学、伤兵医院，慰问了伤病员。武乡之行，使王葆真看到了朱德总司令团结一切力量抗战的真诚愿望，看到了根据地人民充满了勃勃生机和火热的生活。

六天后，王葆真陪同朱德总司令到洛阳与卫立煌谈判，129师挑选了一个武器装备良好、战斗力很强的连队担任警卫和护送任务，一路上经历了许多艰难和险阻。4月26日，当朱德总司令一行途经平顺时，遭到敌人飞机的骚扰。27日，原定途经的树掌、平城又被日军侵占，虽经八路军反击收复，但战火还没有全部熄灭。朱德总司令一行于是又改经安口转到郭象坨，沿途看见了八路军缴获敌人大批辎重和枪支弹药，战绩辉煌；而国民党27军46师此时却向八路军新一旅驻地进行攻击，制造摩擦事件。八路军以大局为重，致使冲突没有扩大。朱德总司令一行继续前往洛阳。行军途中，王葆真目睹了朱德总司令一路上不失时机地向国民党将领讲解抗日救国的道理，宣传中国共产党的抗战路线、方针和政策，深有感慨。他还看到了他在国统区所看不到的国民党在八路军驻地制造摩擦事件的真相。

4月29日，朱德总司令与王葆真、国民党27军军长范汉杰进行划界谈判。双方商定：双方不得越界，消除摩擦；双方互派联络员，共同打击敌人；国民党释放在"摩擦"中被俘的八路军人员及枪械。这一协议的达成，对揭露国民党顽固派，团结友军，起了很大的作用。5月3日，朱德总司令一行到达了一个叫水掌的地方。这里山高坡陡，道路崎岖，队伍不能骑马，只能紧抓马尾巴艰难地行进。傍晚到达天井关东南十余里处的山顶，遭到敌人炮火袭击。朱德总司令指示部队紧急隐蔽，于当天深夜才穿过敌人的封锁线。整个行军紧张惊险之极。5月5日，朱德总司令一行抵达离黄河不远的河南济源县刘坪才脱离危险。5月7日，朱德总司令一行渡过黄河，这时卫立煌

第八章
朱老总的人际交往

已派他的副官备车到黄河迎接,傍晚抵达洛阳。

在这十几天的行军中,八路军部队始终士气高昂、组织严密、军纪整肃,令王葆真及战地党政委员会冀察分会的人员赞叹不已。朱德总司令指挥若定、胸中自有百万雄兵的气概,令王葆真深深敬佩。

在洛阳,朱德总司令开始同卫立煌谈判。有时一谈就是一整天。双方就合作抗日、停止摩擦、划分作战区域、给八路军发放军饷等问题进行了一系列谈判,取得了一定的成果。王葆真参加了这次谈判,对朱德总司令以民族利益为重的大局观念和高超的斗争艺术尤为佩服。

武乡、洛阳之行,使王葆真终生难忘。他深情地赞颂朱德总司令文武精备、心宽似海。朱德对王葆真力主团结抗日,不惧危险,不畏艰难,往返于国共两党之间,也大加称赞。

王葆真受朱德总司令的影响,宣传团结抗日的决心更大了。但是,他也因此遭到了蒋介石及其特务头子的忌恨,他们散布王葆真"近朱者赤",在为中国共产党作宣传,诱逼王葆真发通电诬蔑八路军制造摩擦事件。这些,理所当然地遭到王葆真的严词拒绝。蒋介石在对王葆真采取拉拢、重金诱惑、威胁暗害等手段均遭失败后,便撤掉了他战地党政委员会委员的职务。

1948年1月,王葆真参与发起创建国民党革命委员会,被推选为中央常务委员,从事策动国民党军队起义和迎接上海解放的工作。因身份暴露,王葆真于1949年2月被国民党逮捕入狱,并被判处死刑,缓期执行。这时,王葆真已年近70高龄,在监狱里,他威武不屈,表现出一个正直的爱国者的高尚情操。直到上海解放时,他才被解救出来。

1949年10月1日,在中华人民共和国举行开国大典之际,王葆真被邀请登上天安门城楼,又见到了朱德总司令。朱德紧紧地握住王葆真的手,询问他在上海国民党监狱中被摧残的情况,以及他现在的工作、生活安排。面对朱总司令,王葆真激动万分,看着天安门广场上冉冉升起的五星红旗,回顾一生经历的民族兴衰,心中感慨万千。

参加开国大典回家，王葆真即兴赋诗一首，赠送朱德总司令：

震天雷响，
八一红旗飘起南昌。
高呼武装革命，
建军在井冈山上。
海波沸腾晓日，
照明黑暗东方。
艰苦奋战二十载，
丰功伟烈人民武装。

中华人民共和国成立后，朱德虽职位高显，公务繁忙，但对老友仍不忘旧谊，时与王葆真往来。1954年，王葆真以全国人大代表、全国政协常委的身份，去白洋淀等地视察水利建设，适逢保定菊花盛开，王葆真赋诗一首，寄赠喜爱花卉的朱德同志：

芳菲满院霜时居，
仙葩绿艳迎诗酒。
偏自学东篱，
孤舟诵好词。
蒹葭秋永远，
漫忆黄花面。
遥祝爱花人，
寒秋胜似春。

诗作寄去不久，王葆真即收到朱德亲笔回复的致谢信。朱德在信中还

第八章
朱老总的人际交往

说:"在河北视察水利和灾情中倘有所见,望随时示知。"

1955年9月,王葆真75岁寿辰时,朱德亲到他家祝寿,共叙旧情。朱德还赞扬王葆真一生关心农田水利建设,鼓励他继续积极提出治理水患的建议。王葆真极受鼓舞,爱国热情倍增,立即赴河北省20个县进行水利考察。他虽已逾古稀之年,但凌雪不以为寒,腰酸足痛不惧其苦。调查结束后,写出了约十万字的考察报告,呈送毛主席、朱总司令和周总理。报告寄出后,收到中央办公厅的复信,告知他的建议很好,已转交水利部参考。

朱德对党外人士总是以诚相见,以礼相待。图为朱德会见国民党元老商震(历史图片)

不料,在"左"的指导思想下,王葆真对水利工作提出的意见,竟被视为向党进攻。1957年王葆真被错划为右派,蒙冤20多年。在王葆真遇到困难时,朱德总是尽力相助,并告诉他:"我们不会忘记老朋友。"王葆真由此感慨道:"人生得一知己足矣!"

朱德逝世的消息传来,王葆真不胜悲痛,含泪赋文哀悼一代伟人:

党失优秀军失首,
英烈忠魂直上重霄九。
八一红旗震全球,
光垂万代永不朽!

化干戈为玉帛

朱德是中国人民解放军的总司令,卫立煌是国民党军队中号称"五虎上将"的高级将领。

卫立煌曾经以"剿共"先锋而著称,深得蒋介石赏识。在土地革命战争时期,他参加了对中央革命根据地和鄂豫皖革命根据地的军事"围剿",与朱德率领的红军进行过激烈的生死搏斗。抗日战争开始后,朱德率军开赴山西抗日前线。不久,卫立煌也率第十四集团军来到山西。以前是敌军,现在成了友军,他们的共同任务是抗击入侵山西的日本侵略者。朱德灵活运用我党的统一战线政策,通过耐心、细致的工作,终于使这位当年的"剿共"先锋逐渐改变对共产党的偏见,走上了与八路军友好相处、同心抗日、共赴国难的道路。

朱德与卫立煌第一次配合作战是在忻口战役中。忻口在太原以北,由卫立煌部担任正面防守。战斗进行得很激烈,卫立煌的一个军长、一个副师长、一个旅长都在战斗中牺牲。但是,卫立煌仍然顽强地指挥作战,挡住了日军一次又一次猛烈的进攻。

就在卫立煌与日寇进行正面决战的时刻,另一条战线上的战争也打响

卫立煌(1897—1960年),字俊如,汉族,安徽省合肥人,抗日爱国将领(历史图片)

第八章
朱老总的人际交往

了。这场战争是由朱德指挥，目的是从侧面发起攻势，以支援卫立煌部的正面决战。当时进攻忻口的日军主要依靠两条交通要道运送武器弹药和军事给养，一条从大同经雁门关到忻口，另一条是从张家口经平型关到忻口。忻口战役开始后，这两条交通线先后被八路军截断，日军的供应不足，甚至吃饭也成了问题，大大地削弱了日军的战斗力。日军不得不分散兵力，从忻口前线抽回部分兵力抢夺这两条交通线。这样，八路军的侧后作战牵制了敌人的兵力，极大地支援了卫立煌部正面防守的战斗。其后，八路军突袭阳明堡机场，摧毁敌机20余架，沉重地打击了日军。在一段时间内，由于八路军对日军的侧后打击，日军无法对正面战场进行空中支援。

由于正面和侧后配合很好，日军前后受阻。忻口战役经过21天的艰苦战斗，终于取得了辉煌的战果。对此，卫立煌非常高兴，非常感谢八路军的配合。这时的卫立煌，虽然尚未见到朱德本人，但却已对朱德产生了钦佩之情。

1938年1月，朱德和卫立煌要去洛阳参加蒋介石召开的第一、二战区将领会议，未曾谋面的他们第一次见面了。会面前，卫立煌猜想这位担任红军总司令、闻名全国的大英雄一定是位威风凛凛、不可一世的人物。可一见面，朱德那平易近人、谦逊忠厚的作风和性格，令卫立煌大感意外。卫立煌热情地接待了朱德一行，并陪同他们一道前往洛阳。

在去洛阳途中，朱德与卫立煌坐在一个车厢，两人有了一次难得的长谈。一开始，卫立煌就问起朱德过去的情况。当卫立煌听到朱德出身贫寒，为追求真理，进入云南陆军讲武堂，参加护国运动等经历后，联想到自己青年时期的经历，颇有共鸣。当他听到朱德后来视功名富贵如粪土，牺牲个人的一切以救国难的经历，顿感朱德胸怀远大，确实可敬可佩。这次车厢内的长谈，使卫立煌深受启发。他对共产党人所持的一些偏见，也因此而得到纠正。

洛阳会议之后，第二战区的将领们回到临汾，商谈开展对日作战问题。有的国民党军官失去抗战信心，认为晋南的仗不好打，一再提出退过黄河把守潼关的主张。有的将领则认为沿着汾河河谷用兵,在灵石县太岳山脉的韩信岭布下埋伏打一场歼灭战。到底该怎么办？卫立煌拿不定主意。

朱德说:"我们必须坚守华北,不能退过黄河。韩信岭可守还是要守,但不能光靠韩信岭,应当改变战略战术。"卫立煌问:"该采取什么样的战术呢？"朱德说:"八路军所采取的战略战术,主要是在敌军侧翼和后方作战,这种战略与比较单纯的正面防御大有区别。我们不反对使用一部分兵力于正面,这是必要的。但主力必须使用于侧面,采取迂回战法,独立自主地攻击敌人,才能保全自己的力量,消灭敌人的力量。"卫立煌深受启发,此后数次和朱德个别长谈到深夜。朱德听说卫立煌在是否退过黄河问题上犹豫不决,便多次与卫立煌商谈战争的形势。经过多次长谈,卫立煌对保卫晋南的信心更大了。

1938年春节来临了。农历正月初一这天,卫立煌为了表示对八路军的友好,决定去八路军总部拜年。他带了属下两个军长李默庵和郭寄峤,分乘三辆车来到马牧村给朱德等人拜年。朱德对此特别重视,召开了盛大的欢迎会。在致欢迎词的时候,朱德高度评价了卫立煌及其部下在忻口战役中的英勇表现。卫立煌非常高兴,在致答词时称八路军是复兴民族的最精锐的部队,表示要向八路军学习。双方的感情更靠近了。著名作家丁玲率领的西北战地服务团表演了许多生动新颖的文艺节目。其中有一个活报剧《忻口之春》,内容就是反映忻口战役中卫立煌领导的国民党军和朱德领导的八路军合作抗日的事迹。

卫立煌看后,非常感动,指着参加表演的青年人对朱德说:"你们八路军中人才济济,部队生机勃勃,必然会成为抗日的中坚。"

朱德说:"这些到抗大来学习的青年,原先都是北平、上海、天津等地的大学生,到抗大学习了几个月,懂得了抗日救国的道理,革命意志更加坚决。他们工作积极,能够吃苦耐劳,按照我们八路军普通战士生活标准,大家吃一样的大锅饭,每人每月只能拿到一块钱津贴,没有一个人叫苦。"

卫立煌说："那好极了。上次你说，八路军打不垮的原因在于政治工作，我想了又想，想来想去也不知道我们的政治工作怎么进行。今天看了这些表演，听了你介绍战地服务团的情形，我就这样想，我们也组织一个战地服务团，作为我们学习八路军经验的第一步。不求他们（指国民党政工系统），我自己找人干，你说好吗？"

朱德说："要得，可以这么做。"

于是，卫立煌希望朱德给他介绍一些人到他部队中去工作，朱德欣然同意。

不久，当时在西北战地服务团工作的赵荣生到了卫立煌的总部，被委任为司令部的少校秘书。卫立煌委派赵荣生等人负责筹建战地工作团。这个团开展了许多活动，同时又把卫立煌的思想向前推进了一步。

临汾失陷后不久，一次，卫立煌在晋西大宁地区的行踪被奸细报告给了敌人，卫立煌遭到日军的突然袭击，部队都被冲散了，情况非常危急。八路军得到报告后，主动派部队前去营救。为了掩护卫立煌撤退，有一连八路军奉命在白儿岭阻击敌军。撤到安全地带后，卫立煌在望远镜中看到白儿岭战斗异常激烈，敌人几乎把八路军的简单工事轰平了。

卫立煌很着急，问八路军指挥员："前面是几个团？"

指挥员回答说："只有一个连。"

卫立煌心想：一个连怎么能挡得住日军这么猛烈的进攻？他很惋惜地说："这个连完啦！"

然而，令卫立煌吃惊的是，这个连打退了敌人的进攻，安全地撤回来了，还牵回来敌人的好几匹大洋马，背回来一驮大米和罐头。卫立煌大难不死，而且亲身体会到八路军的英勇和极强的战斗力。他和八路军的感情更近了一层。

1938年8月，朱德从前线回延安参加中共六届六中全会，顺路到山西垣曲辛庄卫立煌驻地进行访问。卫立煌派出军长郭寄峤带领一批高级军官到几十里外迎接，自己在村口恭候。相见之后，两人热烈握手。晚上，卫立煌召开欢迎会，气氛达到了高潮。

接下来，朱德和卫立煌一连单独谈了两天。晚上，只见房中明亮的烛光被遮处留下了两个很大的投影。

朱德给卫立煌带来几件礼物，其中有两匹俘获的日本军官骑的枣红色大洋马。这两匹马特别高大，身上的毛油光闪亮，卫立煌很喜欢。卫立煌送给朱德一批新式大号可以当盒子枪使用的威力很大的手枪。军人爱枪，送枪更表示了军人之间的尊重与敬仰。另外，卫立煌还赠送朱德一支美国犀佛利牌钢笔。笔上面刻有"立煌敬赠"的字样。

1938年8月，朱德和国民党第二战区副司令长官卫立煌在山西垣曲（历史图片）

通过这次交往，两人进一步加深了了解。卫立煌对人说："朱玉阶对我很好，真心愿意我们抗日有成绩。这个人气量大、诚恳，是个忠厚长者。"朱德也对人说："卫立煌这个人可靠。"

朱德与卫立煌之间的友谊，在国民党当局掀起的第一次反共高潮中，经受了严峻的考验。1939年年底，阎锡山在山西首先发难，发动山西旧军向受共产党、八路军影响和支持的新军进攻。朱德指挥八路军和新军打退了阎锡山的进攻。1940年年初，河北的朱怀冰等集结部队向八路军进攻。朱德在忍无可忍的情况下，自卫反击，打退了朱怀冰等人的进攻。

当时，卫立煌已升任国民党第一战区司令长官，驻在河南洛阳，又兼任第二战区副司令长官、冀察战区总司令等重要职务，承受着蒋介石的巨大压

第八章
朱老总的人际交往

力。蒋介石甚至打电话责令他向解放区出兵，山西、河北各地的顽固派头头也一致要求卫立煌出兵进攻。这使卫立煌非常为难。

面对这种进退维谷的境地，卫立煌一面在晋南召开军事会议，传达蒋介石的命令；一面写信给朱德和彭德怀，请将部队暂时撤回，并派代表邀请朱德到晋城商谈。卫立煌的这个意见正符合我军反摩擦的指导方针。因此，在接到卫立煌来电后，朱德即下令部队停止追击，准备谈判。

本来谈判的地点是在晋城，可是这时日军忽然进犯晋城，卫立煌只得回到洛阳，临行前派少将参议凌霄带着他的亲笔信去找朱德。于是，谈判地点只好改在洛阳。

1940年4月25日，朱德动身赴洛阳同卫立煌谈判。朱德到达洛阳后，受到卫立煌的热情接待，每天三餐十分丰盛，晚间还有夜餐。朱德的随从人员对卫立煌的人说："这样招待我们受不了，还是从简一点吧。"卫立煌的人回答说："卫长官到延安，一天四餐，他叫我们也这样办理。"

这次朱德带给卫立煌的礼物是延安出版的各种报刊。卫立煌赠给康克清一支自来水笔，这支笔和1938年夏天送给朱德的那支一模一样。卫立煌见康克清挂着十响的手枪，认为女同志用着不方便，另外送她一支精致的德国毛瑟小手枪。

5月17日，朱德结束了在洛阳的谈判，回到了延安。他在向中共中央报告工作时强调指出："我们和卫立煌关系很好，使他在国共两党的摩擦中保持中立。蒋介石曾严令卫立煌向我军进攻，后来我们退出白（圭）晋（城）公路，摩擦空气便和缓了。洛阳是国民党特务机关集中的地方，但因为有卫立煌这个中间力量在，情况比在西安还要好些。卫立煌表示要坚持进步，我们得到一个大的教训，就是争取中间力量非常重要。"毛泽东非常赞同朱德的这个意见。

中华人民共和国成立后，卫立煌从海外归来，朱德和卫立煌才重新见面。他们都一直非常珍视在抗战期间所结下的友谊。

407

与国际友人的交往

"他为人质朴坦率,绝不傲慢自大"

北京西郊八宝山革命公墓,无数为中国人民的解放事业而牺牲的英烈长眠于此。共和国的档案记录着他们可歌可泣的业绩。

郁郁葱葱的松林中,有一块青灰色的大理石碑矗立在那里,显得那么庄重、那么肃穆。碑上镌刻着:

中国人民之友　美国革命作家
史沫特莱女士之墓

朱德
一九五一年二月十六日

在众多的墓碑中,这座墓碑有两个不一般之处:

一是墓主的身份很不一般。一个外国友人之墓,能在共和国多得数不清的英烈所沉睡的陵园中占一席宝地,可见中国人民对这位国际友人的敬重。她能享受这种高规格的待遇,一定是为中国人民的解放事业做出了杰出的贡献。

二是这座墓碑的立碑人也很不一般。在它的立碑人署名处,赫然写着"朱德"两个大字。

共和国的领袖给一位外国友人立碑,使得这座墓碑不同凡响。每个来此拜谒的人，都深深地为朱德和史沫特莱那感人的情谊所打动……

早在1929年，美国女作家艾格妮丝·史沫特莱就作为《法兰克福日报》的记者首次踏上中国的土地，结识了鲁迅、宋庆龄等一批知名人士。1933年，这位著名记者根据耳闻目睹的中国现状，写成《今日中国特写——中国人民的命运》一书，向世界公众披露了中国人民的悲惨命运。1934年，她又根据中国革命者提供的材料，写成《中国红军在前进》一书，首次向全世界介绍了中国工农红军英勇作战的实况。

当时国际上对中国工农红军的事迹了解甚少。史沫特莱的这两本书在国际上引起极大的震动，很多人开始了解中国。

1937年1月，史沫特莱从上海风尘仆仆地赶到延安。当天晚上，她迫不及待地采访了朱德。

史沫特莱带着疑惑进了朱德的窑洞。"围绕着他的名字，人们编织着上千种传说。因此，初到延安时，我以为见到的将是一个坚强英勇、脾气暴躁的大人物，其滔滔不绝的论断几乎可以使森林燃烧的钢铁般的革命者。"见面之后，她对朱德的印象完全改变了。她在一本书中写道："要不是因为他身穿制服的话，很容易把他当作中国哪个村子里的农民老大爷而忽略过去。"

这位"完全是一副普通面貌"的大名鼎鼎的将军，打量着远道而来的史沫特莱，问道："你来延安准备做些什么事情呢？"

史沫特莱坦率而诚恳地回答说："我希望你把你一生的经历讲给我听。"

朱德听罢颇为惊讶："为什么呢？"

史沫特莱郑重其事地解释道："因为你是一个农民。在中国，每十个人中就有八个是农民。而迄今为止，还没有一个农民向全世界谈到自己的经历。如果你把身世都告诉我，也就是中国农民第一次开口了。"

朱德谦逊地笑着说："我的生平只是中国农民和士兵生平的一部分。这样吧，你先各处走走，和别人见见面，再做决定吧！"

第一次接触，朱德给史沫特莱留下了深刻的印象。她接受了朱德的建议,在延安采访了朱德的许多部属。这些人富有传奇色彩的事迹,足以作为文学作品的素材。但是,作品要有主心骨,要有统率全篇的人物。她决定要直接采访朱德,撰写他的传记。

在史沫特莱的一再要求下,朱德答应了向她"吹一吹"自己的往事。朱德终日忙碌,因此只能利用晚上的时间与史沫特莱交谈,而且每个星期只能抽出两三个晚上。

卢沟桥的战火中断了史沫特莱的采访。8月,朱德率军开赴抗日前线。在抗战的炮火中,史沫特莱背起行装,辗转跋涉,终于在10月23日到达八路军总部所在地——五台县南茹村。

"我到朱德那里去拜访他。他正好坐在总部里的台阶上,理发员在给他理发。他起身向我致意,肩膀上还围着毛巾。宽大黝黑的脸庞上堆满了微笑表示对我的欢迎。朱德的大名使敌人听了胆战心惊,这是不难理解的。可是我觉得在我所认识的人当中,他是最和蔼、最温和的一个人。他为人质朴坦率,绝不傲慢自大。他虽然已经50开外,但头脑仍很机敏、活跃,他好学心切,逢人不耻下问。在任何情况下,他处处大公无私,不为个人利益所左右,这些品德为他赢得了他所统帅的八路军全军的爱戴。"

1938年元旦刚过,日寇向山西增兵的消息不断传来,形势更加严峻。朱德考虑到部队经常要转移、作战,于是,决定请史沫特莱离开山西。他和彭德怀、任弼时一同劝说史沫特莱服从总部的决定。

1937年6月,毛泽东、朱德在延安接受美国进步女作家艾格妮丝·史沫特莱的采访。后来,她根据采访资料写成《伟大的道路——朱德的生平和时代》一书(历史图片)

史沫特莱执拗地不愿离去:"不管你们到哪儿,我也要去!"

朱德耐心地劝导着:"你到汉口去,可以做很多事情。"

史沫特莱动情地说:"我在八路军里度过的日子是我有生以来仅有过的幸福日子。只有在八路军里,我才找到了思想上和精神上的安宁。"

彭德怀在一旁劝道:"一场新的战役正在开始,我们要不停地转移,我们将会遇到极大的困难,弄不好你还有可能被打死。"

"你们死在哪儿,我也死在那儿,埋葬在那儿!"史沫特莱的态度依然十分坚决。

任弼时衔着烟斗,言语缓和地规劝道:"我们知道你不怕死,可是我们不想让你为我们而牺牲。"

"还是走吧,以后再回来。我看用不了多长时间,你一定能回来的。"朱德继续劝说着。

"既然你们把话说到这个地步,那我只好走了。"史沫特莱终于无法控制自己的感情,伤心地哭了起来。

第二天,史沫特莱在警卫的护送下,依依不舍地告别了朱德和他的同事,告别了这片曾令她振奋不已的土地。

这一年,史沫特莱把这次西北之行的感受、见闻以日记体写成《中国在反击》一书,在美国出版。

1941年9月,史沫特莱因病返回美国治疗。她把访问朱德的记录稿带在身边,准备完成她在中国采访后最重要的工作。虽然远在美国,但她渴望回中国,希望恢复自1937年中断的与朱德的谈话。

1944年8月14日,朱德给远在大洋彼岸的史沫特莱写信,告诉她:"我们音信断绝已经多年,现在终于有可能建立联系了。这种可能是由于美军观察组的到达才出现的。""此刻,我们特别怀念那些最早给我们以援助并在敌后为我们的军队和人民做出牺牲的美国人。在他们当中,我们经常谈到你。""我切盼在可能的情况下,你能重来中国住一段时间,以便了解我们的人民和军队在你离华期间所取得的成就和发生的许多变化。"信的最后说，虽然胜利在望，但是中国的反动势力仍在负隅顽抗，有时甚至比过去更为顽固，更为残暴。"他们的政策不但造成了人民的深重的灾难，而且最终将造成他们自身的毁灭。而这里，正像世界各地一样，潮流正是朝着人民胜利的方向前进。"

疾病缠身的史沫特莱多么希望能够回到大洋彼岸的那一片热土。但是，由于身体等多方面的原因，终未成行。

1945年夏天，史沫特莱从纽约来到萨腊托加—斯普临斯镇附近的耶多庄园。在这里，她开始撰写朱德的生平传记。为了使写作素材更加翔实，她又写信给朱德索取资料。几个月后，她终于收到了朱德的来信及资料。朱德在信中说："我很感激地了解到，你想花费一些精力写我的生平。应当说，我的生平仅仅反映了中国农民和士兵生活的非常之少的一部分。是否值得你花费时间，我表示怀疑。由于你那样地坚持并已着手写作，我也只能应你所求。随函附上尚未发表的刘白羽先生所写的《朱德传》的部分草稿、《长征》故事两卷及我从抗日战争到目前为止的部分写作。倘需其他材料，我将乐于照办。"

在偏僻、安宁的耶多庄园里，史沫特莱辛勤地笔耕着。当时和她毗邻而居的日本女作家石垣子后来回忆说，史沫特莱把朱德寄来的镶有毛泽东、朱德相片的别针装饰在房间里的壁炉架上，旁边放着一个花瓶，瓶中插着一些楠树枝。原来，朱德的家乡盛产楠木，她向美国南部的朋友要来这些楠枝，用来重现朱德幼年生活的场景。从这件小事中可以看出她认真细致的写作态度。

时隔不久，史沫特莱便中断了写作。她在1946年12月致朱德的信中说：

我的亲爱亲爱的朋友朱德：

我怀着极为沉重的心情写这封信。由于内战，您和您的全体同志都蒙受了极大的痛苦。我了解，我国应对这种痛苦负责。看来，表示伤心毫无用处，然而我必须这样做。我不得不向您倾吐我沮丧的心情。

您今年七月的来信我最近才收到，您嘱我相信中国人民，您还指出您也相信美国人民。我已从您的来信中摘出一段，印在新年的贺年片上，寄发给所有为中国的胜利出过力的朋友。

现在我们所有的人都在尽最大努力为中国工作，但是目前在美国进行这一工作是很艰苦的。我将去美国许多城市讲演，也就是说，在一段时间里，我将中断好几个星期写书的工作。

史沫特莱的报道和演讲，引起了美国国内反共的麦卡锡主义者的仇视。从1947年到1949年，她不断受到盯梢、诬陷，这迫使她不得不经常变换住所。然而，在冷战年代的艰难环境中，她没有放弃预定的目标，终于在1949年1月完成了朱德传记的第一卷初稿，书名定为《伟大的道路》。2月，美国联邦调查局指控她是"苏联间谍"，进一步加剧了对她的迫害，《伟大的道路》的出版也遭到阻挠。这年10月，她从广播中听到中华人民共和国成立的消息时，兴奋不已，难以抑制的喜悦使她决意再赴中国。她怀着无比激动的心情写信给朱德："我已经知道新的中国政府终于成为现实，世界再也不会是老样子了。我活到亲眼看见我最大的愿望实现了……假如哪一天我能重返中国，我一定要亲一亲它的土地。"

这一年的深秋时节，史沫特莱终于摆脱了国内反共狂潮的围攻，来到英国伦敦。她计划在那里完成《伟大的道路》一书的修订工作，而后到中国去进行第二卷的写作。她在与朋友们聚餐时真诚地表示："我是一个美国人，但我是忠于中国的……我到过很多国家，但无论到哪儿，我终归是一个外国人；只有当我在中国的时候，我就不感到自己是个外国人……中国人民是非常善良的人民，他们俭朴、勤劳和勇敢，他们的毫无虚饰的真挚友情，以及他们的领导人的动人的个性、智慧和远见,都使我不能不对中国产生深厚的感情。有一天,我终究是要回到中国去的。""我将申请归化为中国人……倘若有一天我终竟能成为中国籍的公民,将是一生中最大的荣耀。"

然而,长期贫困的生活和精神的抑郁,使她患了胃癌,她不得不住进牛津的一家医院治疗。1950年5月6日,因医治无效,史沫特莱永远地闭上了她那热情、真诚的双眼。

这位中国人民的朋友,这位心向中国的国际友人,生前未能完成她最大的愿望,留下了深深的遗憾。她在遗嘱中郑重地写道:"我特别要求将我的遗体火化,把骨灰运交朱德将军,请他把它埋葬在中国的土地上……我希望我的骨灰能和许多中国革命烈士放在一起……我写作所得的款项均请交给中国人民解放军总司令朱德将军,他可以运用这笔款子,把它用在建设一个强大和自由的中国上。"

1951年5月6日,正是史沫特莱逝世一周年的祭日,朱德遵从史沫特莱的遗愿,将她的骨灰安葬在北京八宝山革命公墓,和许许多多的革命先烈长眠在一起。虽然她生前未能了却重返中国的心愿,但死后终于永远长眠在中国的土地上。

1956年和1969年,《伟大的道路》英文、中文版问世。

史沫特莱的名字和精神,就像那不朽的墓碑,永远铭刻在中国人民的心中。

"我真想扔掉手中的铁锹,到那边去找朱德,扛起来福枪,和他并肩作战"

约瑟夫·W.史迪威将军早年毕业于美国西点军校,20世纪20年代初来中国学习,后曾在驻华美军中任职,十分熟悉中国的情况。1941年12月,

第八章
朱老总的人际交往

太平洋战争爆发，美、英、法等国对日宣战。1942年3月，史迪威受美国总统罗斯福派遣，再次来华，担任中印缅战区美军司令兼中国战区统帅部参谋长。不久，史迪威率部进入缅甸对日作战。在缅甸的一个多月里，他所率领入缅作战的国民党军队纪律松懈，指挥官无能，又不听从他这个外国人的调遣，致使十万之众的队伍连遭失败，损失惨重。蒋介石为此与他有了芥蒂。

入缅作战的失利，使史迪威认识到蒋介石军队的腐败无能，必须整顿。回到重庆后，史迪威向蒋介石建议成立一支训练有素的新军。可他哪里知道，蒋介石只是希望这位掌管美国政府援华物资分配的将军能多提供物资援助给他，并不是真心听从建议。尤其令蒋介石大为光火的是，这个高鼻子、蓝眼睛的美国佬竟然想改造中国军队。为此，蒋介石多次向罗斯福总统提出将史迪威调回美国，但罗斯福均未同意。

相反，八路军、新四军英勇抗战的事实却给史迪威留下了极为深刻的印象。他看到占中国军队总数很少部分的八路军、新四军不仅抵御了日军的猖狂进攻，而且在配合国民党军阻止日军南下的作战中发挥了重要作用。1944年7月，在他的建议下，美国派出了以美军上校戴维·D.包瑞德为组长的美军观察组飞抵延安，观察组的任务就是了解敌后战场的八路军、新四军的作战情况。毛泽东和朱德、周恩来等十分热情地接待了观察组的成员，朱德还多次向他们介绍八路军、新四军的状况以及对日作战情况。包瑞德在延安期间，无论

约瑟夫·W.史迪威（1883—1946年），美国佛罗里达州巴拉特卡市人。1904年西点军校毕业，参加过第一次世界大战，担任过美国驻华大使馆武官（历史图片）

是看到的,还是听到的,都给他留下了难忘的印象。后来,他在向记者谈到朱德时禁不住称赞说,他所见到的朱德将军的确令人钦佩,他同一张口就向美国索要飞机、坦克的国民党将军们是多么不同,朱德将军始终强调的是依靠人民的力量战胜日本侵略者。

当时,国共两党虽然建立了统一战线,但共产党实行的是全民抗战路线,国民党实行的却是片面抗战路线。中国共产党所领导的军队万众一心真诚抗日,而蒋介石却把主要矛头对准共产党,提出"攘外必先安内",国民党军队时时挑起与共产党的军事摩擦和冲突。史迪威在对待中国国内的问题上,一直坚持中立和公允的态度,敦促蒋介石与其他抗战军队联合作战,加强内部团结。他认为在这一点上,中共的军队和蒋介石的军队是没有什么区别的,应当给予一样的军事援助。

1944年9月,由于史迪威与蒋介石的分歧日益加深,在蒋介石的坚持下,美国政府终于决定召回史迪威。10月,史迪威在即将离开中国前致信朱德总司令,他在信中十分诚恳地表示:"由于我已被解除在中国战区的职务,我谨向您,共产党武装部队首脑,为我们今后不能在对日作战中同您合作深表遗憾。您在对我们共同的敌人作战中发展了卓越的部队,我曾期望与您联合作战,但现在此事已成泡影。祝您战斗顺利并取得胜利。"同时,史迪威还给朱德寄去一件皮夹克。

史迪威敬佩朱德。优秀的军人总是希望能与自己敬佩的人一起并肩作战,共同奋斗。可是,军人又必须服从命令。史迪威带着深深的遗憾离开了中国。

1946年,当史迪威听到蒋介石在美国政府援助下发动内战的消息后,气愤地说:"如果美国今天对蒋介石说,我们不援助你们,那么蒋介石这家伙走不了几步就得停下来。"

史迪威在逝世前几个月曾对他的女儿说:"我真想扔掉手中的铁锨,到那边去找朱德,扛起来福枪,和他并肩作战。"

这年 10 月，朱德获悉史迪威将军逝世的消息，专门致电史迪威夫人，称"史迪威将军的死，不但使美国丧失一位伟大的将军，而且使中国丧失一个伟大的朋友。中国人民将永远记得他对于中国抗日战争的贡献和他为建立美国公正对华政策的奋斗，并相信他的愿望终将实现"。

"他浑身沾满尘土，穿着蓝灰色的衣服，简朴得像个农民"

1937 年年底，安娜·路易斯·斯特朗看到埃德加·斯诺写的《红星照耀中国》一书，对中国共产党的领导人及其领导的军队产生了浓厚的兴趣。作为一名记者，她决定亲自到中国西北部那片令人神往的土地进行采访。

飞机降落在汉口的机场上。当时日寇发动全面侵华战争不久，汉口曾成为中国的战时首都。斯特朗看到，在江岸、街道和铁路沿线挤满了成千上万的难民。这与她十年前到汉口的情形相比，更加混乱不堪。

1938 年 1 月上旬，斯特朗在朋友的帮助下，从汉口来到山西临汾——阎锡山的司令部所在地。此刻，对她来说，最迫切的希望就是尽早到达八路军总部。所以，阎锡山的热情款待没有引起她的兴趣。

几天后，一辆老式的福特卡车载着斯特朗，穿过狭窄的山谷，顺着蜿蜒的山路爬行着。经过十余小时的颠簸，汽车终于到达洪洞县马牧村。八路军总司令朱德早已在寒风中等候她的到来。

斯特朗跨出车门，望着走上前来的朱德，顿时惊诧不已，简直不敢相信眼前这个敦厚、朴实的人竟是八路军的总司令。"他浑身沾满尘土，穿着蓝灰色的衣服，简朴得像个农民。"这是斯特朗初次见到朱德的印象。

在一幢普通的民房里，斯特朗开始了对朱德的采访。

斯特朗问道："你们是在政府统一的指挥下还是作为政府的同盟军在前线作战的？"

记者的提问比较敏锐。这个问题不易回答，但也不能回避。

朱德诙谐地说："我们是政府的正规部队，是第二战区的一部分，我的顶头上司就是你已经见到的第二战区司令长官阎锡山。"这就是说，我们的军队是合法的，是应该得到尊重和承认的。但是，在与日军作战时，我们的军队能不能与国民党军队混为一谈？朱德坦率地陈述自己的看法："我们可以打阵地战，也可以打运动战。但在目前对日作战中，由于是在敌后作战，所以我们采用游击战术。我们认为，拯救中国的希望主要在于华北的游击部队。不仅是我们，还包括自愿组织起来的农民。"

斯特朗明白了：中国共产党领导的人民抗日战争将是拯救中国的希望所在。但斯特朗还有点不明白：现在抗战的局势比较复杂，有人提出"速胜论"，有人提出"亡国论"，到底应该怎么看待中国的这场战争呢？于是，斯特朗问道："你们是怎样对日作战的？"

朱德充满信心地回答："我们的战略前提是进行持久战，以便赢得战争。为了达到这一目的，我们认为不仅要教育和组织部队，而且要教育和组织人民。同时要组织人民改善他们的生活条件。"

平静而又坦诚的谈话一直持续到深夜。

在马牧村的日子里，斯特朗听到不少有关朱德的传说。有人告诉她，朱德神通广大，眼观六路，耳听八方，能看到百米之外。他只要用扇子轻轻一拂，便能将敌人驱散，就像秋风扫落叶似的。斯特

朱德、康克清与美国记者安娜·路易斯·斯特朗在延安（历史图片）

第八章
朱老总的人际交往

朗明白：这种传说表明了人民群众对这位将军的敬仰和信服。他的翻译告诉她，朱德不像个将军，他常常和农民、士兵在一起，无话不谈，关系十分融洽。这一番话，证实了斯特朗对朱德的最初印象。尽管这里每天都是粗茶淡饭，她反倒觉得比阎锡山招待的美味佳肴还要可口。短暂的十天，斯特朗对朱德以及八路军有了更为深刻的认识，一股敬佩之情油然而生。她认为，共产党军队在朱德总司令的领导下，已经在实行"人民战争"的战略战术，并且正在取得胜利。

这年4月，斯特朗结束了在中国的采访。临行前她在给朱德的信中写道：

亲爱的朱德先生：

现在已经是深夜2时，我这几天都是夜晚2点睡觉，早上7点起床。明天早上我又要赴香港，我太疲倦了，不能给你写封长信……但是，在我离开中国武汉之前，我不能不跟你说几句话，以表示我对八路军同志们为我们共同的目的而献身的事业的敬佩，为着中国的自由，也为着全世界的自由……中国的同志有着一种艰苦奋斗的真诚，有一种对同志炽灼的热情……这在世界上其他地方是无法得到的。

我很幸福，因为我在一个世界上，在一个世界的运动之中，那中间，有中国的同志们，也有你……

斯特朗

时光流转，当斯特朗再次见到朱德时已经是九年之后。九年间，中国发生了重大的变化，抗日战争取得了胜利。

1946年11月的一天，斯特朗到达延安后不久，恰逢朱德60岁生日。

斯特朗没有接到参加祝寿会的请帖。总司令的庆寿会怎么能不去呢？斯特朗急了，质问陪同她的翻译兼向导凌青："为什么没有让我参加庆寿会？"

凌青回答说："我也不清楚。"

斯特朗仍旧坚持己见："你们的活动我一定要参加。"

斯特朗终于如愿以偿。她拿着那张深红色的请帖高高兴兴地"赴宴"去了。

祝寿会上洋溢着一种喜悦的气氛。斯特朗为这种气氛所感染，她向毛泽东表示，延安的生活使她感到很愉快。

毛泽东微笑着对斯特朗说，朱德总司令已在这里度过了好几个寒冬。他的年龄同蒋介石一般大，而蒋介石已是鬓发俱白，朱德却只有几根灰发。

斯特朗也笑了起来："朱德一直住在延安的窑洞里，生活是艰苦的。而蒋介石却在南京过着养尊处优的安逸生活。"

毛泽东一语双关，笑着反诘道："我就不相信蒋介石过得那么安逸。"

斯特朗明白毛泽东此话的含义。是啊，蒋介石一直在处心积虑地想消灭共产党的军队，但是，正义会战胜邪恶，共产党是一定能够战胜蒋介石集团的。

平静而愉快的生活因国民党军队的进攻而告结束。党中央从全局考虑，决定撤离延安，斯特朗决意要同共产党的军队一起行动。但是，朱德宣布了令她沮丧的决定，要马海德护送她回到北平。

斯特朗的眼眶里闪着泪光，朱德同情地劝慰道："你的年纪大了，行动不方便。而且更重要的是，你的任务是写作，部队经常要转移，没有固定的地方。你在那样的条件下不可能从事写作，更不可能发表任何东西。"

斯特朗听了朱德的这番话，更加无法控制自己的情感，止不住痛哭起来。朱德尽力安慰她，周恩来也在一旁劝慰着……直到第二天，斯特朗才恢复了平静。

1947年2月14日，斯特朗带着对延安的眷恋，带着对中共领导人的深情，也带着她和朱德珍贵的留影，恋恋不舍地踏上了前往北平的路。她相信，终有一天她还会见到朱德总司令和他的同事们。

第八章
朱老总的人际交往

"我们简直不敢相信这样一个衣着简朴的人就是朱德总司令"

在河北省石家庄华北军区烈士陵园内，有一座特殊的陵墓。这里安葬着抗日战争时期来中国的印度援华医疗队成员柯棣华大夫。

1937年7月中国共产党发出抗日宣言时，柯棣华正在孟买医学院附属医院工作。他当时本来已做好报考英国皇家医学会的准备，但一听到印度将派遣医疗队支持中国人民抗日的消息，就放弃了考试，申请加入医疗队。柯棣华的要求很快得到了批准。

1938年8月，由队长爱德华、副队长卓克华、队员巴苏华、木克华和柯棣华组成的医疗队，经过远洋航行，到达广州。一路上医疗队冲破国民党的重重阻挠，经武汉、延安、西安，到达潼关，然后从渑池北渡黄河来到华北敌后太行山区武乡县。

今天，位于石家庄市的柯棣华大夫纪念馆里，珍藏有当年和柯棣华同来中国的印度援华医疗队成员巴苏华的一本日记。翻开这本日记，可以看到这样的记述：

> 1939年12月21日。今天早晨在孙部长的陪同下，我们骑马走了30里，到达一个靠近武乡的村庄，八路军总部就设在这里。我们把马拴在农民的土房前面。有些农村妇女在屋子外面磨面。
>
> 我们看见了一个显得挺老的人从屋里走出来，他的额头上布满了皱纹，饱经风霜的脸上满是笑容。他伸出双手向我们表示欢迎。开始我们简直不敢相信这样一个衣着简朴的人就是朱德总司令。他热情地把我们领进他的办公室。这间办公室不过是一家农民的房子。我们发现墙上挂满了华北、中国、亚洲和世界的地图。地图上

插满了不同颜色的小旗。

  炕就占去了房子的一半,所有的家具,只不过是几把椅子、一张小桌和一盏煤油灯。总司令通过一位英语说得很好的女译员龚澎和我们交谈。他谈到了游击战争对殖民地人民的重要性,这种游击战是反对帝国主义、争取民族解放的一种手段。他还简单明了地对我们说,八路军不仅在山区,而且在平原使用游击战术。跟他一块儿在村里的合作饭馆饱餐一顿后,我们被领进了一间农民的小茅屋,这间小屋就在一条结了冰的小河对岸……

  这则日记生动地反映了当年朱德总司令在太行山区武乡县王家峪村八路军总部初次接见印度援华医疗队成员爱德华、柯棣华和巴苏华三人的情景。

  这一天,八路军总部朱德总司令的小屋里,比往日热闹了许多。砖砌的暖炕地火炉里呼呼地冒着火苗。朱总司令用白瓷杯给客人一一倒茶。柯棣华坐在炕沿上,对这里的一切无不感到新奇。朱总司令向印度朋友介绍了中国抗战的形势、敌后各战场的概况和八路军游击战争的主要经验。

  柯棣华认真地倾听着,在小本子上做着笔记。忽然柯棣华提出一个问题:"为什么印度和中国这两个命运相同的国家,目前所采取的斗争方式是如此之不同,总不能用天赋论去解释这些现象吧?"

  朱德笑容满面地回答说:"当然不是中

1939年12月21日,朱德在山西八路军总部会见印度援华医疗队成员爱德华(左三)、柯棣华(左五)和德国医生汉斯·米勒(左二)等(历史图片)

第八章
朱老总的人际交往

国人民有特别的天赋。最初我们也走过弯路，是敌人的屠杀和人民的流血使我们觉醒了，我们才搞起武装斗争来。这要感谢马克思、恩格斯、列宁和斯大林。他们创造并且丰富了马列主义理论宝库。这是武装我们的强大思想武器。我们中国人民还要感谢毛泽东同志，有他的领导，我们的革命才得以迅速发展，人民才明白了革命的最终目的、前途和方法。也就是你说的，他们变得聪明、勇敢，有远大的理想和百折不挠的乐观精神。"

朱德一谈起自己的人民，就掩饰不住内心的喜悦。他那饱经风霜的脸庞上再次泛起笑容："人民一旦掌握了马列主义，他们的智慧和勇敢就无法估量。这个道理，在各个国家都是一样。"

停了一会儿，朱德收敛了笑容问："白求恩同志，你们知道不？"

三个印度朋友都回答说："我们看过报道，知道他上月12日在前线牺牲了。"

朱德接着说："白求恩大夫为中国人民的解放事业献出了宝贵的生命。他在弥留之际还满怀信心地祝愿中国人民取得革命胜利。我们要不打败日本帝国主义，便对不起白求恩和一切热情帮助我们的同志。"

朱德总司令略加思索后又以征求意见的口气说："24日，我们准备开大会纪念他。如果你们愿意，请你们也参加。"

柯棣华等三位印度友人立即接受了这个邀请。后来，在纪念白求恩大夫的大会上，柯棣华走到白求恩大夫遗像前致哀，低声宣誓说："你就是我的榜样！"

隔了一天，朱德的警卫员把当地农民张福星请到总部，请他代做一桌"太行饭"（小米饭、地瓜菜），宴请贵宾。总司令对张老汉说："前天已经在合作饭馆宴请过他们了。他们再三要求吃顿有当地特色的'抗日饭'，体验一下敌后军民的战斗生活。"

吃中饭的时候到了。小米饭、地瓜菜端了上来。朱德风趣地说："咱们八路军出师以来，就是靠这小米加步枪，把飞机加大炮的日本侵略军打得焦头

1939年12月24日，朱德在山西武乡县追悼国际主义战士白求恩大会上致悼词（历史图片）

烂额。"

柯棣华说："看来，八路军的小米加步枪的威力不小啊！"

朱德又说："你们三个人的名字后面都带一个'华'字，这是巧合吗？"

爱德华回答说："为了表示我们对中国人民的热爱，永远纪念用心血铺成的象征中印两国人民友好的光明大道，出发前我们特意在自己的名字后面加了一个'华'字。总司令，今后您就喊我们爱德华、柯棣华、巴苏华好了。"

饭后，队长爱德华让柯棣华谈了他们向总部提出到前线进行战地医护工作的申请。开头几句是这样写的："因为我们想到目前的国际形势是有利于我们印度人民从英国的统治下获得解放，从正在积极为解放事业而战斗的中国人民那里了解一些情况，对我们三个印度人来说，是一个难得的机会。"

朱德当面答应了他们的要求，让总部根据他们拟定的学习计划做了具体安排，还指令部队负责他们的安全。两个月后，爱德华因病返回印度。

1940年年初，张店战役打响了。朱德根据这个医疗队的要求，答应柯棣华、巴苏华随129师一个团参加战斗。在激烈的战斗中，敌人炮弹炸毁了救护所的一个墙角。指战员们劝柯棣华大夫把救护所撤到离火线远一点的地方去。柯棣华说："如果救护所离敌人很远，对我们是安全了，但是对不怕流血牺牲的战士们来说，不知要增加多少痛苦，是多么不安全呀！"他不顾密集的炮火，继续给伤员做手术。

当时，有位姓张的排长右眼被打瞎了，腿部也受了伤。包扎以后，同志们要把他抬下火线。他坚决不肯,斩钉截铁地说:"敌人打瞎了我的右眼,我还有左眼,仍然可以打敌人!"柯棣华被这个排长的话深深地感动了。他没有说一句话,只是继续紧张地做抢救工作。

战斗进行了一天多,柯棣华大夫连续工作40多个小时,和同志们一起给80多个伤员做了救护手术。接着,在武乡洪水战斗中,柯棣华大夫又在战火中抢救了上百个伤员,还给参战民兵和群众医治了创伤、治疗了疾病。

1940年4月,朱德回到延安前夕,派部队护送柯棣华大夫到了晋察冀军区。

柯棣华大夫到了晋察冀军区后,继续以高度的热情忘我地工作着。

1942年12月9日,柯棣华大夫因积劳成疾,不幸病逝于河北省唐县葛公村白求恩国际和平医院。1942年12月30日,延安各界召开了追悼柯棣华大夫的大会。会场上悬挂着毛泽东亲笔题写的挽联,朱总司令在会上致悼词并宣读祭文。朱德回顾了印度人民为独立而进行的斗争之后说:"柯棣华知道:印度人民的解放是和中国人民的解放斗争息息相关的,他因此把中国的抗战当成自己的事业。他是把生命献给中国的第二名外国朋友。"

朱德在延安《解放日报》上发表了《纪念柯棣华大夫》一文,文中说:"柯棣华大夫不避艰险,坚持在中国战争最剧烈最残酷的敌后,执行印度人民的委托,这种崇高的国际主义献身精神,是印度民族精神的伟大表现,值得一切反法西斯人民、一切殖民地半殖民地人民珍重与发扬的。"

稍后,朱德为柯棣华大夫陵墓题词:"生长在恒河之滨,斗争在晋察冀;国际主义医士之光,辉耀着中印两大民族。"

中华人民共和国成立后,人民政府将柯棣华大夫的陵墓由河北唐县军城南关迁到石家庄华北军区烈士陵园。中印两国人民之间的伟大友谊,像滚滚的长江和恒河水永远奔流不息。